炼油成本管理与核算

黄让敏　主编

石油工业出版社

内 容 提 要

本书从炼油成本的核算与管理出发，系统介绍了成本核算的一般程序、炼油成本核算的对象和内容、成本管理中的重点难点问题，以及炼油成本预算、炼油成本控制与分析和业绩考核与评价等。在此基础上，本书内容纵向延伸至石油及其产品、主要生产工艺等方面，简要介绍了石油性质与组成、原油分类及国内外主要原油特点、石油产品分类、石油加工工艺、炼油生产装置、炼油企业典型加工流程和公用工程、辅助设施等；横向拓展至绿色低碳发展管理等方面，阐述了绿色低碳发展趋势、绿电核算与成本管理和碳交易市场与碳会计核算。

本书可供炼化企业管理及生产人员参考，也可供高等院校相关专业师生阅读。

图书在版编目（CIP）数据

炼油成本管理与核算 / 黄让敏主编 . -- 北京：石油工业出版社，2024.10. -- ISBN 978-7-5183-7009-2

Ⅰ . F426.22

中国国家版本馆 CIP 数据核字第 2024WH2583 号

出版发行：石油工业出版社
（北京安定门外安华里 2 区 1 号　100011）
网　　址：www.petropub.com
编辑部：（010）64523825　　图书营销中心：（010）64523633
经　　销：全国新华书店
印　　刷：北京晨旭印刷厂

2024 年 10 月第 1 版　2024 年 10 月第 1 次印刷
787×1092 毫米　开本：1/16　印张：20.5
字数：500 千字

定价：150.00 元
（如出现印装质量问题，我社图书营销中心负责调换）
版权所有，翻印必究

《炼油成本管理与核算》
编 委 会

主　　任：王　华　李汝新
副 主 任：穆秀平　黄让敏
主　　编：黄让敏
编　　委：邢颖春　翁兴波　杨冬艳　张　彦　姚　斌　陈礼军　杨友胜
　　　　　韩圣福　晏世鸿　王利中　高志胜　杨　颖　孙立志　张福刚
　　　　　王庆凯　葛　钊　孙庆生　张　杰　沈　薇　门卓明　孙永风
　　　　　刘宏岐　张银河　蔡　丽　徐庆红　王开升　李多顺　顾　翀
　　　　　方　斌　王洪涛　闫志民　张超群　黄　平　苏天国　魏航宇

编 写 成 员

王明升　王盈迪　王　萌　王瑞彬　王　磊　曲　钢　刘依洋　刘　喆
孙守峰　孙承俊　孙艳丽　李　鹏　李　罂　杨万强　杨　丛　杨　砾
张　乐　张　瑛　陈彩云　岳鹏智　郑明玉　赵德强　郝　莉　秦　涛
恩　礼　郭林超　梁　勇　隋晓东　訾煜滨　冀国玉

FOREWORD 序

中国石油天然气集团有限公司将"低成本发展"作为四大战略举措之一，体现了公司积极应对市场竞争、全面深化提质增效、增强核心功能的长远思考。戴厚良董事长要求"对标压降均一化产品成本、改善差异化产品成本，大力压缩非生产性支出，打造成本领先优势""遵循财会规则，严肃财经纪律，做到会计核算和报告规范化、标准化"，为炼油企业成本管理指明了方向。

由于石油炼制过程涉及大量的资源消耗和复杂的工艺流程，炼油企业的成本管理极具特殊性和复杂性，且随着炼油工艺技术的持续创新和数字化、绿色化的协同推进，石油及其产品的发展趋势日益呈现出新的特点，炼油企业的成本结构和管理方式也发生了深刻变化。因此，炼油企业急需一套科学、专业、系统的成本核算与管理方法，帮助企业降低成本、提高效益、规范核算，从而在激烈的市场竞争中立于不败之地。

《炼油成本管理与核算》一书立足于炼油企业的生产经营实际，同时着眼行业的未来发展方向，在规范成本核算的基础上，能够帮助企业管理人员开阔眼界、拓展思路，为生产经营优化提供有效指导。与其他同类型书籍相比，本书具有以下鲜明的特色：

一是兼顾了科普性与专业性。充分满足了不同受众群体的需求，普通读者可以通过书中简明易懂的描述，全面了解炼油行业的工艺原理、反应过程以及成本核算与管理的要点；对于专业人员，本书更是一本高水平且指导性强的操作指南和管理手册，通过系统学习，可以有效提升自身的业务能力和管理水平。

二是兼顾了财务端与业务端。有力推进了业财一体化建设，通过对炼油生产业务的深入解析和对成本核算与管理的精准把握，实现了业务和财务的有机融合，能够为炼油企业提供更加准确、全面的成本信息，有助于提高决策的科学性和有效性。

三是兼顾了全面性与精准性。炼油企业的成本构成复杂，涉及多个环节和多个要素，本书通过对各环节、各要素的系统阐述和对重点难点问题的深入分析，实现了全方位、无死角的成本管理，在此基础上开创性引入了单装置成本核算与管理内容，从生产原理、工艺流程、成本核算与控制要点等方面对各类炼油装置逐套进行详细介绍与分析，有助于炼油企业精准施策、降本增效。

四是兼顾了继承性与创新性。炼油装置作为典型的联产品装置，单产品成本核算是长期以来困扰企业财务管理的难题，本书在继承传统经典成本管理理念、充分借鉴原成本系数经验做法的基础上，从炼油装置各侧线产品物性、后续加工路线、成本动因和行业发展前景出发，研究制定了一套既贴合实际又适应行业未来变化的炼油装置成本系数体系，为炼油企业财务管理和生产经营提供了实用的指导和优化方案。

五是兼顾了实用性与前瞻性。本书在结合实际系统阐述炼油企业成本核算与管理的基础上，从节能减排、资源循环利用等方面出发，提出一系列绿色低碳化的管理策略和方法，为炼油企业绿色发展提供了有力支持。

本书突出了炼油企业生产工艺流程的特点，结合原油及产品市场发展变化，融入炼油工艺革新和绿色低碳等时代主题，为炼油行业的管理者和从业者提供了一套实用的成本核算与管理方法。在此，我向所有参与本书编写和出版的人员表示衷心的感谢，真切地希望本书能够成为炼油企业进行成本管理和核算的必备图书，为炼油行业发展起到积极推动作用，为构建绿色、智能、高效的炼油产业体系贡献力量。

中国石油天然气股份有限公司财务总监、董事会秘书

中国石油天然气股份有限公司副总裁、中国石油炼油化工和新材料分公司执行董事、党委书记、中国石油石油化工研究院党委书记

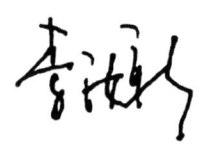

PREFACE 前言

近年来，我国炼油一次加工能力持续快速增长，但成品油消费增速放缓，市场供需严重失衡，倒逼炼油企业必须全力降低生产成本，以保持良好的竞争力和可持续发展能力。然而，成本管理是一项艰巨的任务，特别是对于一个复杂的炼油系统，由于生产过程涉及多个环节和各种不同的成本项目，管理范围广、难度大。因此，基于当前市场环境和企业管理需求，中国石油炼油化工和新材料分公司以规范核算、提升管理、增强企业核心竞争力为目标，组织财务、生产、技术、设备和统计等方面专家成立团队，编写了契合时代背景和现实需求的《炼油成本管理与核算》一书，旨在为炼油企业提供一套系统、科学的成本管理方法和实践指南。

本书从炼油成本的核算与管理出发，系统介绍了成本核算的一般程序、炼油成本核算的对象和内容、成本管理中的重点难点问题，以及炼油成本预算、炼油成本控制与分析和业绩考核与评价等。在此基础上，将本书的内容纵向延伸至石油及其产品、主要生产工艺等方面，简要介绍了石油性质与组成、原油分类及国内外主要原油特点、石油产品分类、石油加工工艺、炼油生产装置、炼油企业典型加工流程和公用工程、辅助设施等；横向拓展至绿色低碳发展管理等方面，阐述了绿色低碳发展趋势、绿电核算与成本管理和碳交易市场与碳会计核算，希望能够帮助炼油企业更好地应对市场变化，提高成本管理水平。

为帮助企业进一步精细成本核算与控制，本书编写组遵循"统一、科学、可比"和"立足于装置设计定位和产品未来发展方向"总体原则要求，开展了大规模、广泛性的炼油成本专项研究，对炼油主体装置的装置名称、产品名称、成本分配方法进行了统一，对各装置成本核算边界、核算规则等进行了规范，较完整地建立了成本分配方法的理论体系。本书用较多篇幅对上述内容进行详细阐释，以推动炼油企业加强成本核算标准化，为加快业财一体化与生产经营优化提供帮助。本书可为以原油加工为核心的流程加工企业的相关成本管理与核算提供参考，也可作为高等院校以及职业技术院校相关专业师生的参考用书，同时也希望对炼化业务感兴趣的读者有所帮助。

在本书编写过程中，虽然编写组力尽所能，但由于水平所限，书中可能仍存在不足之处，恳请广大读者批评指正，并提出宝贵意见和建议。

本书编写组

第一章　石油及其产品

第一节　石油性质与组成 …………………………………………………………………… 1
第二节　原油分类及国内外主要原油特点 ………………………………………………… 3
第三节　石油产品 …………………………………………………………………………… 8

第二章　石油加工工艺

第一节　蒸馏 ………………………………………………………………………………… 14
第二节　催化重整 …………………………………………………………………………… 15
第三节　催化加氢 …………………………………………………………………………… 16
第四节　催化裂化 …………………………………………………………………………… 16
第五节　热加工 ……………………………………………………………………………… 17
第六节　润滑油加工 ………………………………………………………………………… 18
第七节　精制 ………………………………………………………………………………… 19
第八节　轻烃加工 …………………………………………………………………………… 20

第三章　石油加工流程及配套系统

第一节　炼油生产装置 ……………………………………………………………………… 22
第二节　炼油企业典型加工流程 …………………………………………………………… 23
第三节　炼油公用工程及辅助设施 ………………………………………………………… 26

第四章　炼油成本核算主要方法与内容

第一节　成本核算的一般程序 ……………………………………………………………… 30

第二节	炼油成本核算特点及核算对象	41
第三节	基本生产成本核算	45
第四节	辅助生产成本核算	60
第五节	税金及附加核算	65
第六节	期间费用核算	79

第五章　炼油装置成本系数分配方法探讨

第一节	炼油装置成本分配的演变历程	88
第二节	炼油装置成本分配存在的问题	89
第三节	建立统一科学成本分配体系的意义	90
第四节	炼油装置成本分配系数体系的理论基础	92
第五节	常减压蒸馏装置成本分配方法	95
第六节	炼油装置成本分配系数综合测试应用情况	99

第六章　炼油装置成本管理与核算

第一节	常减压蒸馏装置	103
第二节	催化裂化装置	108
第三节	加氢裂化装置	114
第四节	渣油加氢装置	119
第五节	延迟焦化装置	124
第六节	催化重整装置	129
第七节	汽油加氢装置	136
第八节	柴油加氢精制装置	140
第九节	柴油加氢改质装置	144
第十节	航煤加氢装置	147
第十一节	减黏裂化装置	151
第十二节	尿素脱蜡装置	155
第十三节	分子筛脱蜡装置	158
第十四节	气体分馏装置	162
第十五节	烷基化装置	165
第十六节	MTBE 装置	169
第十七节	制氢装置	173
第十八节	石油焦制氢装置	177

第十九节 PSA装置	181
第二十节 气体脱硫装置	184
第二十一节 轻汽油醚化装置	186
第二十二节 C_5/C_6异构化装置	190
第二十三节 烃重组装置	194
第二十四节 干气分离装置	198
第二十五节 硫黄回收装置	201
第二十六节 白油加氢装置	205
第二十七节 糠醛精制装置	209
第二十八节 酮苯脱蜡装置	212
第二十九节 溶剂脱沥青装置	215
第三十节 润滑油加氢精制装置	218
第三十一节 润滑油高压加氢装置	222
第三十二节 润滑油异构脱蜡装置	227
第三十三节 润滑油白土精制装置	232
第三十四节 石蜡加氢精制装置	235
第三十五节 石蜡白土精制装置	238
第三十六节 石蜡成形装置	241
第三十七节 针状焦装置	243
第三十八节 煅烧焦装置	246

第七章 炼油企业成本管理

第一节 预算管理	251
第二节 炼油成本分析与控制	260
第三节 业绩考核与评价	278

第八章 炼油企业绿色低碳管理

第一节 炼油企业绿色低碳转型的现状和应对措施	287
第二节 绿电交易市场与炼油企业成本管理	298
第三节 碳排放权交易市场与炼油企业成本管理	302

参考文献 ... 313

第一章　石油及其产品

石油是工业社会重要的动力燃料，被称为"工业的血液"，未经加工的石油称为原油。以石油或石油某一部分作为原料直接生产出来的各种商品总称石油产品，被广泛应用于工业、农业、电力、交通、国防等部门，是国民经济和国防建设必不可少的物资。本章将介绍石油性质与组成、原油分类、国内外主要原油特点和石油产品。

第一节　石油性质与组成

一、石油的性质

石油在常温下为呈流体或半流体状态的黏稠液体，颜色多为黑色或深棕色，少数为暗绿色、赤褐色或黄色，并且有特殊气味。石油是古代海洋或湖泊中的生物经过漫长演化形成的混合物，与煤同属于不可再生化石燃料。石油性质因产地而异，相对密度一般为0.8～0.98，黏度范围很宽，凝点差别很大，沸点范围为常温至800℃，可溶于多种有机溶剂，不溶于水，但可与水形成乳状液。石油的主要元素组成是碳［83%～87%（质量分数）］和氢［11%～14%（质量分数）］，其余为硫［0.05%～8.00%（质量分数）］、氮［0.02%～2.00%(质量分数)］、氧［0.05%～2.00%(质量分数)］及微量金属元素（镍、钒、铁等）。从化合物组成来看，石油主要包括烃类和非烃类两大类物质。烃类即碳氢化合物，是原油加工和利用的主要对象；非烃类主要包括含硫化合物、含氮化合物、含氧化合物及胶状沥青状物质，其存在对于石油的加工工艺和石油产品的使用性能都具有很大影响。

二、石油的组成

石油中的烃类主要是由烷烃、环烷烃、芳烃以及在分子中兼有这三类烃结构的混合烃构成。不饱和烃在原油中含量极少，主要在二次加工过程中产生。不同烃类对各种石油产品性质的影响各不相同。

1. 烷烃

烷烃是石油的重要组分。分子结构中碳原子间以单键相互结合，其余碳价都为氢原子所饱和的烃称为烷烃，其是一种饱和烃，为直链或带支链结构而无环结构。

烷烃按分子中含碳原子数目的多少进行命名，碳原子数为1～10的分别用甲、乙、丙、丁、戊、己、庚、辛、壬、癸表示；碳原子数在10以上者则直接用中文数字表示。例如，只含一个碳原子的称为甲烷，含有16个碳原子的称为十六烷。这样，就组成了为数众多的烷烃同系物。

烷烃按其结构不同可分为正构烷烃与异构烷烃两类，烷烃分子主碳链上没有支碳链的称为正构烷烃，有支链结构的则称为异构烷烃。在常温下，甲烷至丁烷的正构烷烃呈气态；戊烷至十六烷的正构烷烃呈液态；十七烷以上的正构烷烃呈蜡状固态（石蜡的主要成分）。正构烷烃与异构烷烃虽然分子式相同，但由于分子结构不同，性质也有所不同。异构烷烃较碳原子数相同的正构烷烃沸点更低，且异构化愈甚则沸点降低愈显著。另外，异构烷烃比正构烷烃黏度大，黏温性差。正构烷烃因其碳原子呈直链排列，易产生氧化反应，即发火性能好，是柴油（可作压燃式内燃机燃料）的良好组分。但正构烷烃的含量也不能过多，否则凝点高，低温流动性差。异构烷烃由于结构较紧凑，性质安定，虽然发火性能差，但燃烧时不易产生过氧化物，即不易引起混合气爆燃，是汽油（可作点燃式内燃机燃料）的良好组分。

2. 环烷烃

环烷烃的化学结构与烷烃有相同之处，其分子中的碳原子均以单键相互连接，其余价键均与氢原子结合。但因环烷烃的碳原子相互连接成环状，故称为环烷烃。由于环烷烃分子中所有价键均已饱和，因而也是饱和烃。环烷烃有单环烷烃与多环烷烃之分。

3. 芳烃

芳烃是一种碳原子为环状联结结构、单双键交替的不饱和烃，最初是由天然树脂、树胶或香精油中提炼出来的，具有芳香气味，因此这类化合物称为芳烃，其分子中通常含有苯环结构。石油中含大量的烷烃和少量的芳香化合物，可通过重整和芳构化将烷烃转化为芳烃。

烷烃、环烷烃和芳烃的物理性质都具有一定规律。例如，正构烷烃和无取代基的环烷烃，其熔点、沸点和相对密度都随着碳原子数的增加而升高。与碳原子数相等的烷烃相比，环烷烃的熔点、沸点和相对密度均要更高。一般芳烃的沸点随分子量升高而升高，但熔点除了与分子量相关，也与其结构有关，通常对位异构体的熔点较高。当分子中碳原子数相同时，芳烃的相对密度最大，环烷烃次之，烷烃最小。

对于化学稳定性，一般烷烃和环烷烃在常温下与强酸、强碱、强氧化剂、强还原剂都不起作用；但反应的活性是相对的，在一定条件下，烷烃和环烷烃也表现出一定的反应性能。芳烃虽具有高度不饱和性，但不易进行加成反应和氧化反应，而比较容易发生取代反应。但在特殊情况下，芳烃也能发生加成反应。

对汽油来说，衡量燃料是否易于发生爆震的性质称为抗爆性，汽油的抗爆性用辛烷值表示，辛烷值越高，则抗爆性越好。汽油的抗爆性取决于其化学组成，对于同族烃类，其辛烷值随分子量的增大而降低，当分子量相近时，各族烃类抗爆性优劣的大致顺序为：芳烃＞异构烷烃及异构烯烃＞正构烯烃及环烷烃＞正构烷烃。烷烃分子的碳链上分支越多、排列越紧凑，抗爆性越好。环烷烃比同碳数的正构烷烃的抗爆性好得多，但比异构烷烃差。环烷烃上如带有侧链，则其抗爆性变差，侧链越长，其辛烷值越低；如果侧链上有支链，则其抗爆性有所改善。芳烃的抗爆性在各类烃中是最好的，带有侧链的芳烃的抗爆性稍差，其辛烷值随侧链的加长而降低。

对柴油来说，十六烷值是衡量其在压燃式发动机中发火性能的指标，十六烷值高，表明燃料在柴油机中发火性能好。柴油的十六烷值取决于其化学组成，正构烷烃的十六烷值最高，且分子量越大，十六烷值越高。碳数相同的异构烷烃的十六烷值比正构烷烃低，分子量相同的异构烷烃的十六烷值随支链数增加而降低。环烷烃的十六烷值低于碳数相同的正构烷烃和正构烯烃，有侧链的环烷烃的十六烷值比无侧链的更低。无侧链或短侧链的芳烃的十六烷值最低，且环数越多，十六烷值越低。带有较长侧链的芳烃的十六烷值则相对较高，且随侧链链长的增长，其十六烷值升高。碳数相同的直链烷基芳烃比有支链的烷基芳烃的十六烷值高。

对润滑油来说，其质量要求很多，包括黏度、黏温性质、抗氧化安定性、低温流动性等。对于黏度，当分子量相近时，具有环状结构的分子的黏度大于链状结构的，且分子中的环数越多，则其黏度也越大；当烃类分子中环数相同时，其侧链越长，则其黏度也越大。分子量相近、结构相同时，环烷烃对黏度的贡献大于芳香环。对于黏温性质，正构烷烃的黏温性质最好，带有少分支长烷基侧链的少环烃类和分支程度不大的异构烷烃的黏温性质比较好，而多环短侧链的环状烃类的黏温性质很差。对于抗氧化安定性，饱和烃和单环芳烃的抗氧化安定性好，而多环芳烃的存在则对抗氧化安定性不利。对于低温流动性，各种烃类中正构烷烃的凝点最高，对于低温性能不利；此外，多环烃类的低温黏度一般较大，也不是理想组分。

除石油中的主体烃类外，石油中还含有相当数量的非烃化合物，其含量虽少，但对石油炼制及产品质量一般具有很大危害，是燃料与润滑油的有害成分，因此，在炼制过程中要尽可能地将非烃化合物去除。此外，原油中含微量氯、碘、砷、磷、镍、钒、铁、钾等元素，也是以化合物的形式存在的，其含量虽少，对石油产品影响不大，但其中的砷会使催化重整催化剂中毒，铁、镍、钒会使催化裂化催化剂中毒。因此，在进行原油加工时要对原料有所选择或进行预处理。

第二节　原油分类及国内外主要原油特点

根据原油的品质和特点不同，炼油产出的联产品种类和比例也会不同，进而影响不同联产品之间的成本分配，因此为联产品成本核算增加了难度。目前，国内炼油装置所使用的原油有自产的国内原油，也有进口的国外原油。原油类型众多，具有不同的性质特点。

以下对原油分类及国内外主要原油特点进行介绍。

一、原油的分类

为了合理地开采、集输和加工原油，必须根据原油特性对其进行分类。原油的组成极为复杂，对其确切分类十分困难。通常从商品、化学或物理等不同角度对原油进行分类。

1. 商品分类法

原油的商品分类法也称工业分类法，其分类依据很多，如分别按密度、含硫量等。国际石油市场常用计价的标准是按比重指数（API度）和含硫量分类。

1）按密度分类

按原油的密度不同，可将原油分为轻质原油、中质原油、重质原油及特稠原油（油砂沥青）四类，其分类见表1-1。

表1-1 原油的密度分类

项目	API度	20℃密度 / (g/cm^3)
轻质原油	>34	<0.852
中质原油	34~20	0.852~0.930
重质原油	20~10.0	0.931~0.998
特稠原油	<10.0	>0.998

2）按含硫量分类

按原油的含硫量不同，可将原油分为低硫原油、含硫原油和高硫原油三类（表1-2）。

表1-2 原油的含硫量分类

原油类别	低硫原油	含硫原油	高硫原油
含硫量 /%（质量分数）	<0.5	0.5~2.0	>2.0

3）按酸值分类

按原油酸值不同，可将原油分为低酸原油、含酸原油和高含酸原油（表1-3）。有时将酸值大于5.0mg KOH/g的原油称为特高酸原油。

表1-3 原油的酸值分类

原油类别	低酸原油	含酸原油	高含酸原油
酸值 / (mg KOH/g)	<0.5	0.5~1.0	>1.0

2. 化学分类法

原油的化学分类是以其化学组成为基础，通常利用与化学组成相关的物理性质作为分类依据，最常用的有特性因数K分类法和关键馏分特性分类法。

1）特性因数 K 分类法

特性因数 K 与油品平均沸点和相对密度有关，其值与油品的平均沸点呈正相关，与油品的相对密度呈负相关。可根据 K 值的不同对原油进行分类，K 值大于 12.1 时，称为石蜡基原油，其含石蜡多，凝点高；K 值在 11.5～12.1 之间时，称为中间基原油，其性质介于石蜡基原油和环烷基原油之间；K 值在 10.5～11.5 之间时，称为环烷基原油，含环烷烃和芳烃较多，凝点低，一般含硫、胶质和沥青质较多。

2）关键馏分特性分类法

关键馏分特性分类法是 1935 年由美国矿务局提出的分类方法，此分类法能较好地反映原油的化学组成特性。将常压下蒸馏的 250～275℃馏分作为第一关键馏分，将 395～425℃馏分（相当于减压 40mmHg 下 275～300℃馏分）作为第二关键馏分，分别测定其相对密度，对照分类指标表（表 1-4）确定两个关键馏分的基属，最后对照关键馏分特性分类表（表 1-5）确定原油的类别。按关键馏分特性分类法，可将原油分为七类，即石蜡基、石蜡—中间基、中间—石蜡基、中间基、中间—环烷基、环烷—中间基、环烷基原油。

表 1-4 关键馏分的分类指标

关键馏分	石蜡基	中间基	环烷基
第一关键馏分	$d_4^{20}<0.8210$	$d_4^{20}=0.8210～0.8562$	$d_4^{20}>0.8562$
	API 度 >40	API 度 =33～40	API 度 <33
	$K>11.9$	$K=11.5～11.9$	$K<11.5$
第二关键馏分	$d_4^{20}<0.8723$	$d_4^{20}=0.8723～0.9305$	$d_4^{20}>0.9305$
	API 度 >30	API 度 =20～30	API 度 <20
	$K>12.2$	$K=11.5～12.2$	$K<11.5$

表 1-5 原油的关键馏分特性分类

序号	第一关键馏分的属性	第二关键馏分的属性	原油类别
1	石蜡基	石蜡基	石蜡基
2	石蜡基	中间基	石蜡—中间基
3	中间基	石蜡基	中间—石蜡基
4	中间基	中间基	中间基
5	中间基	环烷基	中间—环烷基
6	环烷基	中间基	环烷—中间基
7	环烷基	环烷基	环烷基

二、世界主要产油区原油性质与特点

一般地,世界石油生产主要集中在北美洲、中南美洲、欧洲、独联体国家、中东国家、非洲、亚太地区七大产油区。

1. 北美洲

北美地区原油资源丰富,集中在美国墨西哥湾沿岸、加利福尼亚州大陆和沿海、阿拉斯加州大陆和沿海、加拿大中部草原三省等,主要产油国为加拿大、美国和墨西哥。代表性油种为美国西得克萨斯原油(West Texas Intermediate,WTI),API 度约为 39.6,含硫量仅 0.24%(质量分数),为低硫轻质原油的代表,属中间基原油。从品质上,WTI 原油优于布伦特原油,但由于 WTI 原油挖掘难度小、成本低,而布伦特原油出自海上挖掘,开采难度大、成本高,且随着 20 世纪页岩革命爆发,WTI 原油产量大增,因此当前 WTI 原油价格低于布伦特原油。

2. 中南美洲

中南美洲是重要的石油生产和输出地,主要产油国有委内瑞拉、墨西哥、巴西、厄瓜多尔、哥伦比亚等,所产石油主要供美洲地区消费。委内瑞拉拥有世界上最大的重油蕴藏区——奥里诺科重油带,以稠油、超稠油为主。委内瑞拉代表性油种有马瑞原油(Merey)、波斯坎原油(Boscan)等,均属重质高硫环烷基原油。中南美洲地区代表油种还有卡斯提拉原油(Castila)、奥瑞特原油(Oriente)、纳波原油(Napo)等,大多为重质原油,含硫量高,金属镍、钒含量高,冶炼成本高,加工难度大。

3. 欧洲

欧洲油田主要分布在北海等海域,主要产油国为挪威、英国、丹麦等。代表性油种为布伦特原油,也是一种轻质低硫中间基原油,API 度为 38.06,含硫量为 0.37%(质量分数)。布伦特原油已经成为欧洲地区原油交易和向该地区出口原油的基准油,即欧洲地区交易原油基本都参照布伦特原油定价。

4. 独联体国家

独联体主要产油国有俄罗斯、哈萨克斯坦等国家。俄罗斯产油集中于伏尔加—乌拉尔地区(即第二巴库)和西伯利亚地区,出产的代表性油种有乌拉尔混合原油(Urals Blend)、东西伯利亚—太平洋(ESPO)原油以及萨哈林 1 号(Sokol)原油。乌拉尔混合原油属于中质含硫中间基原油,API 度约为 31,含硫量约为 1.4%(质量分数);ESPO 原油属于中质含硫中间基原油,API 度约为 34.8,含硫量约为 0.62%(质量分数);而 Sokol 原油品质更高,API 度约为 36,含硫量约为 0.3%(质量分数),属于轻质低硫原油。

5. 中东国家

中东海湾地区地处欧洲、亚洲、非洲三洲的枢纽位置,原油资源非常丰富,集中分布于波斯湾沿岸到土耳其东南部,探明储量占世界探明储量的一半以上,主要产油国是沙特阿拉伯、伊朗、伊拉克、科威特、阿联酋等国,代表性油种有迪拜原油、阿曼原油等。迪拜原油 API 度约为 31，含硫量约为 2%（质量分数）；阿曼原油 API 度约为 34，含硫量约为 2%（质量分数）。迪拜原油、阿曼原油均属含硫、高硫中质原油。中东原油以中、重质原油为主，含硫量较高，大部分为含硫和高硫中间基原油，具有重金属含量高、蜡含量低、凝点低、残炭和沥青质含量高的特点，适合多产柴油和沥青。

6. 非洲

非洲产油区主要分布在西非的几内亚湾和北非地中海沿岸地区，主要产油国有尼日利亚、利比亚、阿尔及利亚、安哥拉、苏丹和埃及等，是欧洲国家石油的主要供应地区之一。非洲原油含硫量低，大多为轻质低硫原油。非洲地区主要油种如下：萨利尔原油（Sarir），属轻质低硫石蜡基原油，API 度约为 38.4，含硫量约为 0.17%（质量分数）；卡宾达原油（Cabinda），属中质低硫石蜡基原油，API 度约为 32.3，含硫量约为 0.2%（质量分数）；此外，还有邦尼轻质原油（Bonny Light）、夸伊博原油（Qua Iboe）等。

7. 亚太地区

亚太地区主要产油国有中国、印度、印度尼西亚、马来西亚、越南、文莱等，主要油种为中质含硫油。亚太地区主要油种如下：马来西亚的塔皮斯原油（Tapis），是东南亚代表轻质原油价格的典型原油，属轻质低硫原油，品质好，API 度在 43～45 之间，含硫量为 0.04%（质量分数）；印度尼西亚的米纳斯原油（Minas），为中质低硫石蜡基原油，API 度约为 34.99，含硫量为 0.088%（质量分数），印度尼西亚、越南等部分亚洲地区生产的原油以此为基准；印度尼西亚的杜里原油（Duri），为重质低硫中间基原油，API 度约为 21.01，含硫量为 0.22%（质量分数），含蜡量高；辛塔原油（Cinta），为中质低硫石蜡基原油。

三、国内主要原油性质与特点

与国外原油相比，我国原油的特点是凝点高、蜡含量高、庚烷沥青质含量低，相对密度大多在 0.85～0.95 之间，属偏重的常规原油。此外，与国外原油相比，我国原油的硫含量较低，大多数原油硫含量低于 1%（质量分数），而氮含量偏高，一般在 0.3%（质量分数）以上。对于微量元素，我国绝大多数原油的镍含量明显高于钒含量。

我国主要油田有大庆、长庆、胜利、辽河、新疆等，几种主要原油的一般性质列于表 1-6。具有代表性的大庆原油属低硫石蜡基原油，其硫含量、重金属含量低，蜡含量高［26%～30%（质量分数）］，凝点高（约 30℃），性质稳定。大庆原油的汽油馏分辛烷值低（仅 37 左右），需要通过催化重整来提高辛烷值，柴油馏分的十六烷值高；减压馏分油适合生产润滑油，而减压渣油胶质和沥青质含量低，难以生产高质量沥青，可掺入减压馏分油中作为催化裂化原料，也可经丙烷脱沥青生产残渣润滑油原料。胜利原油胶质、沥青质含量较高，饱和分含量不高，硫含量在 1%（质量分数）左右，属含硫中间基原油。胜利原油的汽油馏分辛烷值约为 47，芳烃潜含量高，可作为重整的良好原料；柴油馏分的柴油指数高，凝点不高，产品需要精制；减压馏分油的黏温性质较差，不宜生产润滑油，可作为催化裂化、加氢裂化的原料；减压渣油的胶质、沥青质含量高，可生产沥青产品。孤岛原油属高硫环烷基原油，含环烷烃和芳烃较多，凝点低，其汽油馏分含环烷烃多，辛烷值较高；柴油馏分的十六烷值较低；减压馏分油的黏温性质较差，不宜生产润滑油，且不能直接用作催化裂化原料，须用加氢裂化等方法进行轻质化处理；减压渣油含较多的胶质和沥青质，可生产高质量沥青。

表 1-6 我国主要原油的一般性质

项目	大庆原油	长庆原油	胜利原油	辽河原油	新疆吐哈原油	孤岛原油
20℃密度 /（g/cm³）	0.8554	0.8428	0.9005	0.9204	0.8197	0.9495
50℃运动黏度 /（mm²/s）	20.19	9.85	83.36	109.0	2.72	333.7
凝点 /℃	30	21	28	17（倾点）	16.5	2
蜡含量 /%（质量分数）	26.2	14.7	14.6	9.5	18.6	4.9
庚烷沥青质含量 /%（质量分数）	0	1.34	<1	0	0	2.9
残炭含量 /%（质量分数）	2.9	2.2	6.4	6.8	0.90	7.4
灰分 /%（质量分数）	0.003	0.003	0.020	0.010	0.014	0.096
硫含量 /%（质量分数）	0.10	0.10	0.80	0.24	0.03	2.09
氮含量 /%（质量分数）	0.16	0.18	0.41	0.40	0.05	0.43
镍含量 /（μg/g）	3.1	1.86	26.0	32.5	0.50	21.1
钒含量 /（μg/g）	0.04	0.60	1.6	0.6	0.03	2.0

第三节 石油产品

石油产品可分为石油燃料、溶剂和化工原料、润滑剂、石油蜡、石油沥青、石油焦六类。其中，各类石油燃料产量最大，约占总产量的 90%；各种润滑剂品种最多。各国都制定了本国的产品标准，以适应生产和使用的需要。

一、石油燃料

1. 汽油

汽油主要用作点燃式发动机的汽车、摩托车、快艇、直升机、农林用飞机的燃料，是消耗量最大的品种，按用途分为车用汽油和航空汽油（航空活塞式发动机燃料），一般由常减压蒸馏、催化裂化、重整、烷基化、甲基叔丁基醚（MTBE）、焦化等装置生产。汽油的沸点范围（又称馏程）为 30~200℃（或 180℃），密度为 700~780kg/m³。汽油机对燃料的使用要求包括汽油的蒸发性、安定性、抗爆性、腐蚀性和清洁性。商品汽油按汽油抗爆性的优劣区分，按辛烷值划分牌号，目前我国车用汽油标准 GB 17930—2016 将车用汽油按研究法辛烷值分为89号、92号、95号及98号四个牌号，航空汽油标准GB 1787—2018将航空汽油按马达法辛烷值分为75号、UL91号、95号、100号和100LL号五个牌号。

2. 喷气燃料

喷气燃料俗称航空煤油（简称航煤），用作喷气式飞机和涡轮螺旋桨式飞机的燃料，沸点范围为150～250℃（或180～280℃），一般由常减压蒸馏、加氢裂化装置生产。喷气发动机的能量转换过程是在高空飞行条件下实现的，为适应高空低温、低气压下的高速飞行需要，其对燃料的质量要求非常严格，包括燃烧性、蒸发性、安定性、低温性能、腐蚀性、洁净度、起电性、润滑性等。喷气燃料按馏分的宽窄、轻重可分为煤油型、宽馏分型及重煤油型，我国的1号喷气燃料（RP-1）、2号喷气燃料（RP-2）、3号喷气燃料（RP-3）均为煤油型，主要用于民航飞机和军用飞机；4号喷气燃料（RP-4）为宽馏分型，主要为备用燃料，平时不生产；而5号喷气燃料（RP-5）和6号喷气燃料（RP-6）均为重煤油型，用于军用特种喷气燃料。其中，3号喷气燃料生产工艺灵活，广泛用于民用和军用飞机、出口等各个方面，而其他喷气燃料用途并不广泛，1号和2号喷气燃料已经停产。

3. 柴油

柴油作为压燃式发动机燃料，被广泛用于农用机械、重型车辆、坦克、铁路机车、船舶舰艇、工程和矿山机械等。柴油的沸点范围为200（或180）～350℃，主要由常减压蒸馏、催化裂化、加氢裂化等装置生产。与汽油机相比，柴油机具有良好的燃油经济性，其热效率一般比汽油机高。柴油机对燃料的使用要求包括柴油的燃烧性、蒸发性、流动性、安定性、腐蚀性和洁净度。我国车用柴油按凝点分为5号、0号、-10号、-20号、-35号和-50号六个牌号（参照GB/T 19147—2016）。

4. 燃料油

燃料油主要用作锅炉、船舶、冶金工业及其他工业炉的燃料，按用途可分为炉用燃料油和船用燃料油（简称船燃）两大类。与汽油、柴油和喷气燃料相比，燃料油馏分更重。我国炉用燃料油标准（GB 25989—2010）将炉用燃料油分为馏分型和残渣型两类，各类又根据产品运动黏度细分，馏分型分为F-D1、F-D2两个牌号，残渣型分为F-R1、F-R2、F-R3、F-R4四个牌号。

我国船燃根据GB 17411—2015规定又可分为馏分燃料油和残渣燃料油两类，其中馏分燃料油包括DMX、DMA、DMZ和DMB四个牌号，主要用于高速柴油机及中速柴油机；残渣燃料油包括RMA、RMB、RMD、RME、RMG和RMK六个牌号，主要用于低速柴油机，或与馏分燃料混合后用于低速柴油机。不同牌号燃料油按含硫量又分为三个或两个等级，馏分燃料按照含硫量可分为Ⅰ、Ⅱ、Ⅲ三个等级；RMA和RMB残渣燃料油按硫含量分为Ⅰ、Ⅱ、Ⅲ三个等级，RMD、RME、RMG和RMK残渣燃料油分为Ⅰ、Ⅱ两个等级。

我国船燃按用户不同可分为保税油和内贸完税油（简称内贸油）。保税油是指经国务院批准享受保税政策，由海关实施保税监管，未缴纳进口关税、进口环节增值税和消费税，不占进口配额的国际航行船舶用油品；内贸油是指为普通内贸航线船舶供应的燃料油，供应商需要缴纳各类税费。随着我国对船舶排放控制的日益严格，低硫船燃逐渐成为关注焦点之一，调和是其主要的生产工艺。

二、溶剂和化工原料

1. 炼厂气

在石油炼制过程中，各炼油装置会产生一些烃类气体，统称炼厂气，主要由常温常压下为气态的 C_1—C_4 各种烃类组成。炼厂气经脱硫、加压蒸馏可得到附加值高、用途广泛的干气、液化石油气、丙烯、丁烯、丙烷、丁烷等。

2. 石脑油

石脑油也称轻汽油，来自原油常压蒸馏的直馏馏分或调入加氢精制汽油、催化重整汽油中某些不适于用作商品汽油的组分。石脑油主要用于轻油裂解制取乙烯及合成氨等化工原料，或作为一般溶剂。

3. 溶剂油

溶剂油是对某些物质起溶解、洗涤、萃取作用的轻质石油产品，用于油脂工业、橡胶工业、油漆工业、精细化工行业、工农业生产和机械零件洗涤等。溶剂油主要由直馏馏分或催化重整抽余油等分馏和精制而成，属易燃易爆的轻质油品，在使用和储运过程中需特别注意防火安全。

4. 石油芳烃

石油芳烃主要包括纯苯、甲苯、混合二甲苯，主要由催化重整生成油经芳烃抽提、精馏等工艺制得，也可由乙烯裂解焦油或煤焦油经加氢精制、芳烃抽提、精馏等工艺制得。纯苯是基本化工原料，主要用于生产苯乙烯、环己烷、苯酚、苯胺、硝基苯、合成洗涤剂及农药等，还可作为油漆涂料及农药的溶剂。甲苯适于作为染料、香料、苯甲醛及其他有机化合物的原料，或用作树脂、树胶、乙酸纤维素的溶剂及植物成分的浸出剂。混合二甲苯主要用作有机合成及其他化工原料，也可用作氯化橡胶、氯丁二烯聚合物的溶剂。

三、润滑剂

1. 润滑油

润滑油是石油产品中品种最多的一类产品，其用途各异，应用领域广泛，按使用特性可分为内燃机润滑油、齿轮油、液压油和工业设备用润滑油四大类。内燃机润滑油包括汽油机油、柴油机油等，需求量最大；齿轮油包括车用齿轮油和工业齿轮油；液压油包括抗磨液压油、低凝液压油及数控液压油等；工业设备用润滑油包括汽轮机油、压缩机油、真空泵油、冷冻机油、电器绝缘油、全损耗系统用油（机械油）、工艺用油（金属加工油、金属热处理油、防锈油、压延油、铸造用油、白油等）。其中，白油根据精制深度不同，有工业级白油、化妆品级白油、食品医药级白油。

润滑油主要是在炼油过程中生产的润滑油基础油组分中按照规定的配方加入适当比例和品种的添加剂，经过调和而制得。润滑油基础油是润滑油的主要成分，又可分为矿物油和合成润滑油两大类。其中，矿物油就是以原油的减压馏分或减压渣油为原料，并根据需要经过脱沥青、脱蜡和精制等过程而制得的润滑油基础油。矿物油约占全部润滑油的97%，是生产各种润滑油的主要原料，但是有时还不具备航空、航天、国防等特殊场合所要求的特殊性能，因此还需要通过合成的途径制取一些具有特殊性能的合成润滑油。润滑油除润滑性能外，还具有冷却、密封、防腐、绝缘、清洗、防锈、传递能量的作用。

2. 润滑脂

润滑脂俗称黄油，是由矿物油（或合成润滑油）加稠化剂制成的固体或半流体，用于机械的摩擦部分，起润滑和密封作用；也用于金属表面，起填充空隙和防锈作用。润滑脂主要品种有各型号锂基脂、钙基脂、钢丝绳脂等。

四、石油蜡

石油蜡主要包括液蜡、石蜡和微晶蜡。液蜡一般是指 C_9—C_{16} 的正构烷烃，其在室温下呈液态，一般由天然原油的直馏馏分经尿素脱蜡或分子筛脱蜡而制得，可生产合成洗涤剂、农药乳化剂、塑料增塑剂等。微晶蜡是石油减压渣油中脱出的蜡，经脱油和精制制得，在军工、电子、冶金和化工等行业主要用于防潮、防腐、黏结、上光、绝缘、钝感、铸膜和橡胶防护等。石蜡是从减压馏分中经精制、脱蜡和脱油而得到的固态烃类，主要用作包装材料、化妆品原料及蜡制品，也可作为化工原料生产脂肪酸（肥皂原料）、高级醇等。石蜡产品按其精制程度和用途，可分为粗石蜡、半精炼石蜡、全精炼石蜡和食品用石蜡。

1. 粗石蜡

粗石蜡也称黄石蜡，是以含油蜡为原料，经发汗或溶剂脱油，不经精制脱色所得到的石蜡产品。粗石蜡主要用作橡胶制品、篷帆布、蜡烛、火柴、木材加工及其他工业原料，GB/T 1202—2016 将粗石蜡按熔点分为 50 号、52 号、54 号、56 号、58 号、60 号、62 号、64 号、66 号、68 号和 70 号 11 个牌号。

2. 半精炼石蜡

半精炼石蜡也称白石蜡，是以含油蜡为原料，经发汗或溶剂脱油，再经白土或加氢精制而制得的石蜡产品。半精炼石蜡主要用作蜡烛、蜡笔、火柴、抛光膏及其他化工原料，GB/T 254—2022 将半精炼石蜡按熔点分为 46 号、48 号、50 号、52 号、54 号、56 号、58 号、60 号、62 号、64 号、66 号、68 号、70 号和 72 号 14 个牌号。

3. 全精炼石蜡

全精炼石蜡也称精白蜡，是经过深度脱油精制而成的。全精炼石蜡适用于高频瓷、复写纸、蜡纸、冷霜等产品的生产及精密铸造，GB/T 446—2010 将全精炼石蜡按熔点分为 52 号、54 号、56 号、58 号、60 号、62 号、64 号、66 号、68 号和 70 号 10 个牌号。自 2024 年 4 月 1 日起实施标准 GB/T 446—2023，新增 48 号和 50 号，共 12 个牌号，原标准废止。

4. 食品石蜡

食品石蜡是以含油蜡为原料，经发汗或溶剂脱油，再经白土或加氢深度精制所得到的石蜡产品。GB 1886.26—2016 将石蜡列为食品添加剂，按熔点分为 52 号、54 号、56 号、58 号、60 号、62 号、64 号和 66 号 8 个牌号，按精制深度分为食品石蜡及食品包装石蜡两个等级。食品石蜡适用于食品和口服药物的组分以及脱模、压片、打光等；食品包装石蜡适用于与食品接触的容器及包装材料的涂敷与浸渍等。

五、石油沥青

石油沥青是以减压渣油为主要原料生产的石油产品，呈黑色固态或半固态黏稠状，主要用于道路铺设和建筑工程，也广泛用于水利工程、管道防腐、电气绝缘和油漆涂料等。石油沥青按用途可分为道路沥青、建筑沥青、涂料沥青、电缆沥青以及橡胶沥青，其中产量最高的主要是建筑沥青和道路沥青。

建筑沥青是以原油蒸馏所得的减压渣油经氧化法或其他工艺过程加工制得的。建筑石油沥青适用于建筑工程中作为屋面或地下的防水黏结料或房屋的防水、防潮材料，也可用于制造涂料、油毡和防腐材料。GB/T 494—2010 将建筑石油沥青按针入度不同分为 10 号、30 号和 40 号三个牌号。

我国将道路沥青分为普通道路石油沥青和重交通道路石油沥青两个档次。普通道路石油沥青主要用于中低级道路以及城市道路非主干道路建设，我国普通道路石油沥青按针入度不同分为 200 号、180 号、140 号、100 号和 60 号五个牌号（参照 NB/SH/T 0522—2010）。重交通道路石油沥青适用于修建高速公路、一级公路和城市快速路、主干路等重负荷、大交通量的道路，我国重交通道路石油沥青按针入度不同分为 AH-130 号、AH-110 号、AH-90 号、AH-70 号、AH-50 号和 AH-30 号六个牌号（参照 GB/T 15180—2010）。

六、石油焦

石油焦为黑色或暗灰色的固体石油产品，是带有金属光泽、呈多孔性的无定形碳素材料，一般由各种渣油、沥青或重油经延迟焦化而制得。石油焦主要用作制造石墨电极、碳素、碳化硅等的原料，也可直接用于冶炼、铸煅燃料。石油焦包括普通石油焦、石油针状焦和特种石油焦。我国 NB/SH/T 0527—2019 将石油焦（生焦）分为普通石油焦（生焦）和石油针状焦（生焦）。

普通石油焦（生焦）按灰分和含硫量的大小及用途分为1号、2A、2B、2C、3A、3B、3C，其中1号主要适用于炼钢工业中制作普通功率石墨电极，也适用于炼铝工业中制作铝用碳素；2A、2B、2C主要适用于炼铝工业中制作铝用碳素；3A、3B、3C主要适用于制作碳化硅、工业硅、炼铝工业中制作铝用碳素等。

石油针状焦（生焦）按热膨胀系数和含硫量的大小分为1号、2号和3号。1号石油针状焦（生焦）主要适用于制作超高、高功率石墨电极；2号、3号石油针状焦（生焦）主要适用于制作高功率石墨电极。1号、2号石油针状焦（生焦）也可用于制作锂离子电池负极材料。特种石油焦可作为生产核反应堆用石墨套管的原料，反应堆内层的中子反射层也由石墨制成，因此特种石油焦是核工业和国防工业的重要原料。

生焦经过高温（1300℃）煅烧处理除去水分和挥发分所得到的焦称为熟焦，也称煅烧焦。煅烧焦按用途可分为普通煅烧石油焦和煅烧针状石油焦。煅烧焦在2300～2500℃下进行石墨化后，最后可加工成电极。

本章小结

石油是烃类和少量非烃化合物组成的复杂混合物，且原油的产量和性质地域性分布差异较大。通过详细了解原油的组成和性质，并对原油进行评价和分类，不仅有利于更高效地对原油进行加工和利用，进而生产出各种满足国民经济需求和国防建设的石油产品，同时对企业生产经营优化也具有重要指导意义。

第二章 石油加工工艺

原油是极其复杂的混合物,必须经过一系列加工处理工艺,才能从中提炼出各种燃料、润滑油和其他产品。通常原油先经过蒸馏过程,按馏程切割成汽油、煤油、柴油、蜡油和渣油等馏分,此即所谓的一次加工。从原油直接蒸馏得到的馏分称为直馏馏分,由其生产的产品称为直馏产品,其化学组成基本与原油保持一致。为了提高产品质量和轻油收率,相当多的直馏馏分油作为二次加工过程的原料,如催化裂化原料、催化重整原料等。经过催化裂化、加氢裂化、焦化等二次加工过程得到的馏分或产品,称为二次加工馏分或产品,其化学组成会发生很大变化。各类加工过程得到的产物大多需要通过适当的精制和调和,才可成为合格的石油产品。本章将概述石油加工过程的主要生产工艺。

第一节 蒸　　馏

石油作为一种复杂的混合物,每个组分都有各自不同的沸点。根据各组分沸点的不同,可将液体混合物加热至汽化,然后再将蒸气冷凝,进而使液体混合物得到分离的过程称为蒸馏。根据原理和操作方法的不同,蒸馏可分为连续操作的闪蒸(平衡蒸馏)、间歇操作的简单蒸馏(渐次汽化)、精馏和水蒸气蒸馏(汽提)。

原油蒸馏是根据其组成的各种烃类化合物沸点的不同,通过加热,在蒸馏塔内进行多次部分汽化和部分冷凝,使气、液两相进行反复充分的物质交换和热交换,从而将原油分离成不同馏程的汽油、煤油、柴油、蜡油和渣油馏分的加工过程。馏分的含义为馏出的部分。馏分仍为一种混合物,但所含组分数远远少于原油。

原油的常减压蒸馏又被称为原油的一次加工,是依次使用常压和减压的方法将原油按照馏程范围要求进行馏分切割。由于原油中含有杂质,在蒸馏前还需要对原油进行预处理。因此,原油的常减压蒸馏过程包括原油的预处理、常压蒸馏和减压蒸馏。

一、预处理

原油的预处理是指对原油进行脱盐、脱水的过程。原油中含水过多会造成蒸馏塔操作不稳定,严重时甚至造成冲塔事故,同时含水多也会增加热能消耗,增大冷却器负荷和冷却水消耗量;而原油中所含的盐类会造成设备腐蚀、降低传热效果、影响产品质量。因此,需要对原油进行脱盐、脱水的预处理。

原油中的盐大部分溶于所含水中,故脱盐、脱水是同时进行的。一般认为95%的原油属于稳定的油包水型乳化液,常用的方法是向原油中注入一定量的新鲜水充分混合,然后在破乳剂和高压电场的作用下,分散相水滴上形成了感应电荷,带有正、负电荷的水滴在进行定向位移时相互碰撞,使微小水滴逐步集聚成较大的水滴,通过重力作用从油中沉降分离,达到脱盐、脱水的目的,通常也称为电化学脱盐脱水过程。

二、常压蒸馏和减压蒸馏

原油中大于350℃的高沸点馏分是润滑油生产、催化裂化和加氢裂化等的原料。由于这些组分在高温下会发生分解、缩合等反应,在常压下无法获得,只能在减压和较低温度下通过减压蒸馏得到,因此原油蒸馏需要常压和减压两段蒸馏过程。原油经过加热炉加热后,先送到常压塔,从塔顶馏出汽油馏分(也称石脑油馏分),从塔侧引出煤油、轻柴油、重柴油等侧线馏分,再将常压塔底的产物(常压渣油)经加热炉再加热后送入减压塔蒸馏得到减压馏分油,减压塔底的产物则为减压渣油。常压蒸馏和减压蒸馏习惯上合称常减压蒸馏,因加工过程中原油的烃类化合物在结构上没有发生变化,故常减压蒸馏属物理过程。

第二节 催化重整

催化重整是在一定温度、压力、临氢和催化剂存在的条件下,使石脑油转变为富含轻芳烃(苯、甲苯、二甲苯)的重整汽油并副产氢气的过程。催化重整的目的是提高汽油的辛烷值或制取芳烃。催化重整催化剂的活性中心主要是贵金属铂,按所用催化剂种类不同分为铂重整、铂铼重整、铂锡重整等。催化重整过程中发生的主要反应是原料中的环烷烃及部分烷烃在含铂催化剂上的芳构化反应,同时也有部分异构化反应。

催化重整汽油辛烷值高、烯烃含量低、基本不含硫、氮、氧等杂质,与催化裂化汽油、异构化汽油互补性好,是非常重要的清洁汽油调和组分。催化重整装置也是石油化工基本原料苯、甲苯、二甲苯的主要生产装置。催化重整过程还副产高纯度氢气,可作为炼油厂加氢装置的氢源。

催化重整的原料主要是直馏汽油馏分(石脑油),二次加工所得的汽油馏分,如焦化汽油、减黏裂化汽油、催化裂化汽油、乙烯裂解石脑油等馏分经加氢精制脱除硫、氮、不饱和烯烃等后也可掺入直馏汽油馏分作为重整原料,加氢裂化重石脑油可直接作为重整原料。由于重整原料中含有的少量砷、铅、铜、硫、氮等杂质会使催化剂中毒失活,水和氯含量控制不当也会造成催化剂失活,因此必须对重整原料进行预处理。预处理主要包括预脱砷、预分馏和预加氢三部分。

生产的目标产品不同时，催化重整采用的工艺流程也不相同。当以生产高辛烷值汽油为主要目标时，其工艺流程主要包括原料预处理和重整反应两大部分；而当以生产轻芳烃为主要目标产品时，还应设有芳烃分离部分。

在正常运转过程中，随着时间的增长，重整催化剂表面上的积炭增多、铂晶粒聚集，导致催化剂的活性下降，可通过再生来恢复活性。工业重整装置广泛采用的反应系统工艺流程可分为固定床反应器半再生式重整和移动床反应器连续再生式重整两大类，前者每0.5～2年停止进油，全部催化剂就地再生一次；后者则每3～7天全部催化剂再生一遍。

第三节 催化加氢

催化加氢是指石油馏分在氢气存在下催化加工过程的统称。目前，炼油厂采用的加氢过程主要有加氢精制和加氢裂化两大类。此外，还有专门用于某种生产目的的加氢过程，如加氢处理、加氢改质、临氢降凝、加氢异构降凝、润滑油加氢等。

加氢精制主要用于油品精制，其目的是除掉油品中的硫、氮、氧杂原子及金属杂质，使烯烃饱和，有时还对部分芳烃加氢饱和，改善油品的使用性能。

加氢裂化是在较高压力下，烃分子与氢气在催化剂表面进行裂化和加氢反应生成较小分子的转化过程。加氢裂化按加工原料的不同，可分为馏分油加氢裂化和渣油加氢裂化。馏分油加氢裂化的原料主要有减压蜡油、焦化蜡油、催化裂化循环油及脱沥青油等，其目的是生产高质量的轻质油品，如柴油、航煤、汽油等。而渣油加氢裂化的产品尚需加氢精制。

加氢精制、加氢裂化和加氢处理的区别在于原料馏分的转化深度不同。加氢处理是通过加氢精制和部分加氢裂化反应使原料油质量符合下一个工序的要求，多用于渣油和脱沥青油等。

加氢改质主要是由直馏柴油、焦化柴油、催化柴油及部分减压蜡油等原料生产低硫、较高十六烷值的优质柴油或航煤。临氢降凝过程主要是由直馏柴油、焦化柴油、催化柴油等原料生产低凝点的柴油或航煤，也可以用于润滑油馏分脱蜡生产低凝点润滑油基础油。加氢异构降凝是通过长链正构烷烃的选择性异构化，用于润滑油馏分的降凝生产低凝点的润滑油基础油，也可用于柴油和航煤降凝生产低凝点的柴油或航煤。润滑油加氢是使润滑油的组分发生加氢精制、加氢裂化和异构化反应，使一些非理想组分结构发生变化，以脱除杂原子，使部分芳烃饱和、环烷环开环以及烷烃异构，达到改善润滑油使用性能的目的。

第四节 催化裂化

催化裂化（FCC）是重质石油烃类在催化剂的作用下，经过裂化反应等生产液化气、汽油和柴油等轻质油品的重要过程，是我国最主要的重质油轻质化手段之一，也是低碳烯烃生产的重要工艺。

传统的催化裂化原料是重质馏分油，主要是直馏减压馏分油（VGO），也包括焦化重馏分油。随着对轻质油品的需求不断增长及技术进步，近30多年来一些重质油或渣油也可作为催化裂化的原料，如减压渣油、溶剂脱沥青油、加氢处理重油等。一般都是在减压馏分油中掺入上述重质原料，掺入比例主要受限于原料油的金属含量和残炭值。对于一些金属含量很低的石蜡基原油，也可以直接用其常压重油作为催化裂化原料。

除生产汽油、柴油以外，催化裂化装置还副产大量的液化气和少量的干气，可供石油化工综合利用。例如，丁烯与异丁烷经烷基化反应可合成高辛烷值汽油组分，异丁烯与甲醇可合成重要化学品甲基叔丁基醚（MTBE），正丁烯可以直接氧化生产甲乙酮等，丙烯可以用来合成聚丙烯及丙烯腈等，干气中的乙烯可用于合成苯乙烯等，C_3、C_4还可用作民用液化气。

催化裂化过程不仅可生成气体、汽油、柴油等较小分子的产物，同时也发生缩合反应生成焦炭，沉积在催化剂表面使催化剂活性下降。经过一段时间的反应后，必须烧去沉积在催化剂上的焦炭以恢复催化剂的活性，此即再生过程。因此，催化裂化工艺过程一般由三部分组成，即反应—再生系统、分馏系统、吸收—稳定系统。对处理量较大、反应压力较高的装置，常常还有再生烟气的能量回收系统。

第五节 热 加 工

热加工过程是指依靠热的作用，将重质原料油转化成气体、轻质燃料油或焦炭的工艺过程，包括焦化、减黏裂化等，主要在渣油加工中使用。烃类在热的作用下主要发生两类反应：一类是吸热的裂化反应，另一类是放热的缩合反应。

一、焦化

焦化过程是以渣油为原料，在高温（480～550℃）下进行深度热裂化反应的一种热加工过程，其工业形式有延迟焦化、流化焦化等。反应产物有气体、汽油、柴油、蜡油和焦炭。焦化气体含有较多的甲烷、乙烷以及少量的乙烯、丙烯、丁烯等，可用作燃料或制氢原料等。焦化汽油和焦化柴油中不饱和烃含量高，且硫、氮含量也高，因此安定性很差，必须经过加氢精制等精制过程加工后才能作为发动机燃料。焦化蜡油主要是作为加氢裂化或催化裂化的原料，有时也用于调和燃料油。焦炭除了可用作燃料，还可用于高炉炼铁等。

二、减黏裂化

减黏裂化是一种以渣油为原料的浅度热裂化过程，其生产目的是把重质高黏度渣油通过浅度热裂化反应转化为较低黏度和较低倾点的燃料油，以达到燃料油的规格要求，或是减少掺入的轻馏分油的量。减黏裂化的目的主要是降低残渣燃料油的黏度、改善油品的倾点、最大量生产馏分油等。反应产物有气体、石脑油、瓦斯油和减黏渣油。

第六节　润滑油加工

原油通过常减压蒸馏得到的润滑油原料只是按馏分轻重或黏度大小加以切割，其中会含有许多影响油品黏度、安定性、色泽等的非理想组分，因此生产润滑油基础油的过程实质是除去润滑油原料中非理想组分的过程。

润滑油的原料为减压馏分油和渣油脱沥青油。减压馏分油需要经过溶剂精制、溶剂脱蜡以及白土精制（或加氢精制）等过程生产润滑油基础油，俗称"老三套"。从减压渣油制取高黏度润滑油须经过溶剂脱沥青得到脱沥青油、脱沥青油溶剂精制、溶剂脱蜡以及白土精制（或加氢精制）等过程，基础油加入各种添加剂按照一定的配方进行调和生产成品润滑油。

一、溶剂脱沥青

溶剂脱沥青是以液态的丙烷等小分子烃类为抽提溶剂，将渣油分离成脱沥青油和脱油沥青的工艺过程，其主要作用是除去渣油中的沥青以获得较低残炭值的脱沥青油并改善色泽。溶剂脱沥青工艺是从减压渣油制取高黏度润滑油基础油、催化裂化或加氢裂化原料油的重要加工过程，也是生产微晶蜡的关键环节。

当以小分子烷烃作溶剂时，渣油中分子量较小的饱和烃及芳烃较易溶解，而胶质和沥青质则较难溶解。因此，采用小分子烷烃作溶剂对渣油进行抽提时，可以把渣油中的饱和烃及芳烃提取出来，从而分离出胶质与沥青质。溶剂脱沥青工艺流程包括抽提和溶剂回收两部分。

二、溶剂精制

润滑油溶剂精制是采用合适的溶剂将润滑油馏分中非理想组分分离出来。对润滑油来说，非理想组分主要是芳香性较强的物质和极性较强的物质，而理想组分则是饱和分，因此需要选择对芳香性较强和极性较强物质的溶解能力强，而对饱和分溶解能力小的溶剂。目前，工业上润滑油溶剂精制使用的溶剂主要有糠醛、酚和 N- 甲基吡咯烷酮（NMP），我国大多采用糠醛作溶剂。糠醛精制的工艺流程主要分为三部分：抽提、提余液及提取液中的溶剂回收、糠醛—水溶液的处理。

三、溶剂脱蜡

由于含蜡原料油的轻重不同，以及产品对凝点的要求不同，脱蜡的方法有很多种，包括分子筛脱蜡、尿素脱蜡、溶剂脱蜡等。其中，分子筛脱蜡主要是将石油产品中的正构烷烃与非正构烷烃进行分离；尿素脱蜡只适用于低黏度油品；溶剂脱蜡适用性广，能处理各种馏分润滑油和残渣润滑油，因此绝大部分润滑油脱蜡都是采用溶剂脱蜡工艺。

在润滑油脱蜡时，由于降低温度使油品的黏度升高，不利于蜡结晶的扩散，因此在中质和重质润滑油脱蜡时，常在油中加入溶剂，使蜡所处介质的黏度减小，以便有利于生成规则的大颗粒的结晶,通过过滤分离、回收溶剂后,得到低凝点的脱蜡油和高熔点的蜡。工业溶剂脱蜡常用的溶剂为酮类和苯类的混合溶剂,其中最为广泛使用的是甲乙酮(丁酮)或丙酮与甲苯(或再加上苯)以各种比例配成的混合溶剂。酮苯脱蜡的工艺流程包括结晶系统、冷冻系统、过滤系统、溶剂回收系统和安全气系统。

四、白土补充精制

润滑油原料经溶剂精制、溶剂脱蜡后,仍可能含有未被除净的硫化物、氮化物、环烷酸、胶质和残留的极性溶剂,因此需进一步精制去除有害杂质。工业上常用的补充精制方法有白土补充精制和加氢补充精制两种。

白土是一种具有多孔结构、较大比表面积的优良吸附剂,用盐酸处理后可大大提高吸附活性,不仅吸附能力强,且选择性好。白土精制的原理是利用白土具有选择性吸附的特点,易吸附油品中的胶质、沥青质、残余溶剂等杂质,而对油的吸附能力较弱,从而达到油品精制的目的。

五、润滑油加氢

润滑油加氢是通过化学方法使润滑油原料中的非理想组分转变为理想组分,并脱除杂环化合物,因而基础油收率高,油品各项质量指标的改善更为明显。加氢补充精制一般用来代替白土补充精制,目的是脱除上游加工工序中残留的溶剂、易于脱除的氧化物、部分易脱除的硫化物、少量氮化物。润滑油异构脱蜡是指在专用分子筛催化剂的作用下,将高倾点的正构烷烃经异构化反应生成低倾点的支链烷烃。润滑油的异构脱蜡一般采用加氢处理—异构脱蜡—加氢补充精制加工流程。

第七节 精 制

由原油的常减压蒸馏、焦化、催化裂化等加工过程直接得到的液化石油气、汽油、航煤、柴油以及蜡油馏分,它们的性能还不能全面满足产品的质量标准要求,这就需要通过精制去除非理想组分和杂质来提高产品质量。石油产品的精制是从相应的石油馏分中除去硫化物、氮化物、氧化物,以及胶质和部分不饱和烃的过程。通常,油品精制分为加氢精制和非加氢精制。非加氢精制在油品的深度加工中起着非常重要的作用,主要包括化学精制、溶剂精制、吸附精制等。

一、化学精制

化学精制是使用化学药剂(如硫酸、氢氧化钠等)与油品中的一些杂质(如硫化物、氮化物、胶质、沥青质、烯烃和二烯烃等)发生化学反应,将杂质除去或使之转化的过程。液化气脱硫醇即属于化学精制过程。

二、溶剂精制

溶剂精制是利用某些溶剂对油品的理想组分和非理想组分溶解度的不同，选择性地从油品中抽提掉某些非理想组分，从而改善油品性质的过程。普通的溶剂抽提精制法所用溶剂一般是极性溶剂，通常包括糠醛、丙酮、低级醇类、二甲基亚砜、N-甲基吡咯烷酮、N,N-二甲基甲酰胺等，或是以上不同溶剂的复配体系。溶剂抽提精制法中，往往在有机溶剂中加入一定量的助剂，以提高溶剂的抽提效率。

三、吸附精制

吸附精制是利用一些固体吸附剂对油品中极性化合物有很强的吸附作用，脱除油品的颜色、气味，除掉油品中的硫化物、氮化物、水分、悬浮杂质、胶质、沥青质等极性物质的过程。吸附脱硫则是根据烃类和硫化物的分子极性、分子大小及构型不同，以及其他物理性质的不同，通过吸附剂选择性地对硫化物进行吸附脱除的过程。常用的吸附剂有活性炭、硅酸铝、硅胶、阳离子交换树脂、分子筛、天然或改性白土等。

润滑油传统生产过程的白土精制即属于吸附精制过程。此外，分子筛脱蜡也是一种吸附精制过程。

第八节 轻烃加工

石油气体包括天然气和炼厂气，是非常宝贵的气体资源，合理利用这些气体是提高炼厂经济效益和综合利用石油资源的重要环节。石油气体的利用主要有三个途径：一是直接作为燃料；二是生产高辛烷值汽油组分，如烷基化油、异构化油、高辛烷值醚类等；三是作为石油化工原料，生产合成橡胶、塑料、化学纤维、洗涤剂、溶剂、油漆、颜料、农药、医药和涂料等石油化工产品。

石油气体在使用和加工前需经过预处理，包括脱硫、脱CO_2、脱水等。石油气体经过预处理后，还要根据进一步加工过程对气体原料纯度的要求，进行分离得到单体烃或各种气体轻馏分。

一、烷基化

生产高辛烷值汽油的烷基化工艺主要是使用异构烷烃和轻烯烃两类原料，在反应中烷烃分子的活泼氢原子的位置被烯烃所取代的工艺过程。其中，最主要的异构烷烃是异丁烷，而轻烯烃主要是丁烯，包括异丁烯、1-丁烯、2-丁烯等异构体，也有丙烯、戊烯等。烷基化所使用的原料和催化剂不同，反应和产物则也有所不同。

烷基化主要产物是异辛烷和其他烃类组成的混合物，这种混合物称为烷基化油。烷基化油的抗爆性好，研究法辛烷值可达96，马达法辛烷值可达94，敏感度高，蒸气压低，几乎不含芳烃、烯烃和硫，是理想的高辛烷值清洁汽油调和组分。

目前，烷基化反应常用的催化剂除浓硫酸和氢氟酸外，还有离子液体、固体酸等新型环保催化剂。

二、异构化

异构化过程是在一定的反应条件和催化剂存在下，将正构烷烃变为异构烷烃的过程。工业上主要用 C_5、C_6 烃类为原料，生成支链化合物，如异戊烷、异己烷等，可有效提高辛烷值，且其产品不增加烯烃和芳烃的含量，是优良的高辛烷值汽油调和组分。但由于 C_5、C_6 异构烷烃比正构烷烃沸点低、蒸气压高，在调和过程中要根据调和汽油饱和蒸气压的限定值控制调入比例。

三、甲基叔丁基醚（MTBE）

MTBE 的辛烷值高，与烃类完全互溶，具有良好的化学稳定性，蒸气压不高，综合性能优良，是目前广泛采用的高辛烷值汽油调和组分。MTBE 不仅能有效提高汽油辛烷值，而且还能降低排气中 CO 的含量，同时降低汽油生产成本。但由于 MTBE 会污染地下水源，近些年来一些国家开始限制在汽油中添加 MTBE 等醚类化合物。MTBE 除了作为汽油调和组分，也是由炼厂气生成高纯异丁烯的重要中间产物。

本章小结

石油加工过程是将复杂的混合物通过物理和化学过程生产出人类生产生活所需的各种石油和石化产品的过程。本章概述了主要的石油加工工艺，随着石化产品市场需求的变化以及环保法规日趋严格，石油加工的技术也在不断发展进步，产生了一些突破性的变革。了解掌握各种炼油工艺的原理，有利于更好地理解不同石油加工过程内各单元组成的合理性和必要性，进而组合成一个使原油得到高效、合理利用的总加工流程。

第三章　石油加工流程及配套系统

从原油生产出各种石油产品必须经过多个物理及化学的炼油过程，通常每个炼油过程相对独立地自成为一个炼油生产装置。炼油生产装置是由一系列的加热炉、塔、反应器、机泵及自动检测和控制仪表等工艺设备按照一定的工艺技术要求组合而成的。为保证炼油生产的正常进行，炼厂还必须有完备的辅助设施，如供电、供水、供气、污染防治、储运等系统。针对不同性质的原油资源，通常综合考虑原油性质、装置规模、可选择的工艺技术、厂址条件、投资强度、经济效益等因素，通过综合比选确定全厂加工流程。加工原油的性质不同，所适宜的加工方案也不同。

第一节　炼油生产装置

炼油生产装置按生产功能可大致分为原油分离装置、重油轻质化装置、油品改质及油品精制装置、轻烃加工装置、油品调和装置、制氢装置、硫黄回收装置7类。

一、原油分离装置

一次加工装置即常减压蒸馏装置，将原油分离为多个馏分油和渣油。在此装置中还应设有原油脱盐脱水设施。

二、重油轻质化装置

为提高轻质油品收率，须将部分或全部减压馏分油及渣油转化为轻质油，包括催化裂化装置、加氢裂化装置、延迟焦化装置等。

三、油品改质及油品精制装置

此类装置的作用是提高油品质量以达到产品质量指标的要求，如催化重整、加氢精制、电化学精制、溶剂精制、氧化沥青等装置。加氢处理、减黏裂化装置也可归入此类。

四、轻烃加工装置

包括气体分离、气体脱硫、烷基化、C_5/C_6 异构化、MTBE 等装置。

五、油品调和装置

油品在使用、储存、运输等过程中常会出现某些质量不合格的现象，为了达到产品质量要求，通常需要进行油品调和。油品调和有两种类型：一是油品组分之间的调和，即将各种油品的基础组分按照经试验确定的配方比例调和成基础油或成品油；二是基础油与添加剂之间的调和。油品调和是炼化企业石油产品出厂前的最后一道工序。炼厂中通常采用油罐调和和管道调和两类方法，以便使各调和组分混合均匀。油罐调和适用于批量不大的成品油调和，而管道调和适用于大批量调和。

六、制氢装置

炼油厂中由于加氢过程的耗氢量大，催化重整装置的副产氢气不敷使用，需要建立专门的制氢装置。

七、硫黄回收装置

硫黄回收装置的作用是将含 H_2S 等有毒含硫气体中的硫化物转变为单质硫。

第二节 炼油企业典型加工流程

设计炼厂时，需要根据原油特性、市场需求、技术水平、经济效益等来选择原油的加工方案，即生产何种产品以及使用何种加工过程来生产产品，因此各炼厂的原油加工流程并不相同。不同性质的原油，应采用不同的加工方法生产适当产品，才能使原油得到合理利用。根据各炼厂主要产品的不同，炼厂的原油加工方案一般分为三种类型，即燃料型、燃料—润滑油型和燃料—化工型。

一、燃料型加工方案

燃料型加工方案主要生产汽油、煤油、柴油和燃料油等用作燃料的产品。减压馏分油和减压渣油除了生产部分重质燃料油，还通过各种轻质化过程转化为各种轻质燃料。不同类别的原油加工方案不同，即使是同一类原油，加工方案也有所不同。

常减压蒸馏是石油炼制过程的第一道工序，它根据原油组成各馏分沸点范围不同，经过加热、汽化、分馏和冷却等工序的连续运行，将原油分离成汽油馏分、煤油馏分、柴油馏分、减压蜡油馏分及渣油等各种石油馏分。

对于金属含量较少的原油，可以采用如图 3-1 所示的加工方案，原油仅进行常压蒸馏，而不进行减压蒸馏，得到的石脑油采用催化重整生产高辛烷值汽油；煤油馏分经过加氢精制生产航煤；柴油馏分可以和催化裂化柴油混合加氢处理；常压渣油可经过催化裂化生产液化气、汽油和柴油，催化汽油通过加氢脱硫等工艺进行精制。

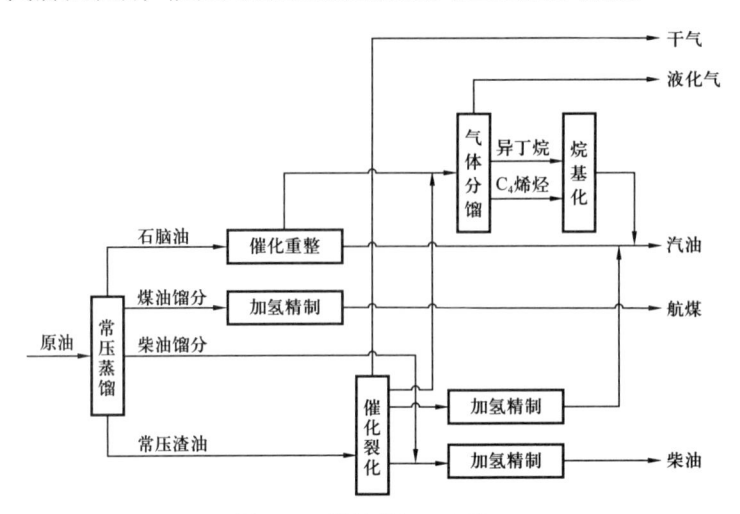

图 3-1 燃料型加工方案 1

对于较重的中间基和环烷基原油，其减压馏分油催化裂化反应性能较差，因此需要采用加氢裂化工艺加工，能够显著提升轻质油产率，典型的加工方案如图 3-2 所示。加氢裂化的汽油可作为汽油调和组分，或作为催化重整原料；加氢裂化的柴油可作为车用柴油调和组分。延迟焦化适用于各种渣油，生产液化气、石脑油、柴油、焦化蜡油和焦炭，焦化石脑油经加氢处理可作为催化重整原料，焦化柴油经加氢处理可作为车用柴油调和组分，焦化蜡油经加氢处理后可作为催化裂化原料。

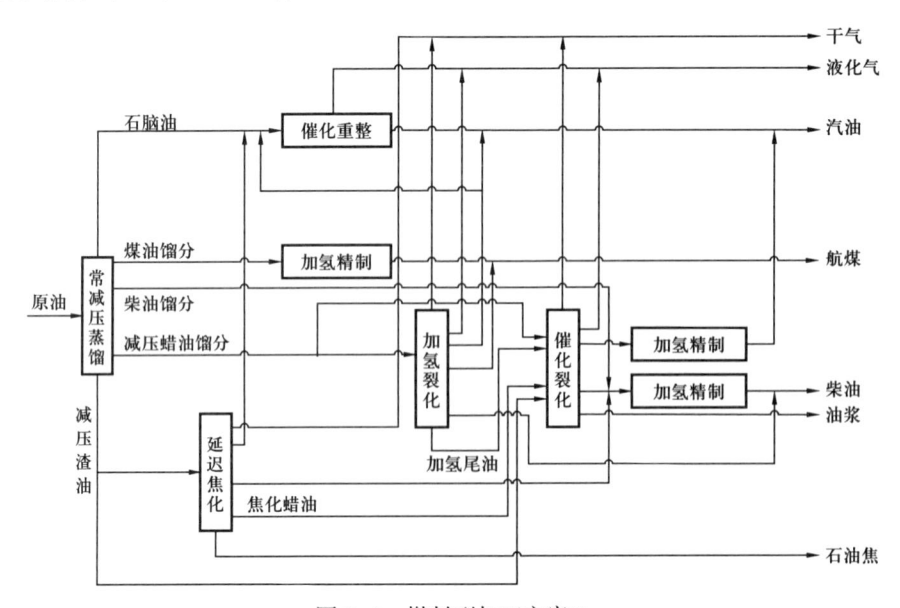

图 3-2 燃料型加工方案 2

二、燃料—润滑油型加工方案

对于石蜡基原油，如低硫石蜡基的大庆原油，适合采用如图 3-3 所示的燃料—润滑油型加工方案。燃料—润滑油型加工方案除了生产燃料产品，部分或大部分减压馏分油和减压渣油还用于生产各种润滑油产品。它与燃料型加工方案的主要差别在于减压蜡油馏分不仅用来作为催化裂化原料，还有一部分经糠醛精制、酮苯脱蜡以及白土精制后用于生产润滑油的基础油；此外，减压渣油还可经延迟焦化，生产特色产品低硫石油焦。

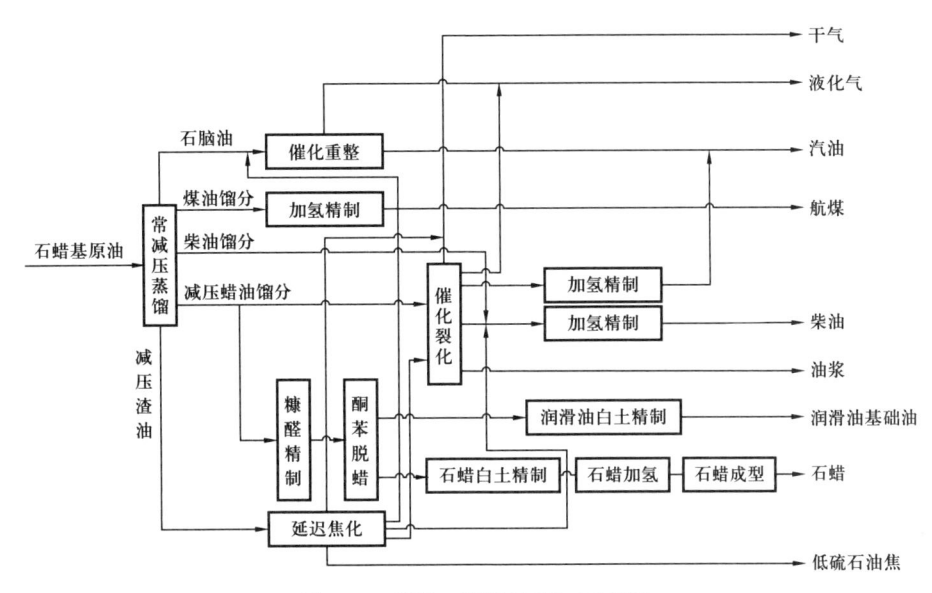

图 3-3 燃料—润滑油型加工方案

三、燃料—化工型加工方案

燃料—化工型加工方案除生产各种石油燃料以外，还利用催化重整装置生产苯、甲苯、二甲苯，利用催化裂化气体生产丙烯、丁烯等化工原料，加工成合成纤维、合成塑料、合成橡胶、合成氨以及各种有机溶剂等化工产品。

典型的燃料—化工型加工方案如图 3-4 所示。目前，炼厂已逐渐从单纯生产石油产品的工厂转变为综合利用石油资源的炼油化工一体化企业，许多炼厂的加工方案都考虑同时生产化工产品，只是其程度因原油性质和其他具体条件不同而有所差异，有的是最大化生产化工产品，有的则是予以兼顾。燃料—化工型加工方案体现了充分合理利用石油资源的要求，是提高炼厂经济效益的重要途径，也是石油加工的发展方向。

在实际生产过程中，各炼厂加工方案并不严格区分，而是多样化的，可根据加工原油性质、市场要求及经济效益等进行灵活组合。

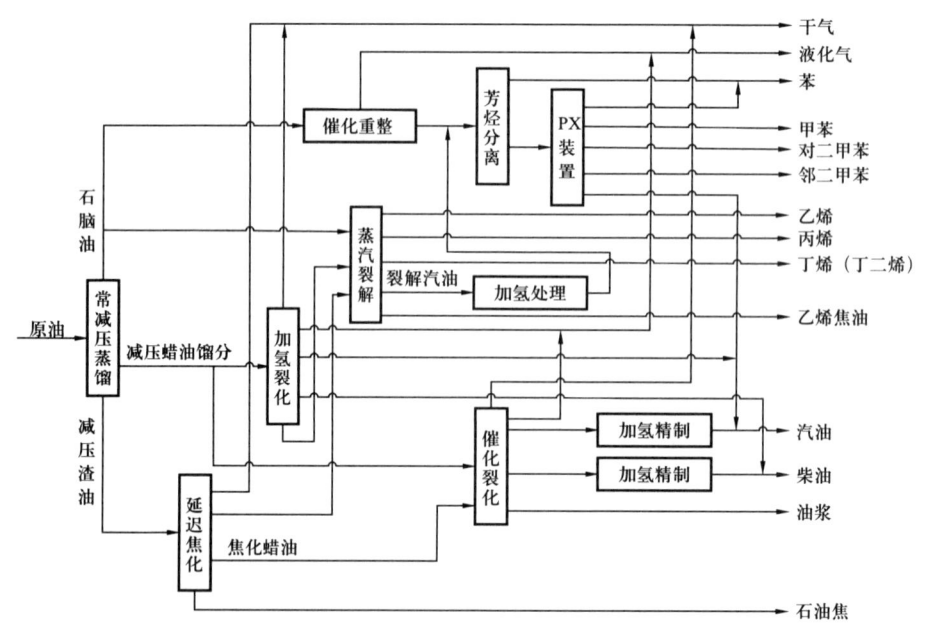

图 3-4 燃料—化工型加工方案

第三节　炼油公用工程及辅助设施

除了前文介绍的各种炼油生产装置，辅助系统和公用工程也是炼油企业整个生产过程的重要组成部分，以下进行简要介绍。

一、动力系统

动力系统主要负责炼油生产装置及炼油企业生产、生活所需的水、电、汽、风、氮等动力能源的供应和管理，主要组成部分包括水、电、汽、风、氮等系统。

1. 供电系统

多数炼油化工企业使用外来高压电源，炼厂应有降低电压的变压站以及分配用电的配电站。供电系统主要由进线（如 110kV 进线、35kV 进线等）、供电网络、变电所（如 6kV 变电所、380V 变电所等）、配电间、配电变压器、发电机组（如背压发电机组、能量回收利用发电机组等）等组成，为各炼油生产装置的机动设备和生产、生活照明等提供电力。

2. 蒸汽系统

蒸汽系统主要由蒸汽锅炉和蒸汽管网组成，主要原料为除氧水，通过加热产出蒸汽来供应全厂的工艺用蒸汽、吹扫用蒸汽、动力用蒸汽等，也可作为输送介质、伴热热源和消防用汽。一般炼油企业通过向热电厂等供热单位购入蒸汽来满足生产需要；多数炼油企业通过自备锅炉生产蒸汽为生产装置供汽；此外，重油催化、制氢、催化裂化等热输出装置为做好热量平衡、节约能源，一般都配有余热锅炉产汽供装置自用，少量输入全厂蒸汽管网,平衡全厂用汽。炼油企业在生产过程中需要用到大量不同压力等级的蒸汽,按供汽压力一般分为超高压、高压、中压、低压、乏汽五个等级。其中,乏汽指 0.4MPa 级蒸汽,主要是回收全厂往复泵排出的蒸汽和部分装置汽水分离设备产生的少量二次蒸汽。

3. 供水系统

炼厂用水主要包括冷凝冷却、发生蒸汽、洗涤产品、冲洗管线设备、消防以及生活用水等。典型的炼厂水系统包括新鲜水系统、生活水系统、循环冷却水系统、消防水系统和化学水系统。新鲜水系统主要由水源、泵站和管网组成,水源一般由当地水厂供给,通过专门的输水线送入炼厂。生活水系统中生活水也由当地水厂供给,通过专用管线送入炼厂。大量的冷却用水需要循环使用,因此还应设有循环冷却水系统。循环冷却水系统中一般设有循环水场,通过机泵和专用管线采用自流回水或压力回水方式进行循环,其原料主要为新鲜水和经处理后的雨水、污水等,通过药剂去除菌类、杂质等输送至各使用单位并回收冷却进行再利用,主要供生产装置换热用。消防水是指在消防系统中用于灭火和其他紧急情况的水,消防水系统一般不独立进行统计核算,纳入新鲜水系统管理。化学水系统指除盐水系统,主要供给炼厂锅炉(除氧水)、湿式空冷、机泵冷却等生产装置的工艺用水,包括除盐水生产装置及除盐水线,其原料主要为新鲜水、凝结水(各生产装置及辅助系统蒸汽换热后产生的冷凝水)和经处理后的雨水、污水等,通过物理过滤、离子交换等措施,去除水中杂质(如盐、有机物、胶体和金属离子),生产一级及二级除盐水。

生产用水来自江河或地下,常含酸、H^+、碳酸盐、H_2S、NH_3、Ca^{2+}、Mg^{2+}、石英砂等;同时,固体杂质在水中呈悬浮状或溶解在水中。为满足炼油生产的需要,要进行新鲜水的净化处理,使其适用于装置换热系统与锅炉给水。典型的水处理步骤如下:

(1)澄清分离。在澄清池内,大的悬浮固体靠重力进行沉降分离,小的颗粒或胶态固体不能用重力法分离。在澄清池内加硫酸铝或氯化铁等凝聚剂可促使小悬浮固体外面包围的离子剥离,再通过加絮凝剂的方法促使小颗粒絮凝成大颗粒从而加速沉降。

(2)过滤。从澄清池引出的水中仍含有少量悬浮固体要通过过滤器进行分离。过滤器可按过滤介质分类,如颗粒状、活性炭、滤筒或超滤器。通常可采用多种介质,如表面层用无烟煤,较深层用石英砂、金刚砂等既重又细的介质。这类多介质过滤器可延长运行周期。颗粒活性炭可吸附氯、有机物和 H_2S。滤筒式过滤器可脱除很细的悬浮体,适用于处理锅炉给水。超滤器用分子筛膜作为过滤介质,可生产超纯水。

(3)反渗透与离子交换法脱除矿物质。反渗透系统可脱除离子型与非离子型的溶于水固体。该系统内主要部件是半透性膜,可使水通过膜,而将溶于水的固体物挡在外面从而脱除部分矿物质。离子交换系统几乎可脱除全部溶于水的固体物。低浓度离子的锅炉给水可控制锅炉与冷凝水系统高压力与温度环境下的腐蚀。由于水中有阳离子与阴离子,需要用强酸阳离子与强碱阴离子两种类型树脂。

(4)脱气。脱气器用于脱除水中溶解的 CO_2 与 O_2。其中,真空脱气器用于脱除被溶解的 O_2,而强制抽风脱气器用于脱除 CO_2。

4. 供风系统

供风系统的主要组成是空压站。空压站以空气为原料,通过离心式压缩机压缩后经冷却脱水向炼厂供风。其中，净化风主要用于驱动仪表系统；非净化风主要用于提供 O_2、疏通设备和检修期间的吹扫、置换等。

5. 供氮系统

炼厂一般设有空分车间负责风、氮供应。以空气为原料，通过专用空分设备和制氮装置过滤去除空气中的灰尘、机械杂质，经压缩、吸附分离后生产纯度为 99.999% 的氮气，最后通过全厂氮气输送管线组成整个供氮系统。氮气主要作为保护气体和吹扫气体使用，还可作为部分装置（如重整、聚丙烯装置）催化剂的再生气。

二、储运系统

储运系统主要指原油及产品的输油管或铁路装卸站、原油储罐区、产品储罐区等，一般由原油输转、成品油调和、成品油及气体输转等部分构成，主要承担原油接卸、储存、输转，汽油、煤油、柴油等大宗石油产品的调和、储存、输转及各类成品的装车出厂工作。储运系统主要包括原油储存、液体原材料及产品储存、固体原材料及产品储存、气体储存、铁路运输、汽车运输、轮船运输、管道运输系统。

原油输转工作包括原油的进厂、接卸、储存、脱水等，保证向常减压蒸馏装置提供合格的加工原料；成品油调和及输转工作包括汽油、煤油、柴油的调和、输转以及燃料油、溶剂油、苯类产品的储存、输转和大宗石油产品（汽油、煤油、柴油、溶剂油以及重油、沥青、苯类等）的铁路槽车灌装、计量、汽车零提、过磅出厂等。

三、生产维修系统

为了确保生产装置长周期安全稳定运行，生产装置检维修一般分为装置停工大检修、日常检维修、临时抢修三类。生产维修系统包括设备维修、电气维修、仪表维修、建筑维修系统和其他维修系统。设备维修系统主要包括各类加热炉、塔设备、反应器、压缩机及泵设备、换热器、储罐、管道和管件等的维修。电气维修系统包括全厂范围内的输变电系统和机泵等设备电气部分的维护、检修，以及设备检修时电气部分的拆装。仪表维修系统包括全厂范围内的所有设备仪表部分的维护、维修、校验以及其他项目检修时仪表部分的拆装。

四、污染防治系统

炼油化工生产过程中不可避免地会产生各种废水、废气和废渣（"三废"），为了保护环境，必须对"三废"进行处理，达到国家规定标准后排放或供其他装置再利用。

1. 废水处理

炼油过程中，原油或产品直接或间接与水体（水或蒸汽等）接触，所含有的有机化合物、无机化合物会以不同的比例分配进水体造成污染，形成废水排出。这类废水可通过处理后进行回用，工程上称为污水。炼油污水没有严格统一的分类标准，根据来源可分为生产污水、生活污水和清净下水三大类。

生产污水主要有含油污水、含硫污水、含盐污水三种类型。含硫污水中硫化物、氨氮负荷极高，需先进行汽提预处理去除 H_2S 和氨氮后，净化水才能回用或送至综合污水处理厂。含盐污水可预处理后与其他污水混合排入综合污水场，也可以单独进行达标处理，设置多级物化、生化和深度处理工艺，保障出水达标。由于出水含盐量仍然较高，需要设置脱盐工艺才能实现回用。生活污水主要来源于炼油企业内部生活辅助设施的排水，通常排入综合污水处理场。清净下水包括循环冷却水排污水、化学水制水排污水、蒸汽发生器排污水、余热锅炉排污水等。清净下水的污染程度较轻，满足国家或地方排放标准后可以排放。

2. 废气处理

由于炼油过程废气的来源不同，其组成和性质也各不相同，需要采取不同的方式加以处理。对于加氢精制、加氢裂化、催化裂化等装置产生的含硫气体，需经过脱硫处理，脱出的酸性气经硫黄回收后才能排放。对于加热炉及锅炉燃烧过程中产生的废气，常用石灰/石灰石浆液洗涤法进行烟气脱硫。对于氧化沥青尾气，需先采用水洗或油洗等方法除去油气后通入焚烧炉进行燃烧。对于催化裂化装置再生器排出的含催化剂颗粒物的废气，一般使用旋风分离器回收催化剂循环利用。

3. 废渣处理

炼油过程产生的固体废物主要来自生产工艺本身及污水处理设施，主要有废酸渣、废碱渣、废白土渣、各种废催化剂，以及污水处理厂的池底泥、浮渣和剩余活性污泥等。对于酸渣、碱渣，主要是通过各种化学方法回收其中的有用组分，进行无害化处理。对于废催化剂，对其进行再生，当再生催化剂的活性无法满足使用要求后，再考虑资源化、无害化处置。对于池底泥、浮渣，可按不同比例掺入黏土中制成砖坯进行焙烧，其砖的抗压强度符合国家标准。在浮渣中加入适量硫酸还可作为污水浮选处理的浮选剂。对于剩余活性污泥，一般进行浓缩、脱水、焚烧，将污泥热分解，经氧化变成体积小、毒性低的炉渣。

五、检验计量系统

检验计量系统包括质量检验、计量检测系统。油品的质量检验主要对油品外观及主要性质进行分析和测试。质量检验系统需依据相关产品标准和污染物排放标准要求，配备满足分析试验方法要求的计量器具，如检测汽油干点、航煤冰点、轻柴油闪点、柴油倾点或全馏程等。采用的测量方法包括滴液法、冷堆法、加热蒸气法等。

本章小结

石油加工是复杂的系统工程，包括主要生产装置、公用工程系统、辅助生产系统等。原油的加工路线也千差万别，应综合考虑原油性质和适应市场需求的目标产品结构等因素，以选择合适的加工路线。本章仅简单介绍了几种典型的加工流程，但实际上，每个炼厂的加工流程都是独特的，这些流程的复杂性和差异性给炼油企业的成本核算与管理工作带来了极大的挑战。

第四章　炼油成本核算主要方法与内容

随着市场竞争日趋多元化和复杂化，企业对资源优化和成本控制的需求愈发迫切。在这样的背景下，提供清晰、准确、及时且客观的成本信息成为企业获取低成本竞争优势的首要条件。成本核算作为财务管理的核心工作，在这一过程中扮演着至关重要的角色，其质量不仅直接关系到企业的资源配置和成本控制，更会影响企业市场竞争地位与发展能力。因此，企业应当高度重视会计成本核算工作，不断提升其准确性、及时性和透明度，发挥其在企业决策制定、资源配置和价值创造中的重要作用。本章将介绍成本核算的一般程序，并在此基础上，结合炼油企业成本核算特点，依次从基本生产成本核算、辅助生产成本核算、税金及附加核算和期间费用核算等方面展开详述。

第一节　成本核算的一般程序

成本核算是指将企业在生产经营过程中发生的各种费用，按照一定的对象和标准进行归集和分配，以计算总成本和单位成本。进行成本核算是成本会计最基本的职能，也是实施成本管理的重要基础。

一、做好成本核算的基本要求

成本核算所提供的信息，既是企业正确计算利润的基础性信息，同时也是企业进行预测、决策和日常管理的重要依据。因此，本着"算为管用"的原则，按照企业会计准则、企业成本核算制度等法规制度的要求以及企业管理的需要，对生产经营过程中实际发生的各种劳动耗费进行计算分配，并进行相应的账务处理，提供真实、有用的成本信息，以满足企业对外报告和内部管理的需要，是成本核算应完成的基本任务。

为了正确计算产品成本，提供有用的成本信息，充分发挥成本核算的作用，企业在成本核算中，应贯彻执行以下要求。

1. 做好各项基础工作

企业应组织各职能部门，加强成本审核和控制，正确及时地核算成本，并做好以下基础工作。

1）建立和健全各项原始记录

原始记录是企业最初记载各项业务实际情况的书面凭证，如设备运转记录、收料单、领料单、各种发票和账单、在产品和半成品的转移记录等。原始记录是反映企业各项生产经营活动的第一手资料，同时也是企业进行成本预测、编制成本计划、进行成本核算、分析消耗定额和成本计划执行情况的依据。因此，财务部门要和其他部门共同建立起科学合理、经济有效、切实可行的原始记录制度，为进行成本核算提供良好基础。

2）做好各项材料物资的核算工作

成本核算以价值形式来核算企业生产经营中的各项费用，而价值核算又以实物计量为基础。因此要正确计算成本，就必须做好各项材料物资的计量、收发、领退和盘点工作。凡是材料物资的收发、领退等，均应填制相应的原始凭证，办理审批手续，并严格计量和验收。对存货要进行定期或不定期的清查盘点，并及时对盘点的损益进行处理。这样不仅有利于企业材料物资的安全完整，也有利于保证成本计算的准确性。

对于原始凭证的记录方式，企业可以依据自身信息化发展程度进行适当调整。信息化水平高的企业可以通过内部信息资源共享，实现会计信息系统的自动记账，并将审核规则嵌入会计信息系统，由计算机自动审核；而信息化水平低的企业可以选择先导出企业经营数据，经过格式转换、分类汇总等人工处理后再导入或输入会计信息系统。

3）做好定额的制定和修订工作

消耗定额（如材料消耗定额等）是产品消耗某项资源应达到的数量标准。在计算产品成本时，往往将产品的原材料和工时定额消耗量作为分配实际费用的标准。因此，企业必须建立和健全定额管理制度，并随着生产的发展、技术的进步和劳动生产率的提高，及时对定额进行修订，以保证定额的先进、合理、切实可行。

4）做好各项材料物资的计价和价值结转方法的制定和修订工作

企业的生产经营过程，同时也是材料物资的耗费过程。例如，在企业的生产中，原材料等实物形态逐渐转变为在产品、半成品和产成品形态，同时直接材料、直接人工和制造费用等价值也逐渐转移到产成品中。因此，材料物资的计价和价值结转方法对企业成本核算产生重要影响。企业需要根据会计准则和自身实际情况，正确确定材料物资的计价和价值结转方法，例如固定资产折旧方法、存货进出计价方法等。方法一经确定，应保持相对稳定，不能随意改变，以保证成本信息的可比性。

2. 正确划分各种费用界限

为正确计算产品成本，必须正确划分以下 5 个方面的费用界限。

（1）正确划分应否计入产品成本、期间费用的界限。

这一划分的重点在于"应否计入"，由于企业在生产经营过程中发生的费用多种多样，其用途不尽相同，企业应该按照有关法规、制度的要求，在不同渠道予以列支。例如，企业用于产品生产和销售、用于组织和管理生产经营活动，以及为筹集生产经营资金所发生的各项支出，应计入产品成本或期间费用；企业支付的各种滞纳金、赔款、捐赠和赞助款等则应计入营业外支出，不应计入产品成本或期间费用。因此，企业必须正确划分应否计入产品成本、期间费用的界限，防止一切乱挤成本和少计成本的错误做法。

（2）正确划分生产费用和期间费用的界限。

企业日常生产经营中所发生的各项耗费，其用途和计入损益的时间有所不同。用于产品生产的费用形成产品成本，随着产品实物的转移而结转，在产品销售以后转换为产品销售成本进入当期损益；而当月发生的各项期间费用则直接计入当期损益。因此，混淆生产费用和期间费用会影响成本和利润的真实性。

（3）正确划分本期费用与以后期间费用的界限。

企业的成本核算与损益计算是建立在权责发生制基础上的。本期支付，但属于本期及以后各期受益的费用，应在受益的各期之间合理分摊计入成本；本期虽未支付，但本期已受益，应由本期承担的费用，应预先计提入本期成本。正确划分各期费用界限，有利于防止人为调节各期成本费用，进而调节利润的行为。

（4）正确划分各种产品的费用界限。

在生产多种产品的情况下，企业应划清各种产品之间的费用界限。对于某种产品单独发生的费用，应直接计入该种产品的成本；对于应由几种产品共同承担的费用，应根据受益原则分摊。正确计算各种产品的成本，才能为成本预测、决策、分析和考核提供有用的信息。

（5）正确划分完工产品与在产品的费用界限。

对于既有完工产品又有在产品的产品，企业应当采取适当方法，例如约当产量法、定额比例法等，恰当确定完工产品和在产品的实际成本。其成本计算方法一经确定，不应随意更改。企业不得人为地任意提高或降低在产品成本，以保证成本计算的正确性。

3. 规范划分成本核算的范围和口径

规范、统一的成本核算范围和口径是确保核算结果准确性的重要基础。企业应制定统一的成本核算标准，减少因核算范围和口径不一致而导致的误解和冲突。通过规范成本核算范围和口径，企业可以更加准确地识别和分析各项成本的来源和构成，从而找出成本控制的关键点和薄弱环节，提高成本控制的效率。统一装置成本核算范围和口径的内容详见本章第三节"八、装置成本核算口径"。

4. 采用适当的成本计算方法

产品成本的计算，关键是选择适当的产品成本计算方法。一个适当的成本计算方法，应当既与产品生产特点相匹配，同时所提供的核算资料又能满足管理的需求。目前，企业常用的产品成本计算方法有品种法、分批法、分步法等，具体的成本计算方法详见本节"四、成本核算的基本方法"。

5. 加强对费用的审核与控制

成本核算不仅要对已经发生的各项费用支出进行事后核算，同时也需要企业根据国家法规、制度和企业的成本计划与产品的各项消耗定额，对各项费用支出进行事前、事中的审核和控制，并及时进行信息反馈，以保证各项费用支出的真实性、合规性和合理性。

6. 综合运用会计信息化手段

会计信息化可以提高财务工作的效率和水平，为企业提供准确的成本信息以支持科学决策。企业可以通过引入先进的成本核算软件和信息系统，实现成本核算的自动化和智能化，提高核算的准确性和效率。同时，企业也可以通过信息化工具更加高效地处理和分析财务数据，为企业的成本管理提供有力支持。

二、成本的分类

成本的含义有广义与狭义之分。广义的成本泛指为达到一定目的而发生的资源耗费，而狭义的成本专指对象化的耗费，也就是分配到成本核算对象上的耗费。费用是指企业在日常活动中发生的、会导致所有者权益减少的、与向所有者分配利润无关的经济利益的总流出，它与一定的会计期间相联系，与生产哪一种产品无关。工业企业生产经营中的耗费是多种多样的，为了科学地进行成本核算与管理工作，正确计算产品成本和期间费用，需要按不同的标准对成本进行分类。本书所提及的成本是基于广义的成本概念，是就企业生产经营过程中发生的全部耗费而言的。

1. 按经济性质分类

企业的生产经营过程是劳动对象、劳动手段和活劳动的耗费过程。因此，成本按其经济性质分类，可以划分为劳动对象的耗费、劳动手段的耗费和活劳动的耗费。在实务中，成本可按照要素进一步划分为以下几类：

（1）外购材料，是指企业为进行生产经营而耗用的一切从外部购入的原料及主要材料、半成品、辅助材料、包装物、修理用备件和低值易耗品等。

（2）外购燃料，是指企业为进行生产经营而耗用的一切从外部购入的各种固体、液体和气体燃料。

（3）外购动力，是指企业为进行生产经营而耗用的一切从外部购入的各种动力。

（4）职工薪酬，是指企业为进行生产经营而发生的各种职工薪酬。

（5）折旧费，是指企业按照规定的固定资产折旧方法，对用于生产经营的固定资产所计算提取的折旧费用。

（6）修理费，是指企业在生产经营过程中发生的各种修理费用。

（7）税金，是指企业在生产经营过程中承担的各项税费，例如消费税、房产税、印花税、车船税等。

（8）其他支出，是指不属于以上各要素但应计入产品成本或期间费用的支出，如通信费、差旅费、租赁费、外部加工费等。

2. 按经济用途分类

企业在生产经营中发生的成本，首先可以分为计入产品成本的生产费用和直接计入当期损益的期间费用两类。下面分别介绍这两类成本按照经济用途的进一步分类。

1）生产费用按经济用途分类

计入产品成本的生产费用在产品生产过程中的用途不尽相同，包括直接材料、直接燃料和动力、直接人工和制造费用。

（1）直接材料，是指直接用于产品生产、构成产品实体的原料、主要材料、外购半成品以及有助于产品形成的辅助材料和其他直接材料。

（2）直接燃料和动力，是指直接用于产品生产的各种自制和外购的燃料和动力。

（3）直接人工，是指直接从事产品生产的工人工资以及按生产工人工资总额和规定比例计算提取的职工福利费等。

（4）制造费用，是指为生产产品和提供劳务所发生的各项间接费用，包括企业生产部门（如生产车间）管理人员的职工薪酬、固定资产折旧费、取暖费、水电费、办公费、劳动保护费以及其他制造费用。

企业可以根据自身生产特点和管理要求对上述成本项目做适当调整，对于管理上需要单独反映、控制和考核的费用，以及产品成本中比重较大的费用，应专设成本项目。

2）期间费用按经济用途分类

企业的期间费用按照经济用途可以分为销售费用、管理费用、研发费用和财务费用。

（1）销售费用，是指企业在销售过程中发生的各项费用，包括企业在销售商品过程中发生的保险费、包装费、展览费和广告费、商品维修费、装卸费等，以及为销售本企业产品而专设的销售机构的职工薪酬、业务费、折旧费等。

（2）管理费用，是指企业为组织和管理企业生产经营所发生的各项费用，包括企业在筹建期间发生的开办费、董事会和行政管理部门在企业经营管理中所发生的或者应当由企业统一负担的公司经费（包括行政管理部门职工薪酬、机物料消耗、低值易耗品摊销、办公费和差旅费等）、工会经费、董事会费（包括董事会成员津贴、会议费和差旅费等）、聘请中介机构费、咨询费（含顾问费）、诉讼费、业务招待费、技术转让费、排污费、行政管理部门等发生的固定资产修理费用以及应缴纳的残疾人就业保障金等。

（3）研发费用，是指企业进行研究与开发过程中发生的费用化支出，以及计入管理费用的自行开发无形资产的摊销金额。

（4）财务费用，是指企业为筹集生产经营所需资金而发生的应予以费用化的筹资费用，包括利息支出（减利息收入）、汇兑损益、金融机构手续费、租赁负债在租赁期内各期间的利息费用以及其他财务费用等。

3. 按成本性态分类

按照成本性态可将成本分为变动成本和固定成本两类。

1）变动成本

变动成本指的是在相关范围内成本总额随业务量的变动成正比例增减变化的成本，例如炼油企业生产耗用的直接材料和辅助材料等。但对于单位产品成本而言，变动成本通常是不变的。

2）固定成本

固定成本指的是在相关范围内其总额不随业务量的增减而发生变动的成本，例如炼油企业的人工成本、设备折旧及其他制造费用等。但对于单位产品成本来说，固定成本随产量的变动成反比例变动，即产量增加，分摊在单位产品上的固定成本会减少。

在实际工作中，有些成本兼有固定成本和变动成本两种形态，这类成本称为混合成本，例如炼油企业生产过程中耗用的燃料和动力。混合成本可进一步分为半固定成本和半变动成本。半固定成本指的是总数额依次在不同产量水平上保持相对稳定的有关成本，例如产品检验人员和运货人员的工资等。半变动成本指的是总数额在无产品产出时为某一特定值，当有产品产出时则随产量增减做相应变动的有关成本，例如机器设备的维修费、热处理设备能源耗费等。

在成本会计实务中，可以利用一些方法（例如高低点法、回归分析法等）将混合成本区分为变动成本和固定成本。因此，按照成本性态分类，从根本上讲只有变动成本和固定成本两类。

此外，成本还有其他的分类方法，例如按照计入成本对象方式的不同可分为直接成本和间接成本。

三、成本核算的基本步骤和主要会计科目

为保证成本核算的准确性，财务人员需要遵循一系列基本步骤，并运用适当的会计科目进行规范化的成本核算，确保核算结果的可靠性和有效性，从而为企业决策提供有力支持。

1. 成本核算的基本步骤

成本核算的基本步骤应按照成本核算的要求，将企业在生产经营过程中发生的各项生产费用和期间费用逐步进行归集和分配，最后计算出各种产品的生产成本和各项费用。成本核算的基本步骤如下：

（1）确定成本核算对象。

成本核算对象是归集和分配生产费用的具体对象，即生产费用承担的客体。确定成本核算对象是设立成本明细分类账户、归集和分配生产费用以及正确计算成本的前提。因此，进行成本核算，必须首先确定成本核算对象。

由于产品工艺、生产方式、成本管理要求等不同，具体的成本核算对象应根据企业生产经营特点和管理要求加以确定。一般情况下，对制造业而言，大量、大批单步骤生产产品或管理上不要求提供有关生产步骤成本信息的，以产品品种为成本核算对象；小批单件生产产品的，以每批或每件产品为成本核算对象；多步骤连续加工产品且管理上要求提供有关生产步骤信息的，以每种产品及各生产步骤为成本核算对象；产品规格繁多的，可将产品结构、耗用原材料和工艺过程基本相同的各种产品，适当合并作为成本核算对象。成本核算对象确定后，各种会计、技术资料的归集应当与此一致，一般不得随意变更，以免造成成本核算不实、结算漏账和经济责任不清的不良后果。

企业内部管理有相关要求的，还可以按照现代企业多维度、多层次的管理要求，确定

多元化的产品成本核算对象。多维度指以产品的最小生产步骤或作业为基础，按照企业有关部门的生产流程及相应的成本管理要求，利用现代信息技术，组合出产品维度、工序维度、车间班组维度、生产设备维度、客户订单维度、变动成本维度和固定成本维度等不同的成本核算对象。多层次指根据企业成本管理的需要，划分为企业管理部门、工厂、车间和班组等成本管理层次。

（2）确定成本项目和费用项目。

进行成本核算不仅要提供成本核算对象的总成本、单位成本以及各种期间费用的总体发生情况，而且要通过成本项目和费用项目反映它们发生的具体情况，以满足成本管理的需要。对于在成本核算中应设置的主要会计科目，详见本节"成本核算的主要会计科目"。

（3）设置有关成本和费用明细账。

通过设置成本和费用明细账，企业可以清楚地了解各项费用的产生、消耗和结余情况，以便进行后续的跟踪和分析，进而实行有效的控制和监督。

（4）归集和分配各种费用。

归集和分配的各种费用主要包括：

① 归集和分配要素费用。在对企业发生的各项要素费用进行审核的基础上，将可以直接计入产品成本的费用直接计入产品成本，将不可以直接计入产品成本的费用作为间接费用，先计入其他有关综合费用项目，然后采用适当的方法进行分配。对于与产品制造无关的要素费用，应计入期间费用。

② 分摊跨期摊配费用。企业应将本月发生的，但应由本月和以后各月产品成本和期间费用共同负担的费用，计入待摊费用；将以前月份发生的待摊费用中属于本月应摊销的费用，摊入本月生产成本和期间费用。

③ 在完工产品与在产品之间分配生产费用。当企业在月末存在完工产品和在产品时，需要将产品成本明细账中归集的月初在产品费用和本月发生的费用之和，采用适当的分配方法，在完工产品和在产品之间进行分配，计算出完工产品和在产品的成本。企业应考虑在产品的特点和企业管理的要求，选择经济合理、简便易行的成本分配方法。

（5）结转产品生产成本。

将完工产品成本从基本生产成本账户结转至库存商品账户，形成产成品价值。

2. 成本核算的主要会计科目

为进行成本核算，企业一般设置生产成本、制造费用、税金及附加、销售费用、管理费用和财务费用等科目。

1）生产成本科目

生产成本科目核算企业进行生产发生的各项生产成本，包括生产各种产品、自制材料、自制工具、自制设备等。生产成本科目应设置基本生产成本和辅助生产成本两个二级科目。

（1）基本生产成本科目。

基本生产成本科目核算企业为完成主要生产目的进行的产品生产而发生的成本。该科目借方登记企业为进行基本生产而发生的各种费用，贷方登记转出的完工入库的产品成本，余额在借方表示基本生产的在产品成本。

基本生产成本科目应分别按照基本生产车间和成本核算的对象（产品的品种、类别、订单、批别、生产阶段等）设置明细账（或称成本计算单），账内按产品成本项目分设专栏或专行。

（2）辅助生产成本科目。

辅助生产成本科目核算企业为基本生产服务而进行的产品生产和劳务供应成本。该科目借方登记为进行辅助生产而发生的各种费用，贷方登记完工入库产品的成本或分配转出的劳务成本，余额在借方表示辅助生产在产品的成本。

辅助生产成本科目应按照辅助生产车间提供的产品、劳务分设明细账，账内按辅助生产的成本项目分设专栏或专行。

2）制造费用科目

制造费用科目核算企业为生产产品和提供劳务而发生的各项间接费用。该科目借方登记实际发生的制造费用，贷方登记分配转出的制造费用，除季节性生产企业外，该科目月末应无余额。

制造费用科目应按照不同的车间、部门设置明细账，账内按费用项目设立专栏，进行明细登记。

3）税金及附加科目

税金及附加科目核算企业经营活动中应由营业收入（包括主营业务收入和其他业务收入）补偿的各种税金及附加费，包括消费税、环境保护税、资源税、房产税、车船税、城镇土地使用税、印花税、土地增值税、城市维护建设税和教育费附加等相关税费。该科目借方登记企业经营业务发生的各项税金及附加，贷方登记期末转入本年利润科目的税金及附加，期末结转后该科目应无余额。

4）销售费用科目

销售费用科目核算企业在产品销售过程中所发生的各项费用以及为销售本企业产品而专设的销售机构的各项经费。该科目借方登记实际发生的各项产品的销售费用，贷方登记期末转入本年利润科目的产品销售费用，期末结转后该科目应无余额。

销售费用科目的明细分类账应按照费用项目设置专栏，进行明细登记。

5）管理费用科目

管理费用科目核算企业为管理和组织生产经营活动而发生的各项费用。该科目借方登记实际发生的各项管理费用，贷方登记期末转入本年利润科目的管理费用，期末结转后该科目应无余额。

管理费用科目的明细分类账应按照费用项目设置专栏，进行明细登记。

6）财务费用科目

财务费用科目核算企业为筹集生产经营所需资金而发生的各项筹资费用。该科目借方登记实际发生的各项财务费用，贷方登记应冲减财务费用的利息收入、汇兑收益以及期末转入本年利润科目的财务费用，期末结转后该科目应无余额。

财务费用科目的明细分类账应按照费用项目设置专栏，进行明细登记。

四、成本核算的基本方法

如前所述，产品成本计算的关键是选择适当的产品成本计算方法。企业可以根据生产经营特点、生产经营组织类型和成本管理要求，具体确定成本计算方法。目前，企业常用的产品成本计算方法有品种法、分批法、分步法以及其他辅助方法，其中其他辅助方法主要包括分类法和定额法。炼油企业通常采取分步法和分类法相结合的方式进行成本核算。

1. 品种法

1）概念和适用范围

品种法指以产品品种为成本核算对象来归集生产费用并计算产品成本的一种方法。按照产品品种计算产品成本是工业企业产品成本计算的最基本方法。

品种法主要适用于大量、大批的单步骤生产，例如发电、采掘生产等。此外，在大量、大批的多步骤生产中，如果企业或车间的规模较小、车间是封闭的，即从原材料投入到产品产出的全过程都是在一个车间内进行的，或者生产是按流水线组织的，在成本管理工作上不要求提供分步骤的成本资料、不要求按照生产步骤计算产品成本时，也可以采用品种法计算产品成本。

2）特点

（1）成本核算对象为产品品种。如果只生产一种产品，成本核算对象就是这种产品，全部生产费用都是直接费用，可直接计入该产品成本明细账的有关成本项目中。如果是生产多种产品，成本核算对象就是每一种产品，发生的直接费用可以直接计入各产品成本明细账的有关成本项目，发生的间接费用则要采用适当的分配方法，在各成本核算对象之间进行分配。

（2）成本核算期与会计核算周期一致。品种法的成本核算一般都是在月末进行，与会计核算周期一致，但可能与产品的生产周期不一致。

（3）月末，生产费用要在完工产品和在产品之间进行分配。如果企业月末有数量较多的在产品，则需要将产品成本明细账中归集的生产费用在完工产品和在产品之间进行分配，以便计算完工产品和在产品成本。

3）核算程序

（1）按照产品品种分别设置生产成本明细账，并按照规定的产品成本项目设置专栏，登记各项目的月初数。

（2）根据"直接费用直接登记，间接费用分配登记"的原则，归集分配本月各项生产费用，编制会计分录，登记生产成本明细账。

（3）月末，按照适当的分配方法，将各产品的生产费用在完工产品和在产品之间进行分配，计算出完工产品总成本、单位成本和期末在产品成本，并结转完工产品成本。

2. 分批法

1) 概念和适用范围

分批法是以产品批别为成本核算对象来归集生产费用并计算产品成本的一种方法。

分批法主要适用于小批、单件的单步骤生产或管理上不要求分步骤核算成本的多步骤生产，例如船舶制造、重型机器制造、精密仪器制造、印刷、服装加工等，也适用于企业的新产品试制、自制材料和设备制造等的成本核算。

2) 特点

（1）成本核算对象为产品批别。在小批、单件生产的企业中，生产是根据与客户签订的购销合同或订单来进行的。但如果产品的构造比较复杂，也可按照产品的组成部分分批组织生产，这时的成本核算对象就不再是产品的订单，而是生产部门下发的生产任务通知单。发生的直接费用可直接计入相应账户，间接费用则要采用适当的分配方法加以分配，计入各产品的成本明细账。

（2）成本核算期与各批产品的生产周期一致。分批法产品成本的计算是与生产任务通知单的签发和结束紧密配合的，因而分批法的成本核算期与各批产品的生产周期一致，与会计核算周期不一致。

（3）月末，生产费用在完工产品和在产品之间是否分配视具体情况而定。一般情况下，月末不存在完工产品和在产品之间分配费用的问题。但如果批内产品有跨月陆续完工的情况，在月末计算成本时，则需在完工产品和在产品之间分配生产费用。

3) 核算程序

分批法和品种法的成本核算程序基本相同。

3. 分步法

1) 概念和适用范围

分步法是以产品生产步骤为成本核算对象来归集生产费用并计算产品成本的一种方法。

分步法主要适用于大量、大批的多步骤生产，例如纺织、冶金、大量大批的机械制造企业。这类企业中，产品生产可以分为若干个生产步骤进行，往往不仅要求按照产品的品种计算产品成本，而且要求按照产品的生产步骤归集生产费用、计算各步骤产品成本、提供反映各种产品及其各生产步骤成本计划执行情况的资料。

2) 特点

（1）成本核算对象为产品生产步骤。在实务中，产品成本核算的分步与实际的生产步骤不一定完全一致。在按照生产步骤设立车间的企业中，如果某车间的生产步骤比较复杂，可以在该车间内再分步核算成本；在生产步骤比较简单的企业中，可以将几个车间合并成一个生产步骤核算成本。企业如果只生产一种产品，则只需按该产品的生产步骤开设生产成本明细账；如果生产多种产品，则需按照各种产品的生产步骤分别开设生产成本明细账。

（2）成本核算期与会计核算周期一致。由于大批、大量的多步骤生产一般生产周期较长，往往都是跨月陆续完工，因此成本核算一般定期在月末进行，与会计核算周期一致，而与产品的生产周期不一致。

（3）月末，生产费用要在完工产品和在产品之间进行分配。由于大批、大量的多步骤生产一般都是跨月陆续完工，各产品和各生产步骤月末都存在在产品，因此需要将各产品和各生产步骤产品成本明细账中归集的生产费用在完工产品和在产品之间进行分配，以便计算各产品及各生产步骤完工产品和在产品的成本。

3）分类

在实际工作中，由于各个企业生产工艺过程的特点和成本管理对各步骤成本资料的要求（是否需要计算半成品成本）不同，各生产步骤成本的计算和结转一般采用逐步结转分步法和平行结转分步法。

（1）逐步结转分步法又称核算半成品成本分步法，是按照产品逐步加工的顺序，核算并结转每一步的半成品成本，在最后一个步骤中核算出完工产品成本的产品核算方法。这种方法适用于大量连续式复杂生产的企业。有的企业不仅将产成品作为商品对外销售，而且生产步骤所产半成品也经常作为商品对外销售。

逐步结转分步法按照成本在下一步骤成本计算单中的反映方式，还可以分为综合结转和分项结转两种方法。

（2）平行结转分步法又称不核算半成品成本分步法，是在核算产成品的成本时，不核算各步骤生产的半成品成本，也不核算各步骤耗用的上一步骤生产的半成品成本，而只核算各步骤所发生的各项生产费用以及这些费用中应计入产成品成本的份额，月末将各步骤属于同一产成品的份额进行平行汇总，即可核算出完工产成品的成本。

在一些企业中，虽然车间生产的半成品种类很多，但是其对外出售的数额却比较少，管理上不要求核算半成品的成本。因此，这类企业的产成品成本核算可以采用平行结转分步法。

4. 其他辅助方法

除了以上3种基本的产品成本核算方法，产品成本的核算还可使用分类法和定额法这两种常用的辅助方法。分类法和定额法并不是独立的方法，必须和品种法、分批法或分步法结合起来应用。

1）分类法

分类法是以产品类别为成本核算对象归集生产费用，计算各类产品的总成本，然后按一定标准分配计算类内各种产品成本的一种方法。

分类法一般适用于联产品生产企业，即通过基本相同的生产工艺过程，将同样的原材料产出两种或两种以上品种、规格、型号不同的主要产品。例如，炼油企业投入原油后，经过加工过程，通常可以生产出汽油、柴油等产品。经同一生产过程的联产品成本是在"分离点"被分别确认的。分离后的联产品，有的可以直接销售，有的还需进一步加工，才可供销售。

联产品成本的计算，通常分为两个阶段进行：首先是联产品分离前发生的生产费用即联合成本，可按一个成本核算对象，设置一个成本明细账进行归集，然后将其总额按一定分配方法（例如技术系数法、经济比值法、实物数量法等）在各联产品之间进行分配；其次是分离后按各种产品分别设置明细账，归集其分离后所发生的加工成本。

2）定额法

定额法是按照定额成本和脱离定额的差异来核算产品成本的方法。采用定额法计算产品成本，首先要制定产品的消耗定额、费用定额和定额成本，作为降低成本的目标。在发生各项生产费用的同时，将符合定额的消耗和脱离定额而发生的差异分别进行计量和反映，以加强对生产费用的日常控制。在月末计算产品成本时，根据产品的定额成本加减各种差异，来计算产品的实际成本。其计算公式可概括如下：

$$产品实际成本 = 产品定额成本 \pm 脱离定额差异 \pm 定额变动差异 \pm 材料成本差异$$

(4-1)

定额法的应用与产品生产类型并无直接关系，只要企业定额管理工作基础较好，定额管理制度比较健全，并且产品的生产已经定型，各项消耗定额准确且稳定，就可以采用定额法计算产品成本。

以上各种成本核算方法的概括总结见表4-1。

表4-1 成本核算方法比较

项目	基本方法			辅助方法	
	品种法	分批法	分步法	分类法	定额法
成本核算对象	产品品种	产品批别	产品生产步骤	产品类别	完工产品或半成品
适用范围	大量、大批的单步骤生产	小批单件的单步骤生产	大量、大批的多步骤生产	联产品生产企业	产品品种稳定、各项定额齐全、原始记录健全
成本核算期	与会计核算周期一致	与各批产品生产周期一致	与会计核算周期一致	视情况而定	与会计核算周期一致
生产费用是否在完工产品和半成品间分配	是	视情况而定	是	是	是

第二节 炼油成本核算特点及核算对象

炼油成本核算能够深度反映炼油企业生产经营与管理水平，对于企业提高经济效益和市场竞争力具有至关重要的作用。深入了解炼油成本核算特点及核算对象是开展炼油成本核算的前提条件，这有助于提高炼油成本核算的准确性和效率，为炼油企业顺利开展成本核算工作奠定坚实基础。

一、炼油成本核算特点

炼油成本核算难度高且较为复杂,很大程度上源于炼油企业自身的工艺和技术特征。成本核算是炼油企业重要的管理工具之一,分析其特点有助于炼油企业对成本进行全面系统的核算和管理,以便更好掌握生产经营情况,做出更加科学合理的决策。炼油成本核算特点主要基于以下4个方面。

1. 生产连续性

炼油本身是一个多工序连续性生产过程,成本逐步结转分配,涉及大量半成品之间的成本流转。炼油过程从原油的采购开始,就涉及成本的计算,原油价格波动会直接影响炼油初始成本,而这一成本又会随着原油的运输、储存等前期准备工作而发生变化。随后,原油经过预处理工序和一系列连续且相互关联的生产工序时也会产生如催化剂的使用、高温高压设备的能耗和操作人员的劳动成本等。炼油过程中大量半成品之间的成本流转也是炼油成本核算的重要组成部分,由于半成品在加工过程中会不断增值,且涉及不同装置的循环加工,其成本会随着工艺流程的推进而不断变化。因此,准确核算半成品之间的成本流转,对于确定最终产品的成本至关重要。此外,炼油过程还伴随着辅助工序的成本,如设备的维护保养、环境污染治理、安全监控等。这些成本虽然不直接产生经济效益,但却是确保生产连续稳定进行的必要条件。最后,成品油的储存、调和、运输和销售等环节也会产生相应的成本,这些成本的计算需要考虑市场需求、运输方式、销售策略等多种因素。

2. 工艺特殊性

炼油工艺流程包括加热、冷却、加压、催化等环节,这些环节涉及许多化学反应和物理变化。因此,炼油成本核算不能仅局限于简单的物料成本计算,而是需要深入了解并考虑工艺参数变化对成本的影响。此外,炼油装置包括众多独立而复杂的单元(如反应器、分馏塔等),每个单元操作不仅需要特定的原料和催化剂,还涉及高耗能的过程。由于每个装置、单元对产品的成本都有直接影响,因此准确核算各环节的成本具有重要意义,但这同时也增大了成本核算难度。

3. 成本复杂性

炼油企业的成本包括原材料、水、电、汽、燃料、劳动成本等,其中原材料成本占据较大比例。然而,联产品和副产品的存在也使炼油成本核算更加复杂。联产品是在同一生产过程中产生的两个或多个主要产品,这些产品使用相同的原材料或生产工序制成,在生产过程中,联产品是相互关联且不可或缺的,每个联产品都有其独立的市场价值,例如从原油中提炼出的汽油、煤油和柴油等。副产品是在主要产品的生产过程中产生的次要产品,它不是生产活动的主要目标,但也具有独立的市场价值。炼油过程中联产品和副产品种类繁多且生产过程中的变化因素较多,使成本核算变得更加复杂。

4. 公用工程重要性

由于生产过程涉及大量的能源消耗,炼油企业基本均具有复杂的公用工程系统,包括供电、供水、蒸汽供应和废物处理等多个关键支持系统。这些系统不仅为炼油过程提供必要的能源和服务，而且与炼油过程中的各个装置紧密相连，形成了一个相互依赖的复杂网络。公用工程系统的运行和维护成本通常较高，在企业加工成本中占据重要比例。由于各系统之间存在大量的交叉互供和能量流动，核算其成本时需要考虑如何合理分摊这些成本，确保成本核算的公平性和准确性。此外，优化公用工程系统的运行效率直接关联降低整体生产成本和提高经济效益。因此，在成本管理中，公用工程系统的成本核算既是重点也是难点。

二、炼油成本核算对象

根据炼油生产连续性、工艺特殊性的特点，炼油企业一般以各种炼油产品及各生产步骤为成本核算对象。炼油企业成本核算采用作业成本法，以装置为作业单元，以生产工艺流程为作业链，分别归集各作业单元的成本费用，按炼油的实际作业链逐步结转计算各种自制半成品和产成品成本。对耗用同一种或多种原料生产出两种以上联产品（包括分类产品）的，应分别列为成本核算对象。如果副产品数量较少且价值较低，可以简单化处理，在总成本中直接扣除副产品成本，不将其单独列为成本核算对象；如果副产品数量较多且价值较高，则应将副产品作为单独的成本核算对象进行成本核算。

成本核算对象划分如下：

（1）产成品，是指已经完成生产过程，并已经验收合格入库可供出售的产品。

（2）自制半成品，是指企业的一个基本生产车间已经加工完毕，待转入下一基本生产车间继续加工或暂时入库的自制半成品，包括可供出售的自制半成品。

（3）辅助生产部门生产、加工（包括转供）的各种水、电、蒸汽、氮气、风等产品和劳务。

三、主要核算科目及内容

炼油企业应主要设置基本生产成本、辅助生产成本和制造费用科目进行成本核算。

1. 基本生产成本科目

基本生产是直接将原料加工成炼油产品的过程。基本生产成本科目核算炼油企业进行工业性生产（包括生产各种产品、自制材料、自制工具、自制设备等）所发生的各项生产费用，其成本核算对象为产成品和自制半成品。基本生产成本包括炼油企业基本生产过程中实际消耗的直接材料、直接人工费、其他直接支出和制造费用等。

炼油企业发生的各项生产费用，应按成本核算对象和成本项目分别归集：属于直接材料、直接人工等直接费用的，直接计入基本生产成本科目；属于辅助生产车间为生产产品提供的动力等直接费用，应经辅助生产成本科目核算后，再转入基本生产成本科目；其他间接费用应先通过制造费用科目归集，月末再分配转入基本生产成本科目。具体的账务处理详见本章第三节。

装置停工检修期间的费用核算是炼油企业需重点关注的焦点问题，详见本章第三节。

2. 辅助生产成本科目

辅助生产是为保证基本生产的正常进行所必需的各种辅助生产活动。辅助生产成本科目核算为炼油生产提供动力产品和辅助劳务所发生的成本，其成本核算对象为辅助生产部门生产、加工（包括转供）的各种水、电、蒸汽、氮气、风等产品和劳务。辅助生产成本包括辅助生产车间所发生的人工费用与消耗的燃料、材料、动力、折旧折耗和其他间接费用等。

炼油企业辅助生产车间为生产产品提供的动力等直接费用，应全部在辅助生产成本科目归集。其他间接费用先通过制造费用科目归集，月末再分配转入辅助生产成本科目。具体的账务处理详见本章第四节。

炼油企业必须清楚划分基本生产和辅助生产的成本费用界限，按照基本生产和辅助生产车间（部门）分别归集各种成本费用进行专项核算，不能简化辅助生产成本核算。成本费用的归集应按照"谁受益，谁承担"的原则在各成本项目中核算，并按规定的方法计入各产品成本中。

3. 制造费用科目

制造费用科目核算炼油企业的生产车间（部门）为生产产品和提供劳务而发生的各项间接费用。制造费用的明细项目由以下项目构成：

（1）工资，是指发放给除直接参加产品生产人员之外的生产部门其他人员的工资、奖金、津贴和补贴等。

（2）职工福利费，是指除直接参加产品生产人员之外的生产部门其他人员计提的职工福利费。

（3）其他职工薪酬，是指按受益原则应由除直接参加产品生产人员之外的生产部门其他人员承担的工会经费、职工教育经费、社会保险费、商业人身保险、住房公积金等费用。

（4）折旧折耗，是指按生产部门的生产装置、厂房、附属机器设备等应计提折旧的固定资产、使用权资产原值和规定比例计提的基本生产折旧。

（5）输转费，是指储运部门向有关生产车间提供的输转劳务费用。

（6）租赁费，是指生产部门发生的租金费用。

（7）物料消耗，是指生产部门为维护生产设备等所消耗的各种材料，不包括修理用和劳动保护用材料。

（8）低值易耗品摊销，是指生产部门耗用的不能作为固定资产的各种用具物品，如工具、管理用具、玻璃器皿，以及在生产经营过程中周转使用的包装容器等。

（9）取暖费，是指生产部门发生的取暖费。

（10）水电费，是指生产部门为组织生产耗用水、电而发生的费用。

（11）办公费，是指生产部门发生的文具、印刷、邮电、图书资料及办公用品等费用支出。

（12）差旅费，是指生产部门职工因公外出的住宿费、市内交通费、各种补助费及调遣等费用。生产部门人员出国经费在管理费用中列支。

（13）运输费，是指生产部门对外支付的各种运输费用及应负担的厂内运输部门提供的运输劳务费用。

（14）设计制图费，是指生产部门支付的设计费、技术资料费、图纸及有关用品的费用。

（15）试验检验费，是指生产部门对材料、产品进行的分析、实验、化验、检验、探伤、压力容器检定等所发生的费用，包括内部化验检验部门提供的内部化验检验劳务费。

（16）劳动保护费，是指生产部门发生的各种劳动保护费用。

（17）排污费，是指生产部门负担的污水车间或工段处理废水等所发生的费用。

（18）检验检定费，是指生产部门负担的检验计量车间提供劳务等所发生的费用。

（19）其他，是指生产部门发生的不能列入以上项目的各种费用。

第三节　基本生产成本核算

炼油企业直接完成产品生产任务的是生产车间，包括基本生产车间和辅助生产车间。基本生产车间是炼油企业最核心的生产部门，其生产制造的产品主要对外销售。准确核算基本生产成本对炼油企业优化资源配置、实施成本控制、增强市场竞争力具有至关重要的作用。

一、原料及主要材料成本

炼油业务原料及主要材料包括原油、外购原料油和添加剂。原油和外购原料油成本包括买价及合理损耗、运费、保险费用、储运费用、港杂费、代理费、商检费和其他费用等。添加剂是为改善或强化产品某种性能，小批量加入产品构成产品实体的原材料，如增加产品的稳定性、流动性或防爆、防凝、抗氧化等。添加剂不能独自构成产品实体。

炼油生产使用的原料及主要材料按照实际成本进行核算，采用加权平均方法结转原料成本。

1. 辅助生产成本结转至原材料

原油储运车间（分厂）主要负责原油的接收、储存、计量和发出，设备设施主要涉及储罐、机泵等。

辅助部门原油储运车间（分厂）发生的费用主要包括直接参加原油储运业务人员的职工薪酬、原油储罐及机泵的折旧和修理维护支出，以及原油储存及输送过程中发生的动力、燃料等。成本费用归集后，月末先按当期采购量分配转入各类原油（含外购原料油）进厂成本，再根据加工量转入各类原（料）油加工成本。

某类原（料）油应负担的储运费用计算方法如下：

某类原（料）油应负担的储运费用 = 原油储运车间（分厂）总费用 ×

该类原（料）油本月进厂数量 / 本月原（料）油进厂总量 　　　（4-2）

借：原材料——明细科目
　　贷：辅助生产成本——明细科目

对于储运车间（分厂）将原（料）油与成品油放在同一车间（分厂）核算的企业，如原（料）油与成品油的储运费用未单独核算，月末需按固定资产原值比例将原（料）油与成品油的储运费用分开。原（料）油的储运费用计入原（料）油成本，计入各类原（料）油储运费用的方法见式（4-2）。成品油的储运费用计入销售费用。

2. 原材料结转至基本生产成本

根据计划统计部门提供的资料，考虑离岸模式下，物权已属于炼油企业的进口原油后，确认原油及外购原料油的进厂量、加工量，采用加权平均法核算本期加工的各类原（料）油成本。

借：基本生产成本——原料——明细科目
　　贷：原材料——明细科目

二、辅助材料

辅助材料是有助于产品形成但不构成产品实体的材料，如各种催化剂、引发剂、助剂、生产过程中使用的净化材料以及非周转使用的包装物等。辅助材料直接计入基本生产的辅助材料成本。

炼油企业辅助材料具有种类复杂、功能多样的特点，具有不同的化学成分和性质，能够满足炼油企业在不同工艺过程中的需求，例如催化剂可以加快反应速率，提高产品产率和质量；溶剂可以帮助分离和提纯原料和产品；脱硫剂可以去除原料中的硫化物等有害物质；再生剂可以回收和重复利用某些化工剂，降低生产成本。不同的炼油工艺和产品要求可能需要不同的辅助材料进行组合，因此炼油企业需要对辅助材料进行科学筛选和优化，以达到最佳生产效果。

辅助材料按照实际成本核算。各种材料消耗量以统计部门数据为依据，按装置实际消耗量计算辅助材料成本，不得以领代耗。对于一次填加使用年限超过一年的催化剂等化工料，应计入长期待摊费用科目，按使用周期逐月平均摊销计入辅助材料成本；对于一次装填完，使用年限在一年以内的催化剂等化工料，应计入待摊费用科目，按使用期限分月平均摊销；对于金额较小或没有明确使用周期的，直接一次计入辅助材料成本。

借：基本生产成本——辅助材料
　　贷：原材料
　　　　待摊费用 / 长期待摊费用

三、燃料和动力

石油炼制过程中，需要进行加热、蒸馏、分离、裂解和重整等操作，因此炼油企业需要大量的燃料和动力来支撑其生产过程。作为加工费的重要组成部分，燃料和动力的成本在炼油企业成本中占有较大比例，因此需要重点对能源的选择和管理进行精细化调控，以降低成本、提高效益。此外，由于炼油过程对燃料和动力的要求较为严格，因此对供应稳定性要求较高，以确保生产过程的连续性和稳定性。

1. 燃料

燃料指为满足生产而耗用的各种固体、液体、气体燃料。燃料应根据统计部门提供的数据确认消耗数量。

1）耗用外购燃料

耗用外购燃料按照实际成本进行核算。

借：基本生产成本——燃料——外购燃料
　　贷：原材料
　　　　应付账款
　　　　银行存款

2）自产自用燃料

自产自用燃料价格以贴近市场价格为原则进行核算。自产自用燃料油、燃料气可采用本企业上年平均外销价格（扣税后），没有外销价格的企业参照本地区同品质燃料油、天然气市场价格确定；其他自产自用燃料（如液化气等）按照市场价格进行核算。需要注意的是，由于自产燃料气和天然气热值存在差异，从真实准确反映成本的角度考虑，在核算自产燃料气价格时，可以以外购天然气价格为基础，结合热值差进行计算。

借：基本生产成本——燃料——自产燃料
　　贷：自制半成品

2. 动力

动力指为满足生产而耗用的新鲜水、海水、循环水、除盐水、软化水、电、蒸汽、氮气、风等。动力应根据统计部门提供的数据确认消耗量。基本生产装置副产的动力产品应作为副产品核算，其可变现净值从成本中扣除，但单装置副产的动力产品不得直接抵扣本装置动力消耗。

1）耗用外购动力

耗用外购动力按照实际成本进行核算。

借：基本生产成本——动力——外购动力——水、电、汽等
　　贷：应付账款
　　　　银行存款

2）耗用辅助生产部门提供的自产动力

耗用辅助生产部门提供的自产动力，在辅助部门之间互供的动力交互分配后，根据辅助部门产品的实际成本进行核算。

借：基本生产成本——动力——自产动力——水、电、汽等

贷：辅助生产成本——明细科目

3）基本生产装置的附带动力

在日常的生产过程中，基本生产装置往往附带产出一部分动力（如蒸汽）作为其他生产装置的动力消耗。在成本核算和费用归集时，这部分动力作为副产品进行核算。

借：基本生产成本——动力——自产动力——汽
    辅助生产成本——动力——自产动力——汽
    管理费用
    销售费用
    其他业务成本
  贷：基本生产成本——副产品

正如前文所述，单装置副产的动力产品不得直接抵扣本装置动力消耗。具体核算时，应在统一归集后，按各装置实际消耗量进行分配。

四、人工费用

人工费用包括工资、福利费、工会经费、职工教育经费、社会保险、住房公积金、其他劳动保险和其他人工费用。凡属于生产车间直接从事产品生产人员的人工费用直接计入基本生产成本；企业生产车间为组织和管理生产所发生的管理人员人工费用列入制造费用科目。

借：基本生产成本——员工费用——工资等
    制造费用——员工费用
  贷：应付职工薪酬——应付工资等

五、制造费用

基本生产部门为组织和管理生产而发生的各项间接费用在制造费用科目归集后，分配转入基本生产成本。

1. 归集

各基本生产装置发生的各项间接费用在制造费用科目核算。

借：制造费用——明细科目
  贷：原材料
      材料成本差异
      应付职工薪酬
      累计折旧
      预提费用
      待摊费用
      银行存款
      辅助生产成本——制造费用

2. 分配

基本生产部门发生的制造费用归集后，月终全部分配转入基本生产成本。

借：基本生产成本——制造费用

　　贷：制造费用

六、半成品

1. 耗用外购半成品

按照实际成本，耗用外购半成品采用加权平均的方法进行核算。

借：基本生产成本——原料——原料油——外购原料油

　　贷：原材料

2. 耗用自制半成品

从半成品库领用自制半成品继续加工时，耗用自制半成品按实际成本结转。日常交库、领用时一般使用标准成本，月末分摊产品成本差异。

借：基本生产成本——自制半成品

　　贷：自制半成品

七、计算产品成本

基本生产成本费用归集后，根据计划统计部门提供的资料，确认产成品和半成品的产量，计算产品总成本和各产品单位成本。分配后，期末基本生产成本无余额。

按作业链流程顺序计算各种产品成本。对于单一产品装置，采用品种法核算产品成本；对于联产品装置，采用系数法核算产品成本。由于炼油装置一般都产出多种产品，基本均采用系数法核算产品成本。

系数法计算方法如下：

$$某产品成本积数 = 某产品成本系数 \times 产品产量 \quad (4-3)$$

$$某产品总成本 = 全部产品总成本 / 全部产品成本积数和 \times 某产品成本积数 \quad (4-4)$$

$$某产品单位成本 = 某产品总成本 / 某产品产量 \quad (4-5)$$

由以上计算方法可以看出，产品成本分配过程中，成本系数起到决定性影响，因此一套科学合理的成本系数至关重要。炼油企业应进行专项研究，建立一套较为成熟的成本系数体系，详见本书第五章。

期末，按实际成本结转本期生产的各种产成品。

借：产成品——明细科目

　　自制半成品——明细科目

　　贷：基本生产成本

产品总成本计算方法如下：

产品总成本 = 原料及主要材料成本 + 制造加工费 + 期初半成品成本 − 期末半成品成本（自用燃料油、燃料气、生产装置自产蒸汽、供其他专业系统自用产品、来料加工费用）

（4-6）

制造加工费 = 辅助材料 + 燃料 + 动力 + 直接人员费用 + 制造费用　　（4-7）

八、装置成本核算口径

成本管理的核心是基础管理，核算要规范、标准要统一、管理要严格，因此统一装置成本核算口径对于炼油企业夯实成本管理基础、强化标准控制和规范管理具有重要意义。

1. 统一装置成本核算口径必要性

炼油企业装置成本核算是完善成本控制体系、促进成本控制观念向生产经营全过程延伸的重要手段。通过炼油装置成本核算，可以将加工费等成本控制指标分解至各个生产装置，使每个成本发生点的人员及时了解自身所负责的成本指标及指标完成情况并能及时加以分析，找出存在的问题和不足，同时这也是建立严密、科学、符合实际的成本预算体系和严格的考核评价体系的基础之一。

然而，炼油企业在装置成本核算的过程中，存在核算口径不统一的问题，不仅使不同炼油装置或企业之间的成本数据可比性较低，不利于内部绩效评估和行业竞争分析，同时也严重降低会计信息质量，使企业面临较大合规风险，并影响管理层的决策制定。因此，炼油企业统一装置成本核算口径是构建现代化、规范化成本管理体系的核心组成部分，对于提升企业的核心竞争力、促进可持续发展具有深远意义。只有解决核算口径不统一的问题，才能从根本上提高装置成本核算的质量和效率，为炼油企业的长远发展奠定坚实的管理基础。

2. 各装置成本核算口径

1）常减压蒸馏装置

常减压蒸馏装置成本核算主要包括电脱盐、常压蒸馏和减压蒸馏三个单元。

2）催化裂化装置

催化裂化装置成本核算主要包括反应—再生、分馏、吸收稳定（包括压缩机）、产品精制、余热锅炉、烟气脱硫等单元。

3）加氢裂化装置

加氢裂化装置成本核算主要包括反应、分馏、含硫气体处理三个单元。

4）渣油加氢装置

渣油加氢装置成本核算主要包括反应、分馏两个单元。

5）延迟焦化装置

延迟焦化装置成本核算主要包括焦化（含除焦系统）、分馏、吸收稳定、脱硫脱硫醇四个单元。

6）催化重整装置

催化重整装置成本核算主要包括预加氢（含预分馏）、催化重整、芳烃抽提三个单元。根据本装置特点，重整汽油、苯、甲苯、混合芳烃、氢气、液化气、拔头油、抽余油等作为主产品核算，干气作为副产品核算。

7）汽油加氢装置

汽油加氢装置成本核算主要包括预加氢（脱二烯烃）、轻重汽油分离、重汽油加氢脱硫三个单元。

8）柴油加氢精制装置

柴油加氢精制装置成本核算主要包括反应、分馏两个单元。

9）柴油加氢改质装置

柴油加氢改质装置成本核算主要包括反应、分馏两个单元。

10）航煤加氢装置

航煤加氢装置成本核算主要包括反应、分馏两个单元。

11）气体分馏装置

气体分馏装置成本核算主要包括气体分馏单元。

12）烷基化装置

烷基化装置成本核算主要包括原料预处理、烷基化反应、产品分馏和废酸再生四个单元。

13）MTBE 装置

MTBE 装置成本核算主要包括反应、回收两个单元。

14）制氢装置

制氢装置成本核算主要包括反应、变压吸附两个单元。

15）石油焦制氢装置

石油焦制氢装置成本核算主要包括气化、一氧化碳变换、低温甲醇洗、PSA、氢气增压五个单元。

16）PSA 装置

PSA 装置成本核算主要包括变压吸附单元。

17）气体脱硫装置

气体脱硫装置成本核算主要包括脱硫单元。

18）轻汽油醚化装置

轻汽油醚化装置成本核算主要包括原料预处理（含脱二烯烃）、反应、甲醇回收三个单元。

19）C_5/C_6 异构化装置

C_5/C_6 异构化装置成本核算主要包括预处理、反应稳定碱洗、干燥再生三个单元。

20）烃重组装置

烃重组装置成本核算主要包括芳烃抽提、溶剂回收两个单元。根据本装置特点，芳烃油、化工轻油按主产品核算，装置自产低压蒸汽按副产品核算。

21）干气分离装置

干气分离装置成本核算主要包括碳四吸收、精制、汽油吸收三个单元。

22）白油加氢装置

白油加氢装置成本核算主要包括反应、分馏两个单元。

23）糠醛精制装置

糠醛精制装置成本核算主要包括溶剂抽提、溶剂回收两个单元。

24）酮苯脱蜡装置

酮苯脱蜡装置成本核算主要包括结晶冷冻、过滤、溶剂回收三个单元。

25）溶剂脱沥青装置

溶剂脱沥青装置成本核算主要包括原料抽提、胶质沉降、溶剂分离、溶剂回收四个单元。

26）减黏裂化装置

减黏裂化装置成本核算主要包括反应、常压蒸馏、减压蒸馏三个单元。

27）尿素脱蜡装置

尿素脱蜡装置成本核算主要包括反应、水洗、醇回收三个单元。

28）分子筛脱蜡装置

分子筛脱蜡装置成本核算主要包括加氢分馏、分子筛脱蜡、后分馏三个单元。

29）润滑油加氢精制装置

润滑油加氢精制装置成本核算主要包括反应单元、分馏单元。

30）润滑油高压加氢装置

润滑油高压加氢装置成本核算主要包括反应单元、分馏单元。

31）润滑油异构脱蜡装置

润滑油异构脱蜡装置成本核算主要包括反应单元、分馏单元。

32）润滑油白土精制装置

润滑油白土精制装置成本核算主要包括电精制、混合加热、真空过滤三个单元。

33）石蜡加氢精制装置

石蜡加氢精制装置成本核算主要包括反应单元、分馏单元。

34）石蜡白土精制装置

石蜡白土精制装置成本核算主要包括混合加热、过滤两个单元。

35）石蜡成形装置

石蜡成形装置成本核算主要包括冷冻、成形、包装三个单元。

36）针状焦装置

针状焦装置成本核算主要包括原料预处理、焦化、分馏、吸收稳定（包括压缩机）、放空、冷焦等单元。

37）煅烧焦装置

煅烧焦装置成本核算主要包括原料脱水单元、回转窑单元、余热锅炉单元。

38）硫黄回收装置

硫黄回收装置成本核算主要包括溶剂再生、酸性水汽提和硫黄回收三个单元。

九、装置成本核算焦点问题

炼油装置成本核算中，贵金属催化剂与检维修费用核算过程复杂且具有特殊性，因此本书对贵金属催化剂具体核算、管理以及检维修费用具体核算、归集、装置停工检修等焦点问题展开进一步分析。

1. 贵金属催化剂核算

1）贵金属催化剂释义

贵金属催化剂是催化剂的一种，其成分中贵金属材料含量较高，是一种通过改变化学反应环境或条件，从而达到改变化学反应速率或提高产品收率的效果，而其本身不参与反应，也不作为组成最终产物的物质。一般贵金属在回收后，扣除反应及回收加工过程中的正常损耗，可回收原值的80%以上。

常见贵金属催化剂主要有环氧乙烷银催化剂、重整铂催化剂、异构化催化剂、乙烯碳二加氢铂（或钯）催化剂、丁辛醇铑催化剂等。

贵金属催化剂一般具有以下特点：一是由于以贵金属作为主要原料，单位价值较大。二是贵金属可重复利用。在催化剂中，贵金属作为活性组分，只是加快了反应速率，其本身并不参加反应，除反应中正常磨损外，在单体使用寿命结束后，贵金属能得到较为完整的保留，可重复利用。三是残值高。

2）具体核算步骤

炼油企业预计换剂时，提出需用剂量，与受托单位签订委托加工合同，并约定：在用旧催化剂退出使用后，废剂由受托单位回收，回收的贵金属与委托加工所需存在量差的，由受托单位补齐，与其他加工费一道计入新剂生产成本。

受托企业接到委托订单后，首先使用储备贵金属组织生产新剂，接到退出生产阶段的废剂后，委托具有资质的回收企业进行贵金属回收，由受托企业统一支付加工回收费，回收贵金属后，冲减动用的储备贵金属数量。

炼油企业具体账务处理如下：

（1）购进贵金属催化剂。

借：原材料
　　贷：银行存款

（2）领用（考虑是否将贵金属价格一并结转）。
借：待摊费用/长期待摊费用
　　贷：原材料
（3）使用期间，将账面价值扣除预计净残值后的金额作为摊销金额，在使用期间按月平均摊销。
借：基本生产成本等
　　贷：待摊费用/长期待摊费用
（4）使用期结束，换剂时，将摊余成本转到委托加工物资。
借：委托加工物资
　　贷：待摊费用/长期待摊费用
（5）按照受托方提供的明细及合同约定数额支付加工费。
借：委托加工物资
　　贷：应付账款
（6）加工产品入库。
借：原材料
　　贷：委托加工物资
（7）后续领用时重复上述过程。

3）贵金属催化剂核算重难点

（1）成本摊销及预计净残值。

贵金属催化剂的摊销期限应由企业生产技术部门参照产品说明书上载明的技术寿命并结合装置原料性质变化等因素对催化剂使用寿命的影响等实际情况进行合理预计。对于含有贵金属的、具有回收价值的催化剂应按账面价值扣除预计净残值后的金额作为摊销金额，在使用期限内通过长期待摊费用（待摊费用）科目平均摊销，计入生产成本，如果装置当月停工没有产品产出，在不影响催化剂使用寿命情况下，可暂停催化剂摊销。炼油企业应根据产品说明书上标明的贵金属含量扣除预计反应及回收加工过程中的正常损耗确定净残值。

（2）催化剂再生与更换。

目前，对于催化剂再生产生的相关费用和催化剂更换产生的装卸费用没有明确规定。对于催化剂再生产生的相关费用，炼油企业的核算方法有：① 将催化剂发生的再生成本加上补充新剂的费用及催化剂摊销余额作为催化剂的待摊销成本，根据技术部门重新确定的预计使用寿命按月平均摊销，在辅助材料成本列支核算。② 直接在辅助材料成本列支。③ 在制造费用或管理费用列支等。对于催化剂更换产生的装卸费用，炼油企业的核算方法有：① 按照装置受益对象，在发生当期计入制造费用。② 在修理费列支。③ 待摊计入生产成本辅助材料费用。④ 在外包劳务成本列支等。

4）处置方式

废旧贵金属催化剂处置方式主要包括：（1）交由委托加工新剂的催化剂加工企业用于回收贵金属并加工新剂，加工费及贵金属补剂费用均计入新剂成本。（2）供货商有价回收。（3）外销处理。（4）有价拍卖等。

5）贵金属催化剂管理

贵金属废催化剂属于危险废物（HW50），其回收、运输、转移等需要严格按照危险废物相关规定进行，对企业管理质量要求较高。炼油企业应严格把控贵金属催化剂回收处理、转移处置、日常管理等环节。

（1）回收处理过程管理。

废催化剂贵金属回收方式分为买断和来料加工两种方式，炼油企业根据所含贵金属种类、物料复杂程度、物料品位等，委托贵金属回收处置商进行提纯回收，双方协商确定来料加工回收率、加工费、加工周期等。

贵金属催化剂回收处理过程需严格规范。废催化剂从装置现场转运到炼油企业仓库的过程中，企业计量专业人员应同车前往，监督转运过程。入库前，各批次催化剂需在企业仓储代表、企业计量专业代表和处置商代表共同在场时进行称重，无异议后各方代表在入库单上签字确认，达成一致意见后可出厂。处置商对废催化剂中贵金属进行回收提纯后，提供的铂金等应满足连续重整催化剂的质量要求。含铂金的重整催化剂采用处置当日上海黄金交易所铂金收盘价为基准价位进行结算，含钴钼镍等贵金属的加氢催化剂采用与供应商谈判时报出的最终处置价（吨单价）作为结算标准。

（2）转移过程管理。

转移废催化剂需按照国家规定办理危险废物转移联单，并按照危险废物转移联单管理办法要求进行催化剂的转移。需要跨省、跨市转移的，处置商应协助企业在省生态环境厅和市生态环境局的固体废物管理审批部门完成备案，并按照省生态环境厅和迁入地环境保护行政主管部门的要求，办理跨省、跨市转移手续，提交企业备案。转移申报需得到转出地省级生态环境厅批复后方可执行。此过程流程环节多、耗时较长，最快办理仍需3个月时间，最迟可能持续6个月。

（3）处置商选择。

废催化剂属于《国家危险废物名录》列出的危险废物，危险废物的收集、转移、处理、处置均须由具有相应危险废物经营资质的公司处理。近几年，随着国家监管力度的加大，持证营业的贵金属再生企业约160家，大多分布在江苏、浙江、江西、云南等省份，但规模较大的贵金属再生企业相对较少。同时，由于贵金属废催化剂的来源复杂，经济价值高，许多企业受利益驱动，一味追求经济效益，对环境保护重视力度不够，缺乏有效的污染治理方法和手段，潜在环境风险很高。炼油企业在选择处置商时，要注意招投标规范问题，并且对处置商资质应有如下要求：① 具有省级环厅或其以上环保部门颁发的危险废弃物经营许可证；② 具有从事废催化剂贵金属回收、贵金属运输的所有国家资质；③ 具备国家或地方环保和安全要求的配套污染防治措施和事故应急救援措施；④ 具有危险废剂运输资质，不得超越其经营许可范围；⑤ 废催化剂的包装容器满足国家关于危险废弃物包装的技术要求。

（4）日常管理。

① 贵金属催化剂价值较高，原则上不在企业保存。

② 如有特殊情况需在企业保存，需有专人保管监控，做好防盗措施。同时注意存放环境，防止氧化或污染。

2. 检维修费用核算

检维修费用是企业生产过程中，为维护固定资产的正常运转和使用，在不改变固定资产原有性能的前提下进行部件更换、修复发生的费用。炼油企业需严格划分检维修资本性支出和费用性支出的界限，符合资本化确认条件的（如增加了资产使用效能或延长了使用年限）应资本化处理，确保会计信息质量。炼油企业在检维修费用管理上要发挥管理统筹作用，科学合理地确定检维修费用用途，努力实现检维修费用核算及管理工作的制度化、规范化和科学化。

1）检维修费用界定

（1）生产装置中的炉类、塔类、反应器类、压缩机、泵、锅炉、汽轮机、工艺管网、储罐、供排水设施、发电机、输配电线路、仪表等设备设施，在不改变原有产能、参数和规格的前提下，在原有设施基础上对部件进行更换、修理发生的费用属于检维修费用。

炉类：更换、修理炉管、耐火砖、花板、衬里、炉墙等部件发生的费用属于检维修费。

塔类：更换、修理塔盘、塔壳、填料等部件发生的费用属于检维修费。

反应器类：更换、修理盘管、分布器、壳体、衬里等部件发生的费用属于检维修费。

压缩机、泵：更换、修理转子、电动机、机壳、密封、隔板等部件发生的费用属于检维修费。

锅炉：更换、修理过热器、水冷壁、粉管、风管、火嘴及其他附属设施等发生的费用属于检维修费。

汽轮机：更换、修理转子、机壳、密封、隔板等部件发生的费用属于检维修费。

工艺管网：更换、修理部分管线、管件发生的费用属于检维修费用。

储罐类：更换、修理罐盖、部分罐体、全部盘管等发生的费用属于检维修费。

换热器类：更换、修理芯子、外壳、封头、端盖等发生的费用属于检维修费。

（2）通信设备、电气设备、成套自动控制系统、施工设备、运输设备、机械加工设备、仪器以及办公设备，除整体更换或更换关键设备外，其他部件更换、修复发生的费用属于检维修费用。

通信设备：除整体更换交换机、微波收发机等外，其他部件更换、修理发生的费用属于检维修费。

电气设备：除整体更换外，对转子、定子、励磁、电流互感器、断路器、继电保护器、变频器、线圈、有载调压开关等部件的更换、修理费用属于检维修费。

成套自动控制系统：除整体更换主机、控制柜外，卡件、显示器、电缆等部件材料的更换、修理发生的费用属于检维修费。

（3）道路、围墙、建筑物、构筑物及水库，在不改变其基础结构前提下进行维修所发生的费用属于检维修费用。房屋、建筑物和水库的抗震加固费属于检维修费。

2）检维修费用分类

检维修费用包括固定维护费用、设备检验检测费用、装置停工大修费用、非生产性修理费用等。

固定维护费用是企业内部的"四修"部门（检修、机修、仪表及电气）发生的员工工资、折旧等全部费用和日常维保费用，其中日常维保主要采用业务外包的形式，外聘维保队伍，负责装置设备设施的日常维护保养和应急抢险等。

设备检验检测费用是对压力容器、管道等设备设施进行检验和检测发生的费用，不包括属于安全生产费列支范围的特种设备检验检测。

装置停工大修费用是装置长周期运行后，由于设备设施磨损、腐蚀、结垢、堵塞等因素导致运行工况下降，为恢复其正常运行和使用，按照年度生产计划对部分或全部生产装置进行退料、吹扫、置换后进行维修所发生的费用。

非生产性修理费用是对道路、围墙、建筑物、构筑物、水库、车辆、办公设备等非生产设备设施进行维修所发生的费用。

3）检维修费用具体核算

（1）维修领料。

维修领料的范围按照各企业设备管理部门规定执行。

财务部门账务处理如下：

借：制造费用——某车间——修理费——材料备件费

  贷：原材料

领料程序：使用部门提出领料计划，按程序审批后，商务部门开具出库单，财务部门办理入账手续。每月月底前，各使用部门需将出库单中设备管理部门一联装订成册，附上目录和统计总额报设备管理部门，此报表必须准确且与车间实际发生维修领料一致。设备管理部门建立各使用部门维修领料台账，并每月向主管经理和单位领导报各使用部门费用汇总表，单位领导按专业分工审查各部门物资出库票据。

（2）检维修工程结算。

检维修工程结算需要以经过工程审计部门审核确认的工程项目结算书为依据，负责检维修费用管理的相关部门和单位要严格区分工程结算项目，划清料、工、费的构成。财务部门根据检维修工程结算书及工程项目明细进行账务处理。

财务部门账务处理如下：

借：制造费用——某车间——修理费——工程结算——工程名称

    ——材料费

    ——人工费

    ——税金及附加

 贷：原材料

   银行存款

4）检维修费用核算重难点

（1）检维修预算编制。

检维修费用预算是全面预算管理体系的主要内容之一。根据企业的安排，设备管理部门组织各单位编制下一年度的检维修费预算。各单位根据实际情况合理预计下一年度检维修工作量，编制检维修费预算，报设备管理部门汇总、审核、确认后报企业审定，纳入企业年度财务预算。

财务人员在炼油企业检维修预算编制过程中发挥着关键作用。在检维修预算编制阶段，财务人员需要对预计发生的检维修成本进行细致区分，明确哪些成本可以资本化，哪些应当直接费用化，从而帮助企业合理规划资金流，正确体现财务状况和业绩。同时财务人员需结合全生命周期管理的理念，为企业提供前瞻性预算规划，助力企业实现资源优化配置，有效控制成本，提高整体经济效益。

（2）检维修费用不同归集方法及对比分析。

检维修费用应计入管理费用还是制造费用一直存在争议，财政部关于检维修费用的归集方法的规定从2006年新企业会计准则颁布以来也有调整变动。

① 计入管理费用。

根据2006年财政部下发的《企业会计准则应用指南附录——会计科目和主要账务处理》（管理费用科目）规定：企业生产车间（部门）和行政管理部门等发生的固定资产修理费用等后续支出，在管理费用科目核算。制造费用科目与固定资产有关的费用项目是生产车间的机物料消耗、固定资产折旧，无固定资产修理费项目。

② 计入制造费用。

根据2022年财政部、国务院国资委、银保监会、证监会四部门发布的《关于严格执行企业会计准则，切实做好企业2022年年报工作的通知》（财会〔2022〕32号）规定：企业应当按照《企业会计准则第1号——存货》（财会〔2006〕3号）、《企业会计准则第4号——固定资产》（财会〔2006〕3号）等相关规定，将不符合固定资产资本化后续支出条件的固定资产日常修理费用，在发生时按照受益对象计入当期损益或计入相关资产的成本。与存货的生产和加工相关的固定资产日常修理费用按照存货成本确定原则进行处理，行政管理部门、企业专设的销售机构等发生的固定资产日常修理费用按照功能分类计入管理费用或销售费用。因此，炼油企业用于生产的装置设备检维修费用计入产品成本。一般来说，先通过制造费用归集，再分摊至生产成本。

③ 两种方法优缺点对比分析。

检维修费用在管理费用科目下进行核算：

将检维修费用直接计入管理费用，即进行费用化处理，主要是考虑了重要性原则和谨慎性原则，并且在实务中具有可操作性，能够有效规避企业利用检维修费用对当期损益进行调整，操纵利润。这种会计处理方法认为检维修费用具有不均衡性和偶然性，将它计入当期损益，而不计入生产成本，可以避免造成生产成本的大幅度波动。

但是将检维修费用在发生时全部计入管理费用将导致所计算的产品或劳务成本不能充分反映生产的消耗水平，使成本信息不能服务于企业的生产经营决策，降低企业成本信息的使用价值。如果把炼油企业检维修费用计入管理费用而不对象化计入成本，即成本中不反映固定资产的修理耗费，不利于炼油企业客观评价装置实际加工成本，无法对应考核目标装置成本管理水平。同时，将检维修费用计入管理费用，将夸大管理费用的金额而导致企业管理成本的失真，不利于对管理部门进行公正的评价。

检维修费用在制造费用科目下进行核算：

检维修费用是炼油企业生产过程中由于装置设备发生损坏或设备检验检测等而发生的支出，是企业为生产特定产品或提供劳务而发生的成本费用，其目的是保障生产，最终受益对象是产品，因此按照"谁受益，谁承担"的原则，计入制造费用科目。从成本控制的角度考虑，将检维修费用纳入制造费用核算，由车间（部门）生产人员来承担这部分费用的考核有利于提高生产车间（部门）降低检维修费用的积极性，从而提高企业的效益。

但是若某装置检维修费用金额巨大，这种情况下计入制造费用会破坏产品成本结构的稳定性，不利于企业日常成本管理考核和定价决策。同时，大检修期间停产检修可能并没有产品产出，若计入制造费用，则是一种生产管理上的超额制造费用。

（3）装置停工损失会计核算。

炼油企业装置停工损失是生产装置因大检修、效益不佳、安全事故、不可抗力等因素导致的装置停工期间发生的直接费用和间接费用，不包括分摊的管理费用。停工损失按照如下原则进行处理：

① 装置在当月有产品产出，即使有停工现象，也不单独核算停工费用，全部计入产品成本。

② 装置当月没有产品产出，应视不同情况，进行账务处理：

a. 由于大检修、国家宏观调控、市场需求等原因，整月没有产品产出的，当月发生的装置停工损失在生产费用科目归集，月末由生产成本直接转入主营业务成本。

b. 发生安全生产事故等管理原因造成的停工，如果整月无产品产出，装置停工损失应计入管理费用——停工损失。

c. 因不可抗力事件导致的停工，如果整月无产品产出，装置停工损失应计入营业外支出。

d. 长期停工期间发生的费用在生产费用中归集，期末全额结转至营业外支出。

e. 如果生产链条的其中某一个单元或几个单元发生停工，但对终端目标产品出厂无影响或影响很小，停工损失应由停工装置关联产品负担。

（4）检维修费用相关注意事项。

① 财务部门要根据设备管理部门提供的检维修项目预算建立备查台账，按项目进行检维修费用管理和核算，并及时将结算信息反馈至设备管理部门。不能以全年的检维修费用预算总额按时间进度预提检维修费用。

② 检维修材料按照实际消耗数量进行核算，不能以领代耗。

③ 对于跨月进行的检维修项目，在修理期间，于每月月末根据设备管理部门确认的完工量及相关费用计入预提费用科目，大修项目结束后要及时进行结算，并进行抵冲。

④ 对于当月完工项目发生的修理费，应在发生时计入当月成本。对于非计划停工期间发生的检维修费用，应根据造成停工的原因，按会计制度规定进行核算，属于不可抗力因素造成的停工所发生的检维修费用计入营业外支出。

第四节　辅助生产成本核算

辅助生产车间主要是为基本生产车间提供产品和劳务服务的。作为炼油企业生产运营的基础，辅助车间具有较大的规模和较高的成本占比。这些车间提供的产品和劳务，通常约占企业全部加工费的 20% 以上。因此，辅助生产车间的成本核算和管理至关重要。

一、直接成本

1. 直接材料

辅助车间发生的直接材料根据领料凭证直接计入辅助生产成本。直接材料按照实际成本进行核算，采用加权平均方法结转。

　　借：辅助生产成本——原料
　　　　贷：原材料
　　　　　　材料成本差异

炼油企业辅助车间的原料主要包括煤、水等，用于产出电、循环水、除盐水、蒸汽等。在核算方面，不同企业由于管理需求和管理方式的差异，可能会采用不同的科目进行列支。例如，有些企业将辅助车间原料列入燃料或动力成本中。但从规范核算、清晰账务的角度考虑，应在原材料科目列支。

2. 直接人工

发生的直接人工费用包括工资、福利费、工会经费、职工教育经费、社会保险、住房公积金、住房补贴、其他劳动保险、其他人工费用。凡属于辅助生产车间直接从事产品生产人员的人工费用直接计入辅助生产成本；企业辅助生产车间为组织和管理生产所发生的管理人员的人工费用，计入制造费用科目。

　　借：辅助生产成本——员工费用——工资等
　　　　贷：应付职工薪酬——应付工资等

3. 辅助生产耗用的固体、液体和气体燃料

辅助生产耗用的各种固体、液体和气体燃料直接计入辅助生产成本。

1）耗用外购燃料

耗用外购燃料按照实际成本进行核算。

　　借：辅助生产成本——燃料——外购燃料
　　　　贷：原材料
　　　　　　应付账款
　　　　　　银行存款

2）自产自用燃料

自产自用燃料价格以贴近市场价格为原则进行核算。自产自用燃料油、燃料气可采用本企业上年平均外销价格（扣税后），没有外销价格的企业参照本地区同品质燃料油、天

然气市场价格确定；其他自产自用燃料（如液化气等）按照市场价格进行核算。需要注意的是，由于自产燃料气和天然气热值存在差异，从真实准确反映成本的角度考虑，在核算自产燃料气价格时，可以以外购天然气价格为基础，结合热值差进行计算。

借：辅助生产成本——燃料——自产燃料
　　贷：自制半成品

4. 辅助生产部门耗用的动力费用

辅助生产部门耗用的动力费用计入辅助生产成本。

1）耗用外购动力

耗用外购动力按照实际成本进行核算。

借：辅助生产成本——动力——外购动力——水、电、汽等
　　贷：应付账款
　　　　银行存款

2）辅助生产部门之间互供的自产动力

辅助生产部门之间自产动力进行互供，先按照自产动力上月实际单位成本进行交互分配，然后再计算当月自产动力成本。

借：辅助生产成本——动力——自产动力——水、电、汽等
　　贷：辅助生产成本——明细科目

二、制造费用

1. 归集

辅助生产部门为组织生产而发生的各项间接费用在制造费用核算。

借：制造费用——明细科目
　　贷：原材料
　　　　材料成本差异
　　　　应付职工薪酬
　　　　累计折旧
　　　　预提费用
　　　　待摊费用
　　　　银行存款

2. 分配

辅助生产部门发生的制造费用归集后，月终分配转入辅助生产成本。

借：辅助生产成本——制造费用
　　贷：制造费用

设置制造费用科目的目的是能够准确地记录和追踪与生产活动相关的各项成本，可以更好地了解不同部门或工序的成本构成，并对生产活动进行更全面的控制和管理。不过，

具体的设置与细分方式可能因企业的特点和需求而有所不同，企业也可以根据辅助生产的性质和重要性确定是否需要单独设置相应的制造费用科目。

三、辅助生产成本的分配

辅助生产成本费用归集后，按照一定的分配标准将提供的劳务和产品分配到各受益单位，分配后辅助生产成本期末无余额。

1. 成本分配的主要内容

1）产品——电

产出装置及工艺：企业外购或自建热电厂。燃料主要为煤或天然气，通过燃烧提供的热能产出高温高压水蒸气，驱动涡轮发电机产生电能，经过变压器进行升压或降压后输送至各用电设备。

用途：主要用于动力驱动和能量转换（如机泵和电加热器的运行），此外还有少量用于照明、通风和控制系统运行等。

主要控制指标：电源质量稳定性（主要包括电压的稳定性和频率的稳定性）和能源转换效率（即所消耗的燃料或其他能源转化为有效电能的比例）。

2）产品——除盐水

产出装置及工艺：除盐水站。原料主要为新鲜水、凝结水和经处理后的雨水、污水等，通过物理过滤、离子交换等措施，去除水中杂质（如盐、有机物、胶体和金属离子）后输送至各使用单位。

用途：主要用于生产除氧水；此外，还用于湿式空冷、机泵冷却、热媒水和冷媒水补水等。

主要控制指标：pH 值（要求除盐水保持碱性，避免腐蚀，pH 值一般要求保持在 9 左右）和电导率（即表征水导电能力的指标，电导率一般要求不大于 10μS/cm）。

3）产品——除氧水

产出装置及工艺：除氧器。原料主要为除盐水，通过加热、抽真空、添加化工剂等措施，去除溶解于水的氧及其他气体后输送至各使用单位。

用途：主要用于锅炉和省煤器生产蒸汽和装置注水防止腐蚀等。

主要控制指标：温度（一般控制 100～106℃）、pH 值（一般要求保持在 9 左右）和溶解氧（即溶解在水中的分子态氧，一般要求小于 0.015mg/L）。

4）产品——循环水

产出装置及工艺：循环水场。原料主要为新鲜水和经处理后的雨水、污水等，通过药剂去除菌类、杂质等输送至各使用单位并回收冷却再利用。

用途：供生产装置换热。

主要控制指标：国家关于循环水的管理标准，包括温度、压力、pH 值、浊度、总铁、含油、锌离子、余氯、异养菌总数等；另外出于节约资源、绿色低碳发展的考虑，浓缩倍数指标也应作为控制指标之一，一般要求不低于 3.5。

5）产品——凝结水

产出装置及工艺：各生产及辅助装置蒸汽换热后产生冷凝水。

用途：一般作为除盐水站原料；在符合装置工艺用水要求的情况下，可以直接供装置使用。

主要控制指标：一般凝结水没有具体控制指标，使用过程中需要根据接收装置的要求进行净化。

6）产品——蒸汽

产出装置及工艺：自备电厂或锅炉。原料主要为除氧水，燃料主要为煤或天然气，通过加热产出蒸汽后输送至各使用单位。炼油企业在生产过程中需要用到大量不同压力等级的蒸汽，因此一般在蒸汽管网中划分了 3.5~4.0MPa、1.0MPa、0.3~0.5MPa 的蒸汽等级，部分企业也有更高的 10MPa 蒸汽。

用途：主要用于动力驱动和换热；此外，还有少量用于工艺生产、设备吹扫、消防等。

主要控制指标：不同压力等级的蒸汽对应不同的温度，确保蒸汽均为过热蒸汽，例如 3.5MPa 蒸汽温度一般控制在 380~470℃。其他控制指标可以参考 GB/T 12145—2016《火力发电机组及蒸汽动力设备水汽质量》。

7）产品——净化风、非净化风

产出装置及工艺：空压站。原料为空气，通过空气压缩机压缩，经冷却脱水后输送至各使用单位。

用途：净化风主要用于驱动仪表系统；非净化风主要用于提供氧气、疏通设备和检修期间的吹扫、置换等。

主要控制指标：净化风、非净化风管网压力一般控制在 0.5~0.8MPa。

8）产品——氮气

产出装置及工艺：空分站。原料为空气，通过过滤去除空气中的灰尘、机械杂质，经压缩、吸附后分离出氮气输送至各使用单位。

用途：主要作为保护气体和吹扫气体使用，部分装置（如重整、聚丙烯）还可作为催化剂的再生气。

主要控制指标：工业氮的氮气纯度不小于 99.2%（体积分数），氧气含量不大于 0.8%（体积分数）；纯氮的氮气纯度不小于 99.99%（体积分数），氧气含量不大于 0.005%（体积分数）。

9）劳务——废水处理

提供劳务的装置及工艺：污水处理和回用设施。主要负责处理生产过程中产生的污水，通过分离、沉淀、过滤、微生物降解等措施，去除水中的污染物，达标后回用或排放。

用途：环境保护（避免水中的污染物对水体、土壤、大气和生态系统造成损害）和提高资源利用效率（回用部分处理后的污水，减少水资源消耗）。

主要控制指标：国家及地方关于污水的外排标准，包括 pH 值、COD、BOD、NH_3-N、悬浮物、石油类、硫化物、菌群等；回用部分还需要考虑使用装置对水质的要求。

10）其他

除以上产品及劳务外，炼油企业辅助车间一般还涉及检验、计量等劳务，主要负责产品质量检验和计量检定等。

2. 成本分配的核算方式

1）辅助生产部门对内提供产品和劳务

辅助生产部门对内（即对辅助生产部门提供的产品和劳务）按实际成本或标准成本进行分配。

借：辅助生产成本——明细科目
  贷：辅助生产成本——明细科目

辅助生产部门内部之间的成本交互分配是核算中的重点也是难点问题，具体分配方式详见本节"核算与管理中的重点"。

2）辅助生产部门对外提供产品和劳务

辅助生产部门对外（即对基本生产部门、企业管理部门和其他部门等提供的产品和劳务）按实际成本进行分配。

（1）提供一种产品或劳务。

如果一个辅助生产部门只提供一种产品或劳务，对外分配率计算如下：

分配率 =（辅助生产部门归集的生产费用 + 本部门耗用的其他辅助部门提供的产品或劳务费用 − 其他辅助部门耗用本部门提供的产品或劳务费用）/（该部门提供的产品或劳务总量 − 其他辅助部门耗用的产品或劳务数量）   （4-8）

（2）提供两种以上产品或劳务。

如果一个辅助生产部门提供两种以上产品或劳务，先按照一定方法（如按各产品或劳务的系数）进行分配，计算出每种产品或劳务的单位成本，然后再分配到受益单位。

借：基本生产成本——明细科目
  制造费用
  销售费用
  管理费用
  其他业务成本
  在建工程
  炼化修理费
  营业外支出
  贷：辅助生产成本——明细科目

需要注意的是，为基本生产部门提供产品和劳务的辅助生产成本，应区分费用性质分别列入基本生产成本和制造费用，例如动力车间提供的各种动力产品等直接费用，按照实际消耗量转入基本生产成本的动力科目；废水处理车间和检验计量车间提供的劳务等间接费用，则以排污费、检验检定费等形式先在制造费用归集，之后随制造费用转入辅助生产成本后再转入基本生产成本。

3. 核算与管理中的重点

1）科学制定辅助车间的交互分配方式

辅助车间的交互分配方式如下：

$$交互分配率 = 某辅助生产车间交互分配前发生的费用 / \\ 该辅助生产车间提供的产品或劳务数量 \quad (4-9)$$

$$交互分配转出的费用 = 该辅助生产车间交互分配率 \times \\ 该辅助生产车间为其他辅助生产车间提供的产品或劳务数量 \quad (4-10)$$

$$交互分配转入的费用 = \sum(某辅助生产车间供应本车间的产品或劳务数量 \times \\ 该辅助生产车间交互分配率) \quad (4-11)$$

需要注意的是，由于辅助车间发生的费用不仅包括本车间的人工、折旧以及直接外购的各类支出，还包括其他辅助车间所提供的动力产品或服务，因此需要通过多次模拟计算来确定合理的交互分配率（也就是供出成本的价格），以保证辅助车间对内分配率和对外分配率保持一致。目前借助ERP等信息系统，部分炼油企业已经实现了自动化分配、结转，可以有效提高准确性，同时解放财务人员工作量。

2）加强公用工程系统的节能降耗管理

（1）提高锅炉热效率：管控重点在于排烟温度、氧含量等指标的控制，企业可通过增加空气预热器等措施，提高能源利用效率，减少热损。

（2）加强蒸汽管网管理：管控重点在于合理设置蒸汽管网流程，保证管网保温完好，定期检查疏水阀运行情况，避免蒸汽窜入凝结水系统，降低蒸汽损失。

（3）提高循环水浓缩倍数：管控重点在于合理控制循环水系统补水量和排水量，在提高循环水浓缩倍数的同时也应注意循环水水质的管理，避免出现因节水造成水质不合格，引发循环水换热器泄漏，从而影响生产的情况。

（4）提高凝结水回收率：管控重点在于合理布置凝结水回收设备和管道，控制好凝结水回收系统压力，避免水击，做好设备的日常检查和维护，提高回收率。

（5）降低除盐水制取系数：管控重点在于综合研判除盐水制取成本和设施使用周期的关系，合理降低除盐水制取系数，制定相应的生产方案。

（6）加强氮气、风管网管理：管控重点在于根据使用要求合理控制管网压力，做好管网日常检查及维护，减少跑损。

第五节　税金及附加核算

税金及附加是炼油企业成本的重要组成部分。设置税金及附加科目主要核算企业经营活动发生的消费税、环境保护税、资源税、房产税、车船税、城镇土地使用税、印花税、土地增值税、城市维护建设税和教育费附加等相关税费。炼油企业应该密切关注国家税收政策和法规的变化，加强财务管理和税收筹划，进而更好地规划生产经营活动，降低成本费用，增加利润空间，以保持竞争优势，实现可持续发展。本章将详细介绍与炼油企业密切相关的消费税，并简要介绍消费税、环境保护税、房产税、车船税、城镇土地使用税、印花税、土地增值税、城市维护建设税和教育费附加。由于资源税的纳税人主要为资源开采企业，并不涉及炼油企业，因此本节不对资源税展开介绍。

一、消费税

1. 成品油消费税改革历程

消费税是对在我国境内从事生产、委托加工和进口特定消费品的单位和个人，以及国务院确定的销售《中华人民共和国消费税暂行条例》（以下简称《消费税暂行条例》）规定的消费品的其他单位和个人，就其销售额或销售数量，在特定环节征收的一种税。

我国消费税的历史并不长，1994年消费税首次登上历史舞台。根据国税发〔1993〕156号文件，1994年1月1日起，我国开始将成品油作为征税对象，对其征收消费税。但当时仅设置了汽油和柴油两个税目，其他类型的成品油并未被纳入征收范围。

1999年，我国开始将汽油划分为含铅汽油和无铅汽油，并分别适用不同的定额税率，其中含铅汽油的税率略高于无铅汽油的税率。由此可见，我国成品油消费税开始引导消费者选择更清洁的油品进行消费。

2006年，《财政部、国家税务总局关于调整和完善消费税政策的通知》（财税〔2006〕33号）明确指出"取消汽油、柴油税目，增列成品油税目。汽油、柴油改为成品油税目下的子目（税率不变）。另外新增石脑油、溶剂油、润滑油、燃料油、航煤五个子目。"经过这一改革，成品油消费税的征收范围已经覆盖了大部分原油加工产品，为进一步扩大税收调控范围、增强税收调控力度打下了坚实的制度基础。

2009年，我国实施成品油价格和税费改革。根据《国务院关于实施成品油价格和税费改革的通知》（国发〔2008〕37号），2009年1月1日起，取消原在成品油价外征收的公路养路费、航道养护费、公路运输管理费、公路客货运附加费、水路运输管理费、水运客货运附加费6项收费并将其纳入消费税，同步提高成品油消费税单位税额。

2014年，国家接连3次上调成品油消费税税率，同时取消车用含铅汽油消费税，汽油税目不再划分二级子目，统一按照无铅汽油税率征收消费税。这充分体现了在当时能源供需环境较为宽松的背景下，国家借助税率杠杆调整消费结构、促进节能减排、推进能源生产和消费方式变革的政策意图。

我国成品油消费税改革历程见表4-2。

2. 成品油消费税纳税人、征收范围及税率

《消费税暂行条例》规定，在中华人民共和国境内生产、委托加工和进口应税消费品的单位和个人为消费税的纳税人。成品油作为应税消费品税目，下设汽油、柴油、石脑油、溶剂油、航煤、润滑油和燃料油7个子目。

表 4-2　我国成品油消费税改革历程

政策	实施时间	征税细则
《消费税暂行条例》	1994年1月1日	开征汽油、柴油消费税
《财政部、国家税务总局关于调整含铅汽油消费税税率的通知》	1999年1月1日	将汽油划分含铅汽油和无铅汽油，分别适用不同的定额税率
《财政部、国家税务总局关于调整和完善消费税政策的通知》	2006年4月1日	取消汽油、柴油税目，增列成品油税目；汽油、柴油改为成品油税目下的子目（税率不变）；另外新增石脑油、溶剂油、润滑油、燃料油、航煤5个子目
《国务院关于实施成品油价格和税费改革的通知》	2009年1月1日	取消公路养路费、航道养护费、公路运输管理费、公路客货运附加费、水路运输管理费、水运客货运附加费6项收费，并提高成品油消费税单位税额
《关于调整消费税政策的通知》	2014年12月1日	取消车用含铅汽油消费税，汽油税目不再划分二级子目，统一按照无铅汽油税率征收消费税
《财政部、国家税务总局关于继续提高成品油消费税的通知》	2015年1月13日	将汽油、石脑油、溶剂油和润滑油的消费税单位税额提高到1.52元/L；将柴油、航煤和燃料油的消费税单位税额提高到1.2元/L

资料来源：国家税务总局网站。

1）汽油

汽油是用原油或其他原料加工生产的辛烷值不小于66的可用作汽油发动机燃料的各种轻质油。汽油分为车用汽油和航空汽油。以汽油、汽油组分调和生产的甲醇汽油、乙醇汽油也属于本税目征收范围。

根据财政部、国家税务总局公告（2023年第11号），自2023年6月30日起，对烷基化油（异辛烷）按照汽油征收消费税。

2）柴油

柴油是用原油或其他原料加工生产的倾点或凝点在-50～30℃的可用作柴油发动机燃料的各种轻质油和以柴油组分为主、经调和精制可用作柴油发动机燃料的非标油。以柴油、柴油组分调和生产的生物柴油也属于本税目征收范围。

3）石脑油

石脑油又称化工轻油，是以原油或其他原料加工生产的用于化工原料的轻质油。除汽油、柴油、航煤、溶剂油外，对以原油或其他原料加工生产的用于化工原料的各种轻质油均按石脑油征收消费税。非标汽油、重整生成油、拔头油、戊烷原料油、轻裂解料［减压柴油（VGO）和常压柴油（AGO）］、重裂解料、加氢裂化尾油、芳烃抽余油均属轻质油，属于石脑油征收范围。

根据财政部、海关总署、国家税务总局公告（2021年第19号），自2021年6月12日起，对归入税则号列27075000，且200℃以下时蒸馏出的芳烃以体积计小于95%的进口产品，以及归入税则号列27079990、27101299的进口产品视同石脑油征收进口环节消费税。

根据财政部、国家税务总局公告（2023年第11号），自2023年6月30日起，对混合芳烃、重芳烃、混合碳八、稳定轻烃、轻油、轻质煤焦油按照石脑油征收消费税。

4）溶剂油

溶剂油是用原油或其他原料加工生产的用于涂料、油漆、食用油、印刷油墨、皮革、农药、橡胶、化妆品生产和机械清洗、胶黏行业的轻质油。橡胶填充油、溶剂油原料均属于溶剂油征收范围。

根据财政部、国家税务总局公告（2023年第11号），自2023年6月30日起，对石油醚、粗白油、轻质白油、部分工业白油（5号、7号、10号、15号、22号、32号、46号）按照溶剂油征收消费税。

5）航煤

航煤也称喷气燃料，是用原油或其他原料加工生产的用作喷气发动机和喷气推进系统燃料的各种轻质油。

6）润滑油

润滑油是用原油或其他原料加工生产的用于内燃机、机械加工过程的润滑产品。润滑油分为矿物性润滑油、植物性润滑油、动物性润滑油和化工原料合成润滑油。润滑油的征收范围包括矿物性润滑油、矿物性润滑油基础油、植物性润滑油、动物性润滑油和化工原料合成润滑油。以植物性、动物性和矿物性基础油（或矿物性润滑油）混合掺配而成的"混合性"润滑油，不论矿物性基础油（或矿物性润滑油）所占比例高低，均属于润滑油的征收范围。润滑脂是润滑产品，也属于润滑油消费税征收范围。

7）燃料油

燃料油也称重油、渣油，用原油或其他原料加工生产，主要用作电厂发电、锅炉用燃料、加热炉燃料、冶金和其他工业炉燃料。蜡油、船用重油、常压重油、减压重油、180cSt燃料油、7号燃料油、糠醛油、工业燃料、4~6号燃料油等油品的主要用途是作为燃料燃烧，属于燃料油征收范围。对各类重油、渣油均按燃料油征收消费税。

根据国家税务总局公告（2012年第46号），自2012年11月1日起，催化料、焦化料属于燃料油的征收范围，应当征收消费税。

根据财政部、海关总署、国家税务总局公告（2021年第19号），自2021年6月12日起，对归入税则号列27150000，且440℃以下时蒸馏出的矿物油以体积计大于5%的进口产品，视同燃料油征收进口环节消费税。

根据国家税务总局公告（2012年第47号），纳税人以原油或其他原料生产加工的产品（如以沥青产品）对外销售时，该产品符合沥青产品的国家标准或石油化工行业标准的相应规定（包括名称、型号和质量标准等与相应标准一致）的，不征收消费税；否则，视同燃料油征收消费税。

我国成品油消费税税率变化情况见表4-3。

表 4-3　我国成品油消费税税率变化情况表

单位：元/L

时间	汽油	柴油	石脑油	溶剂油	航煤	润滑油	燃料油
1994年1月1日	0.2	0.1	—	—	—	—	—
1999年1月1日	0.2（无铅）；0.28（含铅）	0.1	—	—	—	—	—
2006年4月1日	0.2（无铅）；0.28（含铅）	0.1	0.2	0.2	0.1	0.2	0.1
2009年1月1日	1.0（无铅）；1.4（含铅）	0.8	1.0	1.0	0.8	1.0	0.8
2014年11月29日	1.12	0.94	1.12	1.12	0.94	1.12	0.94
2014年12月13日	1.4	1.1	1.4	1.4	1.1	1.4	1.1
2015年1月13日	1.52	1.2	1.52	1.52	1.2	1.52	1.2

资料来源：国家税务总局网站。

3. 成品油消费税税收优惠政策

1）免税

根据财税〔2008〕168号文件，对用外购或委托加工收回的已税汽油生产的乙醇汽油免税。

根据财税〔2010〕98号文件，对成品油生产企业在生产成品油过程中，作为燃料、动力及原料消耗掉的自产成品油，免征消费税。

根据财税〔2010〕118号文件，对符合条件的纯生物柴油免征消费税。

根据国家税务总局公告（2012年第36号），生产企业将自产石脑油、燃料油用于本企业连续生产乙烯、芳烃类化工产品的，按当期投入生产装置的实际移送量免征消费税；生产企业按照国家税务总局下发石脑油、燃料油定点直供计划，销售石脑油、燃料油的数量在计划限额内，且开具有"DDZG"标识的汉字防伪版增值税专用发票的，免征消费税。

根据财政部、国家税务总局公告（2023年第69号），利用符合条件的废矿物油生产的润滑油基础油、汽油、柴油等工业油料免征消费税。

2）税额抵扣

根据国家税务总局公告（2018年第1号），外购、进口和委托加工收回的汽油、柴油、石脑油、燃料油、润滑油用于连续生产应税成品油的，可按规定计算扣除已纳消费税税款。

3）退税

根据国家税务总局公告（2012年第36号），使用企业将外购的含税石脑油、燃料油用于生产乙烯、芳烃类化工产品，且生产的乙烯、芳烃类化工产品产量占本企业用石脑油、燃料油生产全部产品总量的50%以上（含）的，按实际耗用量计算退还所含消费税。

4）暂缓征收

根据财税〔2015〕11号文件，对航煤暂缓征收消费税。

4. 来料加工和进料加工消费税的特殊处理

来料加工是进口料件由境外企业提供，境内企业不需要付汇进口，按照境外企业的要求进行加工或者装配，只收取工缴费，制成品由境外企业销售的经营活动。进料加工则是进口料件由境内企业付汇进口，制成品由境内企业外销出口的经营活动。来料加工属于委托加工业务，所有权归属于境外企业，境内企业对盈亏不负责任，其所产生的风险也完全由境外企业承担；进料加工则是购买和自主销售的业务，风险和所有权均归境内企业所有。

除此之外，来料加工和进料加工在消费税的税务处理上也有所不同，具体见表4-4。来料加工在进口料件环节和加工复出口环节均免征消费税，境内生产企业在来料加工的货物复出口时取得的工缴费收入也免征消费税。而进料加工在进口料件环节视具体情况，按照一定比例或全额免征消费税；在加工复出口环节，生产企业自营出口和委托外贸企业代理出口应税消费品适用的消费税政策也存在差异，前者直接免征消费税，后者则实行先征后退政策，即由生产企业先计算缴纳消费税，待外贸企业出口后申请退税时再将所退税款退还给生产企业。外贸企业在加工复出口环节则执行退税办法，即退还企业购进的应税消费品在国内加工生产环节所缴纳的消费税。

表4-4 来料加工和进料加工的消费税税务处理比较

加工方式	企业类型	进口料件环节	加工复出口环节	
来料加工	生产企业	免征消费税	免征消费税	
进料加工	生产企业	按一定比例或全额免征消费税	自营出口	免征消费税
			委托代理出口	先征后退
	外贸企业		退税	

资料来源：根据国家税务总局网站和文献整理所得。

消费税的征税范围、税率和税收优惠政策往往会随着国家宏观政策和外部形势的变化而进行调整。因此，财务人员应保持敏锐性和专业性，密切关注消费税税收政策的变化，以便及时了解其对企业产生的影响，并制订相应的财务计划和税务筹划方案，以降低企业税收负担、优化财务状况、提高经济效益。

5. 成品油消费税账务处理

1）直接销售

企业应在应交税费科目下设置应交消费税二级科目进行消费税的会计核算。应交消费税明细科目借方登记实际缴纳的消费税和待扣的消费税，贷方登记按规定应缴纳的消费税；期末贷方余额反映尚未缴纳的消费税，期末借方余额反映多缴或待扣的消费税。

当企业按规定计算出应缴纳的消费税后，做如下账务处理：

借：税金及附加
　　贷：应交税费——应交消费税

2）委托加工

根据《消费税暂行条例》，企业委托外单位加工应税消费品的，除受托方为个人外，由受托方在向委托方交货时代收代缴消费税。若受托方为个人，则由委托方收回后自行缴纳消费税。委托加工的应税消费品若直接出售，则出售时不再缴纳消费税；若以高于受托方的计税价格出售，则不属于直接出售，需按规定申报缴纳消费税，在计税时准予扣除受托方已代收代缴的消费税；若用于连续生产应税消费品，则所纳税款准予按规定进行抵扣。这里的委托加工应税消费品，是指由委托方提供原料和主要材料，受托方只收取加工费和代垫部分辅助材料加工的应税消费品。对于由受托方提供原材料生产的应税消费品，或者受托方先将原材料卖给委托方，然后再接受加工的应税消费品，以及由受托方以委托方名义购进原材料生产的应税消费品，不论在财务上是否作为销售处理，都不得作为委托加工应税消费品，而应当按照销售自制应税消费品缴纳消费税。

（1）代收代缴消费税时，受托方应做如下账务处理：

借：银行存款等
　　贷：应交税费——应交消费税

（2）委托加工应税消费品收回后直接用于销售的，委托方应将代收代缴的消费税计入委托加工的应税消费品成本：

借：委托加工物资等
　　贷：银行存款等

待委托加工的应税消费品销售时，不必再计算缴纳消费税。

（3）委托加工应税消费品收回后用于连续生产应税消费品，并按照规定准予抵扣的，委托方应按代收代缴的消费税款做如下账务处理：

借：应交税费——应交消费税
　　贷：银行存款等

待企业最终销售应税消费品时，委托方应根据其销售额计算应缴纳的全部消费税。

借：税金及附加
　　贷：应交税费——应交消费税

应交的全部消费税扣除收回委托加工应税消费品时缴纳的消费税后为应补交的消费税，最终缴纳消费税时应做如下账务处理：

借：应交税费——应交消费税
　　贷：银行存款等

二、环境保护税

环境保护税是对在我国领域和管辖的其他海域内，直接向环境排放应税污染物的企业事业单位和其他生产经营者征收的一种行为税。2018年1月1日《中华人民共和国环境保护税法》（以下简称《环境保护税法》）开始施行，我国停止征收排污费，环境保护税登上历史舞台。2018年10月26日，第十三届全国人民代表大会常务委员会第六次会议对《环境保护税法》进行了修改。

1. 纳税人、征收范围及税率

《环境保护税法》规定，在我国领域和管辖的其他海域内，直接向环境排放应税污染物的企业事业单位和其他生产经营者为环境保护税的纳税人。应税污染物是指《环境保护税税目税额表》《应税污染物和当量值表》规定的大气污染物、水污染物、固体废物和噪声。

1）大气污染物

大气污染物包括二氧化硫、氮氧化物、一氧化碳、氯气、氯化氢、氟化物、氰化氢、硫酸雾、铬酸雾、汞及其化合物、一般性粉尘、石棉尘、玻璃棉尘、炭黑尘、铅及其化合物、镉及其化合物、铍及其化合物、镍及其化合物、锡及其化合物、烟尘、苯、甲苯、二甲苯、苯并[a]芘、甲醛、乙醛、丙烯醛、甲醇、酚类、沥青烟、苯胺类、氯苯类、硝基苯、丙烯腈、氯乙烯、光气、硫化氢、氨、三甲胺、甲硫醇、甲硫醚、二甲二硫、苯乙烯、二硫化碳，共计44项。环境保护税的征税范围不包括温室气体二氧化碳。

2）水污染物

水污染物分为两类：第一类水污染物包括总汞、总镉、总铬、六价铬、总砷、总铅、总镍、苯并[a]芘、总铍、总银；第二类水污染物包括悬浮物（SS）、生化需氧量（BOD_5）、化学需氧量（COD_{Cr}）、总有机碳（TOC）、石油类、动植物油、挥发酚、总氰化物、硫化物、氨氮、氟化物、甲醛、苯胺类、硝基苯类、阴离子表面活性剂（LAS）、总铜、总锌、总锰、彩色显影剂（CD-2）、总磷、单质磷（以P计）、有机磷农药（以P计）、乐果、甲基对硫磷、马拉硫磷、对硫磷、五氯酚及五氯酚钠（以五氯酚计）、三氯甲烷、可吸附有机卤化物（AOX，以Cl计）、四氯化碳、三氯乙烯、四氯乙烯、苯、甲苯、乙苯、邻二甲苯、对二甲苯、间二甲苯、氯苯、邻二氯苯、对二氯苯、对硝基氯苯、2,4-二硝基氯苯、苯酚、间甲酚、2,4-二氯酚、2,4,6-三氯酚、邻苯二甲酸二丁酯、邻苯二甲酸二辛酯、丙烯腈、总硒，应税水污染物共计61项。

3）固体废物

固体废物包括煤矸石、尾矿、危险废物、冶炼渣、粉煤灰、炉渣及其他固体废物。

4）噪声

应税噪声污染目前只包括工业噪声。

我国环境保护税的税目、税额见表4-5。

2. 税收优惠政策

1）免征

根据《环境保护税法》，对机动车、铁路机车、非道路移动机械、船舶和航空器等流动污染源排放应税污染物的，以及纳税人综合利用的固体废物符合国家和地方环境保护标准的，免征环境保护税。

2）减征

根据《环境保护税法》，纳税人排放应税大气污染物或者水污染物的浓度值低于国家和地方规定的污染物排放标准30%的，减按75%征收环境保护税；纳税人排放应税大气污染物或者水污染物的浓度值低于国家和地方规定的污染物排放标准50%的，减按50%征收环境保护税。

表 4-5 环境保护税税目税额表

税目		计税单位	税额
大气污染物		每污染当量	1.2~12 元
水污染物		每污染当量	1.4~14 元
固体废物	煤矸石	每吨	5 元
	尾矿	每吨	15 元
	危险废物	每吨	1000 元
	冶炼渣、粉煤灰、炉渣及其他固体废物	每吨	25 元
噪声	工业噪声	超标 1~3dB	350 元 /mon
		超标 4~6dB	700 元 /mon
		超标 7~9dB	1400 元 /mon
		超标 10~12dB	2800 元 /mon
		超标 13~15dB	5600 元 /mon
		超标 16dB 以上	11200 元 /mon

资料来源：国家税务总局网站。

3.账务处理

企业应当在应交税费科目下设置应交环境保护税二级科目进行环境保护税的会计核算。应交环境保护税明细科目借方登记实际缴纳的环境保护税，贷方登记按规定应缴纳的环境保护税。

当企业按规定计算出应缴纳的环境保护税后，做如下账务处理：

借：税金及附加

　　贷：应交税费——应交环境保护税

三、房产税

房产税是以房产为征收对象，按照房屋的计税余值或租金收入，向产权所有人征收的一种财产税。我国现行房产税法的基本规范是 1986 年 9 月 15 日国务院颁布的《中华人民共和国房产税暂行条例》（以下简称《房产税暂行条例》）。2011 年 1 月 8 日，中华人民共和国国务院令第 588 号对《房产税暂行条例》作出修改。

1.纳税人、征收范围及税率

《房产税暂行条例》规定，房产税以房产为征税对象，以城市、县城、建制镇和工矿区内的房产为征税范围，以在征税范围内的房产产权所有人为纳税人。

我国现行房产税采用比例税率。由于房产税的计税依据有房产的计税余值和房产的租金收入两种，因此房产税的比例税率也有两种：一种是按房产原值一次减除 10%~30%

后的余值计征，税率为1.2%；另一种是按房屋出租的租金收入计征，税率为12%。

2. 账务处理

企业应当在应交税费科目下设置应交房产税二级科目进行房产税的会计核算。应交房产税明细科目借方登记实际缴纳的房产税，贷方登记按规定应缴纳的房产税。因房产税属于企业经营过程缴纳的税金，因此计入税金及附加科目。

当企业按规定计算出应缴纳的房产税后，做如下账务处理：

借：税金及附加
　　贷：应交税费——应交房产税

四、车船税

车船税是对我国境内的车辆、船舶的所有人或管理人征收的一种财产税。我国现行车船税法的基本规范是2011年2月25日第十一届全国人民代表大会常务委员会第十九次会议通过的《中华人民共和国车船税法》（以下简称《车船税法》），自2012年1月1日起施行。2019年4月23日，第十三届全国人民代表大会常务委员会第十次会议对《车船税法》作出修改。

1. 纳税人、征收范围及税率

根据《车船税法》，在我国境内属于《车船税税目税额表》规定的车辆、船舶的所有人或者管理人为车船税的纳税人。所谓车辆、船舶是指依法应当在车船登记管理部门登记的机动车辆和船舶以及依法不需要在车船登记管理部门登记的在单位内部场所行驶或者作业的机动车辆和船舶。临时入境的外国车船，以及香港特别行政区、澳门特别行政区、台湾省的车船不征收车船税。根据国家税务总局公告2013年第42号，我国境内单位和个人租入外国籍船舶的，不征收车船税；我国境内单位和个人将船舶出租到境外的，应依法征收车船税。

我国车船税实行定额税率。车船税税目及税额见表4-6。

表4-6　车船税税目税额表

税目		计税单位	年基准税额	备注
乘用车（按排气量分档）	1.0L及以下	每辆	60～360元	核定载客人数9人（含）以下
	1.0～1.6L（含）		300～540元	
	1.6～2.0L（含）		360～660元	
	2.0～2.5L（含）		660～1200元	
	2.5～3.0L（含）		1200～2400元	
	3.0～4.0L（含）		2400～3600元	
	4.0L以上的		3600～5400元	

续表

税目		计税单位	年基准税额	备注
商用车	客车	每辆	480～1440元	核定载客人数9人以上，包括电车
	货车	整备质量每吨	16～120元	包括半挂牵引车、三轮汽车和低速载货汽车等
挂车		整备质量每吨	按照货车税额的50%计算	—
其他车辆	专用作业车	整备质量每吨	16～120元	不包括拖拉机
	轮式专用机械车		16～120元	
摩托车		每辆	36～180元	—
船舶	机动船舶	净吨位每吨	3～6元	拖船、非机动驳船分别按照机动船舶税额的50%计算
	游艇	艇身长度每米	600～2000元	—

资料来源：国家税务总局网站。

2. 账务处理

企业应当在应交税费科目下设置应交车船税二级科目进行车船税的会计核算。应交车船税明细科目借方登记实际缴纳的车船税，贷方登记按规定应缴纳的车船税。因车船税属于企业经营过程缴纳的税金，因此计入税金及附加科目。

当企业按规定计算出应缴纳的车船税后，做如下账务处理：

借：税金及附加
　　贷：应交税费——应交车船税

五、城镇土地使用税

城镇土地使用税是以国有土地为征税对象，对拥有土地使用权的单位和个人征收的一种财产税。1988年国务院发布《中华人民共和国城镇土地使用税暂行条例》（以下简称《城镇土地使用税暂行条例》），并规定自1988年11月1日起施行。国务院于2006年、2011年、2013年、2019年对《城镇土地使用税暂行条例》进行了4次修改。

1. 纳税人、征收范围及税率

根据《城镇土地使用税暂行条例》，在城市、县城、建制镇、工矿区范围内使用土地的单位和个人为城镇土地使用税的纳税人。城镇土地使用税的征税范围包括在城市、县城、建制镇和工矿区内的国家所有和集体所有的土地。

城镇土地使用税以纳税人实际占用的土地面积为计税依据，采用定额税率征收，按大城市、中等城市、小城市和县城、建制镇、工矿区分别规定每平方米城镇土地使用税年应纳税额，具体见表4-7。

表 4-7 城镇土地使用税税率

级别	人口/人	每平方米税额/元
大城市	50 万以上	1.5～30
中等城市	20 万～50 万	1.2～24
小城市	20 万以下	0.9～18
县城、建制镇、工矿区	—	0.6～12

资料来源：国家税务总局网站。

2. 账务处理

企业应当在应交税费科目下设置应交城镇土地使用税二级科目进行城镇土地使用税的会计核算。应交城镇土地使用税明细科目借方登记实际缴纳的城镇土地使用税，贷方登记按规定应缴纳的城镇土地使用税。因城镇土地使用税属于企业经营过程缴纳的税金，因此计入税金及附加科目。

当企业按规定计算出应缴纳的城镇土地使用税后，做如下账务处理：

借：税金及附加

　　贷：应交税费——应交城镇土地使用税

六、印花税

印花税是以经济活动和经济交往中，书立、领受应税凭证的行为为征税对象征收的一种行为税。我国现行印花税的基本规范是 2021 年 6 月 10 日十三届全国人大常委会第二十九次会议通过的《中华人民共和国印花税法》（以下简称《印花税法》），自 2022 年 7 月 1 日起施行。

1. 纳税人、征收范围及税率

根据《印花税法》，在我国境内书立应税凭证、进行证券交易的单位和个人，以及在我国境外书立在境内使用的应税凭证的单位和个人均为印花税的纳税人。所谓应税凭证是《印花税税目税率表》列明的合同、产权转移书据和营业账簿。

印花税的征税范围采用正列举法。一般来说，列入税目的额就要征税，未列入税目的就不征税。印花税的税率设计遵循税负从轻、共同负担的原则，具体见表 4-8。

2. 账务处理

企业缴纳的印花税，一般是自行计算、购买、贴花、注销，不会形成税款债务，为简化会计处理，可以不通过应交税费科目核算，而是通过银行存款直接付款。购买税票时，直接计入税金及附加科目。

当企业购买印花税票时，做如下账务处理：

借：税金及附加

　　贷：银行存款

表 4-8　印花税税目税率表

税目		税率
合同（指书面合同）	借款合同	借款金额的 0.5/10000
	融资租赁合同	租金的 0.5/10000
	买卖合同	价款的 3/10000
	承揽合同	报酬的 3/10000
	建设工程合同	价款的 3/10000
	运输合同	运输费用的 3/10000
	技术合同	价款、报酬或者使用费的 3/10000
	租赁合同	租金的 1/1000
	保管合同	保管费的 1/1000
	仓储合同	仓储费的 1/1000
	财产保险合同	保险费的 1/1000
产权转移书据	土地使用权出让书据	价款的 5/10000
	土地使用权、房屋等建筑物和构筑物所有权转让书据（不包括土地承包经营权和土地经营权转移）	价款的 5/10000
	股权转让书据（不包括应缴证券交易印花税）	价款的 5/10000
	商标专用权、著作权、专利权、专有技术使用权转让书据	价款的 3/10000
营业账簿		实收资本（股本）、资本公积合计金额的 2.5/10000
证券交易		成交金额的 1/1000

资料来源：国家税务总局网站。

七、土地增值税

土地增值税是对转让国有土地使用权、地上的建筑物及其附着物并取得收入的单位和个人征收的一种税。我国现行土地增值税的基本规范是 1993 年 12 月 13 日国务院颁布，自 1994 年 1 月 1 日开始施行的《中华人民共和国土地增值税暂行条例》（以下简称《土地增值税暂行条例》）。2011 年 1 月 8 日，中华人民共和国国务院令第 588 号对《土地增值税暂行条例》作出修订。为贯彻落实税收法定原则，2019 年财政部会同国家税务总局起草了《中华人民共和国土地增值税法（征求意见稿）》，向社会公开征求意见。

1. 纳税人、征收范围及税率

根据《土地增值税暂行条例》，转让国有土地使用权、地上的建筑物及其附着物（以下简称转让房地产）并取得收入的单位和个人为土地增值税的纳税人。土地增值税的征税范围包括转让国有土地使用权、地上的建筑物及其附着物连同国有土地使用权一并转让及存量房地产的买卖，不包括以继承、赠予方式无偿转让房地产的行为。土地增值税征税范围的界定以转让的土地是否为国有、产权是否发生转让、是否取得了收入为判定标准。

我国土地增值税实行四级超率累进税率，见表 4-9。

表 4-9　土地增值税四级超率累进税率表

级数	增值税与扣除项目金额的比率	税率/%	速算扣除系数/%
1	≤50% 的部分	30	0
2	>50%～100% 的部分	40	5
3	>100%～200% 的部分	50	15
4	>200% 的部分	60	35

资料来源：国家税务总局网站。

2. 账务处理

企业应当在应交税费科目下设置应交土地增值税二级科目进行土地增值税的会计核算。应交土地增值税明细科目借方登记实际缴纳的土地增值税，贷方登记按规定应缴纳的土地增值税。因土地增值税属于流转环节缴纳的税种，因此主营和兼营房地产开发的企业应缴纳的土地增值税计入税金及附加科目，一般企业销售已使用过的房产应缴纳的土地增值税，计入固定资产清理科目。

当企业按规定计算出应缴纳的土地增值税后，做如下账务处理：

借：税金及附加
　　　固定资产清理
　　贷：应交税费——应交土地增值税

八、附加税

附加税是按照一定比例加征的税，一般包括随着增值税、消费税附加征收的城市建设维护税、教育费附加和地方教育费附加。

1. 纳税人及税率（征收率）

在我国境内缴纳增值税、消费税的单位和个人为城市维护建设税、教育费附加和地方教育附加的纳税人。城市维护建设税、教育费附加和地方教育附加以实际缴纳增值税和消费税的税额之和为计税（征）依据附加征收。城市维护建设税根据纳税人所在地的不同，实行地区差别比例税率，具体见表 4-10。教育费附加的征收率为 3%，地方教育费附加征收率为 2%。

表 4-10 城市维护建设税税率表

所在地	税率/%
市区	7
县城、镇	5
不在市区、县城或者镇	1

资料来源：国家税务总局。

2. 账务处理

企业应当在应交税费科目下设置应交城市维护建设税、教育费附加和地方教育附加二级科目进行会计核算。该科目借方登记实际缴纳的城市维护建设税、教育费附加和地方教育费附加，贷方登记按规定应缴纳的城市维护建设税、教育费附加和地方教育费附加。

当企业按规定计算出应缴纳的城市维护建设税、教育费附加和地方教育费附加后，做如下账务处理：

借：税金及附加
　　贷：应交税费——应交城市维护建设税
　　　　　　　　——教育费附加
　　　　　　　　——地方教育附加

第六节　期间费用核算

期间费用是企业在生产经营过程中发生的，与产品生产活动没有直接联系，属于某一时期发生的直接计入当期损益的费用，包括销售费用、管理费用、研发费用以及财务费用。

一、销售费用

1. 主要核算内容

销售费用科目核算企业销售商品过程中发生的费用，包括运输费、装卸费、包装费、保险费、展览费和广告费，以及为销售本单位商品而专设的销售机构（含销售网点、售后服务网点等）的业务费、职工薪酬、折旧费、信息系统维护费等经营费用。从油库到加油站的配送费用，无论由谁承担，均在销售费用科目核算。

2. 主要费用项目

销售费用科目应按照费用项目设置明细账，进行明细核算。主要费用项目核算内容如下。

（1）低值易耗品摊销，是指营销部门、机构耗用的各种低值易耗品的摊销额。低值易耗品指的是不能作为固定资产的各种用具物品，具体包括工具、器具、办公桌椅、卷柜等管理用具及在经营中周转使用的包装容器等。低值易耗品摊销均采用一次摊销法。

（2）物料消耗，是指营销部门、机构产生的既不构成固定资产又不构成低值易耗品和办公用品的各消耗性材料费用。

（3）水费，是指营销部门、机构为耗用水而支付的费用。

（4）电费，是指营销部门、机构为耗用电而支付的费用。

（5）员工费用。

① 工资：营销部门、机构员工的工资、奖金、津贴及补贴。

② 职工福利费：按规定提取的营销部门、机构人员的福利费用。

③ 工会经费、职工教育经费：指通常情况下，按销售部门实际提取的职工工资总额 2% 计提的工会经费和按销售部门实际提取的职工工资总额 2.5% 计提的职工教育经费。有特殊需求的企业可按照国家相关规定进行专项审批，调整计提比率。

④ 住房公积金：按规定为销售机构人员支付的住房公积金。

⑤ 社会保险费：为销售机构支付的基本养老保险、基本医疗保险、待业保险、工伤保险等社会保险费用。

⑥ 其他劳动保险：为销售机构支付的六个月以上病假人员工资等。

⑦ 商业人身险：为销售人员支付的企业年金（补充养老保险）、补充医疗保险、人寿保险、人身意外伤害保险等保险费用。

⑧ 劳务费：销售产品和提供劳务过程中发生的各种劳务费用。

⑨ 其他人工费用：为职工支付的除工资、工资性附加、各项保险、住房补贴等以外的其他人工费用，以及其他与获得职工提供服务相关的支出。

（6）折旧费，是指营销部门、机构的固定资产、使用权资产按制度规定计提的折旧费用。

（7）运输费，是指为销售产品和提供劳务而发生的运输费用。

（8）取暖费，是指营销部门、机构所发生的取暖费。

（9）修理费，是指为维护修理营销部门、机构的资产所发生的维护修理费用。

（10）差旅费，是指为销售产品和提供劳务而发生的差旅费，包括交通费、住宿费、出差补贴等。

（11）办公费，是指为销售产品和提供劳务而发生的办公费、印刷费、邮电费、通信费、办公车辆路桥费以及购买增值税专用发票等费用。

（12）租赁费，是指为销售产品而发生的租金费用。

（13）包装物，是指为销售产品而发生的包装费用，随同产品销售不单独计价的包装物在该科目核算。

（14）装卸费，是指为销售产品而发生的产品装卸费用。

（15）广告支出，是指通过媒体进行广告宣传，并取得正式广告业发票所发生的费用。

（16）公司宣传费，是指用于非广告性质的宣传所发生的费用。公司宣传费下设促销费、展览费和其他宣传费三级明细，其中促销费科目下只能实列支促销宣传和布置促销现场支出以及与能直接实现企业销量的销售行为挂钩而向客户本身兑付的促销赠品等支出，包括向客户本身兑付的促销赠品、电台等媒体的促销宣传费（含促销策划支出）、布置促销现场支出以及展台租赁费等相关支出。

下列支出应按照费用要素在相关明细科目核算，不在促销费科目核算：

① 以促进销售为目的且在促销活动中发生的拜访客户及协调关系、客户联谊、客户座谈会等支出，应按照费用要素分别计入差旅费、业务招待费和会议费等科目。

② 用于开发新客户和对开发新客户量达到一定标准的客户经理给予的奖励、发放给员工的促销奖励、表彰奖励、先进集体奖励等，均应计入员工费用——工资科目。

③ 其他情况，如慰问困难员工、维修费、罚款等不属于促销活动范畴，应在相关会计科目中核算。

（17）业务费，是指在经营活动中销售部门为业务经营的合理需要而支付的招待费用。

（18）财产保险费，是指销售公司支付的财产保险费用。

（19）劳动保护费，是指营销部门、机构所发生的劳动保护支出，包括工作服、安全帽、手套、鞋、肥皂、洗手液等费用。

（20）诉讼费，是指因起诉或者应诉而发生的各项费用。

（21）展览费，是指为销售产品和提供劳务而举办、参加展销的费用。

（22）委托代销手续费，是指支付给受托单位的代销手续费。

（23）仓储费，是指为销售商品而发生的产品仓储费用。

（24）保管费，是指为销售商品而发生的保管费用。

（25）预计产品质量保证损失，是指因产品质量保证产生的预计负债。

（26）运输途中合理损耗，是指购进商品时发生的合理损耗费用以及商品销售、倒库环节运输途中发生的合理损耗。合理损耗外的其他损耗减去过失人或者保险公司等赔款之后计入营业外支出。

（27）银行上门收款服务费，是指销售公司根据《银企协议》支付银行到所属加油站上门代收营业款的服务费。

（28）检测费，是指质监、消防、安监以及气象等部门依照国家法律法规定期或不定期对公司库存商品、计量器具、仓储设施等进行检测而支付的检测费用。例如加油机检测、油品质量检测、计量器具检测、防雷防静电检测。

（29）其他费用，是指不能列入以上项目的各种销售费用，例如产品出口手续费等。

3. 主要账务处理

（1）发生销售费用时，根据不同业务内容进行如下账务处理：

借：销售费用
　　贷：库存现金
　　　　银行存款
　　　　应付职工薪酬

（2）免费提供给客户使用的新产品计入销售费用——其他，并按照相关税法规定进行纳税。

期末应将本科目的余额转入本年利润科目，结转后本科目应无余额。

二、管理费用

1. 主要核算内容

管理费用科目核算企业为组织和管理生产经营所发生的管理费用，包括董事会和行政管理部门在经营管理中发生的，或者应由本单位统一负担的公司经费（包括行政管理部门职工薪酬、修理费、物料消耗、低值易耗品摊销、办公费和差旅费等）、其他劳动保险、财产保险费、残疾人就业保障金、董事会费（包括董事会成员津贴、会议费和差旅费等）、聘请中介机构费、咨询费（含顾问费）、诉讼费、业务招待费、技术转让费、防洪基金、水利建设基金、价格调节基金、折旧费、无形资产摊销、研发费用、劳务费、技术服务费、警卫消防费、信息系统维护费、清欠经费、存货盘亏或盘盈（不包括应计入营业外支出的存货损失）、党组织工作经费等。

2. 主要费用项目

管理费用科目应按照费用项目设置明细账，进行明细核算。主要费用项目核算内容如下：

（1）低值易耗品摊销，是指管理部门使用的低值易耗品摊销费。低值易耗品摊销采用一次摊销法。

（2）物料消耗，是指管理部门所耗用的各种物资和材料，包括办公车辆耗用的各种油料。

（3）水电费，是指管理部门因办公而发生的水电费。

（4）员工费用。

① 工资：管理部门人员的工资、奖金、津贴和补贴等工资性支出。

② 职工福利费：按规定提取的管理部门、机构人员的福利费用。

③ 工会经费、职工教育经费：通常情况下，按管理部门实际提取的职工工资总额2%计提的工会经费和按管理部门实际提取的职工工资总额2.5%计提的职工教育经费。有特殊需求的企业可按照国家相关规定进行专项审批，调整计提比率。

④ 社会保险费：为管理部门人员支付的基本养老保险、基本医疗保险、失业保险、工伤保险等社会保险费用。

⑤ 住房公积金：为管理部门人员支付的住房公积金。

⑥ 其他劳动保险：主要包括为管理部门人员支付的六个月以上病假人员工资等各项经费。

⑦ 商业人身险：为管理人员支付的企业年金（补充养老保险）、补充医疗保险、人寿保险、人身意外伤害保险等保险费用。

⑧ 劳务费：管理部门发生的相关劳务费支出。

⑨ 辞退福利：在职工劳动合同到期之前解除与职工的劳动关系，或者为鼓励职工自愿接受裁减而给予职工的补偿。

⑩ 其他人工费用。

（5）折旧折耗摊销。

① 折旧费：管理部门的固定资产、使用权资产按制度规定计提的折旧费用。

② 无形资产摊销：专利权、商标权、著作权、土地使用权、非专利技术等无形资产的摊销。

（6）研发费用，是指企业内部研究开发项目研究阶段的支出以及开发阶段不符合资本化条件的支出。

（7）运输费，是指管理部门应负担的运输劳务费用，不包括材料的运输费用。

（8）修理费，是指管理部门办公设施修理费用。

（9）炼化修理费，是指炼化地区公司发生的修理费，先在炼化修理费科目归集，月末按照受益对象计入当期损益或相关资产的成本。

（10）取暖费，是指管理部门发生的取暖费。

（11）差旅费，是指管理部门职工因公外出的差旅费，包括交通费（飞机、车、船费用）、住宿费、电话费、出差补贴以及按规定支付的调遣费等。

（12）办公费，是指管理部门的办公用品、印刷、邮寄费、电话费、移动通信费、网络通信费，以及办公车辆养路费、过路费、停车费等费用。

（13）会议费，是指管理部门因召开会议按规定支付的各种费用，包括会议伙食补助、会议公杂费、住宿费、会场租赁费和会议交通费等。

（14）图书资料费，是指管理部门购买技术图书、报纸杂志资料所发生的费用。

（15）广告支出，是指通过媒体进行广告宣传并取得正式广告业发票所发生的费用。

（16）公司宣传费，是指公司用于非广告性质的宣传所发生的费用。

（17）租赁费，是指管理部门发生的租金费用。

（18）技术服务费，是指为取得外单位技术服务支付的金额。

（19）技术转让费，是指使用非专利技术而支付的费用。

（20）业务招待费，是指在经营活动中为业务经营的合理需要而支付的招待费用。

（21）财产保险费，是指支付的财产保险费用。

（22）董事会费，是指最高权力机构及其成员为执行职能而发生的各项费用，包括差旅费、会议费等。

（23）土地损失补偿费，是指生产经营过程中由于破坏土地所支付的土地损失补偿费。

（24）咨询审计费，是指向有关机构进行科学技术和经营管理咨询所支付的聘请经济技术顾问、法律顾问等费用和管理部门聘请中国注册会计师及审计部门进行查账验资以及进行资产评估等发生的各项费用。

（25）存货的盘亏和毁损（减盘盈），是指按规定报经批准由当期损益负担的存货盘亏和毁损净额（减盘盈数）。

（26）诉讼费，是指公司因起诉或者应诉而发生的各项费用。

3. 主要账务处理

发生管理费用时，根据不同业务内容进行如下账务处理：
借：管理费用
　　贷：银行存款
　　　　应付职工薪酬

其他应付款
应交税费（防洪基金、价格调节基金等）
累计折旧
累计摊销
长期待摊费用

期末应将本科目的余额转入本年利润科目，结转后本科目应无余额。

三、研发费用

1. 主要核算内容

研发费用属于报表项目而非会计科目，应作为期间费用在利润表中单独列示，但不作为单独的会计科目处理。该项目反映企业在研究与开发过程中发生的费用化支出，以及计入管理费用的自行开发无形资产的摊销金额，应按照管理费用科目下研发费用明细科目的发生额，以及管理费用科目下无形资产摊销明细科目的发生额分析填列。

研发支出属于会计科目而非报表项目。该一级科目下设置资本化支出和费用化支出两个二级科目，用以核算企业在研究和开发无形资产过程中发生的支出。

开发支出则是资产负债表项目，该项目反映处于开发阶段的无形资产符合资本化条件的支出，应按照研发支出科目中所属的资本化支出明细科目期末余额填列。

研发费用、研发支出和开发支出三者关系如图 4-1 所示。

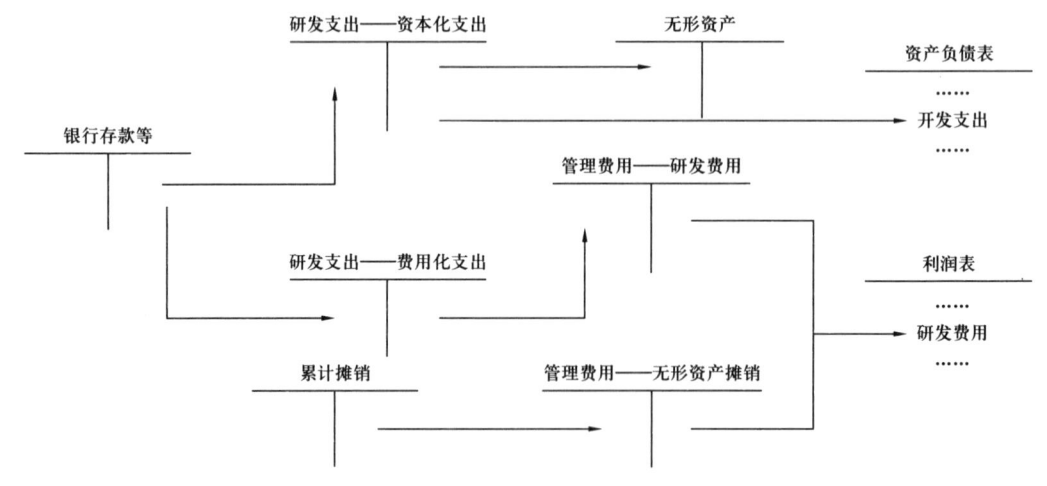

图 4-1 研发费用、研发支出和开发支出关系图

除此之外，R&D 经费作为国际上对科学技术活动进行测度所使用的通用术语，也涉及企业的研发投入，但它与研发费用并非同一概念。R&D 经费是统计概念，指报告期内为实施 R&D 活动而实际发生的全部经费支出。其中，R&D 活动应当满足新颖性、创造性、不确定性、系统性、可转移性（可复制性）5 个条件。不论经费来源渠道、经费预算所属时期、项目实施周期，也不论经费支出是否构成对应当期收益的成本，只要报告期发生的经费支出均应统计。值得注意的是，与 R&D 活动相关的固定资产，仅统计当期为固定资

产建造和购置花费的实际支出，不统计已有固定资产在当期的折旧。研发费用则是会计概念，其在利润表中的填列依据是会计口径的相关科目。因此，R&D 经费和研发费用并不完全等同。

2. 税收优惠政策

为提高我国自主研发和创新能力，营造良好的科技创新税收环境，国家出台了一系列税收优惠政策鼓励企业加大科技研发投入，具体包括如下：

（1）研发费用加计扣除政策。

根据国家税务总局公告（2017 年第 40 号），可加计扣除的研发费用范围包括人员人工费用、直接投入费用、折旧费用、无形资产摊销、新产品设计费、新工艺规程制定费、新药研制的临床试验费、勘探开发技术的现场试验费以及其他相关费用，其中其他相关费用总额不得超过可加计扣除研发费用总额的 10%。

根据财税〔2018〕64 号文件，自 2018 年 1 月 1 日起，委托境外进行研发活动所发生的费用，按照费用实际发生额的 80% 计入委托方的委托境外研发费用。委托境外研发费用不超过境内符合条件的研发费用 2/3 的部分，可以按规定在企业所得税前加计扣除。

根据财政部、国家税务总局公告（2023 年第 7 号），企业开展研发活动中实际发生的研发费用未形成无形资产计入当期损益的，在按规定据实扣除的基础上，自 2023 年 1 月 1 日起再按照实际发生额的 100% 在税前加计扣除；形成无形资产的，自 2023 年 1 月 1 日起按照无形资产成本的 200% 在税前摊销。

上述政策除烟草制造业、住宿和餐饮业、批发和零售业、房地产业、租赁和商务服务业、娱乐业外，其他行业企业均可享受。

（2）固定资产加速折旧政策。

根据财税〔2014〕75 号文件，对所有行业企业 2014 年 1 月 1 日后新购进的专门用于研发的仪器、设备，单位价值不超过 100 万元的，允许一次性计入当期成本费用在计算应纳税所得额时扣除，不再分年度计算折旧；单位价值超过 100 万元的，可缩短折旧年限或采取加速折旧的方法。规定缩短折旧年限的，最低折旧年限不得低于《中华人民共和国企业所得税法实施条例》（以下简称《企业所得税法实施条例》）第六十条规定折旧年限的 60%；采取加速折旧方法的，可采取双倍余额递减法或年数总和法。

根据财政部、国家税务总局公告（2023 年第 37 号），企业在 2024 年 1 月 1 日至 2027 年 12 月 31 日期间新购进的设备、器具，单位价值不超过 500 万元的，允许一次性计入当期成本费用，在计算应纳税所得额时扣除，不再分年度计算折旧；单位价值超过 500 万元的，仍按《企业所得税法实施条例》、财税〔2014〕75 号文件、财税〔2015〕106 号文件等相关规定执行。

（3）科技成果转化政策。

根据《企业所得税法实施条例》，自 2008 年 1 月 1 日起，一个纳税年度内居民企业技术转让所得不超过 500 万元的部分，免征企业所得税；超过 500 万元的部分，减半征收企业所得税。

根据财税〔2016〕36 号文件，自 2016 年 5 月 1 日起，纳税人提供技术转让、技术开发和与之相关的技术咨询、技术服务，免征增值税。

3. 资本化与费用化

对于企业自行研究开发形成的无形资产，因其研发活动结果具有高度不确定性，无法确定最终是否会形成相应的无形资产，基于谨慎性原则的考虑，同时结合我国企业会计准则的要求，企业自行研究开发项目的支出，应当区分为研究阶段和开发阶段两个部分分别进行核算。

研究阶段是为获取并理解新的科学或技术知识而进行的独创性的、有计划的调查，例如，研究成果或其他知识的应用研究、评价和最终选择；材料、设备、产品、工序、系统或服务替代品的研究等。这一阶段的研究将来能否转入开发以及开发后是否会形成无形资产均具有很大的不确定性。因此，研究阶段所发生的支出，应予以费用化计入当期损益。

开发阶段是在进行商业性生产或使用前，将研究成果或其他知识应用于某项计划或设计，以生产出新的或具有实质性改进的材料、装置、产品等。例如，生产前或使用前的原型和模型的设计、建造和测试；不具有商业性生产经济规模的试生产设施的设计、建造和运营等。进入开发阶段，意味着在很大程度上形成一项新产品或新技术的基本条件已经具备，如果同时满足以下5个条件，则该阶段所发生的支出应当予以资本化：

（1）完成该无形资产以使其能够使用或出售在技术上具有可行性。

（2）具有完成该无形资产并使用或出售的意图。

（3）无形资产产生经济利益的方式，包括能够证明运用该无形资产生产的产品存在市场或无形资产自身存在市场，无形资产将在内部使用的，应当证明其有用性。

（4）有足够的技术、财务资源和其他资源支持，以完成该无形资产的开发，并有能力使用或出售该无形资产。

（5）归属于该无形资产开发阶段的支出能够可靠地计量。

如果无法恰当区分研究阶段与开发阶段支出，按照谨慎性原则的要求，应将其所发生的研发支出全部予以费用化。

4. 主要账务处理

（1）对于企业自行研究和开发的无形资产，在研究阶段发生的支出以及在开发阶段发生的不符合资本化条件的支出应予以费用化。

借：研发支出——费用化支出
　　贷：银行存款等

期末结转：

借：管理费用——研发费用
　　贷：研发支出——费用化支出

（2）对于企业自行研究和开发的无形资产，在开发阶段发生的符合资本化条件的支出应予以资本化。

借：研发支出——资本化支出
　　贷：银行存款等

研究开发项目达到预定用途形成无形资产后：

借：无形资产
  贷：研发支出——资本化支出
（3）对于企业以其他方式取得的正在进行中的研究开发项目：
借：研发支出——资本化支出
  贷：银行存款等
对于以后发生的研发支出，比照前两条原则进行处理。

四、财务费用

1. 主要核算内容

财务费用科目核算企业为筹集生产经营所需资金等而发生的应予以费用化的筹资费用，包括利息支出（减利息收入）、汇兑损益、金融机构手续费、租赁负债在租赁期内各期间的利息费用及其他财务费用。

2. 主要费用项目

（1）利息支出。指的是企业短期借款利息、长期借款利息、应付票据利息、票据贴现利息、应付债券利息、长期应付引进国外设备款利息、租赁负债在租赁期内各期间的利息等利息支出（除资本化的利息外）减去银行存款等的利息收入后的净额。

（2）汇兑损益。指的是企业因汇率变动而产生的损益。

（3）金融机构手续费。指的是企业在向金融机构借贷时所产生的手续费用。

（4）其他财务费用。指的是未列入以上项目的各种财务费用。

3. 主要账务处理

发生财务费用时，进行如下账务处理。
借：财务费用
  贷：银行存款等

本章小结

  本章从成本核算的普遍性出发，构建了成本核算的基本框架，并在此基础上剖析了炼油企业成本核算的特殊性，重点围绕其基本生产成本、辅助生产成本、税金及附加以及期间费用的核算进行了系统阐述，呈现了较完整的炼油企业成本核算体系。这一体系能够帮助财务人员全面、深入地理解和掌握炼油企业成本核算的基本原理和操作流程，提升核算工作的效率和准确性，为企业的财务管理提供坚实的数据支撑和科学的决策依据，从而推动企业的持续发展。随着市场竞争的加剧和技术的不断革新，炼油企业需要持续优化和完善成本核算体系，同时，这也要求财务人员紧跟行业发展趋势，不断提升自身专业素养，并深入生产环节，实现业务与财务的深度融合，为炼油企业的财务管理工作提供更精准、更专业的指导与支持。

第五章 炼油装置成本系数分配方法探讨

基于炼油装置生产连续性、复杂性的特点，如何合理划分联产品成本、真实反映成本信息，一直以来都是困扰炼油企业成本核算的难题。中国石油炼油化工和新材料分公司在大量实践调研的基础上，结合企业管理的提质升级，研究建立了一套较为完整的炼油装置成本分配理论体系。

第一节 炼油装置成本分配的演变历程

炼油成本分配方法的演变历程是炼油企业随着时代进步、技术革新和管理需求变化而不断自我完善与升级的过程。这一过程反映了炼油行业对成本管理认知的不断深化，以及企业为了适应市场变化和提升竞争力而进行的持续改进和创新。

20世纪初至20世纪中期，炼油工业正处于起步阶段，这一时期的炼油过程主要基于简单的蒸馏技术，通过这种方式从原油中分离出不同的烃类成分。由于技术水平和市场需求的限制，当时的产品线相对单一，以汽油、煤油、柴油等基本石油产品为主。这些产品的生产过程较为相似，且市场对各类油品的需求差异并不明显，因此炼油企业对于成本细分的需求并不强烈。在此背景下，炼油企业的成本分配方法较为粗放，通常采用直接成本法和间接成本法进行成本分配。这两种成本分配方法虽然便于操作，但无法准确反映每种产品真实的成本构成，可能会导致炼油企业在定价、成本控制和市场竞争策略上的决策失误。

20世纪中期至20世纪末，化学工程技术的快速进步推动炼油工业向复杂化和精细化方向发展。随着催化裂化、加氢处理等炼油工艺的广泛应用，炼油企业得以生产出更多样化、更高质量的石油产品。这些新产品往往具有更高的附加值，但也带来了更高的生产成本。在这种情况下，为了更准确地进行成本控制和产品定价，炼油企业开始引入联产品成本分配的概念。这一概念的核心思想在于，针对同一生产过程中产出的多种产品，应合理分配它们共同承担的成本。在此背景下，产量法、经济比值法、技术系数法成为炼油企业联产品成本分配的主要方法。产量法是根据每种产品的产量比例来进行成本分配。经济比值法是根据每种产品在市场上的销售价格或经济价值来确定成本分配比例。技术系数法则是基于原料对不同产品的贡献程度和处理工艺复杂程度来确定各项成本在装置联产品中的分配比例。这三种方法均属于系数法的范畴，其核心优势在于其能够将复杂的成本结构简化为一系列易于理解和操作的系数，以此帮助企业快速识别成本驱动因素，为管理层提供决策支持，进而优化资源配置、提升运营效率。

进入21世纪，系数法在炼油企业内部得到进一步深化应用。然而，随着企业对精细化管理的需求日渐迫切，原有成本分配系数制定方法的弊端日益凸显，它所提供的会计信息不仅无法满足企业实际管理需要，也不利于企业间的对标和竞争。

第二节　炼油装置成本分配存在的问题

由于缺乏系统、科学的成本分配体系，产品的真实成本难以被准确计算并得到有效应用，进而产生财务报表数据失真、管理效能低下、转型发展迟滞等一系列问题，给炼油企业合规运营、高质量发展带来极大困扰。

一、产品成本信息失真

由于采用过时或不精确的成本分配方法，企业无法准确计算产品的真实成本，直接影响会计信息的准确性和可靠性。这一问题在生产过程中尤为突出，具体表现为各生产装置的侧线成本呈现趋同现象或与实际物性明显不符，造成数据严重失真。此外，在产品调和过程中，当调和组分的成本数据已经失真时，部分企业仍然采用直接平均分配或简单设置比例分配成本的方法，进一步降低成本信息的准确性和可靠性，影响成本管理的有效性。

二、合规管理风险增加

不准确的成本数据会导致企业财务报表中成本利润和资产负债信息偏离实际，进而影响财务报告的真实性和可靠性。这种情况可能会引起审计机构和税务机关的质疑，甚至导致企业面临罚款或其他法律责任，增加合规风险。此外，企业如果无法提供准确的成本数据以支持其财务报告和业绩表现，可能会削弱投资者和其他利益相关者对企业的信任，进而影响企业的融资能力和市场声誉。

三、决策支持力度不足

成本数据的准确性直接影响产品利润的评估。不准确的成本数据无法真实反映产品的盈利能力，进而影响企业在制订生产计划、调整产品结构和优化资源配置等方面的决策质量，降低企业整体运营效率和对市场变化的响应能力。部分企业出于对成本的不信任，采用裂解价差的方式来支持生产经营决策。该方法虽然能够及时反映市场变动，帮助企业快速做出决策，但由于其忽略了成本因素，仅凭产品价格来推断利润的高低，可能导致企业经营决策失误。例如，某装置的原料可直接销售，也可加工后出售，加工后产品价格小幅提升。从裂解价差角度来看，连续生产有利于提高企业效益，但考虑装置加工成本及损失后，实际上价格的提升不足以抵消成本的增长，这可能会导致资源浪费和经济损失。

四、内外部对标难度增大

缺乏统一的成本分配标准不仅影响企业内部的成本管理和资源配置，也严重妨碍企业间的有效对标。在内部对标方面，不一致的成本分配方法导致企业内各部门或产品线之间的成本数据难以进行公正比较，这直接影响管理层对各单位效率和盈利能力的评估，进而影响资源的合理分配和优化。在外部对标方面，行业内企业成本分配方法的不统一，阻碍成本的有效对比，导致企业难以在同一标准下评估自身的财务表现，并确定自己在市场中的真实竞争地位。

五、数字化转型进程受阻

在数字化转型过程中，标准化是系统有效运作的基础。不统一的成本分配方法会导致数据整合困难，系统难以实现自动化处理和分析，从而影响企业信息系统的整体效能。例如，企业在实施 ERP 系统或其他企业管理软件时，不一致的成本数据会导致系统配置复杂化，不仅增加系统维护成本，同时也会降低数据分析的准确性和实用性。此外，在当前大数据和人工智能迅猛发展的时代背景下，企业需要依靠准确的数据来训练模型和算法，以支持更精细化的决策过程。但不准确或不一致的数据输入会严重影响技术应用的效果，制约企业利用先进技术在市场中获得竞争优势。

第三节　建立统一科学成本分配体系的意义

在炼油行业中，一个统一且科学的成本分配体系不仅能够清晰展现成本流转过程，还能够提升成本核算的精准性和可靠性，推动炼油企业向低成本高效运营模式转型。通过对成本的精确掌控和有效管理，炼油企业可以优化资源配置，及时发现并改进成本高、效率低的环节，减少不必要的浪费和损失，有效降低实现成本并提升整体运营效率。

一、提升基础管理水平

建立统一的成本分配标准和科学的管理体系，是加强企业基础管理的关键举措。系统化的成本核算为企业管理层提供全面且精准的数据支持，使其能够深入分析生产过程中的成本构成和资源分配情况。这不仅能够帮助管理层更有效地控制成本，也有利于优化资源配置，确保资源的高效利用，极大地提升企业的管理效率和决策质量。

二、提高会计信息质量

优质的会计信息是企业合规经营的基石。通过实施科学的成本分配体系，企业可以极大地提升会计信息的质量和可靠性，有效避免因成本分配不当引起的数据失真问题。这种提升不仅能够增强财务报告的准确性和透明度，帮助企业精确把握成本状况和财务风险，采取更有效的成本控制和盈利提升措施，同时也能够增强投资者及其他利益相关者对企业的信任度。

三、支持生产经营决策

在现代企业管理中，有效的生产经营决策至关重要。对于炼油企业，精准的成本数据为其提供重要的决策支持，使其能够根据成本效益分析调整生产方案和产品结构，提升市场竞争力和盈利能力。通过统一且科学的成本分配体系，炼油企业可以全面了解各项成本的构成和变动情况，及时发现并应对各种潜在风险，从而增强企业的风险管理能力，保障企业的稳健经营和长期发展。

四、深化业财一体发展

推动业财一体发展是企业管理的重要目标之一，而科学的成本分配体系在实现这一目标的过程中扮演着关键角色。精确的成本信息不仅为财务部门提供可靠的数据支撑，也为业务部门提供重要参考，有助于财务决策与业务决策的有效整合，使企业的业务运营与财务管理得以更加协同、高效地运作，实现财务目标与业务目标的有机统一。这种一体化的推进不仅强化了企业内部各部门间的协同合作，提升整体运营效率，也为企业在低成本发展方面提供坚实支撑，使其能够更加有效地应对市场竞争和经济环境的挑战。

五、助力低成本发展

统一的成本分配标准不仅能够帮助企业更好地实施预算控制，确保资源的有效利用，同时也有助于企业更加科学准确地进行内外部对标，清晰地识别自身在成本控制和资源配置上的不足，帮助企业发现成本控制的潜在改进点，促使其进行必要的技术升级或流程优化。此外，精确的成本数据能够帮助管理层清晰识别不同生产环节的效益情况，并通过详细的成本分析，采取如优化生产流程或引入更高效的技术、调整人力资源分配等措施进行改进，推动炼油均一化产品成本的持续下降。

六、推进数字化转型

统一且科学的成本分配体系为数字化转型提供坚实的数据基础。它可以为企业信息系统提供可靠的输入，确保企业数字化平台所建立的模型和算法都建立在真实、准确成本数据的基础之上，从而提升企业数字化系统的智能化水平和决策支持能力。同时，该体系也可以帮助企业更好地收集、整合和分析成本数据，为数字化技术的应用提供更加精准和可靠的支持，推动成本管理向更加智能化、精细化的方向发展，加速企业数字化转型进程，提升其竞争力和持续发展能力。

第四节　炼油装置成本分配系数体系的理论基础

基于炼油装置的复杂性和联产品价格动态性的特征，原成本分配方法由于前述弊端而无法为管理者进行成本控制和生产经营决策提供真实可靠的信息。因此，亟须建立统一和科学的炼油装置成本分配系数体系。基于"统一、科学、可比"原则和装置设计定位以及未来产品发展方向，对原料（原油）成本和加工成本进行分配。常用方法包括技术系数法和经济比值法，二者各有优缺点和适用范围，因而需要综合运用两种方法。考虑产品价格动态性和财务核算稳定性，为还原产品本身的成本，炼油企业应该以技术系数法为主设定产品成本分配系数，以经济比值法修正个别产品成本分配系数。

一、成本分配系数的设定原则

"统一、科学、可比"是成本系数变革的总体指导原则。

1. 统一性原则

统一性是指统一各炼油企业同类型装置核算范围和核算方法。统一装置包含的单元范围，如蒸馏是否包括轻烃回收单元、重整是否包括变压吸附（PSA）单元、催化是否包括产品精制单元等。统一装置产品名称，如统一重整的拔头油、非芳烃、混和芳烃、C_6、C_7馏分油等。统一成本核算口径，如关于催化剂的再生成本核算，统一要求加上补充新剂的费用和催化剂摊销余额，作为催化剂的待摊销成本。

2. 科学性原则

科学性是指以装置设计、产品发展定位为依托，规范合理开展专项研究。科学的工作体系、客观的工作思路、严谨的工作态度和民主的工作机制贯穿系数设定全过程。在成本分配系数设定过程中，严格按照"方法论证—现场测试—集中讨论测试结果—修正参数—再次测试—方法论证"闭环流程展开工作。财务、生产和技术专业人员深入交流，全面了解炼油装置工艺流程，对焦点问题进行多次论证，反复进行单装置系数测试和全流程模拟测试，结合测试结果综合考虑单装置系数对全流程影响设定单装置最终系数。

3. 可比性原则

可比性是指某炼油装置产品成本数据与该产品历史成本数据在纵向上可比，与其他炼油企业生产的该产品的成本数据在横向上可比。炼油装置核算范围、口径和方法的统一，使得不同企业的相同产品之间实现横向可比。基于继承和创新思路而构建的炼油装置成本分配系数体系，能够确保炼油装置联产品成本分配结果与原系数体系下的分配结果保持趋同。

二、成本分配系数的设定方法对比分析

炼油装置产品成本分配方法通常采用系数法，系数法的确定依据包括技术系数法和经济比值法。

1. 技术系数法

技术系数法基于原料对不同产品的贡献程度和处理工艺复杂程度来确定各项成本在装置联产品中的分配比例。通过将原料成本、变动加工费和固定加工费进行分配，并将三者之和作为装置产品成本分配系数的基础，确保装置产品成本的准确计算和合理分配。

技术系数法在炼油装置成本分配中的优势体现在以下三个方面：第一，该方法充分考虑了炼油装置联产品特性、加工路线的差异性和动态性以及原油品种的多样性，能够较为精确地反映不同装置不同产品的真实成本；第二，该方法可比性较强，由于炼油企业普遍使用技术系数法进行成本核算，有利于同行业之间进行产品成本的横向对比分析；第三，该方法便于成本控制与管理，通过对各个装置的技术系数进行分析，管理者可以了解哪些环节可能存在成本过高的问题，从而采取措施进行优化。

然而，技术系数法存在不适用的情形。该方法无法将多种原料成本准确分配于多种产品。当某一装置多种原料对多种产品贡献程度无法一一对应时，难以找到既唯一又可靠的标准将成本准确分配于联产品。

2. 经济比值法

经济比值法亦称售价法。该方法以装置产品的模拟市场价格作为依据，产品价格之间的比例关系即产品成本分配系数。若侧线产品直接出厂，则模拟市场价格等于出厂价格；若不能直接出厂，则模拟市场价格等于终端产品出厂价格扣减为使该侧线产品达到出厂要求所发生的所有加工费总和（加工费包含加氢成本、固定加工费和变动加工费）。例如，气分装置生产的丙烯、丙烷、混合烃，按照经济比值法计算，丙烯、丙烷直接出厂，直接采用市场价格；混合烃经后续加工选择MTBE/烷基化路线，因此按照式（5-1）计算混合烃的模拟市场价格：

$$\begin{aligned}混合烃模拟市场价格 =\ &(\text{MTBE装置产出}C_4\text{收率}\times\text{单价}+\text{MTBE收率}\times\text{单价}-\\&\text{MTBE装置原料甲醇占比}\times\text{单价}-\text{MTBE装置单位加工成本})+\\&(\text{烷基化装置产出的烷基化油收率}\times\text{单价}+\text{正丁烷收率}\times\\&\text{单价}-\text{烷基化装置单位加工成本})\end{aligned} \quad (5-1)$$

经济比值法在炼油装置成本分配中的优势体现在以下两个方面：第一，按照产品售价来分配成本，能够较好地反映出各产品的市场价值，从而使得成本分配更加符合市场实际情况；第二，由于成本分配与产品售价挂钩，能够鼓励管理者优化产品结构，从而契合未来产品发展方向。

然而，经济比值法也存在缺陷。一方面，该方法无法反映产品本身的真实成本，易受人为主观因素影响，存在较大的调整空间；另一方面，产品市场价格是动态变化的，而产品成本分配方法的连贯性和唯一性决定产品成本分配方法不能按照产品市场价格滚动调整，导致产品成本分配与市场价格脱节，进而影响产品成本的真实情况，不利于指导生产经营决策。

综上，技术系数法和经济比值法各有优劣势和适用的场景。因此，为了全面准确地将原油（原料）成本和加工成本在炼油装置联产品中进行分配，炼油企业需要综合运用技术系数法和经济比值法来设定成本分配系数。

三、成本分配系数的设定原理

为还原产品本身的成本，在设定炼油装置成本分配系数时应该以技术系数法为主，经济比值法为辅，如图5-1所示。在技术系数法下，原料成本的分配、变动加工成本的分配和固定加工费的分配，三者之和作为装置联产品成本分配系数的基础。其中，原料成本的分配采用以各侧线产品物性和后续加工路线作为依据的技术系数法为主，部分侧线产品辅以经济比值法进行修正；加工费按照成本动因法进行分配，即根据"谁受益，谁承担"的原则。

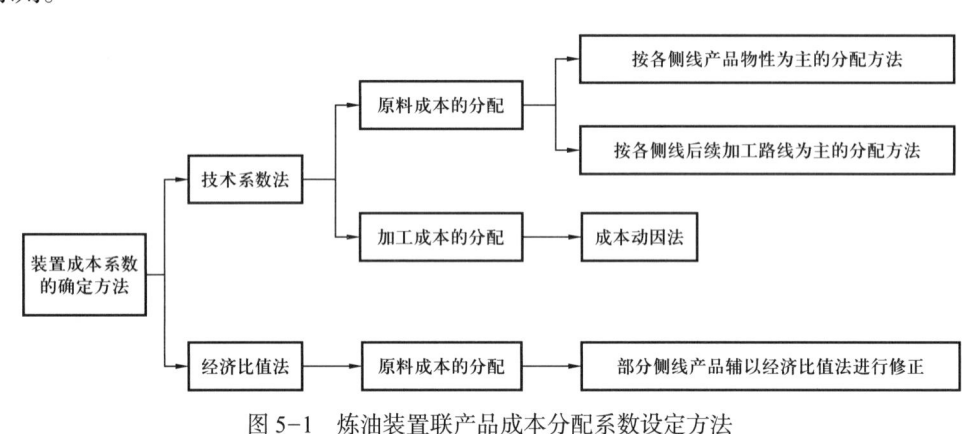

图 5-1　炼油装置联产品成本分配系数设定方法

1. 原油（原料）成本分配系数的设定原理

装置联产品的物料属性不同，对后续加工路线的选择、加工的难易程度、加工成本的高低以及产品本身价值有规律性的影响。因此，原油（原料）成本的分配有内在逻辑性。原油（原料）成本在单装置内各产品间的成本分配系数的设定方法包括按各侧线产品物性为主的方法和按后续加工路线为主的方法。

1）按各侧线产品物性为主的成本分配系数设定原理

基于分子炼油角度，各侧线的碳数和分子结构决定了物性和后续加工路线的差异。按各侧线产品物性为主，是指按照各侧线产品的密度、硫含量、辛烷值、黏度、熔点等技术指标的高低和比例关系，设定单套装置成本分配系数，再基于装置设计定位和产品发展方向，对部分产品系数结合经济比值法进行修正。

以催化裂化装置为例，该装置主要以常压渣油、减压蜡油、减压渣油、加氢渣油、加氢裂化尾油等为原料，在催化剂的作用下，发生催化裂化反应，经分馏、吸收、精馏等分离精制工艺，生产汽油、柴油、液化气、干气、油浆、副产蒸汽等产品。除液化气之外的产品均以密度作为基础设定成本系数。由于气体和固体类产品不适合采用产品密度指标作为设定依据，并且催化液化气后续加工路线较长，因此应该按后续加工路线法结合经济比值法设定液化气系数。

2）按后续加工路线为主的成本分配系数设定原理

按后续加工路线为主，是指基于装置各侧线产品的后续加工技术难度差异确定成本分配系数，加工路线越长、难度越大、加工费越高，对应的侧线产品成本应越低。如减压渣油，选择"渣油加氢—催化裂化—气分—MTBE—烷基化—调和"加工路线，路线长、成本高，相对应的原料成本分配就应较低。在此基础上，结合原油选型和装置定位，尽可能选择流程短、有效益的产品路线。

装置平均原料成本减去侧线产品后续加工总成本，作为确定侧线产品成本分配系数的依据。后续加工总成本等于为使该侧线产品达到可出售状态，必须经过的所有加工路线发生的加工费总和。装置加工费包含加氢成本、固定加工费和变动加工费。

2. 加工成本分配系数的设定原理

加工成本按照作业成本动因分配。成本动因是导致生产中成本发生变化的因素，反映作业所耗用的成本或作业量。根据作业消耗资源的动因量将资源成本先分配给作业，计算出作业成本，再根据产品消耗作业的动因量，将作业成本分配给产品，计算出产品成本。成本的计算过程实际上反映了由资源成本向作业成本、由作业成本向产品成本的转化过程。首先确定间接费用分配的合理基础——作业，然后找出成本动因，具有相同性质的成本动因组成若干个成本库，一个成本库所汇集的成本可以按其具有代表性的成本动因来进行间接费用的分配，使之归属于各个相关产品。对价值的研究着眼于"资源—作业—产品"的过程，而不是传统的"资源—产品"的过程。在炼油装置加工成本分配情境中，具体分为三个步骤：第一步，细分装置各单元；第二步，统计各单元燃动、辅材消耗成本，细分各单元用工和设备折旧，对于不能区分的，平均分配；第三步，按照"谁受益、谁承担"原则，与生产技术人员深入分析，将各单元发生的成本分类归集到相应产品。

以催化裂化装置为例，首先，需要明确催化裂化装置的各个处理单元，如反应器、分馏塔、吸收塔等，并了解每个单元的主要功能和产出。其次，对于催化裂化装置的每个单元，需要识别出影响成本的关键因素，包括催化剂、反应物、能源消耗（如电、蒸汽）、辅助化学品（如添加剂、清洗剂）等。再次，收集相关的技术数据，包括技术月报、工艺卡片、设备参数等。装置工程师通过对原料、产品和副产品的量化分析来确定每个单元在催化裂化过程中的物耗和能耗分配比例。最后，利用物耗和能耗的分配比例，结合各个单元的成本动因，计算每个单元的成本分配系数。财务人员根据计算出的成本分配系数和装置报表，将各单元的加工成本分配到相应的产品上。

第五节 常减压蒸馏装置成本分配方法

常减压蒸馏装置是石油加工生产的第一道工序。该装置产品包括干气、初顶油、常顶油、常一线油、常二线油、常三线油、常四线油、常压渣油、减顶油、减一线油、减二线油、减三线油、减四线油、减五线油和减压渣油。作为炼油业务的源头装置，常减压蒸馏装置产品成本分配系数设定科学与否，对下游装置中间产品和终端产品的成本具有决定性的影响。因此，建立一套科学的成本分配系数尤为重要。本节以常减压蒸馏装置为例，介绍主要产品成本系数的确定依据、比例关系和应用案例。

一、产品成本系数确定依据

确定常减压蒸馏装置产品成本系数的主要依据是产品物性，并同时考虑硫含量和后续加工路线的影响。在系数测算过程中，中国石油炼油化工和新材料分公司组织研究团队对于常减压蒸馏装置是否应按照燃料型和润滑油型分设两套系数，以及是否应按照不同加工油种和加工路线设定不同的系数标准这两个焦点问题进行了广泛论证。

1. 是否应按照燃料型和润滑油型分设两套系数

关于是否应按照燃料型和润滑油型分设两套系数，一种观点主张不区分，只设定一套系数。该观点认为，减二线至减四线油既能走润滑油路线，也能走成品油路线，因此从原料角度来看，燃料型和润滑油型没有本质区别。尽管适合生产润滑油的原油在品质上有所差异，但这种差异已经在原油的市场价格中得到体现。

另一种观点则主张区分燃料型和润滑油型，分设两套系数。该观点认为，从原油品质来看，走润滑油型加工路线的原油主要是石蜡基原油或环烷基原油，这些原油富含高附加值的石蜡或环烷烃成分。因此，根据燃料型和润滑油型分设两套系数，有利于鼓励炼油企业充分利用稀缺的高品质石蜡基原油资源，体现出优质原油的优势和特点。从产品性质来看，减四线油生产润滑油的品质优于减二线油，但这与成品油路线的产品成本分配依据是相反的。从产品价值来看，润滑油路线主要生产润滑油和石蜡产品，与成品油路线产品相比，具有高价格和高成本的特点。从优化方向来看，单独制定走润滑油型加工路线的产品成本系数，能够更加真实地反映产品成本，符合生产优化实际。

综合以上因素，采纳将常减压蒸馏装置按照燃料型和润滑油型设定两套系数的方案。此方法能更精确地反映产品物性之间的差异，还原减压线后续装置产品真实成本，同时也能满足炼油企业"减油增特"以及精细化管理的需要。

在具体分配方案上，对于燃料型常减压蒸馏装置，按各侧线产品密度测算成本系数，同时充分考虑不同侧线产品硫含量变化的影响；对于润滑油型常减压蒸馏装置，由于常压蒸馏装置侧线产品去向与燃料型基本一致，因此其系数应和燃料型保持一致，而减压蒸馏装置中减二线至减四线油与燃料型加工路线存在较大差异，因此应在燃料型测算系数的基础上，结合后续加工路线对其适当调整：对于加工石蜡基原油的企业，系数应乘以 1.04；对于加工环烷基原油的企业，系数应乘以 1.1。如此设定的原因是，从原油性质角度来看，生产润滑油的原料成本应高于生产成品油的原料成本，且按照后续加工路线方法对减二线至减四线油进行系数测算，结果显示走润滑油路线的成本是走成品油路线的 1.04～1.12 倍。

2. 是否应按照不同加工油种和加工路线设定不同的系数标准

关于是否应按照不同加工油种和加工路线设定不同的系数标准，一种观点认为应按照原油的特性进行分类，即划分为石蜡基、中间基和环烷基等。但是由于不可能兼顾所有分类，且即使同为石蜡基原油，因油品组分含量不同，后续加工路线也会有较大差异。另一种观点认为应按照炼厂类型进行分类，即划分为燃料型、燃料—化工型、燃料—润滑油型、燃料—润滑油—化工型。然而，由于组合分类和系数体系较多，即使同为燃料型炼厂，加工油种的不同也会导致加工路线和产品结构存在较大差异，因此上述两种方案均未被采纳。

按照"以技术系数法为主、基于装置设计定位及产品未来发展方向"的要求，经过多视角的分析与论证，研究团队认为原油本身是产品成本分配的决定性因素。而在众多原油技术指标中，密度与硫含量对于加工路线的选择具有至关重要的作用。因此，应将这两个指标作为制定常减压蒸馏装置产品成本分配系数的基本依据。值得注意的是，由于原油中的硫大部分集中在减压渣油，这对后续加工路线的选择具有重要影响。因此，为了简化核算流程、提升操作效率，只对减压渣油按照硫含量的不同设定三个成本分配系数。

二、产品成本系数比例关系

由于加工路线的多样性以及各侧线产品收率的差异，不同企业在对同一装置、同一物料进行测试时往往会产生不同的结果。因此，研究团队在各企业测算结果的区间范围内进行集中测试，并在综合论证的基础上最终确定各侧线产品的成本分配系数。

常减压蒸馏装置主要产品成本系数比例关系如下：

干气不按系数进行分配，而是按照固定价格扣除。目前，多数企业炼油装置产出的干气并非主要目标产品，而是作为副产物存在，经脱硫和氢气回收后，统一并入燃料管网。如果按系数分配干气成本，会造成不同企业同一装置、同一企业不同装置副产的干气成本存在较大差异。因此，统一干气成本对于装置间和企业间加工费的对标具有重要意义。经综合论证，基于干气与天然气热值比例关系，将所有装置自产干气统一按1500元/t固定价格扣除。

初顶油和常顶油系数设为1。初顶油和常顶油的性质相似，加工路线基本相同，均进入催化重整装置深加工或作为乙烯裂解原料。

常一线油系数设为1.05。常一线油按照产品物性法系数测算结果在1.01~1.05之间，按照后续加工路线法系数测算结果在1.0~1.1之间。常一线油一般用于生产低凝柴油或航煤，若系数设定过高，会导致大部分企业航煤为亏损状态。同时考虑航煤产品附加值较高，系数也不宜过低。综合考虑上述因素，常一线油系数设为1.05。

常二线油系数设为1.04。

考虑产品物性和后续加工路线的差异，常三线油系数应低于常二线油系数，设为0.97。

常四线油主要作为加氢裂化装置原料，系数设为0.92。

常压渣油主要作为催化裂化装置原料或作为船燃调和组分，系数设为0.8。

减顶油的产品物性与常二线油基本相似，主要走柴油精制路线，系数设为1.03。

减一线油主要走加氢裂化或催化裂化路线，考虑产品密度差异，系数设为0.93。

减二线油、减三线油和减四线油主要作为催化裂化或加氢裂化装置原料，系数统一设为0.87。

减五线油主要作为催化裂化或溶剂脱沥青装置原料，系数设为0.75。

减压渣油的加工路线较丰富，包括催化裂化路线、渣油加氢路线、焦化路线或用于调和船燃和沥青。考虑硫含量对后续加工路线的影响，含硫或高硫原油中的减压渣油馏分通常要经过渣油加氢处理，加工路线长、难度大，因此按照原油硫含量高低设定三个系数。其中，低硫（硫含量≤0.5%）系数设为0.64；含硫（0.5%＜硫含量≤2%）系数设为0.63；高硫（硫含量＞2%）系数设为0.59。

润滑油型的减二线至减四线油系数在以上燃料型系数的基础上，加工石蜡基原油的企业乘以1.04，系数设为0.9；加工环烷基油的企业乘以1.1，系数设为0.96。

三、产品成本系数应用案例

以某几个炼厂为例，在迪拜原油 80 美元 /bbl 价格体系下，不同油种及工艺路线下常减压蒸馏装置各侧线产品成本对比见表 5-1。

表 5-1　不同油种及工艺路线下常减压蒸馏装置各侧线产品成本

产品名称	产品成本 /（元 /t）			
	加工低硫原油燃料型炼厂	加工含硫原油燃料—化工型炼厂	加工高硫原油燃料型炼厂	加工低硫稠油和超稠油燃料型炼厂
干气	1500	1500	1500	1500
初顶油	5187	4923	4954	4441
常顶油	5187	4923	4954	4441
常一线油	5447	5170	5202	4663
常二线油	5187	5120	5144	4619
常三线油	5032	4776	4791	4308
常四线油	4772	4530	4558	4086
常压渣油	4150	3938	3959	3553
减顶油	5343	5071	5103	4575
减一线油	4824	4579	4609	4130
减二线油（燃料油路线）	4513	4283	4310	3864
减三线油（燃料油路线）	4513	4283	4310	3864
减四线油（燃料油路线）	4513	4283	4310	3864
减二线油（润滑油路线）				3997
减三线油（润滑油路线）				3997
减四线油（润滑油路线）				3997
减二线油（环烷基润滑油路线）				4264
减三线油（环烷基润滑油路线）				4264
减四线油（环烷基润滑油路线）				4264

续表

产品名称		产品成本/（元/t）			
		加工低硫原油燃料型炼厂	加工含硫原油燃料—化工型炼厂	加工高硫原油燃料型炼厂	加工低硫稠油和超稠油燃料型炼厂
减五线油					3331
减压渣油	低硫（硫含量≤0.5%）	3320			2842
	含硫（0.5%＜硫含量≤2%）		3102		
	高硫（硫含量＞2%）			2920	

注：在相同价格体系下，由于各炼厂加工原油品种不同，原油来源不同，不同炼厂各侧线产品成本有所差异。

第六节　炼油装置成本分配系数综合测试应用情况

本节将依次介绍成品油—化工品生产优化、成品油—润滑油加工路线优化、减压渣油加工路线优化、成品油—蜡油加工路线优化、渣油—船燃生产优化五个具体应用示例，为炼油企业在实际工作中应用炼油装置成本分配系数提供指导和借鉴。

一、成品油—化工品生产优化应用示例

某燃料—化工型炼油企业配套建设炼油化工主体生产装置70余套，致力于提供高品质成品油和高效化工产品，原油一次加工能力 1000×10^4 t/a，具有年产汽油 260×10^4 t、柴油 430×10^4 t、航煤 80×10^4 t、芳烃 160×10^4 t、聚酯 30×10^4 t 的生产能力。

202×年×月，该企业预计迪拜原油价格80美元/bbl❶，原油采购成本4065元/t，92号汽油不含税价格4975元/t，混合二甲苯不含税价格6130元/t，对二甲苯不含税价格7225元/t，计划加工原油 65×10^4 t，一次加工负荷87%。根据总体物料平衡情况，生产计划人员在安排生产计划时，140×10^4 t/a催化重整装置计划加工负荷85%，生产混合二甲苯 1.7×10^4 t。加氢裂化装置计划加工负荷75%，可以通过工艺技术参数调整改变重石脑油和柴油收率，影响催化重整装置负荷。按照吨产品边际贡献法进行效益测算，混合二甲苯有三种可供选择方案：一是直接外销；二是用于调和汽油；三是深加工生产对二甲苯。为优化产品加工路线，按照加氢裂化装置提高重石脑油收率1%、增产石脑油1500t来提高催化重整装置负荷，同时减产柴油1500t，测试效益变化。

经财务人员测算，催化重整装置生产混合二甲苯成本6094元/t，外销边际贡献25元/t；调和汽油变动加工成本18元/t，考虑与92号汽油辛烷值差异，调和汽油边际贡献142元/t；深加工生产对二甲苯收率86%，变动加工成本185元/t，边际贡献265元/t；加氢裂化装置增产重石脑油1500t以提高催化重整装置负荷，增产芳烃产品，边际贡献比生产柴油增加62万元。

---

❶ 1bbl=158.987dm³。

在迪拜原油 80 美元 /bbl 价格体系下，结合产品预计销售价格及当前市场环境，该企业混合二甲苯加工方案如下：首先选择生产对二甲苯深加工方案，其次选择调和汽油方案，最后选择直接销售方案。根据加氢裂化装置重石脑油收率变化测试效益情况，选择最大化生产重石脑油，提高催化重整装置负荷，减少成品油产量，符合产品优化方向。同时，从全流程优化角度测算，利用 APS 优化测算模型计算，提高加氢裂化重石脑油收率、提高催化重整装置负荷、增产混二甲苯走对二甲苯路线，总体效益也是最优。

从上述测试结果来看，无论是单产品优化方向还是生产线优化方向，该套炼油装置成本分配系数都能够对生产经营起到指导意义。

二、成品油—润滑油加工路线优化应用示例

某集炼油、化工于一体的综合性石油石化生产企业主要生产汽油、柴油、润滑油、石蜡等石油化工产品。

202× 年 × 月，该企业预计迪拜原油价格 85 美元 /bbl，原油采购成本 4457 元 /t，92 号汽油不含税价格 5404 元 /t，0 号柴油不含税价格 4806 元 /t，润滑油基础油不含税价格 5355 元 /t，石蜡不含税价格 7128 元 /t。生产部门提供两种蜡油加工路线方案：一是经催化、加氢装置生产成品油路线；二是经糠醛、酮苯、加氢装置生产基础油和石蜡路线。

考虑当时市场环境，财务人员根据该套炼油装置成本分配系数测算两种路线的边际效益：方案一边际效益 644 元 /t，方案二边际效益 977 元 /t。从测算结果来看，生产基础油和石蜡路线效益高于生产成品油路线，说明根据该成本分配系数测算的产品效益符合该企业减油增特的优化方向。从柴油和轻质润滑油单品种对比来看，柴油裂解价差 349 元 /t，轻质润滑油裂解价差 898 元 /t，但生产轻质润滑油加工路线长于生产柴油路线，生产轻质润滑油比生产柴油变动加工成本高 650 元 /t，最终计算得出柴油边际贡献 158 元 /t，轻质润滑油边际贡献 210 元 /t。虽然生产轻质润滑油的效益仍比柴油高，但通过炼油装置成本分配系数测算的边际贡献比按照裂解价差计算的毛利大幅下降。由于考虑了加工路线和成本因素，该成本分配系数能够更真实反映产品成本和效益情况，符合未来市场预期和企业优化方向。

三、减压渣油加工路线优化应用示例

某炼油企业采用全加氢型工艺流程，原油全部进口进行分储分炼，原油一次加工能力 1000×10^4 t/a，配套建设 100×10^4 t/a 沥青蒸馏、350×10^4 t/a 重油催化裂化、400×10^4 t/a 渣油加氢脱硫等主要生产装置。

202× 年 × 月，该企业预计迪拜原油价格 86 美元 /bbl，中质原油采购成本 4281 元 /t，重质原油采购成本 3781 元 /t，92 号汽油不含税价格 5350 元 /t，柴油不含税价格 4800 元 /t，出口船燃不含税价格 4400 元 /t，沥青不含税价格 3500 元 /t。根据全厂物料平衡，减压渣油有三种加工路线：一是以 API 度为 23.4、硫含量为 4% 的重质高硫原油为主要原料，经 100×10^4 t/a 沥青蒸馏装置加工生产沥青及石脑油、柴油、蜡油组分的沥青路线；二是以 API 度为 31.2、硫含量为 2.6% 的中质含硫原油为主要原料，通过 1000×10^4 t/a

常减压蒸馏装置减压深拔后，经渣油加氢装置加工生产脱硫渣油，直接调和生产出口的船燃路线；三是脱硫渣油经催化裂化装置深加工，生产丙烯、汽油、柴油等产品的催化路线。

财务人员按照炼油装置成本分配系数测算三条路线边际贡献如下：减压渣油催化路线 588 元 /t（汽柴油按发改委指导价交货），出口船燃路线 530 元 /t，沥青路线 438 元 /t，催化路线 413 元 /t（汽柴油按市场价交货）。三条路线裂解价差如下：减压渣油催化路线 235 元 /t（汽柴油按国家发展和改革委员会指导价交货），出口船燃路线 119 元 /t，催化路线 -60 元 /t（汽柴油按市场价交货），沥青路线 -481 元 /t。

财务与计划、营销、生产四部门联动，结合原油、产品结构、未来发展趋势，对裂解价差和边际贡献数据开展联合分析，得到以下生产经营优化方向：一是原油要持续重质化，提高 1000×10^4 t/a 常减压蒸馏装置加工原油重质化程度，提高催化原料残碳，降低原油成本，从源头上减少轻油收率。二是在沥青具有边际贡献时，开满 100×10^4 t/a 沥青蒸馏装置，同时开发效益更高的沥青牌号。三是在出口船燃价格处于高位时，其边际贡献高于催化路线（成品油按市场价交货），调整催化负荷，增产增销出口船燃。

通过三条路线边际贡献、裂解价差排序比较，可以看出裂解价差可以直接反映产品净价的高低，但裂解价差会忽略加工路线长短对产品成本的影响，按照裂解价差数据，沥青永远是亏损的，但生产沥青要从原油端开始优化，虽然沥青价格低于成品油，但流程更短、成本更低，根据原油及产品价格走势变化，可以开满 100×10^4 t/a 沥青蒸馏装置，获取全流程效益最优。因此，通过炼油装置成本分配系数测算的边际贡献能够更真实合理地反映产品变动成本和盈利能力，对指导企业开展全流程优化作用更加突出。

四、成品油—蜡油加工路线优化应用示例

某炼油化工型企业主要加工石蜡基原油，建设有生产装置 67 套，原油一次加工能力 1100×10^4 t/a，成品油生产能力 560×10^4 t/a，特色产品石蜡生产能力 60×10^4 t/a，烷基苯、聚乙烯、聚丙烯等化工产品生产能力 360×10^4 t/a。

202× 年 × 月，该企业预计迪拜原油价格 80 美元 /bbl，原油采购成本 4262 元 /t，92 号汽油不含税价格 6160 元 /t，柴油市场化价格 4663 元 /t，板蜡平均不含税价格 7278 元 /t，外购石脑油不含税价格 4239 元 /t。计划、财务部门共同配合，在充分研判市场、高效装置开满开足、总体效益最大化的原则下，编制四条蜡油最优加工路线：一是进催化裂化装置加工重质蜡油，成品油收率 70% 以上，后续进气分装置生产丙烯、甲乙酮、液化气等产品；二是进加氢裂化装置加工，减一线至减三线蜡油生产轻、重乙烯裂解原料收率 85%；三是进焦化装置加工渣油，生产成品油收率 55%，石油焦收率 17%，乙烯裂解原料收率 23%；四是进酮苯脱蜡装置加工，后续进石蜡加氢、成形装置，生产固体石蜡、微晶蜡等收率 45%，成品油收率 37%，乙烯裂解原料收率 6%。

财务人员按照炼油装置成本分配系数测算四条路线原料的保本点，测算结果如下：方案一保本点 4886 元 /t，裂解价差 624 元 /t；方案二保本点 4713 元 /t，裂解价差 451 元 /t；方案三保本点 4278 元 /t，裂解价差 -16 元 /t；方案四保本点 5546 元 /t，裂解价差 1284

元/t。无论是从保本点还是从裂解价差的角度来看，方案四的效益均是最高的。

通过以上数据对比分析，在成品油—蜡油加工路线优化中，根据炼油装置成本分配系数计算的原料保本点与产品裂解价差在趋势上是趋同的，优化方向是一致的，但根据炼油装置成本分配系数计算的结果考虑了加工路线长短、成本高低的影响，对测算效益、指导优化更具价值。在此案例中，根据测算结果得出结论，该企业应在转型升级中充分发挥资源优势，围绕产业链部署创新链，依托独具特色的石蜡基原油资源，着力打造石蜡系列特色产品企业，实现企业价值最大化。

五、渣油—船燃生产优化应用示例

某沿海炼油企业主要加工重质稠油和超稠油，原油一次加工能力 $550×10^4$ t/a，具有年产沥青 $120×10^4$ t、低硫船燃 $170×10^4$ t、特种润滑油 $50×10^4$ t 生产能力。产品涵盖成品油、保税船燃、沥青、特种润滑油等多个品种，产品线较为丰富。

202× 年 × 月，该企业预计迪拜原油价格 89.04 美元/bbl，原油采购成本 4472 元/t，低硫船燃不含税价格 4327 元/t，沥青不含税价格 3456 元/t，石油焦不含税价格 2088 元/t。针对重质油渣油的加工，该企业有三种可供选择方案：一是通过调和生产沥青；二是通过调和生产保税低硫船燃；三是通过焦化加工生产成品油及石油焦。生产部门按当月原油加工计划，常减压蒸馏减压渣油预计产量 $18×10^4$ t。

计划、财务部门共同进行渣油不同加工路线的效益测算。从裂解价差测算结果看，低硫船燃 -145 元/t，沥青 -1016 元/t，石油焦 -2384 元/t，加工路线选择顺序依次为低硫船燃、沥青、石油焦；按照炼油装置成本分配系数测算产品毛利，低硫船燃 705 元/t，沥青 473 元/t，石油焦 580 元/t，加工路线选择顺序依次为低硫船燃、石油焦、沥青。据此，该企业对原生产计划方案进行调整，渣油船燃生产量从 $12×10^4$ t 调整至 $14×10^4$ t 最大负荷，焦化开满负荷生产，余量减压渣油生产沥青。全链条综合计算，走石油焦路线比走沥青路线的效益高 23 元/t，实现综合效益最大化。

本章小结

本章从炼油成本分配方法发展历程及现状入手，基于"统一、科学、可比"和装置设计定位以及产品未来发展方向的原则，介绍了炼油装置成本分配的理论体系及应用实践，体现了原创性、科学性、实用性、价值性、广泛性等特点。该炼油装置成本分配系数体系兼顾业务端与财务端，有助于推进业财一体化建设，从而提供更加准确和全面的成本信息。同时，兼顾继承性与创新性，在原成本分配系数体系的基础上，结合炼油装置各侧线产品物性、后续加工路线、成本动因和减油增特发展方向，创新成本分配系数体系，有助于炼油企业生产经营优化，提高市场竞争力。由于炼油行业快速变迁，炼油企业管理者的需求随之发生变化，鼓励广大读者在实践中不断深入探索和研究，持续推进炼油成本管理与核算的提升和完善。

第六章　炼油装置成本管理与核算

炼油基本生产装置主要包括常减压蒸馏、催化裂化、加氢裂化等38套装置。本章将依次从各装置的生产原理、工艺流程、主要原料及物性、主要"化学品及三剂"的作用和性能、产品主要性能和用途、成本核算口径范围、成本核算系数、生产运行中成本控制要点等方面展开逐一进行介绍。

第一节　常减压蒸馏装置

一、装置生产原理

常减压蒸馏是指利用原油中各组分的沸点不同，通过加热、汽化、分馏、冷凝和冷却等物理过程，将原油切割成不同沸点范围的馏分。常减压蒸馏装置可将原油分离成石脑油、煤油、柴油、蜡油、渣油等组分。

二、工艺流程简述

1. 常减压蒸馏工艺

1）常压蒸馏

一般原油首先进入初馏塔，脱除原油中的水分，同时生产石脑油。初馏塔操作压力一般在0.1MPa左右，进料段温度一般在220℃左右，塔前不设置加热炉，汽化所需热量由原油换热网络提供。

处理后的油品进入常压塔，常压塔操作压力一般控制在0.1MPa，进料段温度一般不低于360℃，除了塔顶生产石脑油，一般设置有3~4个侧线，生产煤油、柴油、轻质蜡油馏分等。

2）减压蒸馏

减压蒸馏分为干式和湿式两种模式，随着油品性质及拔出率要求的变化，又出现了减压深拔工艺。

（1）湿式蒸馏。

早期的减压蒸馏多采用板式塔，全塔压降不低于4kPa，减压炉出口温度在400℃左右，炉管需要加注蒸汽。

（2）干式蒸馏。

随着填料技术的应用，全填料塔得到快速推广。全填料塔压降一般不大于1.6kPa，塔顶采用三级抽真空，相同减压蜡油收率的情况下，减压炉出口温度一般不高于400℃，炉管不需要加注蒸汽。干式蒸馏具有能耗更低、蜡油收率高、运行稳定的特点。

（3）减压深拔。

减压深拔的目的是最大限度地将减压渣油中的重质减压馏分分离出来，国内一般采用湿式减压蒸馏和三级抽真空。减压塔操作压力一般为2.4~4kPa，原油切割温度可以达到565℃以上。

（4）减顶气脱硫。

来源于抽真空系统分水罐，加工含硫原油时，H_2S含量可超过20%。一般采用增压脱硫或常压脱硫两种方式进行处理。其中，增压脱硫采用MDEA溶液喷射提升减顶气压力至0.15MPa左右，H_2S吸收效果好，但溶剂易发泡。常压脱硫系统压降不大于1kPa，采用多个吸收理论级及填料，效果显著，一般加工含硫原油的常减压蒸馏装置均采用此方式。

（5）原油预处理技术。

交直流原油电脱盐技术：具有运行稳定、电耗低、脱水脱盐效果好、排水含油低的特点，目前国内原油预处理设施仍有约70%以上在使用这种技术。

高速电脱盐技术：为适应国内原油密度高、黏度大、沥青质及胶质和原始水含量较高、轻组分少、电导率高的特点，产生了国产高速电脱盐技术。电脱盐罐容相比交直流电脱盐略小，但电耗稍高，在1000×10^4t/a加工量以上的大型化生产装置中占有率近100%。

2. 常减压蒸馏单元

常减压蒸馏装置主要包括电脱盐单元、常压分馏单元、减压分馏单元。常减压蒸馏装置原则工艺流程如图6-1所示。

电脱盐单元：原油经原油泵送至常减压蒸馏装置，注剂后经换热升温进入电脱盐罐，通过调整破乳剂加注量、注水量、混合压差等操作参数，完成原油脱盐脱水。

常压分馏单元：脱后原油经再次换热后进入初馏塔。塔顶拔出部分石脑油，经过冷却、分离后送出装置作乙烯原料油或重整原料油。初馏塔底油经过换热、常压炉升温进入常压塔，分别抽出常顶石脑油、常一煤油、常二柴油和常三蜡油以及常底油，常底油由常底泵进入减压蒸馏单元，其余侧线作为二次加工装置原料送出装置。

减压分馏单元：常底油经减压炉升温进入减压塔，分别抽出减顶柴油、减一蜡油、减二蜡油、减三蜡油、减四蜡油、减五蜡油、减六蜡油以及减压渣油，因各企业二次加工装置不同，减压塔抽出的侧线流程数量和侧线收率也有所不同。

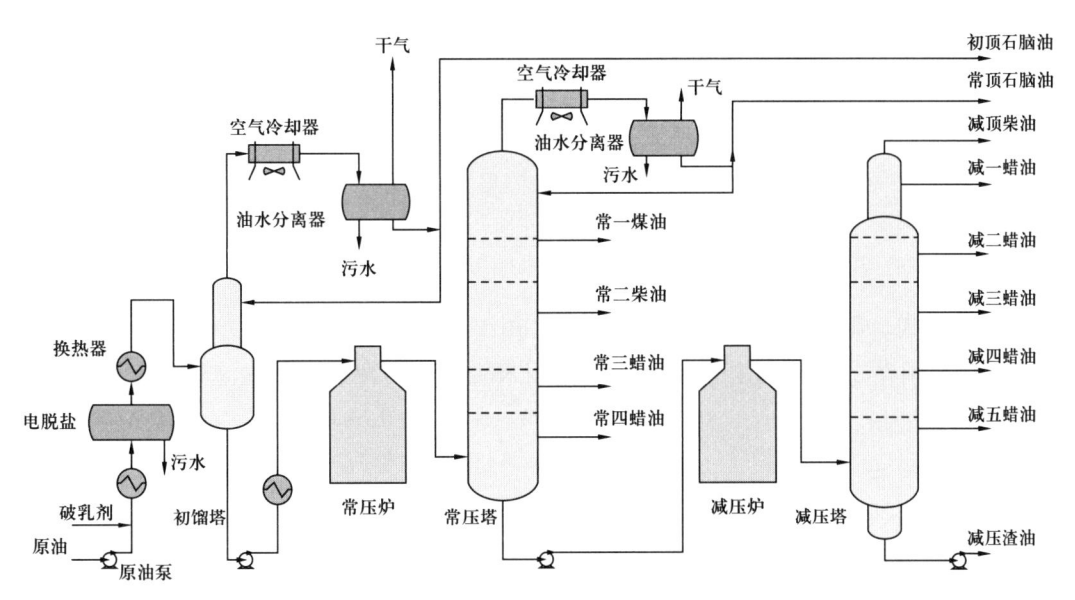

图 6-1　常减压蒸馏装置原则工艺流程图

三、主要原料及物性

原油是常减压蒸馏装置的原料，种类很多，其化学组成也非常复杂。

四、主要"化学品及三剂"的作用和性能

1. 中和剂

中和剂的主要作用是中和塔顶馏出系统中残存的 HCl、H_2S，调节塔顶馏出系统冷凝水的 pH 值，以减轻腐蚀。中和剂主要有氨液及有机胺等，一般在塔顶产品抽出线加注。

2. 缓蚀剂

缓蚀剂的主要作用是在金属表面形成一层保护膜，抑制腐蚀介质对金属侵蚀。一般在塔顶产品抽出线加注。

3. 破乳剂

破乳剂是一种表面活性物质，主要作用是通过破坏原油乳化液中油与水间的液膜达到破乳作用，一般在原油进装置管道内加注。目前，超声波破乳方法在炼油企业中的应用也较为广泛，超声波破乳无须添加破乳剂，避免了二次污染，同时减少了化学药品的使用，降低了生产成本，并且操作更为安全、环保。

五、产品主要性能和用途

1. 初顶油及常顶油

终馏点在 170～200℃ 之间，因正构烷烃含量较高，裂解时"双烯"收率高，一般作

为乙烯裂解原料,终馏点小于170℃时可作为重整原料。

2. 常一线油

切割范围在140~240℃之间,可作为煤油加氢原料生产喷气燃料。

3. 常二线、常三线、常四线及减一线油

切割范围在200~365℃之间,可作为柴油加氢原料生产车用柴油。

4. 减二线、减三线、减四线及减五线油

切割范围在350~500℃之间,可作为酮苯脱蜡、催化裂化、加氢裂化和糠醛精制原料。

5. 减压渣油

减压塔底重油,可作为渣油加氢、溶剂脱沥青、催化裂化和焦化装置原料。

六、成本核算口径范围

常减压蒸馏装置成本核算范围主要包括电脱盐、常压蒸馏和减压蒸馏三个单元。

(1) 直接材料:原油。

(2) 直接辅助材料:破乳剂、中和剂、缓蚀剂。

(3) 直接燃料:自产干气和天然气、燃料油。

(4) 直接动力:包括由辅助部门提供的除盐水、新鲜水、循环水、电、蒸汽、仪表风、氮气。

七、成本核算系数

常减压蒸馏装置成本核算系数见表6-1。

表6-1 常减压蒸馏装置成本核算系数

序号	主要产品	成本系数
1	干气	1500元/t[①]
2	初顶油	1
3	常顶油	1
4	常一线油	1.05
5	常二线油	1.04
6	常三线油	0.97
7	常四线油	0.92
8	常压渣油	0.8
9	减顶油	1.03

续表

序号	主要产品		成本系数
10	减一线油		0.93
11	减二线油		0.87
12	减三线油		0.87
13	减四线油		0.87
14	减五线油		0.75
15	减压渣油	低硫（硫含量≤0.5%）	0.64
		含硫（0.5%<硫含量≤2%）	0.63
		高硫（硫含量>2%）	0.59

① 干气定价扣除 1500 元/t。

八、生产运行中成本控制要点

1. 装置关键工艺技术指标

1）加热炉热效率

加热炉热效率受烟气排出温度的高低、过剩空气系数大小影响。一般来说，在保证燃料完全燃烧的情况下，尽量低地控制炉膛氧含量及外排烟气温度、做好炉体密封及保温等措施，可以使加热炉热效率升高，燃料气消耗降低，装置综合能耗降低。现阶段可以控制排烟温度在120℃以下，热效率92%以上，先进加热炉的热效率可以达到95%。

2）换后终温

原油换热主要指装置内原油与产品、中段回流等的热量交换，通过合理选择换热设施形式，合理匹配冷热介质交换过程，推动装置间热联合、外输热及低温热利用，可以实现热量的梯级利用，最大限度提高换后终温，降低加热炉负荷，进而降低燃料气消耗，减少综合能耗。

3）回流比

回流比是指回流量与塔顶产品之比，回流比的大小是根据各组分分离的难易程度（即相对挥发度的大小）以及对产品质量的要求而定。在生产过程中，精馏塔内的塔板数或理论塔板数是一定的，增加回流比会使塔顶轻组分浓度增加、质量变好。对于塔顶、塔底分别得到一个产品的简单塔，在增加回流比的同时要注意增加塔底重沸器的蒸发量；而对于有多侧线产品的复合原油蒸馏塔，在增加回流比的同时要注意调整各侧线的开度，以保持合理的物料平衡和侧线产品的质量。

2. 提高目标产品收率措施

（1）稳定原料组成，平稳操作，减少生产波动和非计划停工。

（2）优化电脱盐运行，减少电脱盐排水带油，降低污油回收、回炼成本。

（3）优化操作，避免"三顶"（初馏塔顶、常压塔顶、减压塔顶）干气带液，降低液态烃损失。

3. 降低辅助材料消耗措施

根据原料性质和优化操作条件，控制合理剂耗。

4. 降低装置能耗措施

（1）优化加热炉运行，充分发挥加热炉余热回收系统作用，降低排烟温度，提高加热炉热效率。

（2）采用先进的节能技术和设备，选择高效机泵、配置节能电动机、投用变频设备降低电耗。

（3）在满足冷却器循环水最低流速的前提下，对冷却器进行调整，降低循环水用量。

（4）冬季防冻期间对存在问题的疏水器及时进行调整更换。非防冻期停用部分蒸汽伴热，减少蒸汽的额外消耗。及时对蒸汽管线保温进行检查修复，减少蒸汽热损，降低装置蒸汽消耗。

（5）使用高效换热器，并定期进行清理，提高换热效果；优化换热管网，提高原油进加热炉温度，降低燃料消耗。

（6）优化低温热联合系统和热媒水系统，减少蒸汽和循环水用量，降低能耗。

5. 精细化管理措施

加强设备日常维护保养工作，延长设备寿命和延长检修周期，制定科学合理的设备检修策略，确保设备运行正常。

第二节 催化裂化装置

一、装置生产原理

催化裂化主要是以常压渣油、减压蜡油、减压渣油、渣油加氢渣油、加氢裂化尾油等为原料，在催化剂的作用下，在提升管反应器内发生催化裂化反应生成目标产品，经分馏、吸收、精馏等分离精制工艺，生产稳定汽油、柴油、液化气、干气、油浆的过程。催化裂化装置包括单元如下：

（1）反应—再生单元：在催化剂作用下，原料油在适宜的温度、压力条件下，进行分解、异构化、氢转移、芳构化、缩合等一系列化学反应，转化成气体、汽油、柴油等主要产品及油浆，携带焦炭的催化剂进入再生器烧焦，再生后催化剂返回提升管。

（2）分馏单元：根据反应油气中各组分沸点的不同，将其分离成富气、粗汽油、柴油、油浆，并保证汽油终馏点、柴油凝点和闪点合格。

（3）吸收稳定单元：利用各组分之间在液体中溶解度及沸点不同，把富气和粗汽油分离成干气、液化气、稳定汽油。

（4）产品精制单元：将吸收稳定后的干气经过脱硫、液化气经过脱硫脱硫醇得到硫含量合格的精制干气、精制液化气。

（5）余热锅炉单元：利用余热产生中压饱和蒸汽。

二、工艺流程简述

催化裂化装置的加工技术主要包括 FDFCC、TSRFCC、MIP、DCC、CPP、TMP、CCOC、DCP、MGG 和 ARGG 等。

（1）FDFCC 工艺由中国石化洛阳石化工程公司开发，采用两根提升管反应器、一个再生器。重油提升管在常规条件下加工重质原料，汽油提升管在较苛刻条件下进行粗汽油改质。催化裂化汽油烯烃含量可降至 16%（体积分数）以下，研究法辛烷值提高 1.6~2.9 个单位，柴汽比提高 0.2~0.7，丙烯收率提高 3.5%（质量分数）。

（2）TSRFCC 工艺由中国石油大学（华东）与中石油华东设计院联合开发，应用两段提升管催化裂化技术，装置总液体收率和柴油收率有较大幅度提高，干气和焦炭产率降低，汽油和柴油质量明显提升，硫含量降低 20%（质量分数）以上。在汽油不回炼的情况下，烯烃含量降低 4%~5%（体积分数）；在二段提升管回炼部分粗汽油时可有效降低催化裂化烯烃含量至 35%（体积分数）以下。

（3）MIP 工艺由中国石化石油化工科学研究院开发，在常规催化裂化提升管反应器基础上，将传统的提升管反应器分成两个串联的反应区：第一反应区以裂化反应为主，采用较高的反应温度、较大的剂油比和较短的停留时间；第二反应区采用较低的反应温度和较长的反应时间，强化了氢转移和异构化反应。配套专用催化剂，汽油烯烃含量可降至 18%（体积分数）以下，芳烃含量提高至 18%（体积分数）以上，研究法辛烷值提高 1 个单位，液化气中的丙烯含量提高 8%~10%（质量分数）。

（4）DCC 工艺在催化剂、工艺参数和反应深度等方面与传统工艺有显著的区别。DCC-Ⅰ型工艺采用提升管+床层反应器，多产丙烯的条件比较苛刻；DCC-Ⅱ型工艺采用提升管反应器，可以多产异丁烯和异戊烯，同时兼顾丙烯和优质汽油的生产；DCC-plus 工艺采用双提升管+床层反应器，提高了低碳烯烃产率和选择性，同时降低了干气和焦炭产率。

（5）CPP 工艺由中国石化石油化工科学研究院开发，以石蜡基重油为原料，采用专门研制的分子筛催化剂和连续反应再生的操作方式，是以生产乙烯和丙烯为主要目标产品的催化裂解工艺技术，乙烯产率可达 18%~20%（质量分数），C_2—C_4 烯烃总产率为 48%~55%（质量分数）。

（6）TMP 技术是在两段提升管催化裂化的基础上，配合多产丙烯催化剂，通过采用组合进料的方式，优化工艺过程，在多产丙烯的同时，保持了较高的重油转化率，干气和焦炭产率较低，好于常规催化裂化技术和其他多产丙烯技术。

（7）CCOC 技术由中国石油石油化工研究院开发，采用新型专用催化剂和工艺优化相结合，将烯烃含量高的催化裂化汽油在提升管的特定位置定向转化成低碳烯烃。以降烯烃为主的 CCOC-Ⅰ工艺，在辛烷值损失较小且总液体收率持平的情况下可以降低汽油烯烃含量 3%~7%（体积分数）；以增产丙烯为主的 CCOC-Ⅱ工艺采用专用催化剂，强化与 ZSM-5 选择型裂化反应为主的二次反应，将轻汽油中的烯烃转化为 C_3、C_4 烯烃，在增加低碳烯烃产率的同时降低汽油烯烃。

（8）DCP 技术由中国石油石油化工研究院开发，在提升管反应器上设置专门用于柴油转化的重质柴油反应区，配合专用催化剂，在不影响正常催化裂化装置加工量及操作状态的前提下，使重质柴油在特定反应区与催化剂在高温、大剂油比、短反应时间的条件下进行反应，实现降低柴汽比的目的。

（9）MGG 和 ARGG 工艺由中国石化石油化工科学研究院开发，以重质油为原料，采用提升管或床层反应器大量生产液化气和高辛烷值汽油，采用特定的催化剂，在多产液化气的同时也多产 C_3 烯烃和 C_4 烯烃，其烯烃收率收率远远大于常规的催化裂化。

催化裂化装置主要包括反应—再生、分馏、吸收稳定（包括压缩机）、产品精制、余热锅炉、烟气脱硫等单元。

原料经预热后进入提升管反应器，与再生催化剂接触，通过一系列化学反应，生成气体、汽油、柴油等主要产品。反应后油气经过分离、吸收稳定单元后，得到稳定汽油、干气、液化气、柴油、油浆。干气、液化气通过进一步精制脱硫后外送出装置。反应生产的焦炭，附着于催化剂，经过再生烧焦后产生蒸汽，同时给原料停供反应热。

催化裂化装置原则工艺流程如图 6-2 所示。

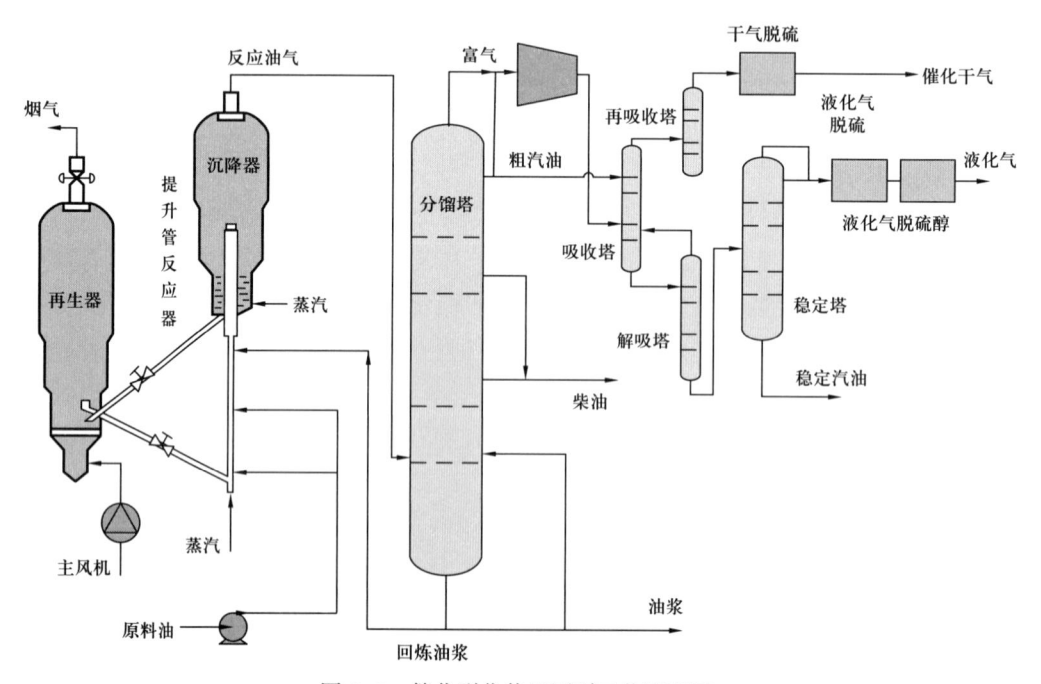

图 6-2 催化裂化装置原则工艺流程图

三、主要原料及物性

1. 蜡油

包括直馏蜡油、加氢裂化尾油、焦化蜡油、蜡油加氢产品蜡油等。加氢裂化尾油为分馏塔底油，又称为未转化油，是在加氢裂化过程中未裂化的饱和烃。蜡油加氢产品蜡油是经过加氢精制、脱除重金属、降低残炭的蜡油组分。加氢裂化尾油和蜡油加氢产品蜡油是优质的催化裂化原料。焦化蜡油中的重金属含量较高，氮含量高，需控制焦化蜡油在催化裂化原料中的掺炼比例。

2. 渣油

包括常压渣油、减压渣油、渣油加氢渣油等。常压渣油是蒸馏装置常压塔底重油，色黑黏稠，常温下呈半固体状，其性质与原油性质有关。减压渣油是蒸馏装置减压塔底重油。常压渣油和减压渣油中的重金属含量越高，对催化裂化装置的催化剂影响越大。渣油加氢渣油是通过渣油加氢装置进行加氢脱除硫、氮、金属等杂质，降低残炭含量后的分馏塔底油，是优质的催化裂化原料。

四、主要"化学品及三剂"的作用和性能

催化裂化装置主要"化学品及三剂"有催化裂化催化剂、丙烯助剂、塔底油裂解助剂、助燃剂、脱硝剂。

1. 催化裂化催化剂

含有黏土和铝基黏结剂，是以分子筛作为活性组分的半合成催化剂，进行分解、异构化、氢转移、芳构化、缩合等一系列化学反应。催化裂化催化剂填装于催化剂罐内，持续性加入流化床。

2. 丙烯助剂

能明显提高催化裂化装置低碳烯烃（丙烯、乙烯、丁烯）产率及汽油辛烷值，加注于催化剂罐内。

3. 塔底油裂解助剂

具有活性稳定性高、抗重金属性能好、渣油裂化性能强、汽油选择性高、抗磨性能好等特点，可有效提高装置总液体收率，降低油浆产率，加注于催化剂罐内。

4. 助燃剂

防止再生器稀相发生二次燃烧，加注于催化剂罐内。

5. 脱硝剂

降低再生烟气中氮氧化物（NO_x）含量，可实现节能、减排、环保、增效的目标。脱硝剂加注于催化剂罐内。

五、产品主要性能和用途

催化裂化装置主要产品有稳定汽油、柴油、液化气和干气。

1. 稳定汽油

无色透明液体，收率为原料的38%～54%，化学组成主要为异构烷烃、异构烯烃和芳烃，控制终馏点在205℃以下。经汽油加氢脱硫后，作为汽油调和组分。

2. 柴油

收率为原料的20%～40%，因芳烃含量较高，十六烷值较低，经柴油加氢脱硫后，作为柴油调和组分。

3. 液化气

为低碳数的烃类混合物，其组成主要有丙烷、丙烯、丁烷、丁烯等，送气分装置作为原料。

4. 干气

以 C_1、C_2 组分为主，在炼厂中又称瓦斯气，一般干气要进入干气脱硫装置，脱除其中的 H_2S，作为燃料气使用。

六、成本核算口径范围

催化装置成本核算范围主要包括反应—再生、分馏、吸收稳定（包括压缩机）、产品精制、余热锅炉、烟气脱硫等单元。

（1）直接材料：蜡油、渣油。
（2）直接辅助材料：催化剂、助燃剂、丙烯助剂等。
（3）直接燃料：烧焦。
（4）直接动力：包括由辅助部门提供的新鲜水、循环水、电、蒸汽、工业风、仪表风、氮气、除盐水。

七、成本核算系数

催化裂化装置成本核算系数见表6-2。

表6-2 催化裂化装置成本核算系数

序号	主要产品	成本系数
1	催化汽油	1
2	催化液化气	0.9
3	催化轻柴油	0.92
4	催化重柴油	0.85
5	催化油浆	0.54

八、生产运行中成本控制要点

1. 装置关键工艺技术指标

1）催化剂单耗

催化裂化装置主催化剂是装置"三剂"费用的主要构成部分，占比达到60%以上，单耗高低受原料性质的影响，单耗高低也决定产品结构。

2）剂油比

剂油比是催化剂循环量与总进料量之比。提高剂油比，转化率随之增加，特别是焦炭与转化率的比值增加显著。

3）综合能耗

催化裂化装置能耗包括水、电、蒸汽、风、烧焦等部分，催化裂化装置焦炭产率是能耗的主要影响因素，烟气轮机运行效率、催化剂换热终温等均为重点管控指标。

2. 提高目标产品收率措施

（1）稳定原料组成，平稳操作，减少生产波动和非计划停工。

（2）根据运行成本和下游产品市场情况，及时测算，提高高附加值产品产量。

（3）通过选择性价比高的催化剂，提高产品转化率，提高高效产品收率。

3. 降低辅助材料消耗措施

（1）根据原料性质和优化操作条件，控制合理剂耗。

（2）定期监控原料性质变化，防止催化剂金属中毒，确保高效产品收率。

4. 降低装置能耗措施

（1）保持外取热高效运行，提高蒸汽发汽量。

（2）优化烟气轮机运行，增发自产低价电。

（3）采用先进的节能技术和设备，选择高效机泵，配置节能电动机，投用变频设备，降低电耗。

（4）在满足冷却器循环水最低流速的前提下，对冷却器进行调整，降低循环水用量。

（5）冬季防冻期间对存在问题的疏水器及时进行调整更换。非防冻期停用部分蒸汽伴热，减少蒸汽的额外消耗。及时对蒸汽管线保温进行检查修复，减少蒸汽热损，降低装置蒸汽消耗。

5. 精细化管理措施

（1）加强设备日常维护保养工作，延长设备寿命和延长检修周期，制定科学合理的设备检修策略，确保设备运行正常。

（2）细化各项费用开支并严格执行，确保各项费用控制在合理范围内。

（3）开展全员参与的成本控制活动和班组精益管理，增强员工对成本控制的意识。

（4）加强对员工的培训，提高员工的操作技能，保证装置的平稳高效运行。

第三节　加氢裂化装置

一、装置生产原理

加氢裂化工艺是催化裂化技术的改进，利用氢气的裂解作用，将高沸点的石油馏分裂解为低沸点的轻质烃化合物。加氢裂化装置工艺包括加氢精制和加氢裂化两个过程。

加氢精制：通过加氢工艺将油品中的杂质（硫化物、氮化物、氧化物以及金属杂质等）脱除。在催化剂作用下，石油馏分中硫化物、氮化物、氧化物发生加氢脱硫、脱氮、脱氧反应，烯烃和芳烃发生加氢饱和反应。通过加氢精制可以改善油品的颜色和安定性，提高油品的质量，满足环保政策对油品的使用要求。

加氢裂化：高分子烃通过加氢裂化作用，将分子链断裂成为低分子烃的过程。在催化剂作用下，烃类和非烃类化合物加氢转化，烷烃、烯烃分子进行裂化、异构化和少量环化反应，多环化物最终转化为单环化物。

二、工艺流程简述

加氢裂化工艺主要包括两段法加氢裂化工艺、单段加氢裂化工艺和一段串联加氢裂化工艺。

1. 两段法加氢裂化工艺

两段法加氢裂化采用两个反应器，原料油先在第一段反应器进行加氢精制后，进入高压分离器进行气液分离；高分顶部分离出的富氢气体在第一段循环使用，高分底部的流出物进入分馏塔，切割分离成石脑油、喷气燃料及柴油等产品；塔底的未转化油进入第二段反应器进行加氢裂化；第二段的反应流出物进入第二段的高压分离器，进行气液分离，其顶部导出的富氢气体在第二段循环使用；第二段高分底部的流出物与第一段高分底部的流出物，进入同一分馏塔进行产品切割。

两段法加氢裂化有如下特点：（1）第一段、第二段的反应器、高分和循环氢（含循环压缩机）自成体系；（2）补充氢增压机、产品分馏塔两段公用；（3）工艺流程较复杂，投资及能耗相对较高；（4）对原料油的适应性强，生产灵活性大，操作运转周期长。

2. 单段加氢裂化工艺

单段加氢裂化采用一个反应器，既进行原料油加氢精制反应，又进行加氢裂化反应，采用一次通过或未转化油循环裂化的方式操作均可。

单段加氢裂化有如下特点：（1）工艺流程简单，体积空速相对较高；（2）催化剂应具有较强的耐硫、氮、氧等化合物的性能；（3）原料油的氮含量不宜过高，馏分不宜过重；（4）反应温度相对较高，运转周期相对较短。

3. 一段串联加氢裂化工艺

一段串联加氢裂化采用两个反应器串联操作。原料油在第一反应器（精制段）经过深度加氢脱氮后，其反应物流直接进入第二反应器（裂化段）进行加氢裂化。裂化段出口的物流经换热冷却后进入后续分离单元。

一段串联加氢裂化有如下特点：（1）精制段催化剂应具有较高的加氢活性（尤其是加氢脱氮活性）；（2）裂化段催化剂应具有耐 H_2S 和 NH_3 的能力；（3）产品质量好，生产灵活性大，一次运转周期长；（4）与单段加氢裂化工艺相比，其原料油适应性较强，体积空速、反应温度相对较低；（5）与两段法加氢裂化工艺相比，其投资和能耗相对较低。

现阶段，加氢裂化装置主要采用一段串联加氢裂化工艺，其具体工艺流程如下：

原料油与分馏塔底油（尾油）混合后，由加氢进料泵升压后与氢气混合，经过加热炉加热后进入加氢精制反应器、加氢裂化反应器，加氢裂化反应产物进入热高压分离罐，罐顶热高分气进入冷高分罐，冷高分罐顶循环氢进入循环氢脱硫单元脱出 H_2S，脱硫后循环氢进入循环氢压缩机升压后循环使用。

热高分罐底油进入热低分罐，罐顶气体与冷高分油混合，进入冷低压分离罐进行气液分离，罐顶低分气进入低分气脱硫单元。

热低分油与冷低分油一起进入脱 H_2S 汽提塔，塔顶气体和塔轻烃送轻烃回收装置进一步吸收稳定。脱 H_2S 汽提塔底油进加热炉后进入分馏塔，分馏塔顶出粗石脑油，粗石脑油进石脑油分离塔进一步分离为轻石脑油和重石脑油。分馏塔侧线出航煤、柴油组分，送油品罐区。分馏塔底油（尾油）一部分循环，另一部分外甩。

加氢裂化装置原则工艺流程如图 6-3 所示。

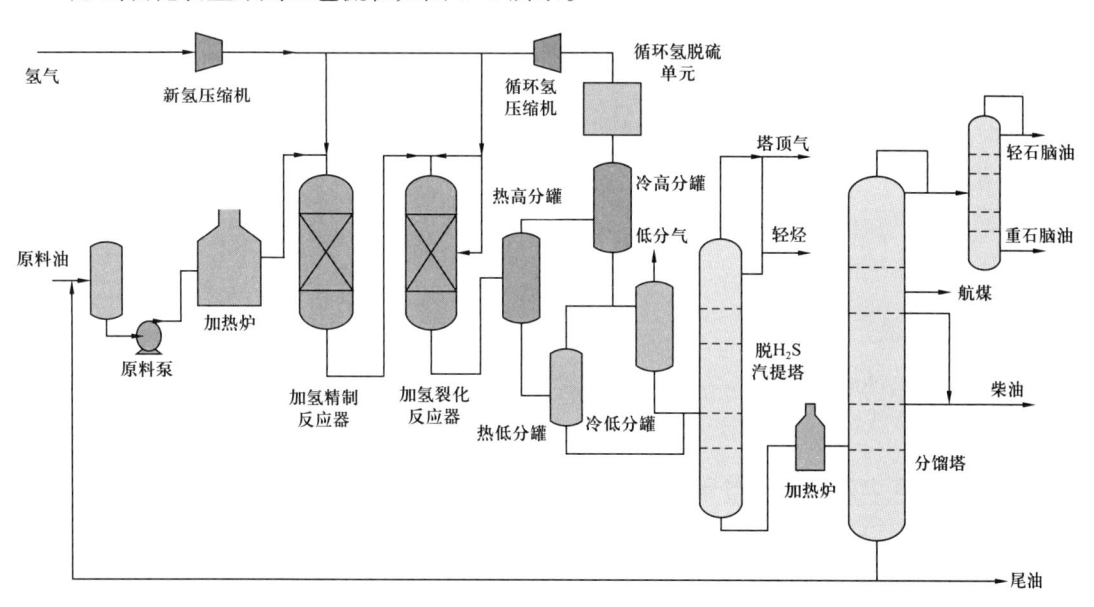

图 6-3 加氢裂化装置原则工艺流程图

三、主要原料及物性

1. 减压蜡油

来源于常减压蒸馏装置减压蜡油组分，馏程 350～500℃，包括减一线油、减二线油等。

2. 焦化蜡油

焦化装置分馏塔侧线抽出的蜡油组分。焦化蜡油中重金属含量高、残炭高、稠环芳烃含量高，加氢裂化装置掺炼焦化蜡油比例不得超过设计掺炼比例。

3. 催化柴油

催化裂化装置分馏塔侧线抽出的柴油组分。加氢裂化装置掺炼催化裂化柴油的主要目的是改善反应器床层温度，改善目标产品性质。但需注意，在生产航煤阶段，掺炼催化裂化柴油比例不得超过航煤认证要求的掺炼比例。

四、主要"化学品及三剂"的作用和性能

加氢裂化装置主要"化学品及三剂"有催化剂、缓蚀剂、阻垢剂、航煤抗氧剂。

1. 催化剂

包括加氢精制催化剂、加氢裂化催化剂。加氢精制催化剂的主要作用是将油品中的杂质（硫化物、氮化物、氧化物以及金属杂质等）脱除，烯烃和芳烃加氢饱和。加氢裂化催化剂的主要作用是将高沸点的石油馏分裂解为低沸点的轻质烃化合物。催化剂填装于固定床加氢反应器内。

2. 缓蚀剂

主要作用是在设备或管道内表面形成保护膜，减缓金属腐蚀速率，防止设备和管道腐蚀。缓蚀剂注入于热高分换热器、高压空冷器、脱 H_2S 汽提塔顶等部位。

3. 阻垢剂

主要作用是在换热器管束内壁形成一层保护膜，从而防止结垢。阻垢剂注入于原料油换热器、反应换热器入口。

4. 航煤抗氧剂

主要作用是抑制燃料氧化变质进而生成胶质，提高航煤的安定性。航煤抗氧剂注入于产品航煤出装置线内。

五、产品主要性能和用途

加氢裂化装置产品主要有加氢裂化轻石脑油、加氢裂化重石脑油、加氢裂化煤油、加氢裂化轻柴油及重柴油、加氢裂化尾油、干气、加氢裂化液化气、加氢裂化低分气。

1. 加氢裂化轻石脑油

异构烃占比较大，通常为正构烃的 2～3 倍，基本不含不饱和烃，小于 80℃馏分的辛烷值为 75～85，可用作车用汽油调和组分，也可用作乙烯装置的原料。

2. 加氢裂化重石脑油

芳烃潜含量高，是催化重整用于生产芳烃非常好的原料。无须进行预加氢，可直接供

连续重整装置。

3. 加氢裂化煤油

冰点低、烟点高，是优质的喷气燃料，可直接送罐区作为航煤产品。

4. 加氢裂化轻柴油及重柴油

包括合格柴油和低凝柴油组分。合格柴油十六烷值高、倾点低，是清洁车用柴油的理想组分。低凝柴油组分闪点低、凝点低、黏度低，外送至罐区作为低凝柴油组分调和。

5. 加氢裂化尾油

硫、氮含量低，可作为乙烯装置原料；异构烷烃组分多，对添加剂感受性好，可作为高档润滑油料原料。

6. 干气

主要为携带 H_2S 的干气组分，送轻烃回收装置进一步吸收稳定，再经过干气脱硫，脱除其中的 H_2S，作为燃料气使用。

7. 加氢裂化液化气

主要为 C_3、C_4 等液化气组分，含有 C_2、C_5 组分，须送轻烃回收装置进一步吸收稳定。

8. 加氢裂化低分气

经低分气脱硫单元脱硫后，送至富氢气体回收装置进行氢提浓。

六、成本核算口径范围

加氢裂化装置成本核算范围主要包括反应、分馏、含硫气体处理三个单元。
（1）直接材料：减压蜡油、焦化蜡油、催化柴油。
（2）直接辅助材料：催化剂、阻垢剂、缓蚀剂、航煤抗氧剂。
（3）直接燃料：燃料气（自产干气、天然气）。
（4）直接动力：包括由辅助部门提供的新鲜水、循环水、电、蒸汽、工业风、仪表风、氮气、除盐水。

七、成本核算系数

加氢裂化装置成本核算系数见表 6-3。

表 6-3 加氢裂化装置成本核算系数

序号	主要产品	成本系数
1	加氢裂化重石脑油	1
2	加氢裂化液化气	0.92
3	加氢裂化轻石脑油	1.02

续表

序号	主要产品	成本系数
4	加氢裂化煤油	1.13
5	加氢裂化轻柴油	1.12
6	加氢裂化重柴油	1.11
7	加氢裂化尾油	0.98

八、生产运行中成本控制要点

1. 装置关键工艺技术指标

1）氢油比

氢油比过高会导致循环氢压缩机负荷增加，能耗升高；氢油比过低，不但降低反应速率，不利于加氢反应的进行，而且使得催化剂积炭加剧，影响催化剂的使用寿命。因此，氢油比应控制在合理范围内，有利于降低加工成本。

2）氢分压

提高反应压力，即在循环氢浓度不变的情况下，提高了氢分压。氢分压越高对加氢裂化工艺过程越有利，但过高的氢分压会增加设备的运行能耗。因此，氢分压应控制在合理范围内，有利于降低加工成本。

3）加热炉热效率

加热炉热效率受烟气排出温度高低、过剩空气系数大小所影响。加热炉热效率越高，燃料气消耗越低，装置能耗越低。因此，须进行优化控制，提高加热炉热效率。现阶段一般控制加热炉热效率不低于92%，先进的加热炉热效率可以达到95%以上。

2. 提高目标产品收率措施

（1）稳定原料组成，平稳操作，减少生产波动和非计划停工。

（2）根据运行成本和下游产品市场情况，及时测算，提高高附加值产品产量。

（3）通过选择性价比高的催化剂，提高产品转化率，提高高效产品收率。

3. 降低辅助材料消耗措施

（1）制定降低"三剂"成本方案或措施，通过严格管控原料中的重金属指标，防止催化剂中毒，提高催化剂的使用寿命。合理采购"三剂"，降低采购成本。

（2）制定合适的消耗定额，根据负荷变化，及时调整缓蚀剂、阻垢剂等化学材料注入量。

（3）报废催化剂要及时处理，并充分利用报废催化剂的剩余价值，降低装置"三剂"成本。

4.降低装置能耗措施

（1）调整加热炉"三门一板"（油门、汽门、风门和烟道挡板），充分发挥空气余热回收系统作用，提高加热炉热效率，降低燃料气消耗。

（2）合理调配氢油比，降低循环氢量，节约蒸汽或电耗。

（3）保证新氢压缩机无级气量调速系统在线运行时长，降低电耗。

（4）在满足冷却器循环水最低流速的前提下，对冷却器进行调整，降低循环水用量。

（5）冬季防冻期间对存在问题的疏水器及时进行调整更换。非防冻期停用部分蒸汽伴热，减少蒸汽的额外消耗。及时对蒸汽管线保温进行检查修复，减少蒸汽热损，降低装置蒸汽消耗。

5.精细化管理措施

（1）加强设备日常维护保养工作，延长设备寿命和延长检修周期，制定科学合理的设备检修策略，确保设备运行正常。

（2）细化各项费用开支并严格执行，确保各项费用控制在合理范围内。

（3）开展全员参与的成本控制活动和班组精益管理，增强员工对成本控制的意识。

（4）加强对员工的培训，提高员工的操作技能，保证装置的平稳高效运行。

第四节 渣油加氢装置

一、装置生产原理

渣油加氢装置以重质油作为原料，在高温、高压和催化剂的条件下，脱除渣油分子中硫、氮和金属等有害杂质，同时渣油中部分较大的分子裂解并加氢，变成分子较小的理想组分，反应生成金属的硫化物沉积在催化剂上，加氢处理后的渣油质量得到明显改善，可直接作为催化裂化装置原料。

在渣油加氢过程中，所发生的化学反应有加氢脱硫反应、加氢脱金属反应、加氢脱氮反应、芳烃饱和反应、烯烃饱和反应和加氢裂化反应等。

二、工艺流程简述

渣油加氢技术依据原料转化水平和生产目的分为两种，即进料基本不发生分子变化的加氢处理过程和进料一半以上发生分子量减小的加氢裂化过程。按照反应器形式，以常压渣油或减压渣油为原料的反应装置分为固定床、沸腾床和悬浮床（又称浆态床）三种。

1.固定床

固定床渣油加氢工艺是 20 世纪 60 年代在馏分油加氢技术的基础上发展起来的。目前，该工艺越来越多地被用于加工含硫渣油，为下游重油催化裂化提供优质原料。固定床渣油加氢技术具有装置一次性设备投资及运行费用较低、技术方案相对简单、现场便于操作等优点，发展最为迅速，应用装置最多，是目前渣油加氢技术的首选技术。

2. 沸腾床

沸腾床技术也是20世纪60年代末开发成功的。它采用气体、液体和催化剂颗粒返混的三相流化床反应器系统。氢气和原料油从反应器底部进入，与循环油混合后通过泡罩分配盘，向上提升催化剂而使催化剂床层膨胀并保持为流化态。沸腾床加氢裂化技术对高金属含量和高黏度的原料油几乎没有限制，反应器内传热均匀，解决了反应器内径向温差大、系统压力大的问题，渣油转化更加完全，具有独立的催化剂在线加排系统，在不影响装置正常运转的前提下完成催化剂置换，免去了装置停工换剂的环节，为装置长周期运转提供了可能。

3. 悬浮床

渣油悬浮床加氢裂化技术近几年发展较快，是各大石油公司研发的热点，该技术对原料油的性质几乎没有限制，液体产品收率高达90%以上，与延迟焦化相比，液体收率可提高30个百分点以上。悬浮床反应器使用细粉状催化剂，反应器中分散悬浮，高温高压下进行渣油临氢热解反应。与固定床、沸腾床技术相比，悬浮床加氢裂化技术具有以下优点：（1）原料油适应性强，对加工原料中杂质含量基本没有限制；（2）反应器内部结构简单，无特殊内构件；（3）渣油转化率高，轻油收率高；（4）工艺简单，操作灵活，渣油转化率的高低可通过循环模式进行调节实现。

固定床渣油加氢工艺因其工艺流程较为简单、易于操作、应用范围广，占总的渣油加氢处理能力的84%。以下主要介绍固定床渣油加氢工艺。

原料油与循环氢混合，经过加热炉加热后进入保护反应器，依次通过各加氢反应器，反应产物进入热高分罐，罐顶热高分气进入冷高分罐，冷高分罐顶循环氢进入循环氢脱硫单元脱出H_2S，脱硫后循环氢进入循环氢压缩机升压后循环使用。

热高分罐底油进入热低分罐，罐顶气体与冷高分油混合，进入冷低压分离罐进行气液分离，罐顶低分气进入低分气脱硫单元。

热低分油与冷低分油一起进入分馏单元。塔顶气体为干气和轻烃组分，与粗石脑油外送至轻烃回收装置进行二次加工，侧线出柴油产品外送至柴油加氢装置进行二次加工，分馏塔底油外送作为催化裂化装置原料。

渣油加氢装置原则工艺流程如图6-4所示。

三、主要原料及物性

1. 渣油

包括常压渣油、减压渣油等。常压渣油是蒸馏装置常压塔底重油，色黑黏稠，常温下呈半固体状，其性质与原油性质有关；减压渣油是蒸馏装置减压塔底重油。常压渣油和减压渣油中的残炭和重金属含量越高，对渣油加氢装置的催化剂影响越大。

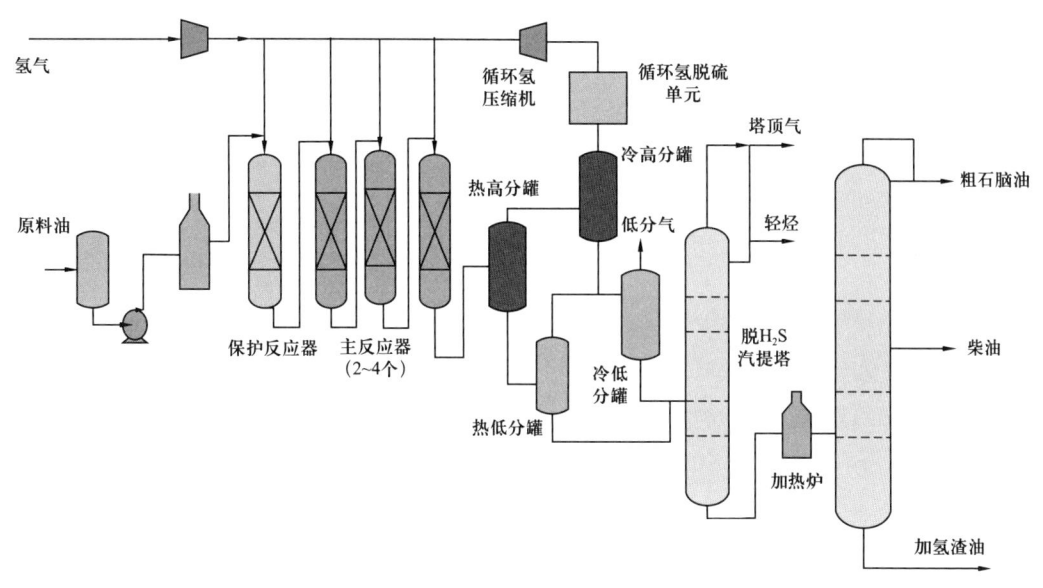

图 6-4　渣油加氢装置原则工艺流程图

2. 蜡油

包括常压蜡油、减压蜡油等。

四、主要"化学品及三剂"的作用和性能

渣油加氢装置主要"化学品及三剂"有催化剂、缓蚀剂、阻垢剂、磷酸三钠。

1. 催化剂

主要作用是将油品中的杂质（硫化物、氮化物、氧化物以及金属杂质等）脱除，烯烃和芳烃加氢饱和，降低原料油的残炭含量。催化剂填装于固定床加氢反应器内。

2. 阻垢剂

主要作用是防止原料换热器积垢，延长装置运行周期。阻垢剂注入于原料油换热器、反应换热器入口。

3. 缓蚀剂

主要作用是在设备或管道内表面形成保护膜，减缓金属腐蚀速率，防止设备和管道腐蚀。缓蚀剂注入于热高分气换热器、高压空冷器、脱 H_2S 汽提塔顶等部位。

4. 磷酸三钠

主要作用是调节炉水 pH 值，防止汽包积垢。

五、产品主要性能和用途

渣油加氢装置产品主要有加氢渣油、石脑油、柴油、塔顶气体、轻烃、低分气。

1. 加氢渣油

控制产品硫含量、残炭含量、金属含量和氮含量，作为催化裂化装置原料。

2. 石脑油

控制产品终馏点，经过轻烃回收装置二次加工后，作为催化重整装置进料。

3. 柴油

控制闪点、硫含量等指标，作为柴油加氢装置原料。

4. 塔顶气体

主要为携带 H_2S 的干气组分，送轻烃回收装置进一步吸收稳定，再经过干气脱硫，脱除其中的 H_2S，作为燃料气使用。

5. 轻烃

主要为 C_3、C_4 等液化气组分，含有 C_2、C_5 组分，需送轻烃回收装置进一步吸收稳定。

6. 低分气

经低分气脱硫单元脱硫后，送至富氢气体回收装置进行氢提浓。

六、成本核算口径范围

渣油加氢装置成本核算范围主要包括反应、分馏两个单元。
（1）直接材料：原料渣油、氢气。
（2）直接辅助材料：催化剂、硫化剂、阻垢剂、缓蚀剂、磷酸三钠。
（3）直接燃料：燃料气（自产干气、天然气）。
（4）直接动力：包括由辅助部门提供的新鲜水、循环水、电、蒸汽、工业风、仪表风、氮气、除盐水。

七、成本核算系数

渣油加氢装置成本核算系数见表 6-4。

表 6-4 渣油加氢装置成本核算系数

序号	主要产品	成本系数
1	加氢渣油	1
2	石脑油	1.18
3	柴油	1.28
4	低分气	0.5
5	酸性气	500 元 /t[①]

① 酸性气定价扣除 500 元 /t。

八、生产运行中成本控制要点

1. 装置关键工艺技术指标

1）反应温度

固定床渣油加氢催化剂的活性随着运转时间的延长而逐步下降,需通过提高反应温度来补偿催化剂活性的下降。工业装置上催化剂不同的运转时期,反应温度大致范围如下:运转初期反应温度为360~380℃,运转时间从两周到一个月;运转中期反应温度为380~410℃,运转时间为6~16个月;运转末期反应温度为405~410℃,有时达425℃,此阶段运转时间约为一个月。

2）氢油比

氢油比过高会导致循环氢压缩机负荷增加,能耗升高;氢油比过低,不但降低反应速率,不利于加氢反应的进行,而且使得催化剂积炭加剧,影响催化剂的使用寿命。固定床渣油加氢装置氢油比（体积比）一般不超过1000,当氢油比小于500时,氢油比的减小会导致加氢脱硫反应速率下降。因此,氢油比应控制在合理范围内,有利于降低加工成本。

3）氢分压

提高反应压力,即在循环氢浓度不变的情况下,提高了氢分压。氢分压越高对加氢裂化工艺过程越有利,但过高的氢分压会增加设备的运行能耗。因此,氢分压应控制在合理范围内,有利于降低加工成本。

4）加热炉热效率

加热炉热效率受烟气排出温度高低、过剩空气系数大小所影响。加热炉热效率越高,燃料气消耗越低,装置能耗越低。因此,须进行优化控制,提高加热炉热效率。现阶段一般控制加热炉热效率不低于92%,先进的加热炉热效率可以达到95%以上。

5）反应器压降

渣油加氢装置催化剂床层压降是影响装置运行的十分重要的参数。压降是导致加氢装置运转周期缩短的最主要原因,许多装置因反应器床层压降超过设计允许值而被迫停工。避免压降上涨过快,主要采取以下措施:保证进料得到良好的过滤;控制原料的Fe、Ca含量（脱钙剂的选择和使用）;力求加工黏度低、胶质和沥青质含量低的原料;在加工过程中控制原料均衡不波动。

2. 提高目标产品收率措施

（1）稳定原料组成,平稳操作,减少生产波动和非计划停工。

（2）根据运行成本和下游产品市场情况,及时测算,提高高附加值产品产量。

3. 降低辅助材料消耗措施

（1）根据原料性质调整催化剂床层温度,在保证产品质量的前提下,尽量维持较低的反应温度,保证催化剂的运行周期,减少催化剂换剂频率。

（2）制定合适的消耗定额,根据负荷变化,及时调整缓蚀剂、阻垢剂等化学材料注入量。

（3）报废催化剂要及时处理，并充分利用报废催化剂的剩余价值，降低装置"三剂"成本。

4. 降低装置能耗措施

（1）调整加热炉"三门一板"，充分发挥空气余热回收系统作用，提高加热炉热效率，降低燃料气消耗。

（2）合理调配氢油比，降低循环氢量，节约蒸汽或电耗。

（3）保证新氢压缩机无级气量调速系统在线运行时长，降低电耗。

（4）采用先进的节能技术和设备，选择高效机泵，配置节能电动机，投用变频设备，降低电耗。

（5）在满足冷却器循环水最低流速的前提下，对冷却器进行调整，降低循环水用量。

（6）冬季防冻期间对存在问题的疏水器及时进行调整更换。非防冻期停用部分蒸汽伴热，减少蒸汽的额外消耗。及时对蒸汽管线保温进行检查修复，减少蒸汽热损，降低装置蒸汽消耗。

5. 精细化管理措施

（1）加强设备日常维护保养工作，延长设备寿命和延长检修周期，制定科学合理的设备检修策略，确保设备运行正常。

（2）细化各项费用开支并严格执行，确保各项费用控制在合理范围内。

（3）开展全员参与的成本控制活动和班组精益管理，增强员工对成本控制的意识。

（4）加强对员工的培训，提高员工的操作技能，保证装置的平稳高效运行。

第五节　延迟焦化装置

一、装置生产原理

延迟焦化是以减压渣油为主的重质油作为原料，在管式加热炉中被快速加热到500℃高温后迅速进入焦炭塔内，在焦炭塔内停留足够的时间进行裂解和缩合反应，产生气体、汽油、柴油、蜡油和石油焦的过程。

二、工艺流程简述

主流的延迟焦化技术主要有CP公司的ThruPlus技术、FW公司的SYDEC技术、ABB公司技术以及国内经过技术优化后的技术等。

1. CP公司的ThruPlus技术

该技术主要是馏分油循环和闪蒸区瓦斯油抽出设计，可以将石脑油、柴油、中段油或蜡油作为循环油使用，灵活调节产品分布，增加液体收率。该技术具有焦炭收率低、总馏分油收率高的特点，生焦周期一般为 16~20h。

2. FW 公司的 SYDEC 技术

可在低压（0.1MPa）及超低循环比（0.05）的条件下，按最大液体收率方案操作。该技术采用专有的双面辐射加热炉设计，出口温度可达 510℃，便于对劣质原料进行适应性和灵活性加工。

3. ABB 公司的延迟焦化技术

该技术在提高装置可靠性和灵活性的同时，追求低压、低循环比下最大液体收率，在低循环比操作条件下生产满足加氢裂化进料要求的焦化蜡油，但不推荐零循环比操作。

4. 国内延迟焦化技术

1）大型化成套技术

采用两炉四塔双系列配置，可单开单停；采用中段循环油作为急冷油，延长了反应油气线的清焦周期；同时采用在线洗盐技术，实现全密闭环保操作。相比常规延迟焦化，增加了煤油侧线产品，蜡油分为轻蜡油和重蜡油。

2）抑制/适应弹丸焦生成的劣质重油延迟焦化成套技术

该技术可以实现 100% 委内瑞拉超重油延迟焦化加工；通过在分馏塔进料下方增设集油箱，循环油经调节阀控制进焦化炉流量，实现循环比定值调节；通过阀门调节常规渣油和超稠油等不同进料流程改变，实现不同原料在线切换功能，装置适应性及灵活性更强。

3）高液体收率 HRDC 成套技术

原料中加入供氢体代替部分自然循环油，可改变渣油芳构化程度，提高轻质油收率。将洗涤油由常规渣油或循环油调整为轻蜡油，有效抑制了脱过热段的结焦倾向，克服了高液体收率和长周期运行之间的矛盾，提高了装置液体收率，降低了焦炭收率，降低了装置能耗水平。

国内延迟焦化工艺经过长时间发展，目前主要呈现以下技术特点：

（1）延迟焦化装置原料残炭含量一般为 16%~30%，20℃下油品密度为 0.95~1.05g/cm^3，硫含量最高可达 7%，原料性质恶劣。

（2）装置规模逐步扩大，装置规模一般为（100~250）×10^{4}t/a，最大达到 420×10^{4}t/a。工艺上采用一炉两塔、两炉四塔的大型化设计，加热炉实现连续进料。

（3）焦化炉采用双面辐射、多点注汽、在线密闭清焦技术，热效率可达 93%，综合能耗降低至 23kg/t（标准煤/原料）以下。

（4）采用较低循环比（0.15，甚至更低）、较高的加热炉出口温度（490~500℃）、降低焦炭塔操作压力（0.1~0.15MPa）、降低生焦时间至 18~20h 等措施，提高装置处理能力和液体产品收率。

（5）采用冷焦水密闭循环、切焦水自循环、密闭除焦、输送及储存成套技术，实现清洁化生产。

延迟焦化装置的工艺原则流程如下：混合原料换热后进入加热炉，快速升温至500℃左右后进入焦炭塔，在适当的温度、压力、停留时间条件下，发生裂解和缩合反应，原料转化为较轻的油气和较重的石油焦。当石油焦在焦炭塔内达到一定时间或高度后，加热炉出口物料通过四通阀切换进入另一组焦炭塔生产。焦炭塔顶油气进入焦化分馏塔底换热段洗涤其中焦粉，焦化油气在分馏塔内经过精馏，分出焦化富气、汽油、柴油及蜡油馏分。

延迟焦化装置原则工艺流程如图6-5所示。

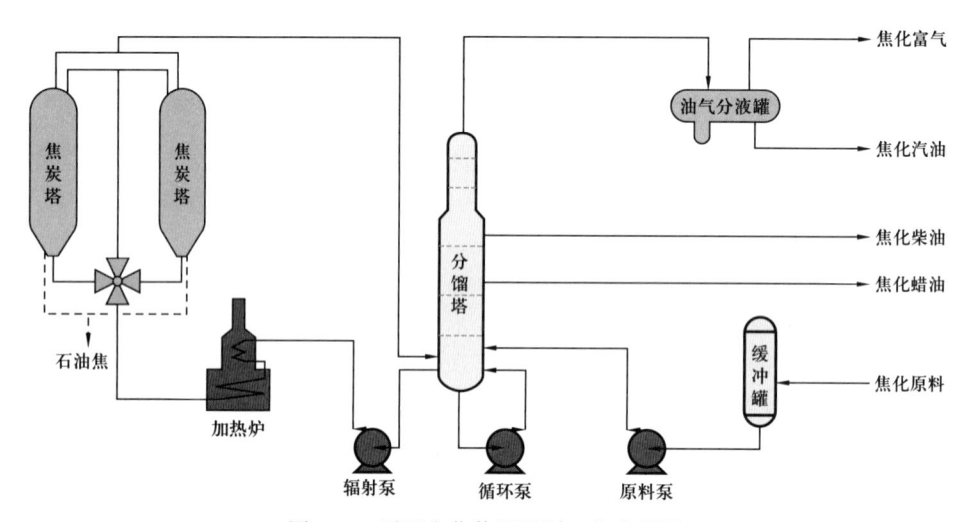

图6-5 延迟焦化装置原则工艺流程图

三、主要原料及物性

1. 减压渣油

减压渣油为原油经减压蒸馏从减压塔底抽出馏程大于500℃的渣油，一般残炭、重金属、胶质、沥青质含量较高。

2. 催化油浆

催化裂化装置副产油浆的密度大于1.0g/cm³，稠环芳烃含量较高，并含有大量的催化剂颗粒，经脱固后可以按一定比例掺炼加工。

四、主要"化学品及三剂"的作用和性能

延迟焦化装置主要"化学品及三剂"包括消泡剂、阻焦剂和缓蚀剂。

1. 消泡剂

主要作用是注入焦炭塔顶油气线，以降低焦炭塔在生产过程中泡沫层高度。

2. 阻焦剂

主要作用是注入分馏塔底延缓分馏塔底及加热炉炉管内的结焦速率，延长装置运行

周期。

3. 缓蚀剂

主要作用是注入分馏塔顶挥发线或空冷入口处，在低温部位形成硫化亚铁保护膜，减少低温部位腐蚀速率，防止设备及管道腐蚀泄漏。

五、产品主要性能和用途

1. 干气

干气的甲烷含量在 30% 左右，经过吸收、脱硫、脱硫醇处理后，液态烃进入气分装置或催化装置提升管中，干气一般作为燃料气使用。

2. 焦化石脑油

烷烃含量较高，是较好的乙烯裂解原料，但其含有较高的烯烃及胶质，会加速乙烯裂解炉结焦，目前一般进入加氢装置进行精制处理。

3. 焦化柴油

溴值和胶质含量较高，安定性差，经过加氢精制后可以作为柴油组分。

4. 焦化蜡油

残炭、胶质、重金属、氮含量均较高，性质较差，一般经过精制处理后可以作为催化裂化装置原料。

5. 石油焦

作为焦化装置唯一成品，其质量直接受硫含量、挥发分、灰分的影响，分不同等级后直接出厂销售。

六、成本核算口径范围

焦化装置成本核算范围主要包括焦化（含除焦系统）、分馏、吸收稳定、脱硫脱硫醇四个单元。

（1）直接材料：以减压渣油为主的重质油。
（2）直接辅助材料：消泡剂、阻焦剂、缓蚀剂。
（3）直接燃料：自产干气和天然气。
（4）直接动力：包括由辅助部门提供的新鲜水、除盐水、循环水、电、蒸汽、仪表风、氮气。

七、成本核算系数

延迟焦化装置成本核算系数见表 6-5。

表 6-5 延迟焦化装置成本核算系数

序号	主要产品	成本系数
1	焦化石脑油	1
2	焦化柴油	0.96
3	焦化煤油	0.98
4	焦化蜡油	0.78
5	液态烃	0.8
6	石油焦	0.58

八、生产运行中成本控制要点

1. 装置关键工艺技术指标

1）反应温度

一般指渣油在焦炭塔内发生反应的温度，装置一般以加热炉辐射炉管出口温度作为反应温度。反应温度的变化直接影响反应深度，从而影响产品分布及质量。提高焦化反应温度可增加液体收率，一般温度每提高 5~5.5℃，液体收率可提高约 1.1 个百分点。但过高的反应温度会造成提前结焦，影响装置开工周期及产品质量，一般控制加热炉出口温度为 495~505℃。同时，随着原料沥青质含量的升高，反应温度应适当降低。

2）反应压力

一般指焦炭塔顶压力。反应压力直接影响产品分布，压力升高，气体和焦炭收率升高，液体收率降低，焦炭的挥发分升高。为提高装置经济效益，一般采用低压设计和操作。通常压力控制在 0.13~0.18MPa 之间，同时要避免压力控制过低造成的焦炭塔气速增加，发生焦粉携带、产生弹丸焦及影响液体产品质量。过低的设计压力也会使塔径、压缩机及分馏系统负荷同步增加，投资增加，因此应当综合考虑投资、操作及产品分布等因素确定适宜的操作压力。

3）循环比

一般指进加热炉的循环油量与新鲜原料量的比值，其对装置的处理量、产品分布和性质影响很大。相同条件下，循环比升高，石脑油、柴油收率升高，焦炭和气体收率略有增加，但总液体收率降低。在产品质量及操作允许的情况下，一般尽可能降低循环比，循环比每降低 10%，生焦率减少 1%。

当需要提高装置液体收率时，一般采用降低循环比操作（0.05~0.20）；当需要多产焦化石脑油及柴油时，一般采用升高循环比操作（0.20~0.40）。

4）加热炉热效率

加热炉热效率受烟气排出温度高低、过剩空气系数大小影响。一般来说，在保证燃料完全燃烧的情况下，尽量低地控制炉膛氧含量及外排烟气温度、做好炉体密封及保温等措施，可以使加热炉热效率升高，燃料气消耗量降低，装置综合能耗降低。现阶段可以控制排烟温度在120℃以下，加热炉热效率在92%以上，先进的加热炉热效率可以达到95%。

2. 提高目标产品收率措施

（1）根据原料性质及时调整加热炉出口温度及循环比，提高轻质油收率。

（2）严密监控加热炉炉管壁温度，及时调整炉管注汽，避免炉管快速结焦，延长装置运行周期。

（3）稳定原料结构，平稳操作，减少生产波动和非计划停工，满足装置高负荷、长周期运行。

3. 降低辅助材料消耗措施

（1）根据原料性质及时调整阻焦剂注入量，控制阻焦剂消耗量。

（2）根据焦炭塔泡沫层上升速度调整消泡剂加注量，降低消泡剂消耗量。

4. 降低装置能耗措施

（1）在保证水冷器最小流速条件下，优化水冷器运行，降低循环水用量。

（2）及时调整加热炉"三门一板"，充分发挥余热回收系统，降低排烟温度，提高加热炉热效率。

（3）采用大吹汽雾化技术降低蒸汽消耗。

（4）采用先进技术和控制手段，选用高效机泵及节能电动机，充分利用变频控制，减少用电消耗。

（5）优化分馏系统热量分配，提高装置自产蒸汽量。

5. 精细化管理措施

（1）加强设备日常维护保养，延长设备寿命和检维修周期，制定科学合理的设备检维修策略，确保设备运行正常。

（2）细化各项费用开支并严格执行，确保各项费用控制在合理范围内。

（3）开展全员参与的成本控制活动和班组精益管理，增强员工对成本控制的意识。

（4）加强对员工的培训，提高员工的操作技能，保证装置的平稳高效运行。

第六节　催化重整装置

一、装置生产原理

催化重整是在催化剂的作用下，在一定温度、压力和临氢条件下，将石脑油转化为富含芳烃的重整生成油和氢气的过程。重整生成油既可以作为车用汽油调和组分，又可以制取苯、甲苯、二甲苯，氢气是加氢装置用氢的重要来源。

二、工艺流程简述

连续重整的工艺技术主要包括：美国 UOP 公司的 CycleMax 工艺、法国 IFP 公司的 Regen 工艺、中国石化 SLCR 连续重整工艺、中国石化逆流连续重整工艺、中国石油 PTT 连续重整工艺。

半再生重整的工艺技术主要包括：美国 UOP 公司开发并设计的铂重整（Platforming）工艺、美国空气产品和化学品公司胡德利分公司开发的胡德利催化重整（Houdriforming）工艺、美国谢夫隆研究工程公司开发的锌重整（Rheniforming）工艺、美国恩格哈德矿物和化学品公司（Engelhard Minerals and Chemicals Corp）以及大西洋里奇菲尔德（ARCO）共同研究开发的麦格纳催化重整（Magnaforming）工艺。

1. 美国 UOP 公司的 CycleMax 工艺

CycleMax 工艺的特点是采用叠式反应器、占地面积小、重力传送，一段烧焦、湿热循环、氯化、焙烧高氧含量，两段还原，无阀输送，L 阀组提升。

2. 法国 IFP 公司的 Regen 工艺

Regen 工艺的特点是采用并列式反应器，无高度及数量限制、易检修，两段烧焦、干冷循环、氯化、焙烧高氧含量为 5%，一段还原，少阀输送，提升器提升。

3. 中国石化 SLCR 连续重整工艺

SLCR 工艺由中国石化洛阳石化工程公司开发，工艺特点是采用两两重叠式布置反应器，干冷循环，一段烧焦，无阀输送催化剂循环。

4. 中国石化逆流连续重整工艺

逆流连续重整工艺由中国石化工程建设公司开发，逆流移动床重整催化剂的流动方向与反应物料流动方向相反，再生后的催化剂先经过第四反应器、第三反应器，再到第二反应器、第一反应器，然后去再生器，再生后的催化剂再送入第四反应器进行循环。工艺特点如下：(1) 反应器间催化剂的流动方向与反应物流的方向相反；(2) 催化剂由低压向高压的输送采取分散料封提升方式；(3) 再生器采用两段轴向烧焦。

5. 中国石油 PTT 连续重整工艺

PTT 工艺由中石油华东设计院、中国石油石油化工研究院和中国石油庆阳石化公司共同开发，其工艺特点如下：(1) 反应器并列布置，反应器和加热炉之间管线直连；(2) 再生器一段烧焦，多段进气；(3) 新型再接触工艺；(4) 加热炉烟气采用顶烧式 U 形管。

催化重整装置包含预加氢单元、催化重整单元、芳烃抽提单元，其原则工艺流程如图 6-6 所示。

预加氢单元：原料油在催化剂和氢气的作用下进行加氢精制反应，脱除其中的杂质，并使烯烃饱和。反应产物进入预加氢反应产物分离罐，进行气液分离，罐底油靠自压送石脑油分馏塔进行分离。拔头油经拔头油汽提塔后外送，石脑油分馏塔底液作为重整进料。

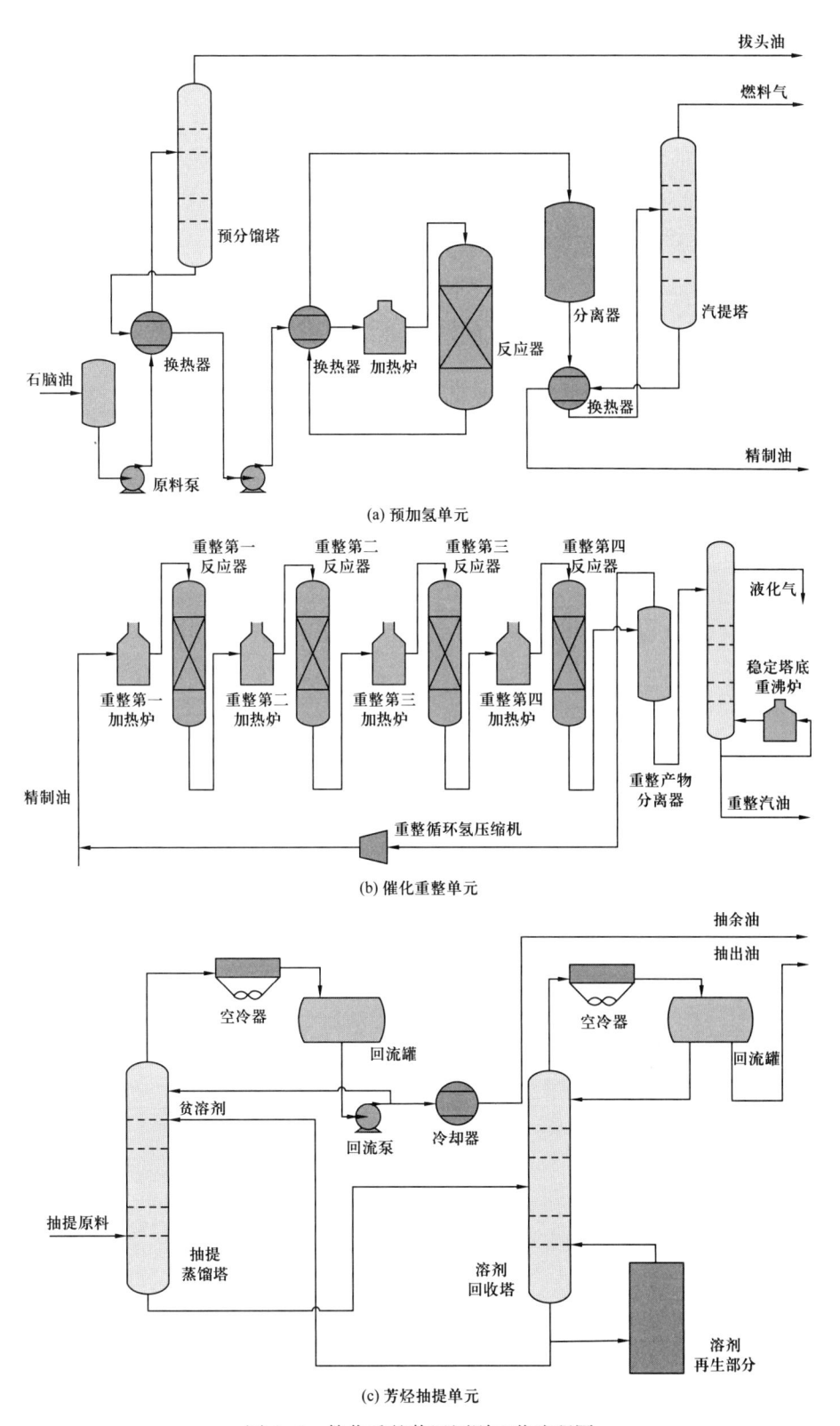

图 6-6　催化重整装置原则工艺流程图

催化重整单元：精制石脑油与循环氢混合进入进料换热器，再进入重整进料加热炉加热后送入反应器，最终反应产物进入重整产物分离罐进行油气分离，罐顶副产品氢气送出装置，罐底油去分馏单元。催化剂通过汽提提升方式由反应器输送到再生器，再生器中经过烧焦、氧氯化、干燥三个步骤，烧去催化剂上的积炭，使金属铂氧化和分散并调整氯含量，脱除催化剂上的水分后送至反应器前的还原罐，将铂金属由氧化态还原成金属态，再生后的催化剂返回反应器。

芳烃抽提单元：抽提原料与贫溶剂进入抽提蒸馏塔，气液分离后贫溶剂萃取芳烃到抽提蒸馏塔的底部，抽余油从塔顶作为产品送出装置。抽提蒸馏塔底富含芳烃的溶剂进入溶剂回收塔，通过减压蒸馏加以分离，抽出油送出装置。

三、主要原料及物性

1. 直馏石脑油

常减压装置初顶和常顶石脑油，终馏点一般不超过 180℃。

2. 二次加工石脑油

加氢裂化重石脑油、汽柴油加氢石脑油、乙烯裂解抽余油等二次加工石脑油馏分。

四、主要"化学品及三剂"的作用和性能

1. 预加氢催化剂

由活性组分、助剂和载体组成，作用是通过加氢去除硫、氮、氧和重金属等。

2. 重整催化剂

由金属部分、酸性部分、载体组成。金属部分的功能是催化烃类的加氢和脱氢，酸性部分的功能是催化烃类的重排。

3. 脱氯剂

高温脱氯剂用于脱除预处理部分原料油中的氯；低温气相脱氯剂用于脱除含氢气体中的 HCl；低温液相脱氯剂用于脱除重整油中的 HCl；放空气脱氯剂用于脱除再生器放空气中的 HCl。

4. 二甲基二硫

有恶臭味微黄色透明液体，分子式为 $(CH_3)_2S_2$，用于催化剂硫化。

5. 四氯乙烯

又名全氯乙烯，无色液体，有氯仿样气味，用于调整重整催化剂中氯含量。

6. 环丁砜

无色透明液体，是一种优良的非质子极性溶剂，可与水、丙酮、甲苯等互溶。用于芳

烃抽提工艺，将抽提原料中的芳烃与非芳烃进行分离。

五、产品主要性能和用途

1. 重整汽油

研究法辛烷值可达到 102 左右，可以大幅提高汽油的辛烷值、降低汽油的烯烃含量及硫含量。

2. 苯

无色透明、易挥发、可燃、具有特殊芳香气味的液体，主要用于制备生产乙苯、苯酚、环己烷、苯胺、烷基苯等。

3. 甲苯

无色透明、易挥发、具有芳香气味的可燃液体。作为化工原料，主要用于脱烷基制苯、硝基甲苯及其衍生物、甲苯二异氰酸酯、苯甲醛等。此外，甲苯还可以用作树脂、树胶的溶剂及植物成分的浸出剂。

4. 混合二甲苯

间二甲苯、邻二甲苯、对二甲苯、乙苯都是 C_8 芳烃。乙苯主要用于制备不饱和聚酯树脂、聚苯乙烯泡沫塑料；邻二甲苯主要用于制备苯酐；对二甲苯主要用于生产对苯二甲酸；间二甲苯主要用于生产增塑剂、固化剂和树脂的原料偏苯三酸酐等。

5. 重整抽余油

不含有硫化物、氮化物及重金属有害物质，是生产优质溶剂的良好原料。

6. 氢气

作为加氢装置的原料。

六、成本核算口径范围

催化重整装置成本核算范围主要包括预加氢（含预分馏）、催化重整、芳烃抽提三个单元。

根据本装置特点，重整汽油、苯、甲苯、混合芳烃、氢气、液化气、拔头油、抽余油等作为主产品核算，干气作为副产品核算。

（1）直接材料：直馏石脑油、加氢裂化重石脑油、汽柴油加氢石脑油、乙烯裂解抽余油等。

（2）直接辅助材料：预加氢催化剂、重整催化剂、脱氯剂、二甲基二硫、四氯乙烯、环丁砜等。

（3）直接燃料：干气、天然气、液化气。

（4）直接动力：包括由辅助部门提供的新鲜水、除盐水、循环水、电、蒸汽、仪表风、氮气。

七、成本核算系数

催化重整装置成本核算系数见表6-6。

表6-6 催化重整装置成本核算系数

序号	主要产品	成本系数
1	重整汽油	1
2	氢气	0.85
3	戊烷油	0.8
4	拔头油	0.74
5	苯	1.01
6	甲苯	1.08
7	混合二甲苯	1.1
8	溶剂油	1
9	重整抽余油	0.75
10	重整液化气	0.73
11	C_9	1
12	C_{10}	0.98
13	重芳烃	0.96

注：氢气为没有经过变压吸附的非纯氢，纯度在91%~95%（体积分数）之间。

八、生产运行中成本控制要点

1.装置关键工艺技术指标

1）液时空速

液时空速是液体进料速度与催化剂体积之比，它表明原料在催化剂上的平均停留时间的长短，在操作中通过改变空速来改变有关的条件。为保持相同的产品辛烷值和液体收率，避免过度发生加氢裂化反应和催化结焦，须对液时空速进行控制，不允许进料空速低于设计值的50%。

2）重整转化率

重整转化率是重整转化过程产物中所得到的芳烃量与原料中芳烃潜含量的比值，因此重整转化率又称芳烃转化率。影响重整转化率的因素如下：催化剂的组成与活性、原料的性质及组成、反应压力、氢油比、空速、反应温度、催化剂积炭程度等。通过以上参数的优化控制，提高重整转化率不低于160%。

3）氢分压

提高反应压力，即在循环氢浓度不变的情况下，提高了氢分压。氢分压越高，对催化重整装置预加氢单元加氢反应越有利，但过高的氢分压会增加设备的运行能耗。因此，氢分压应控制在合理范围内，有利于降低加工成本。

4）加热炉热效率

加热炉热效率受烟气排出温度高低、过剩空气系数大小影响。加热炉热效率越高，燃料气消耗量越低，装置能耗越低。因此，须进行优化控制，提高加热炉热效率。现阶段一般控制加热炉热效率不低于92%，先进的加热炉热效率可以达到95%以上。

2. 提高目标产品收率措施

（1）稳定原料组成，平稳操作，减少生产波动和非计划停工，满足装置高负荷、长周期运行。

（2）根据运行成本和下游产品市场情况，及时测算原料进厂的盈亏平衡点，提高高附加值产品产量。

3. 降低辅助材料消耗措施

（1）严格控制重整反应器入口温度，催化剂再生系统平稳运行，重整催化剂保持较高的活性，降低重整催化剂损耗。

（2）平稳预加氢单元操作，保证重整进料的水含量、金属含量合格，延长重整催化剂使用寿命。

（3）合理评估脱氯剂使用周期，选购性价比高的脱氯剂产品。

4. 降低装置能耗措施

（1）及时调整加热炉"三门一板"，充分发挥加热炉余热回收系统作用，提高加热炉热效率，降低燃料消耗。

（2）合理调配氢油比，降低循环氢量，节约蒸汽或电耗。

（3）采用先进的节能技术和设备，选择高效机泵，配置节能电动机，投用电机变频设备、往复压缩机无极气量调节系统降低电耗。

（4）控制好循环水温差，节约循环水消耗，加强维护仪表阀门等设施节约风耗。

5. 精细化管理措施

（1）加强设备日常维护保养，延长设备寿命和检维修周期，制定科学合理的设备检维修策略，确保设备运行正常。

（2）细化各项费用开支并严格执行，确保各项费用控制在合理范围内。

（3）开展全员参与的成本控制活动和班组精益管理，增强员工对成本控制的意识。

（4）加强对员工的培训，提高员工的操作技能，保证装置的平稳高效运行。

第七节 汽油加氢装置

一、装置生产原理

催化裂化汽油在较低的温度、氢油比和一定的压力、空速条件下，在选择性加氢催化剂的作用下进行液相反应，轻质硫化物转化为重质硫化物，使轻汽油中硫化物含量满足指标要求，同时大部分双烯烃转化为单烯烃，部分烯烃发生异构化反应；重汽油馏分主要在加氢脱硫催化剂的作用下进行脱硫反应，满足汽油产品硫含量的要求。

轻汽油与甲醇在催化剂的作用下，利用轻汽油中的 C_4—C_7 叔碳烯烃与甲醇发生反应生成甲基叔戊醚、甲基叔丁基醚等高辛烷值醚类组分。

二、工艺流程简述

汽油加氢装置的工艺技术主要包括法国 Axens 公司开发的 Prime-G$^+$ 技术、美国 CDTECH 公司开发的 CDHydro/CDHDS 技术、中国石化大连石油化工研究院开发的 OCT-M 技术、美国康菲石油公司开发的 S-Zorb 技术、中国石油自主研发的 M-PHG 技术，以及中国石油大学（北京）、福州大学、中国石油兰州化工研究中心和中石油华东设计院共同开发的 GARDES 技术。

1. Prime-G$^+$ 技术

Prime-G$^+$ 技术主要包括全馏分催化汽油选择性加氢单元和汽油加氢脱硫单元。首先催化汽油进行选择性加氢，然后进行分馏成轻汽油和重汽油，分离得到的轻汽油可直接去汽油池调和汽油，也可根据需要进一步加工，如醚化或烷基化等，重汽油进入双催化剂反应器系统，通过第一种催化剂完成大部分脱硫后，再通过第二种催化剂进行补充脱硫和脱硫醇精制，经加氢脱硫及脱硫醇精制后获得超低硫汽油。

2. CDHydro/CDHDS 技术

CDHydro/CDHDS 技术是对全馏分催化汽油进行催化蒸馏加氢脱硫。全馏分催化汽油和氢气首先送入催化蒸馏选择性加氢（CDHydro）塔的中部，该塔的上部规整填料中有镍催化剂，使轻汽油中的硫醇与二烯烃反应生成高沸点硫化物，随中汽油、重汽油从塔底流出，塔顶产出低含硫的脱硫轻汽油。塔底产物经加热后进入催化蒸馏—加氢脱硫（CDHDS）塔中部，氢气从塔底进入。进料在含有 Co-Mo 催化剂的规整填料床层下进行催化蒸馏—加氢脱硫反应。原料中的硫转化为 H_2S，随中汽油油气从塔顶流出。加氢后中汽油和重汽油经过汽提塔分出轻组分，再与轻汽油混合后得到精制汽油产品。

3. OCT-M 技术

该技术由中国石化大连石油化工研究院开发，根据硫和烯烃在催化汽油中的分布将催化汽油分馏成轻汽油和重汽油，轻汽油采用常规的碱抽提方法脱除硫醇，重汽油采用双催化剂进行加氢脱硫，然后再经调和，在达到脱硫目的的同时，尽可能减少辛烷值损失。

4. S-Zorb 技术

美国康菲石油公司为汽油脱硫专门开发，采用与加氢原理完全不同的工艺，采用专有吸附剂，运用吸附原理进行脱硫，在脱硫过程中气态烃类与吸附剂接触后，在吸附剂和氢气的作用下，C—S 键断裂，硫原子从硫化物中除去转移到吸附剂并留在吸附剂上，而烃分子则返回到烃气流中。该工艺不产生 H_2S，避免了 H_2S 与产品中的烯烃反应生成硫醇而造成产品硫含量的增加，而且在加氢过程中很难脱除的硫化物在 S-Zorb 过程中能较容易地被脱除，因此 S-Zorb 技术较易得到低硫产品，而且氢耗较低。此外，由于其吸附剂完全不同于加氢催化剂，因此烯烃饱和较少，产品的辛烷值损失也较少。

5. M-PHG 技术

采用全馏分催化汽油预加氢—轻重馏分切割—重汽油加氢改质—选择性加氢脱硫的工艺技术路线和专有催化剂，通过烯烃加氢异构、芳构化改质，在实现深度加氢脱硫、大幅降低烯烃的同时，辛烷值损失尽可能较小。其中，全馏分催化可以实现脱硫和降低烯烃双重目的，同时辛烷值损失较低。

6. CARDES 技术

采用全馏分催化汽油预加氢—轻重馏分切割—重汽油选择性加氢脱硫—辛烷值恢复的工艺技术路线和专有催化剂，通过优化工艺参数，烯烃加氢异构、芳构化改质，在实现深度加氢脱硫、降烯烃的同时，辛烷值损失尽可能降低。该工艺技术具有广泛的原料和产品方案适应性，具有辛烷值恢复功能，通过反应工艺的优化配置和催化剂的合理级配，实现不同类型硫化物的递进脱除。

汽油加氢装置包含预加氢（脱二烯烃）、轻重汽油分离、重汽油加氢脱硫三个单元。

催化裂化汽油经原料泵加压后与氢气混合，混氢油加热后进入选择性加氢反应器，反应产物自流进入分馏塔，在分馏塔中汽油被切割为轻汽油和重汽油两种馏分，塔顶轻汽油送入醚化单元或罐区汽油调和，塔底重汽油送往加氢脱硫部分。

重汽油与氢气混合后进入加氢脱硫反应器进行选择性脱除硫化物并尽可能减少烯烃饱和，反应产物进入加氢反应产物分离罐，罐顶循环氢进一步分液后进入循环氢脱硫塔，经脱硫后由循环氢压缩机压缩循环使用；罐底油进入稳定塔，塔底油作为重汽油产品送出装置。

汽油加氢装置原则工艺流程如图 6-7 所示。

三、主要原料及物性

催化裂化汽油：硫含量较高，烯烃含量高，研究法辛烷值在 88~94 之间。

四、主要"化学品及三剂"的作用和性能

汽油加氢装置主要有选择性加氢催化剂、加氢脱硫催化剂、加氢后处理催化剂、醚化催化剂、萃取水净化剂和缓蚀剂。

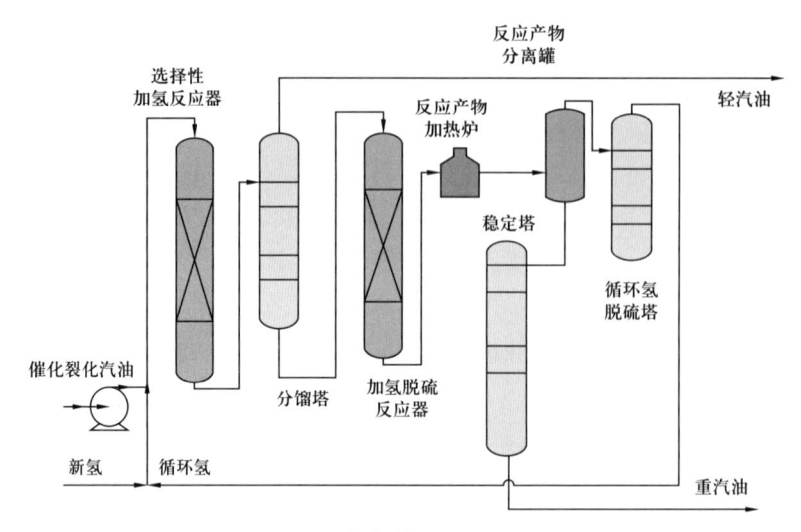

图 6-7 汽油加氢装置原则工艺流程图

1. 选择性加氢催化剂

主要发生轻质硫化物转化为重质硫化物，使轻汽油中硫化物含量满足指标要求，同时大部分双烯烃选择加氢转化为单烯烃，部分烯烃发生异构化等反应。

2. 加氢脱硫催化剂

主要发生加氢脱硫反应，同时伴有少量的烯烃加氢饱和反应和极少量的脱氮反应等。

3. 加氢后处理催化剂

进一步进行深度脱硫，实现接力脱硫的目的。

4. 醚化催化剂

大孔强酸性阳离子交换树脂，作用为促进醚化反应。

5. 萃取水催化剂

用于净化萃取水，减缓设备及管线的腐蚀。

6. 缓蚀剂

可以减缓低温腐蚀及垢下腐蚀的发生。

五、产品主要性能和用途

1. 加氢重汽油

硫含量不大于 10μg/L，主要用于汽油调和或作为烃重组装置原料。

2. 轻汽油

主要用于调和汽油产品或作为醚化汽油的原料。

六、成本核算口径范围

汽油加氢装置成本核算范围包含预加氢（脱二烯烃）、轻重汽油分离、重汽油加氢脱硫三个单元。

（1）直接材料：催化裂化汽油。

（2）直接辅助材料：选择性加氢催化剂、加氢脱硫催化剂、加氢后处理催化剂、缓蚀剂等。

（3）直接燃料：自产干气和外购天然气。

（4）直接动力：包括由辅助部门提供的新鲜水、除盐水、循环水、电、蒸汽、仪表风、氮气。

七、成本核算系数

汽油加氢装置成本核算系数见表 6-7。

表 6-7 汽油加氢装置成本核算系数

序号	主要产品	成本系数
1	汽油加氢轻汽油	1
2	汽油加氢重汽油	1.02

八、生产运行中成本控制要点

1. 装置关键工艺技术指标

1）辛烷值损失

催化裂化汽油中含有大量烯烃，而烯烃属于高辛烷值汽油组分，在汽油加氢过程中不可避免地进行烯烃饱和反应，因此汽油加氢工艺均存在辛烷值损失。辛烷值损失意味着汽油调和时，需要更多高辛烷值高效产品调入，辛烷值损失过大会造成加工和调和成本增加。影响辛烷值损失的因素如下：催化剂的组成与功能、原料的性质及组成、反应温度、氢油比、空速等。通过以上参数的优化控制，尽量控制辛烷值损失不大于 1 个单位。

2）轻汽油终馏点

轻汽油终馏点决定轻重汽油切割比例，提高轻汽油终馏点将提高轻汽油量，会增加调和汽油烯烃含量、硫含量、辛烷值等。降低轻汽油终馏点，会增加重汽油加氢负荷，有利于降低调和汽油烯烃含量、硫含量，但总体辛烷值也会降低。

3）氢油比

氢油比过高会导致循环氢压缩机负荷增加，能耗升高；氢油比过低，不但降低反应速率，不利于加氢反应的进行，而且使得催化剂积炭加剧，影响催化剂的使用寿命。因此，氢油比应控制在合理范围内，有利于降低加工成本。

4）加热炉热效率

加热炉热效率受烟气排出温度高低、过剩空气系数大小影响。加热炉热效率越高，燃料气消耗量越低，装置能耗越低。因此，须进行优化控制，提高加热炉热效率。现阶段一般控制加热炉热效率不低于92%，先进的加热炉热效率可以达到95%以上。

2. 提高目标产品收率措施

（1）稳定原料组成，平稳操作，减少生产波动和非计划停工，在轻汽油、加氢重汽油产品质量合格的前提下，尽可能提高轻汽油的抽出比例。

（2）对剩余 C_5 及时分析，调整醚化反应操作，提高目的产物收率。

（3）通过优化工艺条件和调整工艺小指标范围提高产品收率，从而降低生产成本。

3. 降低辅助材料消耗措施

（1）根据原料中碱性氮化物和金属离子等杂质含量及时调整水洗水用量，最大限度延长醚化催化剂使用寿命。

（2）密切监控反应器内部各床层温度，查看是否存在个别温度点超高或异常情况，判断是否有催化剂内部堵塞、结焦或沟流现象。

（3）根据原料性质的不同，及时调整醇烯比，降低甲醇循环量，减少甲醇回收塔的负荷。

4. 降低装置能耗措施

（1）在产品质量满足要求的情况下，尽量降低各反应器的入口温度，及时调整加热炉"三门一板"，充分发挥加热炉余热回收系统作用，提高加热炉热效率，降低燃料消耗。

（2）合理调配氢油比，降低循环氢量，节约蒸汽或电耗。

（3）采用先进的节能技术和设备，选择高效机泵，配置节能电动机，投用变频设备降低电耗。

（4）控制好循环水温差，节约循环水消耗，加强维护仪表阀门等设施节约风耗。

5. 精细化管理措施

（1）加强设备日常维护保养，延长设备寿命和检维修周期，制定科学合理的设备检维修策略，确保设备运行正常。

（2）细化各项费用开支并严格执行，确保各项费用控制在合理范围内。

（3）开展全员参与的成本控制活动和班组精益管理，增强员工对成本控制的意识。

（4）加强对员工的培训，提高员工的操作技能，保证装置的平稳高效运行。

第八节　柴油加氢精制装置

一、装置生产原理

柴油加氢精制是在一定的温度、压力、氢油比和空速条件下，借助加氢精制催化剂的作用，脱除直馏柴油和二次加工柴油中的硫化物、氮化物、氧化物以及金属等杂质，同时烯烃、芳烃得到加氢饱和，提高柴油的质量和性能。

二、工艺流程简述

柴油加氢精制主要有 RTS 系列技术、PHF 系列技术以及 FHUDS 系列技术。

中国石化石油化工科学研究院推出的 RTS 及 RTS+ 柴油深度加氢脱硫技术，通过两个反应区操作参数的更合理匹配，超深度脱硫催化在保持高活性的同时不断改善运行稳定性，运行末期产品柴油多环芳烃含量控制到 7% 以下，延长装置的运行周期。

中国石油石油化工研究院推出的 PHF 超低硫柴油加氢精制技术，可实现柴油深度脱硫、脱氮、脱芳烃和选择性开环，能有效改善产品柴油的质量。

中国石化大连石油化工研究院开发的 FHUDS 系列催化剂，同时具有加氢脱硫活性、选择性好及氢耗低等特点，特别适合高硫直馏柴油的超深度脱硫。

柴油加氢装置由反应和分馏两个单元组成。

原料油由原料泵加压与氢气混合后，经换热器和加热炉加热后进入反应器，在催化剂作用下进行加氢脱硫、脱氮及烯烃饱和等反应，反应流出物经冷却后进入高压分离器。

冷却后的反应流出物在高压分离器中进行分离，顶部循环氢进入循环氢脱硫塔，经脱硫后由循环氢压缩机压缩，与原料油混合循环使用。底部柴油进入低压分离器，经分离后低分油送至分馏单元。

低分油进入脱 H_2S 汽提塔，塔底用蒸汽汽提，脱硫塔顶气出装置，脱硫塔底油进入分馏塔，分馏塔顶油作为石脑油产品出装置，分馏塔底油一部分经分馏塔重沸炉加热后返回分馏塔，另一部分冷却后作为精制柴油产品出装置。

柴油加氢精制装置原则工艺流程如图 6-8 所示。

三、主要原料及物性

1. 直馏柴油

常减压蒸馏装置分馏得到的柴油馏分，终馏点一般不高于 365℃。

2. 二次加工柴油

主要包括焦化柴油、催化柴油、渣油加氢柴油等，硫、氮含量高。

四、主要"化学品及三剂"的作用和性能

1. 加氢催化剂

具有良好的选择性和活性，能脱除直馏柴油和二次加工柴油中的硫化物、氮化物、氧化物以及金属等杂质，同时烯烃、芳烃得到加氢饱和，提高柴油的质量和性能。

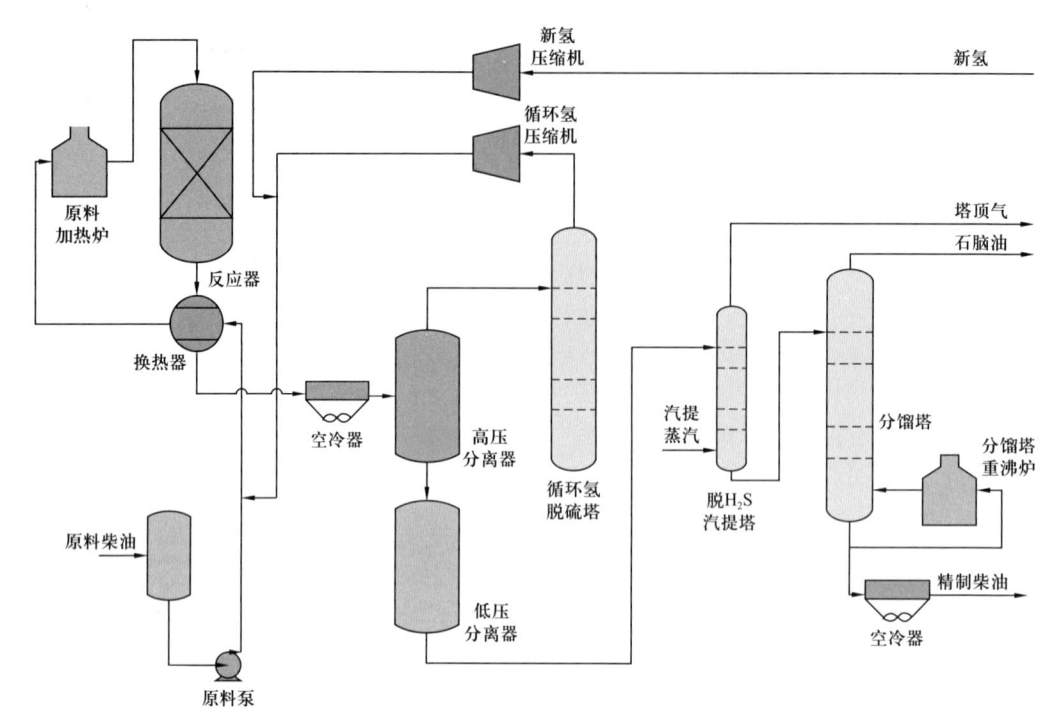

图 6-8　柴油加氢精制装置原则工艺流程图

2. 缓蚀剂

外观呈黄色或黄褐色液体，密度与水接近，可减缓低温腐蚀及垢下腐蚀的发生，一般加注在脱 H_2S 汽提塔顶空冷器入口处。

五、产品主要性能和用途

1. 精制柴油

硫含量较低，具有较好的稳定性，一般用于柴油调和。

2. 精制石脑油

可作为乙烯原料或重整预加氢原料。

六、成本核算口径范围

柴油加氢精制装置成本核算范围主要包括反应、分馏两个单元。
（1）直接材料：直馏柴油、焦化柴油、催化柴油、氢气等。
（2）直接辅助材料：加氢催化剂、缓蚀剂。
（3）直接燃料：自产干气和外购天然气。
（4）直接动力：包括由辅助部门提供的新鲜水、除盐水、循环水、电、蒸汽、仪表风、氮气。

七、成本核算系数

柴油加氢装置成本核算系数见表6-8。

表6-8 柴油加氢精制装置成本核算系数

序号	主要产品	成本系数
1	精制柴油	1
2	精制石脑油	0.95
3	精制煤油	1.01

八、生产运行中成本控制要点

1. 装置关键工艺技术指标

1）氢油比

氢油比过高会导致循环氢压缩机负荷增加，能耗升高；氢油比过低，不但降低反应速率，不利于加氢反应的进行，而且不利于抑制缩合生焦反应使得催化剂积炭加剧，影响催化剂的使用寿命。因此，氢油比应控制在合理范围内，有利于降低加工成本。

2）氢分压

提高反应压力，即在循环氢浓度不变的情况下，提高了氢分压。氢分压越高对柴油加氢精制工艺过程越有利，但过高的氢分压会增加设备的运行能耗。因此，氢分压应控制在合理范围内，有利于降低加工成本。

3）加热炉热效率

加热炉热效率受烟气排出温度高低、过剩空气系数大小影响。加热炉热效率越高，燃料气消耗量越低。因此，提升加热炉余热回收能力并改善燃烧水平能有效降低综合能耗。现阶段加热炉热效率一般控制在不低于92%，先进的加热炉热效率可以达到95%以上。

2. 提高目标产品收率措施

（1）稳定原料组成，平稳操作，减少生产波动和非计划停工，合理安排生产计划，根据市场对柴油的需求调整装置负荷，降低装置能耗。

（2）通过优化工艺条件和调整工艺小指标范围提高产品收率，从而降低生产成本。

3. 降低装置能耗措施

（1）在产品质量满足要求的情况下，尽量降低各反应器的入口温度，及时调整加热炉"三门一板"，充分发挥加热炉余热回收系统作用，提高加热炉热效率，降低燃料消耗。

（2）合理调配氢油比，降低循环氢量，节约蒸汽或电耗。

（3）采用先进的节能技术和设备，选择高效机泵，配置节能电动机，投用变频设备、往复压缩机无极气量调节系统降低电耗。

（4）循环水在保证流速的前提下控制好进出口温差，节约水耗，加强维护仪表阀门等设施节约风耗。

4. 精细化管理措施

（1）加强设备日常维护保养，延长设备寿命和检维修周期，制定科学合理的设备检维修策略，确保设备运行正常。

（2）细化各项费用开支并严格执行，确保各项费用控制在合理范围内。

（3）开展全员参与的成本控制活动和班组精益管理，增强员工对成本控制的意识。

（4）加强对员工的培训，提高员工的操作技能，保证装置的平稳高效运行。

第九节 柴油加氢改质装置

一、装置生产原理

柴油加氢改质的原理主要是通过加氢反应来降低柴油中的硫、氮等杂质含量，并对柴油的十六烷值进行提升，从而改善油品颜色和品质。

二、工艺流程简述

柴油加氢改质主要有 MHUG 系列技术和 PHU 系列技术。

中国石化石油化工科学研究院开发的 MHUG 系列柴油中压改质技术，以催化柴油、重油催化柴油、常三线、减一线为原料，石脑油收率达 21%，硫含量可降至 5μg/g，十六烷值可提高至 51。

中国石油石油化工研究院开发的 PHU 系列技术具有原料适应性强、产品质量好、生产灵活性大等特点，可加工焦化汽柴油，兼顾脱硫的同时可提高催化柴油的十六烷值 10~15 个单位，密度降低 15~40kg/m³，石脑油产率达 25% 以上且芳烃潜含量达 63% 以上。

柴油加氢改质装置包括反应、分馏两个单元。

原料油与混合氢混合后进入加氢精制反应器，在催化剂作用下进行脱硫、脱氮、烯烃饱和、芳烃饱和等反应，反应产物进入加氢改质反应器，在催化剂作用下改进柴油质量。

反应产物进入热高压分离器进行气液分离，顶部热高分气经空冷冷却后进入冷高压分离器进行分离，底部热高分油进入热低压分离器进行分离；冷高压分离器顶部循环氢进入循环氢脱硫塔脱硫后由循环氢压缩机压缩循环使用，底部冷高分油减压后进入冷低压分离器。

冷低分油与热低分油混合后进入脱 H_2S 汽提塔，塔底油进入分馏塔，塔顶气出装置；分馏塔顶油作为石脑油产品出装置，塔底精制柴油冷却后送出装置。

柴油加氢改质装置原则工艺流程如图 6-9 所示。

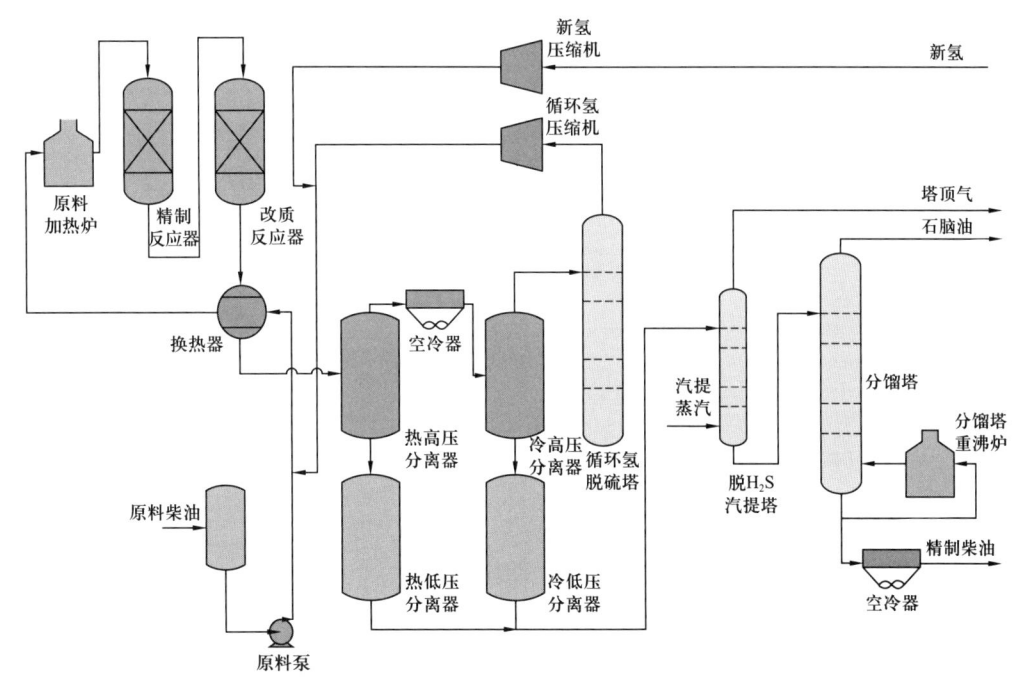

图 6-9　柴油加氢改质装置原则工艺流程图

三、主要原料及物性

主要原料有催化柴油、焦化柴油和直馏柴油。

1. 催化柴油

芳烃含量较高，十六烷值低，硫、氮含量较高。

2. 焦化柴油

十六烷值低，溴值和氮含量较高。

3. 直馏柴油

常减压蒸馏装置分馏得到的柴油馏分。

四、主要"化学品及三剂"的作用和性能

主要"化学品及三剂"有柴油加氢催化剂、柴油改质催化剂和缓蚀剂。

1. 柴油加氢催化剂

脱除原料中的硫化物、氮化物、氧化物以及金属杂质，同时烯烃、芳烃得到加氢饱和。

2. 柴油改质催化剂

一种兼具加氢及开环性能的双功能催化剂，可提高柴油十六烷值。

3. 缓蚀剂

可以减缓低温腐蚀及垢下腐蚀的发生。

五、产品主要性能和用途

1. 柴油

硫含量不大于 10μg/g，用于柴油调和。

2. 石脑油

硫含量不大于 10μg/g，可作为重整原料。

六、成本核算口径范围

柴油加氢改质成本核算范围主要包括反应、分馏两个单元。
（1）直接材料：直馏柴油、焦化柴油、催化柴油。
（2）直接辅助材料：柴油加氢催化剂、柴油改质催化剂、缓蚀剂。
（3）直接燃料：自产干气和外购天然气。
（4）直接动力：包括由辅助部门提供的新鲜水、除盐水、循环水、电、蒸汽、仪表风、氮气。

七、成本核算系数

柴油加氢改质装置成本核算系数见表 6-9。

表 6-9 柴油加氢改质装置成本核算系数

序号	主要产品	成本系数
1	柴油	1
2	汽油	1.05
3	煤油	1.04
4	石脑油	0.97
5	液化气	0.85

八、生产运行中成本控制要点

1. 装置关键工艺技术指标

1）氢油比

氢油比过高会导致循环氢压缩机负荷增加，能耗升高；氢油比过低，不但降低反应速率，不利于加氢反应的进行，而且不利于抑制缩合生焦反应使得催化剂积炭加剧，影响催化剂的使用寿命。因此，氢油比应控制在合理范围内，有利于降低加工成本。

2）氢分压

提高反应压力，即在循环氢浓度不变的情况下，提高了氢分压。氢分压越高对柴油加氢改质工艺过程越有利，但过高的氢分压会增加设备的运行能耗。因此，氢分压应控制在合理范围内，有利于降低加工成本。

3）加热炉热效率

加热炉热效率受烟气排出温度高低、过剩空气系数大小影响。加热炉热效率越高，燃料气消耗量越低。因此，提升加热炉余热回收能力并改善燃烧水平能有效降低综合能耗。现阶段加热炉热效率一般控制在不低于92%，先进的加热炉热效率可以达到95%以上。

2. 提高目标产品收率措施

（1）稳定原料组成，平稳操作，减少生产波动和非计划停工，合理安排生产计划，根据市场对柴油的需求调整装置负荷，降低装置能耗。

（2）通过优化工艺条件和调整工艺小指标范围提高产品收率，从而降低生产成本。

3. 降低装置能耗措施

（1）在产品质量满足要求的情况下，尽量降低各反应器的入口温度，及时调整加热炉"三门一板"，充分发挥加热炉余热回收系统作用，提高加热炉热效率，降低燃料消耗。

（2）合理调配氢油比，降低循环氢量，节约蒸汽或电耗。

（3）强化伴热管理，完善保温设施，定期检查与处理疏水器，根据气温变化及时停用伴热，伴热管线充氮防腐。

（4）采用先进的节能技术和设备，选择高效机泵，配置节能电动机，投用变频设备降低电耗，控制好循环水温差节约循环水消耗，加强维护仪表阀门等设施节约风耗。

4. 精细化管理措施

（1）加强设备日常维护保养，定期对空冷翅片进行除盐水清洗，可提高冷却效果，降低能耗，延长设备寿命和检维修周期，制定科学合理的设备检维修策略，确保设备运行正常。

（2）细化各项费用开支并严格执行，确保各项费用控制在合理范围内。

（3）开展全员参与的成本控制活动和班组精益管理，增强员工对成本控制的意识。

（4）加强对员工的培训，提高员工的操作技能，保证装置的平稳高效运行。

第十节　航煤加氢装置

一、装置生产原理

在一定的温度、压力、氢油比和空速条件下，借助加氢精制催化剂的作用，把直馏航煤中的杂质（即硫化物、氮化物、氧化物以及金属杂质等）脱除，将直馏航煤中的烯烃、芳烃加氢饱和，改善油品的安定性、腐蚀性和燃烧性能。

二、工艺流程简述

航煤原料的 80% 以上来源于石油基馏分，其碳数主要分布在 C_9—C_{16}，主要由烷烃、环烷烃和芳烃组成，由常压蒸馏油品精制得到。主要的航煤加氢精制工艺技术包括滴流床加氢技术、液相加氢技术和催化氧化技术。

（1）常规滴流床航煤加氢技术拥有众多的工业应用实例，技术成熟可靠。原料油从常减压蒸馏装置或罐区进入反应器，在压力 1.5～4.0MPa、温度 260～300℃、氢油体积比 50～300、空速 2～4h 的条件下，经过不同深度的加氢精制脱除航煤馏分中的硫醇、硫、氮、氧等杂质，得到性能符合航煤燃料指标要求的产品。加氢精制方法生产灵活，对原料有着较强的适应性，但加氢反应深度过深会脱除原料中的天然抗氧、抗磨等极性组分，降低油品的氧化安定性、润滑性，所得到的产品需要添加适宜的添加剂才能保证产品的质量。

（2）相比于常规滴流床航煤加氢技术，液相航煤加氢技术为液固两相反应，省去了气液传质步骤，能够保持反应器内液相始终为连续相，反应所需氢气溶解在原料油中，利用原料中的溶解氢为反应系统供氢，取消了氢气循环系统，节省了装置的投资，降低了反应氢耗与能耗。

（3）催化氧化技术是在 Cu-13X 分子筛或磺化酞菁钴催化剂存在的条件下，利用空气中的氧，将原料中的硫醇转化为二硫化物，达到脱除硫醇的目的。由于氧化后生成的二硫化物依旧存于航煤产品中，并不能降低喷气燃料中总的硫含量。若要达到降低航煤组分中的硫含量，需要采用其他方法与催化氧化法进行组合使用。采用两种不同类型的催化剂都有不同的优缺点，但都只适用于油品性质较好的原料，对于原料适用性较差，同时生产过程不够绿色环保，经济性较差。

航煤加氢改质装置包括反应单元、分馏单元。直馏航煤与氢气混合加热后，进入加氢精制反应器，反应产物进入高低压分离器进行分离，顶部出来的循环氢进入循环氢压缩机，低分油送至分馏单元。

分馏单元顶部含硫气体（酸性干气）与低压分离罐顶部低分气混合外送至干气脱硫装置。塔顶回流罐出粗石脑油组分，外送轻烃回收装置进行二次加工。分馏塔底油作为产品航煤外送至航煤罐区。

航煤加氢装置原则工艺流程如图 6-10 所示。

三、主要原料及物性

直馏航煤：馏程为 130～300℃，但硫醇、酸值、颜色等不满足标准，需要加氢精制。

四、主要"化学品及三剂"的作用和性能

航煤加氢装置主要"化学品及三剂"有催化剂、缓蚀剂和航煤抗氧剂。

1. 催化剂

主要作用是将原料油中硫化物、氮化物、氧化物转化成易除去的 H_2S、NH_3 和水，将烯烃、芳烃饱和，将金属杂质除掉，从而改善油品的安定性、腐蚀性、燃烧性能。催化剂填装于固定床加氢反应器内。

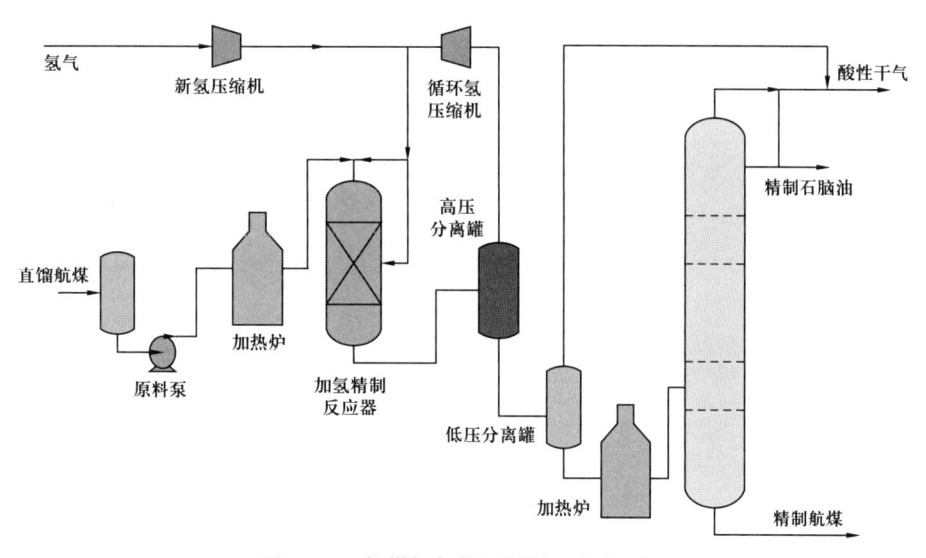

图 6-10 航煤加氢装置原则工艺流程图

2. 缓蚀剂

主要作用是减缓低温腐蚀及垢下腐蚀的发生，注入于分馏塔顶。

3. 航煤抗氧剂

主要作用是抑制燃料氧化变质进而生成胶质，提高航煤的安定性，注入于产品航煤出装置线内。

五、产品主要性能和用途

航煤加氢装置产品主要有精制煤油、精制石脑油和酸性干气。

1. 精制煤油

烟点、冰点、硫含量、密度、馏程等参数满足喷气燃料指标的合格航煤组分。

2. 精制石脑油

控制产品终馏点，经过轻烃回收装置二次加工后，作为重整预加氢进料。

3. 酸性干气

携带 H_2S 的干气组分，需经过干气脱硫后才能作为燃料气使用。

六、成本核算口径范围

航煤加氢精制成本核算范围主要包括反应、分馏两个单元。
（1）直接材料：直馏航煤、氢气。
（2）直接辅助材料：催化剂、缓蚀剂、航煤抗氧剂。
（3）直接燃料：燃料气（包括自产干气或外购天然气）。

（4）直接动力：包括由辅助部门提供的新鲜水、循环水、电、蒸汽、工业风、仪表风、氮气。

七、成本核算系数

航煤加氢装置成本核算系数见表6-10。

表6-10 航煤加氢装置成本核算系数

序号	主要产品	成本系数
1	精制煤油	1
2	精制石脑油	0.95
3	精制柴油	0.97

八、生产运行中成本控制要点

1. 装置关键工艺技术指标

1）氢油比

氢油比过高会导致循环氢压缩机负荷增加，能耗升高；氢油比过低，不但降低反应速率，不利于加氢反应的进行，而且不利于抑制缩合生焦反应使得催化剂积炭加剧，影响催化剂的使用寿命。因此，氢油比应控制在合理范围内，有利于降低加工成本。

2）氢分压

提高反应压力，即在循环氢浓度不变的情况下，提高了氢分压。氢分压越高对柴油加氢精制工艺过程越有利，但过高的氢分压会增加设备的运行能耗。因此，氢分压应控制在合理范围内，有利于降低加工成本。

3）加热炉热效率

加热炉热效率受烟气排出温度高低、过剩空气系数大小影响。加热炉热效率越高，燃料气消耗量越低。因此，提升加热炉余热回收能力并改善燃烧水平能有效降低综合能耗。现阶段加热炉热效率一般控制不低于92%，先进的加热炉热效率可以达到95%以上。

2. 降低辅助材料消耗措施

（1）监控原料重金属含量不大于设计指标，确保催化剂长周期运行。

（2）制定合适的消耗定额，根据负荷变化，及时调整缓蚀剂、阻垢剂等化学材料注入量。

（3）报废催化剂要及时处理，并充分利用好报废催化剂的剩余价值，降低装置"三剂"成本。

3. 降低装置能耗措施

（1）调整加热炉"三门一板"，充分发挥空气余热回收系统作用，提高加热炉热效率，降低燃料气消耗。

（2）合理调配氢油比，降低循环氢量，节约蒸汽或电耗。

（3）采用先进的节能技术和设备，选择高效机泵，配置节能电机，投用变频设备，降低电耗。

（4）在满足冷却器循环水最低流速的前提下，对冷却器进行调整，降低循环水用量。

（5）冬季防冻期间对存在问题的疏水器及时进行调整更换。非防冻期停用部分蒸汽伴热，减少蒸汽的额外消耗。及时对蒸汽管线保温进行检查修复，减少蒸汽热损，降低装置蒸汽消耗。

4. 精细化管理措施

（1）加强设备日常维护保养工作，延长设备寿命和延长检修周期，制定科学合理的设备检修策略，确保设备运行正常。

（2）细化各项费用开支并严格执行，确保各项费用控制在合理范围内。

（3）开展全员参与的成本控制活动和班组精益管理，增强员工对成本控制的意识。

（4）加强对员工的培训，提高员工的操作技能，保证装置的平稳高效运行。

第十一节 减黏裂化装置

一、装置生产原理

减黏裂化装置一般采用上流式减黏裂化工艺，以液相反应为主，在低温、长停留时间的操作条件下，通过热裂解过程使油品发生烷烃、烯烃裂解，环烷烃断侧链、断环和脱氢反应，带侧链的芳烃断侧链等反应，生成气体和小分子液态烃，降低残渣燃料油黏度、改善油品倾点、最大量生产馏分油，同时副产燃料油。

二、工艺流程简述

减黏裂化属于较为缓和的热裂化反应过程，根据反应形式及主体设备的不同，大致可分为炉管式减黏裂化、加热炉反应塔式减黏裂化、延迟减黏裂化、临氢减黏裂化、供氢剂减黏裂化等几种减黏工艺。

1. 炉管式减黏裂化

炉管式减黏裂化工艺技术又称加热炉减黏裂化工艺技术。反应在炉管中进行，反应温度较高，停留时间较短，炉出口温度在480℃左右，停留时间一般在1~3min之间。

2. 加热炉反应塔式减黏裂化

原料加热炉与反应塔串联起来就组成加热炉反应塔式减黏裂化工艺技术。随着上流式减黏裂化反应器的开发使用，反应温度降低，开工周期增长，操作弹性变大，减黏效果变好（可将原料的100℃运动黏度从510mm^2/s降低到70mm^2/s）。反应温度为420~450℃，停留时间约为40min。相比炉管式减黏裂化操作条件缓和，燃料消耗降低约30%，投资成本降低约 15%。对于缓和型加热炉反应塔式减黏裂化工艺，反应温度降低至 400℃左右，停留时间约 1.5h。

3. 延迟减黏裂化

延迟减黏裂化工艺技术就是减压渣油原料在延迟减黏罐中停留一定的时间而达到黏度下降目的的一种浅度热裂化工艺技术。该工艺的特点是没有加热炉，只有串联的几个上流式反应罐，反应温度低（370℃以上），反应时间长（约 3h）。

4. 临氢减黏裂化

临氢减黏裂化工艺是在一定压力、一定温度、氢气存在的条件下进行缓和热裂化反应的工艺。氢气的存在可以有效抑制焦炭和干渣的形成，从而提高裂化反应的苛刻度，增加馏分油的产率。

5. 供氢剂减黏裂化

供氢剂减黏裂化工艺就是在常规减黏裂化工艺基础上加入具有供氢效果的试剂，使反应过程中液体供氢剂释放出的活性氢与渣油热裂化反应中产生的自由基结合而生成稳定的分子，从而抑制了自由基的缩合反应。在渣油中加入一定量的具有供氢效果的化合物，不但能起到与氢气存在时的同样效果，而且还可以避免氢气带来的许多不利因素。催化裂化装置回炼油、润滑油生产过程的芳烃抽出油、乙烯裂解焦油等均可作为供氢剂。

目前，国内的几套减黏裂化装置多采用加热炉反应塔式减黏裂化工艺。

减黏裂化装置工艺流程主要包括反应、分馏单元。减黏裂化装置原则工艺流程如图 6-11 所示。

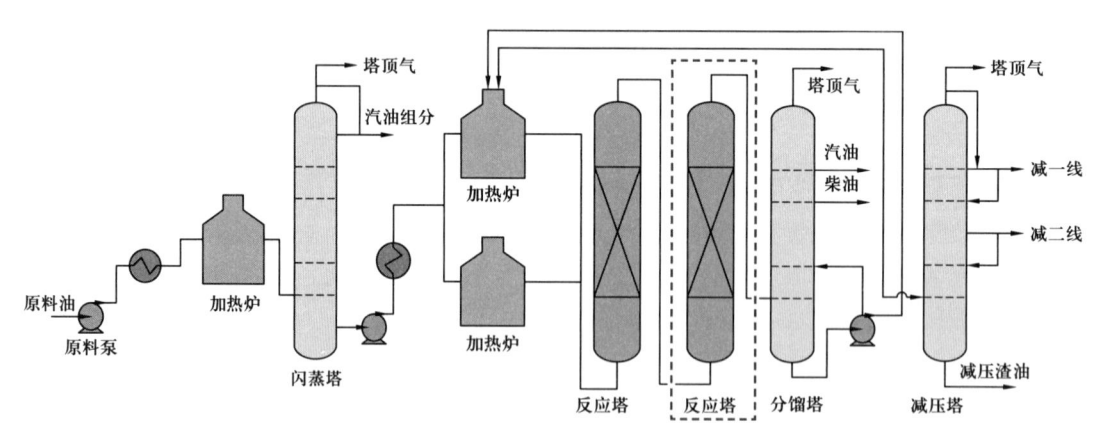

图 6-11 减黏裂化装置原则工艺流程图

原油经过原料泵升压、换热升温后进入闪蒸塔进行初步切割。

闪蒸塔顶油气冷却后，不凝气进入火炬管网。闪顶油经泵升压后，作为汽油馏分合并至减黏分馏塔顶汽油管线。

闪蒸塔底油经泵升压、加热升温后进入减黏反应塔中发生减黏裂化反应，产品进入分馏塔进行馏分切割。

分馏塔顶气含硫较高,送入干气脱硫系统进行处理后,并入干气管网。侧线汽油、柴油组分可作为产品单独外送,或并入减一线送出装置。

分馏塔底油经泵升压、加热升温后进入减压塔进行馏分切割分离,气相引至火炬管网。减一线、减二线冷却后作为柴油送出装置。

减压渣油冷却后出装置,可直接作为重燃料油组分,也可作为催化裂化装置或焦化装置原料。

三、主要原料及物性

减压渣油:常减压蒸馏装置产出的10%蒸馏温度高于500℃组分,主要成分为饱和分、芳香分、胶质及沥青质。

减黏裂化装置也可根据实际情况加工部分重质原油。

四、主要"化学品及三剂"的作用和性能

1. 中和剂/缓蚀剂

主要成分为有机胺,主要作用是调节塔顶低温部位腐蚀环境,在管线内壁形成保护膜,减缓管线腐蚀,避免发生腐蚀泄漏事件。

2. 氨水

主要作用是调节塔顶pH值及腐蚀环境,保证装置长周期运行。

五、产品主要性能和用途

减黏裂化装置主要产品为干气、减黏汽油、减黏柴油及减黏重油等。

1. 干气

主要为C_3以下烷烃组分,氢气含量小于1%,硫含量较高。一般不再分出液化气,经脱硫精制后并入燃料气管网。

2. 减黏汽油

烯烃含量较高,安定性差,研究法辛烷值约80,经过加氢脱硫后可直接作为汽油调和组分,也可作为柴油加氢改质装置原料。

3. 减黏柴油

不饱和烃含量高,安定性差,一般经过加氢处理后可作为柴油调和组分,也作为焦化装置原料。

4. 减黏重油

密度约1g/cm³,硫含量约0.45%,焦质含量约38%,沥青质含量约13%,馏程范围200(初馏点)~534℃(70%蒸馏点)。减黏渣油可直接作为重燃料油,也可作为催化裂化装置或焦化装置原料。

六、成本核算口径范围

减黏裂化装置成本核算范围包括反应、常压蒸馏、减压蒸馏三个单元。
（1）直接材料：减压渣油。
（2）直接辅助材料：中和剂、缓蚀剂、氨水。
（3）直接燃料：燃料气。
（4）直接动力：包括由其他辅助部门提供的新鲜水、循环水、电、蒸汽、仪表风、氮气。

七、成本核算系数

减黏裂化装置成本核算系数见表6-11。

表6-11 减黏裂化装置成本核算系数

序号	主要产品	成本系数
1	减黏重油	1
2	减黏汽油	1.38
3	减黏柴油	1.3

八、生产运行中成本控制要点

1. 装置关键工艺技术指标

1）反应温度

反应温度的高低直接影响减黏裂化反应深度，温度升高，反应速率增加，气体和轻油收率升高，稠油黏度降低，反应过程的变化规律与热反应规律一致。

2）停留时间

停留时间的长短直接影响减黏裂化反应深度，停留时间增加，转化率升高，气体和轻油收率升高，反应时间和反应温度在一定的温度范围内存在互补关系。高温短时间和低温长时间均可达到减黏的目的，但要考虑油品结焦对装置安全运行及长周期运行的影响。

3）加热炉热效率

加热炉热效率受烟气排出温度高低、过剩空气系数大小影响。一般来说，在保证燃料完全燃烧的情况下，尽量低地控制炉膛氧含量及外排烟气温度、做好炉体密封及保温等措施，可以使加热炉热效率升高，燃料气消耗量降低，装置综合能耗降低。现阶段可以控制排烟温度在120℃以下，加热炉热效率在92%以上，先进的加热炉热效率可以达到95%。

2. 提高目标产品收率措施

（1）精细化管理，降低污油产生和排放量，优化生产参数，提高产品收率。根据原料性质变化，及时调整减黏裂化反应温度，在保证产品质量合格的基础上，保证目标产品收率最大化。

(2)稳定原料组成，平稳操作，减少生产波动和非计划停工。

3. 降低辅助材料消耗措施

及时关注装置腐蚀风险变化及薄弱点，保证装置不发生腐蚀泄漏事件。在保证腐蚀受控的前提下，调整注剂加入量，降低辅材消耗。

4. 降低装置能耗措施

(1)采用先进的节能技术和设备，选择高效机泵，配置节能电动机，投用变频设备降低电耗。

(2)在满足冷却器循环水最低流速的前提下，对冷却器进行调整，降低循环水用量。

(3)调整加热炉"三门一板"，充分发挥空气余热回收系统作用，提高加热炉热效率，降低燃料消耗。

(4)冬季防冻期间对存在问题的疏水器及时进行调整更换。非防冻期停用部分蒸汽伴热，减少蒸汽的额外消耗。及时对蒸汽管线保温进行检查修复，减少蒸汽热损，降低装置蒸汽消耗。

5. 精细化管理措施

(1)加强设备日常维护保养工作，延长设备寿命和延长检修周期，制定科学合理的设备检修策略，确保设备运行正常。

(2)细化各项费用开支并严格执行，确保各项费用控制在合理范围内。

(3)开展全员参与的成本控制活动和班组精益管理，增强员工对成本控制的意识。

(4)加强对员工的培训，提高员工的操作技能，保证装置的平稳高效运行。

第十二节　尿素脱蜡装置

一、装置生产原理

尿素脱蜡装置以蒸馏常二线馏分油为原料，与尿素、水、异丙醇按一定比例配制的尿液混合，利用正构烷烃与尿素分子生成络合物的方法从石油馏分中分离出正构烷烃。

二、工艺流程

尿素脱蜡技术按使用固体尿素或尿素水溶液的不同分为干法尿素脱蜡和湿法尿素脱蜡。

干法尿素脱蜡是把固体尿素和活化剂（如酒精）加入被脱蜡的原料中，在300℃下搅拌反应一定时间后形成络合物。湿法尿素脱蜡是把尿素饱和水溶液和活化剂（如异丙醇）一起加到脱蜡原料中，降温至300℃进行反应。由于温度降低，尿素在水中的溶解度降低，尿素析出与烷烃形成络合物。以上两种技术的尿素及活化剂均可循环使用。

尿素脱蜡装置主要包括反应、水洗及醇回收和油蜡分离三个单元。

反应单元：常二线油与尿液混合发生络合反应，将常二线油中的正构烷烃与其他组分分离。生成的含正构烷烃络合物在沉降罐和洗涤罐中进行沉降洗涤，除去络合物表面的脱蜡油组分。通过对络合物进行升温，以使络合物分解成蜡液和尿素，其中尿素循环使用。

水洗及醇回收单元：脱蜡液、蜡液利用水与油、水与异丙醇溶解度不同的特性，分别在两个水洗塔内用热水将油相内的异丙醇萃取出来，产生的稀醇水通过二元共沸蒸馏和三元共沸提浓进行醇回收，水循环利用。

油蜡分离单元：利用沸点不同，通过两个蒸馏塔分别将脱蜡油混合物和蜡混合物与溶剂油进行分离，得到液蜡和脱蜡油。

尿素脱蜡装置原则工艺流程如图 6-12 所示。

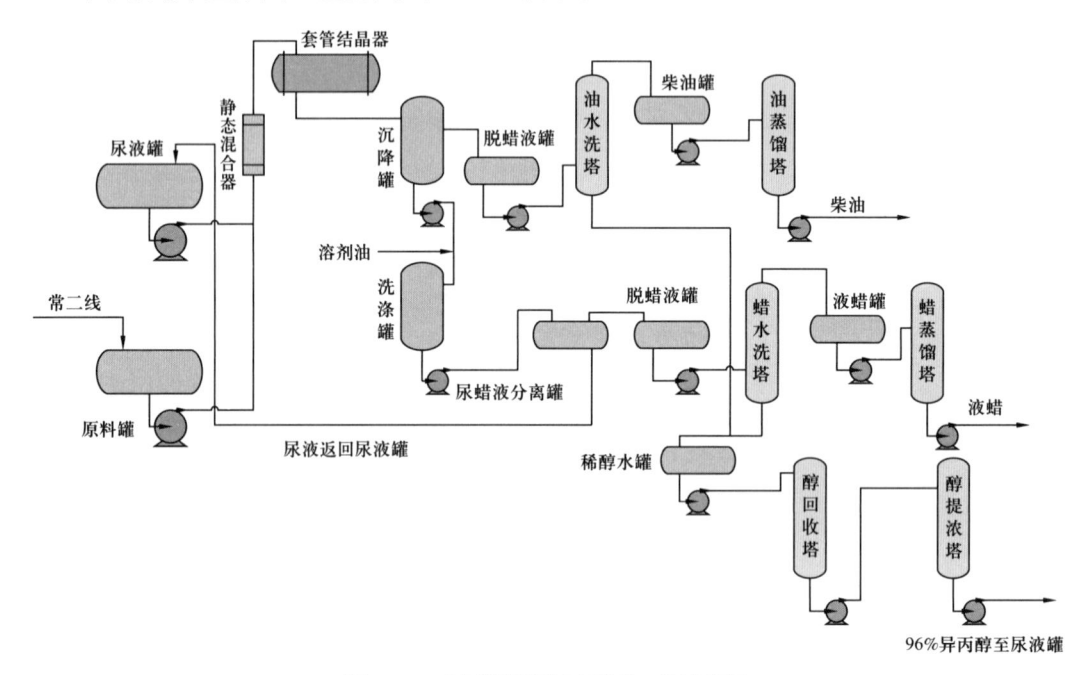

图 6-12　尿素脱蜡装置原则工艺流程图

三、主要原料及物性

常二线柴油：常减压蒸馏装置产的馏程为 170～280℃ 的直馏馏分。

四、主要"化学品及三剂"的作用和性能

1. 苯

三元共沸系统萃取剂，提纯异丙醇浓度，达到循环利用的目的。

2. 尿素

利用正构烷烃与尿素分子生成络合物的方法分离正构烷烃，达到脱蜡目的。

3. 异丙醇

极强的有机溶剂，是络合反应的活化剂。同时，异丙醇降低了尿液的饱和度，降低了络合物的分解温度，减少了过程中尿素分解损失。

五、产品主要性能和用途

1. 重质液体石蜡

碳数为 C_{10}—C_{22}，是高附加值的化工原料，目前主要用作生产氯化石蜡原料。

2. 柴油

可作为坦克燃料油使用，或者作为柴油加氢装置原料。

六、成本核算口径范围

尿素脱蜡装置成本核算范围包括反应、水洗、醇回收三个单元。
（1）直接材料：尿料和溶剂油。
（2）直接辅助材料：尿液、异丙醇和苯等。
（3）直接燃料：自产干气和天然气。
（4）直接动力：包括由辅助部门提供的新鲜水、循环水、电、蒸汽、仪表风、脱盐水、氮气。

七、成本核算系数

尿素脱蜡装置成本核算系数见表 6-12。

表 6-12 尿素脱蜡装置成本核算系数

序号	主要产品	成本系数
1	柴油	1
2	重质液体石蜡	1.07

八、生产运行中成本控制要点

1. 装置关键工艺技术指标

1）反应温度

反应温度是影响脱蜡深度的主要因素。因此，控制反应温度就显得尤为重要。反应温度过高，脱蜡深度过低，严重影响柴油的凝点；反应温度过低，虽然能提高脱蜡深度，但是络合物状态不好，容易堵塞设备，增加套管的温洗次数。因此，在有利于络合物输送的前提下，应尽量降低反应温度，这样有利于提高脱蜡深度和液蜡收率。

2）尿液组成

尿素脱蜡生产的关键在于尿液组成，醇含量应控制在 36%～39% 之间，尿素含量控制在41%~43%，饱和温度控制在54~58℃之间是最佳的操作条件。但在生产过程中不可避免地会损失尿料，为保证产品质量，要及时对其进行补充，维持尿素、异丙醇、水三者之间的平衡关系，严格控制尿油比在6~10之间。及时进行排放氨水、排油操作，保证96%醇的质量。

2. 提高目标产品收率措施

（1）根据原料性质变化，及时调整尿液组成，严格控制反应温度，调好沉降洗涤系统洗油比，提高液蜡产品质量和收率。

（2）严格控制水洗水量和温度，提高水洗效果，提高产品质量。

（3）平稳操作，减少生产波动和非计划停工，满足装置高负荷、长周期运行。

3. 降低辅助材料消耗措施

（1）严格控制反应终温，加强反应系统的平稳操作，减少尿素和异丙醇消耗。及时、定期地拣回稀尿，减少尿素消耗。

（2）严格控制出口温度，减少络合物分解损失，降低尿素和异丙醇消耗。

4. 降低装置能耗措施

（1）在保证水冷器最小流速条件下，优化水冷器运行，降低循环水用量。

（2）及时调整加热炉"三门一板"，充分发挥余热回收系统，降低排烟温度，提高加热炉热效率。

（3）通过优化共沸塔的操作条件，尽量降低回流量，降低塔压，减少苯、异丙醇的挥发损失，减少塔底蒸汽用量，从而降低装置能耗。

（4）采用先进技术和控制手段，选用高效机泵及节能电机，充分利用变频设备控制，减少用电消耗。

5. 精细化管理措施

（1）加强设备日常维护保养，延长设备寿命和检维修周期，制定科学合理的设备检维修策略，确保设备运行正常。

（2）细化各项费用开支并严格执行，确保各项费用控制在合理范围内。

（3）开展全员参与的成本控制活动和班组精益管理，增强员工对成本控制的意识。

（4）加强对员工的培训，提高员工的操作技能，保证装置的平稳高效运行。

第十三节　分子筛脱蜡装置

一、装置生产原理

分子筛脱蜡是以直馏煤油馏分为原料，根据原料中正构烷烃与非正构烷烃分子直径大小不同的特点，采用模拟移动床的方式，使原料与吸附剂形成逆流接触。在等温、等压、液相条件下连续进行选择性吸附及脱附，将正构烷烃分离。

二、工艺流程简述

分子筛脱蜡技术的特点如下：

（1）分子筛具有高度的选择性，能够选择性地吸附蜡分子而不影响其他石油组分的流动性。

（2）分子筛的吸附容量大，可以处理大量的原油。

（3）工艺操作简单，适应性强，可以在不同工艺条件下进行调整。

（4）分子筛是一种可再生的材料，可以多次使用，从而降低运行成本。

（5）不同类型的蜡需要不同孔径的分子筛进行吸附，因此需要根据具体情况选择合适的分子筛。

（6）分子筛的再生过程需要耗费能量和资源。

分子筛脱蜡装置由煤油加氢精制单元、分子筛脱蜡单元和后分馏单元组成。

原料煤油进入拔头塔，在塔顶切割出不大于 C_9 组分作为拔头油外送至脱硫醇装置，处理后作为航煤调和组分；塔底 C_{10} 及以上组分与循环氢混合经加热炉加热后进入加氢精制反应器，反应产物经分离、汽提后进入吸附室，经吸附室模拟移动床中进行抽余液、抽出液分离，抽余油进抽余液塔进行脱附剂分离，分离后抽余液可作为航煤调和组分，抽出液进抽出液塔进行脱附剂分离，分离出 C_{10}—C_{14} 进入后分馏单元，由脱 C_{10} 塔顶抽出 C_{10} 组分，作为烷基苯的原料，塔底送到脱 C_{11}—C_{13} 塔，塔顶抽出 C_{11}—C_{13}，可作为烷基苯的原料，塔底 C_{14} 及以上组分可作为氯化石蜡等化工产品的原料。

分子筛脱蜡装置原则工艺流程如图 6-13 所示。

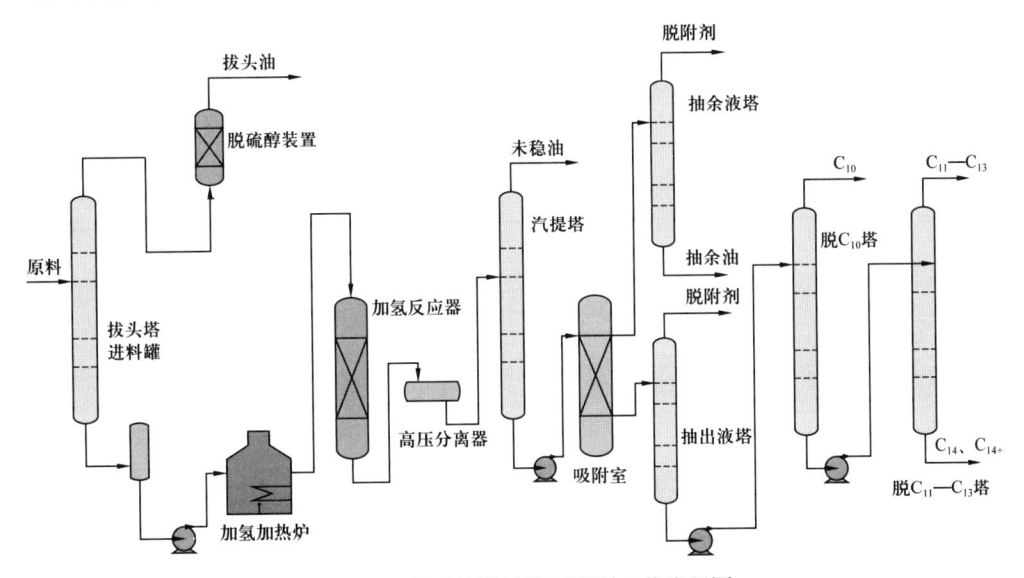

图 6-13 分子筛脱蜡装置原则工艺流程图

三、主要原料及物性

原料以常一线煤油馏分和焦化加氢煤油馏分为主，比例约为 3.5∶1。馏程为 150～

260℃，正构烷烃含量在 34.3% 以上，总硫含量小于 200μg/g，碱性氮含量不大于 60μg/g，氯含量不大于 1μg/g。

四、主要"化学品及三剂"的作用和性能

1. 改性氢化三联苯

主要作为装置热载体循环供热的导热油。

2. 4A 分子筛

主要作为脱附剂的干燥剂，用于吸附脱附剂中的微量水。

3. 5A 分子筛

主要作为装置吸附剂，吸附正构烷烃；为硅铝酸盐材质，有效空穴体积为其主要性能指标。

4. 铜分子筛

用于拔头油脱硫醇的催化剂，可降低拔头油的银片腐蚀级别。

5. 正戊烷

作为脱附剂的组成部分，用于解吸被 5A 分子筛吸附的正构烷烃，质量分数不小于 95%。

6. 异辛烷

作为脱附剂的组成部分，用于解吸被 5A 分子筛吸附的正构烷烃，也作为冲洗液用于冲洗床层及管线，质量分数不小于 60%。

7. 加氢精制催化剂

主要作为辅助除去原料中烯烃、硫化物、氮化物、氧化物、卤化物、金属等杂质，催化剂使用寿命是 5 年。

8. 除氧催化剂

主要作为辅助除去原料游离氧的催化剂，防止原料油在系统中结胶。

9. 脱砷剂

主要作为辅助除去原料中砷杂质的催化剂，防止加氢精制催化剂中毒。

10. 脱硫精制剂

用于与拔头油中的无机硫反应，降低拔头油的腐蚀。

11. 中和剂

用于注入拔头油挥发线，提高拔头油回流罐水包的 pH 值，减少拔头塔酸性腐蚀。

12. 缓蚀剂

用于注入拔头油挥发线，以及拔头塔系统中管线和设备表面镀膜，防止腐蚀管线和设备。

13. 颗粒白土

用于吸附拔头油中的有色组分，提高拔头油色度。

五、产品主要性能和用途

1. 液蜡产品

包括轻质液体石蜡、重质液体石蜡，C_{10}—C_{14} 正构烷烃含量大于 98.5%。C_{10}—C_{13} 主要作为烷基苯的原料，C_{14} 及以上组分作为氯化石蜡等化工产品的原料。

2. 分子筛拔头油、分子筛抽余油

主要作为航煤的调和组分生产航煤。由于分离出正构烷烃；其低温流动性能良好。同时，经过加氢精制，其色泽好，安定性和稳定性良好。

六、成本核算口径范围

分子筛脱蜡装置成本核算范围包括加氢分馏、分子筛脱蜡、后分馏三个单元。

（1）直接材料：煤油组分、氢气。

（2）直接辅助材料：加氢精制催化剂、吸附剂、异辛烷、正戊烷、导热油、13X 铜分子筛、颗粒白土、脱硫精制剂、4A 分子筛、中和剂、缓蚀剂、瓷球等。

（3）直接燃料：自产干气和天然气。

（4）直接动力：包括由辅助部门提供的除盐水、新鲜水、循环水、电、蒸汽、仪表风、氮气。

七、成本核算系数

分子筛脱蜡装置成本核算系数见表 6-13。

表 6-13　分子筛脱蜡装置成本核算系数

序号	主要产品	成本系数
1	轻质液体石蜡	1
2	重质液体石蜡	0.98
3	分子筛脱蜡液压油	0.97
4	分子筛低凝柴油	0.96
5	分子筛抽余油	0.95
6	分子筛拔头油	0.94
7	分子筛中间柴油	0.93

八、生产运行中成本控制要点

1. 装置关键工艺技术指标

1）操作温度

吸附器的操作温度要根据产品的组成而定，当生产 C_{10}—C_{14} 正构烃时，温度为 177℃ 即可，若生产 C_{15}、C_{16} 较重的液蜡，应需提高操作温度，有利于重液蜡的脱附。如果温度不合适，就会出现脱附不完全，而分子筛的选择性孔穴被占据，减少了吸附容积，会引起装置收率下降。

2）区域流量

吸附器完成吸附剂的装载后，其选择性容积和非选择性容积是一定的。回转阀的转动形成了吸附剂的模拟移动，回转阀步进时间的长短决定了单位时间流过吸附器截面的选择性体积流量（A）和单位时间内流过吸附器截面的非选择性体积流量（W）。据工艺要求，各个区域的流量（L）与 W 的比值是不同的，通过调整至合适的比例，达到提高产品收率与纯度的目的。

2. 提高目标产品收率措施

平稳操作，减少生产波动和非计划停工，满足装置高负荷、长周期运行。

3. 降低辅助材料消耗措施

优化吸附分离操作，防范超温失压，延长催化剂、分子筛吸附剂使用寿命。

4. 降低装置能耗措施

（1）在保证水冷器最小流速条件下，优化水冷器运行，降低循环水用量。

（2）导热油炉优化操作，严格控制导热油炉烟气中氧含量，保证燃料的充分燃烧。降低炉墙的热量散失及排烟温度，经常检查、维护炉内衬里及横跨段的密封情况，提高导热油炉热效率。

（3）采用先进技术和控制手段，选用高效机泵及节能电机，充分利用变频设备控制，减少用电消耗。

5. 精细化管理措施

加强设备日常维护保养，延长设备寿命和检维修周期，制定科学合理的设备检维修策略，确保设备运行正常。

第十四节　气体分馏装置

一、装置生产原理

气体分馏装置主要以催化裂化、焦化液态烃为原料，根据原料中各组分的沸点不同，通过精馏分离的方法，将原料切割成各种馏分，达到气体分馏的目的。

二、工艺流程简述

我国气体分馏装置技术的重要改进为采用热泵技术节约能量,将低温位热通过压缩变为高温位热,作为塔底热源,以较少的能量获得较多的可利用热量。

热泵技术主要适用于塔底温度和塔顶温度差较小的分馏系统,适宜用于丙烷—丙烯或轻 C_4 与重 C_4 的分离过程。系统采用开路压缩流程,压缩工作介质可为塔顶产品或塔底产品。与常规流程比较,采用热泵流程装置综合能耗水平可降低 50% 以上。

气体分馏装置包括脱丙烷塔、脱乙烷塔、丙烯塔、脱异丁烯塔和脱戊烷塔。气体分馏装置原则工艺流程如图 6-14 所示。

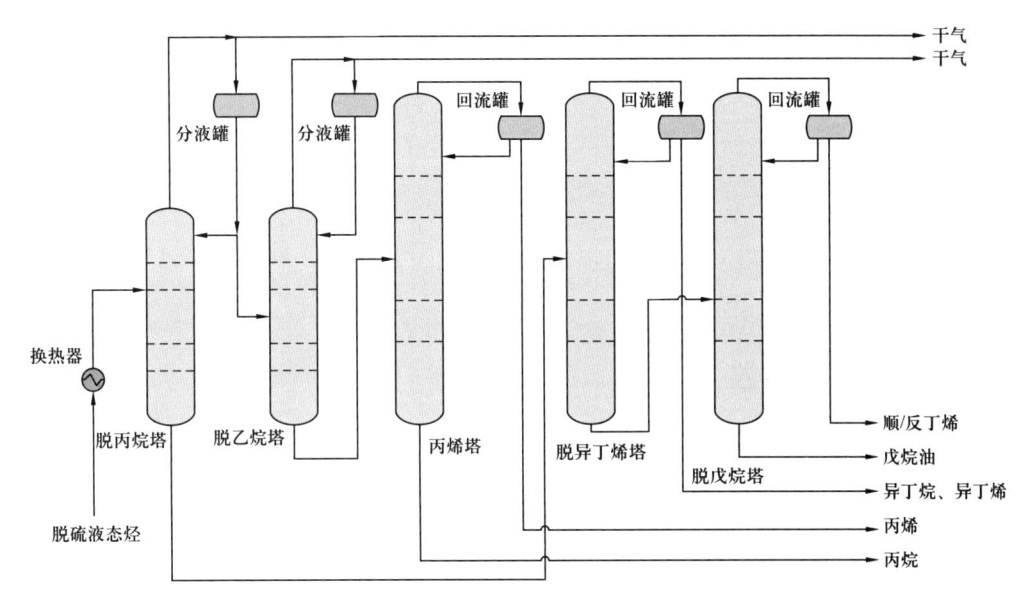

图 6-14 气体分馏装置原则工艺流程图

液态烃换热后进入脱丙烷塔,塔底 C_4 以上馏分进入脱异丁烯塔,塔顶气相冷凝后,不凝气去燃料气管网,塔顶液相进入脱乙烷塔进行分离,脱乙烷塔顶不凝气去干气管网或乙烯装置,脱乙烷塔底组分进入丙烯塔。

丙烯塔顶气相冷凝后作为丙烯产品送出装置,脱丙烯塔底为丙烷产品。

脱异丁烯塔顶 C_4 冷凝后出装置,塔底液体进入脱戊烷塔进行分离,塔顶顺/反丁烯冷凝出装置,塔底戊烷馏分冷却后,送出装置作为汽油调和组分。

三、主要原料及物性

原料为催化裂化、焦化液态烃,主要由 C_1—C_4 的烷烃和烯烃组成,含有少量的二烯烃和 C_5 以上的重组分。

质量指标要求 H_2S 含量小于 $10mg/m^3$,富含丙烯。

四、主要"化学品及三剂"的作用和性能

萃取防胶剂:主要作用是防止重组分在塔底重沸器结胶,在各塔原料进料线加注。

五、产品主要性能和用途

1. 丙烯

丙烯含量不小于99.6%，总硫含量小于1mg/m^3，可作化工原料。

2. 丙烷

丙烷含量不小于95%，C$_4$及以上含量不大于2.5%，总硫含量不大于343mg/m^3，可作乙烯裂解原料。

六、成本核算口径范围

气体分馏装置成本核算范围为气体分馏单元。
（1）直接材料：液态烃。
（2）直接辅助材料：萃取防胶剂。
（3）直接燃料：无。
（4）直接动力：包括由辅助部门提供的除盐水、新鲜水、循环水、电、蒸汽、仪表风、氮气。

七、成本核算系数

气体分馏装置成本核算系数见表6-14。

表6-14　气体分馏装置成本核算系数

序号	主要产品	成本系数
1	丙烯	1
2	丙烷	0.85
3	混合烃	0.95

八、生产运行中成本控制要点

1. 装置关键工艺技术指标

1）回流比

回流比是指回流量与塔顶产品之比，回流比的大小是根据各组分分离的难易程度（即相对挥发度的大小）以及对产品质量的要求而定。在生产过程中，精馏塔内的塔板数或理论塔板数是一定的，增加回流比会使塔顶轻组分浓度增加、质量变好。对于塔顶、塔底分别得到一个产品的简单塔，在增加回流比的同时要注意增加塔底重沸器的蒸发量，而对于有多侧线产品的复合原油蒸馏塔，在增加回流比的同时要注意调整各侧线的开度，以保持合理的物料平衡和侧线产品的质量。

2）综合能耗

气体分馏装置蒸汽消耗占能耗总量的 80% 以上。合理控制换热流程，调整精馏塔操作，在保证产品收率及质量合格的前提下，提高低温热的利用效率，最大限度降低蒸汽消耗，有助于降低装置综合能耗水平，降低装置加工成本。

2. 提高目标产品收率措施

（1）控制原料中 C_4 含量，降低提高装置的 C_2 回收率，同时控制循环水、蒸汽、电等消耗，保证装置效益。

（2）控制脱乙烷塔操作，减少不凝气排放，降低丙烷、丙烯损失。

3. 降低装置能耗措施

（1）在保证水冷器最小流速条件下，优化水冷器运行，降低循环水用量。

（2）优化低温热联合系统和热媒水系统，减少蒸汽用量，降低能耗。

（3）对丙烯塔优化操作，在保障塔顶产品丙烯、塔底产品丙烷质量合格的前提下，降低丙烯塔回流比，降低装置能耗。

4. 精细化管理措施

（1）加强设备日常维护保养，延长设备寿命和检维修周期，制定科学合理的设备检维修策略，确保设备运行正常。

（2）细化各项费用开支并严格执行，确保各项费用控制在合理范围内。

（3）开展全员参与的成本控制活动和班组精益管理，增强员工对成本控制的意识。

（4）加强对员工的培训，提高员工的操作技能，保证装置的平稳高效运行。

第十五节　烷基化装置

一、装置生产原理

烷基化装置以液化气中异丁烷和丁烯为原料，在酸性催化剂的作用下，烷烃分子与烯烃分子发生加成反应，生产高辛烷值的三甲基戊烷异构体（通常称为烷基化油），副产异丁烷、正丁烷等产品。

二、工艺流程简述

国内外已使用和正在开发的烷基化技术有氢氟酸法、硫酸法、固体酸法、离子液体法等。其中，工业化应用比较成熟的有硫酸法和氢氟酸法。硫酸法主要有 DuPont 公司的 STRATCO® 烷基化技术、ExxonMobil Research and Engineering（EMRE）公司的自动制冷烷基化技术、Lummus 公司的 CDAlky® 技术；氢氟酸法主要为 UOP 公司的 AlkyPlus™ 技术（原 UOP 公司和 ConocoPhillips 公司的氢氟酸法烷基化技术进行了合并整合）。近十几年来新增的烷基化装置，以采用硫酸法为主。

1. 氢氟酸法烷基化技术

采用氢氟酸为催化剂，催化异丁烷与 C_4 烯烃反应生成烷基化油。氢氟酸沸点低（19.4℃），对异丁烷的溶解度及溶解速度均比硫酸大，副反应少，因而目标产品的收率较高。氢氟酸在烷基化过程中生成的氟化物易于分解，从而利于回收氢氟酸，因此在烷基化过程中酸耗量明显较硫酸法低。

氢氟酸为强腐蚀、易挥发的剧毒物质，防腐及安全防护措施要求非常严格。氟化氢对人体伤害较大，因此氢氟酸法烷基化技术的发展重点在于提高安全性，特别是降低氢氟酸的蒸气压，以及防止氢氟酸泄漏扩散。

2. 硫酸法烷基化技术

最开始以硫酸为催化剂的烷基化工艺主要属于两个公司：一个美国 DuPont 公司（Stratco 烷基化技术），另一个是 EMRE 公司。近几年来，Lummus 公司开发了低温硫酸法烷基化技术（CDAlky®），该技术具有占地面积相对较小、产品辛烷值高、酸耗低、废液排放少等特点，但由于低温烷基化操作温度低，其制冷压缩机功率大，硫酸须在反应器内外大量强制循环，硫酸泵流量大，装置电耗较其他技术要高。

3. 固体酸法烷基化技术

固体酸法烷基化技术主要是使用两台以上的反应器切换使用，一台反应、一台再生，再生程序控制类似 PSA 控制，全自动切换。固体酸法烷基化技术先进，对环境污染小，是烷基化技术的发展方向，但尚无工业装置长周期运行记录，缺少工程实践经验，存在一定技术经济风险，且催化剂是其专利产品，需长期依赖进口。

4. 离子液体烷基化技术

离子液体法烷基化用离子液体催化剂取代硫酸法烷基化装置中的硫酸催化剂，离子液体催化剂通常采用熔点低于 100℃的盐类，具有体积大且空间不对称的阳离子，具有不挥发、蒸气压接近于零、不燃烧、热稳定性高及液态存在的温度范围宽等优点。这些离子液体本身还具有一定的催化性能，不仅能为反应提供一种不同于常规分子溶剂的反应环境，自身还参与了反应过程，能促使反应向有利的方向进行。该技术专利催化剂价格昂贵，运行成本过高。该技术还在进一步完善、优化，包括固体废物的处理等，也还需进一步攻关。

烷基化生产装置的工艺流程包括原料预处理、反应、产品分馏、废酸再生等单元。

原料首先进入加氢反应器，脱除原料中的二甲醚和丁二烯后，进入脱轻烃塔，塔顶分离轻组分，塔底物料和循环异丁烷经过冷却脱水后，与来自闪蒸罐的循环冷剂混合并使温度降低至 3～7℃后进入烷基化反应器，生成烷基化油。

反应生成物进行酸烃分离，分出的酸液返回反应器循环使用，烃相部分汽化后进入闪蒸罐。反应流出物在酸洗罐内进行酸烃分离，酸洗后的烃类经酸洗、碱洗、水洗后进入脱异丁烷塔。脱异丁烷塔顶馏出物一部分作为循环异丁烷返回反应部分，以保证反应器总进料中适当的异丁烷和烯烃比例，多余的异丁烷送出装置。从脱异丁烷塔底抽出的物料送入脱正丁烷塔。脱正丁烷塔将正丁烷与烷基化油分开，塔顶馏出物作为正丁烷产品送出装置，塔底为烷基化油送出装置。

烷基化装置原则工艺流程如图 6-15 所示。

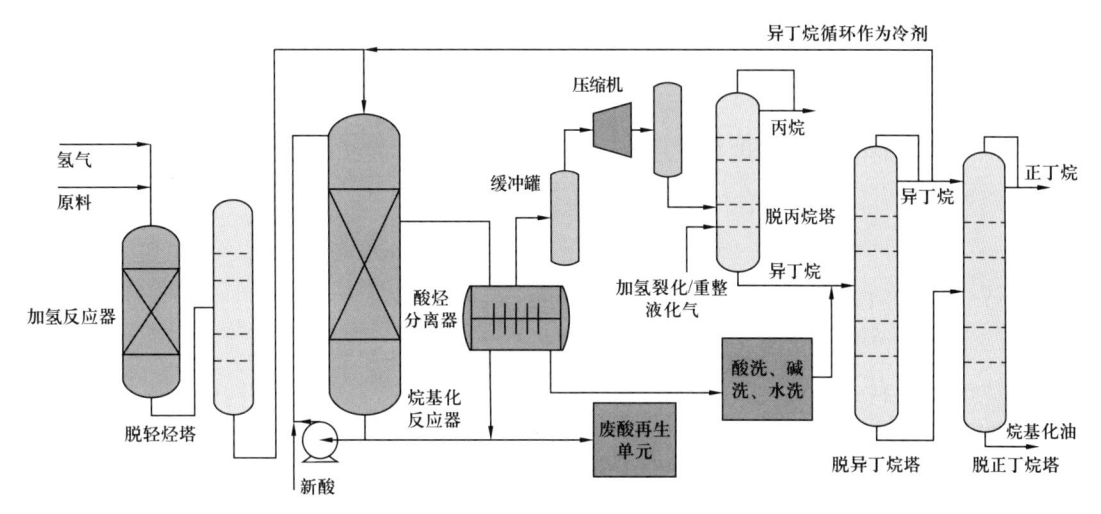

图 6-15 烷基化装置原则工艺流程图

三、主要原料及物性

液化气：来自 MTBE 装置的剩余 C_4、加氢裂化和重整等装置的液化气，有效成分为其中的异丁烷和丁烯。

四、主要"化学品及三剂"的作用和性能

1. 碱液

NaOH 水溶液，主要作用是碱洗精制反应流出物和在中和池中进行酸碱中和。

2. 烷基化反应催化剂

浓硫酸、氢氟酸或等离子液。

3. 其他催化剂

包含预加氢催化剂、废酸再生催化剂、活性炭催化剂、脱硝催化剂等。

五、产品主要性能和用途

1. 烷基化油

主要成分为异辛烷及其异构体，研究法辛烷值不小于 96，是较好的高辛烷值汽油调

和组分。

2. 正丁烷

纯度不小于90%，主要作为液化气调和组分，也可作为乙烯装置原料，还用作溶剂、制冷剂和有机合成原料。

3. 液化气

副产品，主要用作产品液化气调和组分或燃料。

六、成本核算口径范围

烷基化装置成本核算范围主要包括原料预处理、烷基化反应、产品分馏和废酸再生四个单元。

（1）直接材料：醚化剩余C_4、液化气等。

（2）直接辅助材料：加氢催化剂、酸、碱等。

（3）直接燃料：燃料气。

（4）直接动力：包括由辅助部门提供的新鲜水、循环水、除盐水、电、蒸汽、仪表风、氮气。

七、成本核算系数

烷基化装置成本核算系数见表6-15。

表6-15 烷基化装置成本核算系数

序号	主要产品	成本系数
1	烷基化油	1
2	正丁烷	0.75
3	液化气	0.74

八、生产运行中成本控制要点

1. 装置关键工艺技术指标

1）反应温度

烷基化反应是放热反应，温度升高后副反应速率也加快，副产物增加，同时酸的腐蚀性增强，因此烷基化反应温度宜低不宜高，通常烷基化反应温度控制在30～50℃之间，低温烷基化工艺反应温度控制在3～7℃之间。

2）烷烯比

烷烯比是直接影响产品质量和收率的重要因素。随着烷烯比的增加，烯烃本身以及烯烃与烷基化中间产物的碰撞机会减少，从而减少副反应，提高烷基化收率，但是相应的能耗也会增加。

3）酸烃比

烷基化反应主要发生在酸烃界面上，因此提供足够的氢氟酸以及使烃在酸中充分分散从而保证产生足够的酸烃界面是十分必要的。一般酸作为连续相，烃作为分散相。为维持酸呈连续相，酸烃比要求最少为2∶1，否则会导致酸烃接触不良，产品质量变差，副产物增多。

2. 提高目标产品收率措施

稳定原料组成，平稳操作，减少生产波动和非计划停工，根据原料中丁二烯等有害杂质含量及时调整加氢反应氢气加入量。

3. 降低辅助材料消耗措施

（1）加强对烷基化反应器的监控，降低反应温度，提高反应烷烯比，优化酸烃比、酸浓度等指标，减少副反应产生，减少酸酯和酸溶性油的产生，降低装置酸耗，减少物料损失。

（2）严格控制烷基化反应器操作温度、酸浓度，避免酸浓度过低，发生"跑酸"。

4. 降低装置能耗措施

（1）在满足分馏塔各自分离要求的前提下，适当降低塔顶压力和塔顶回流量，降低整塔负荷，从而降低塔底重沸器蒸汽用量。

（2）采用先进的节能技术和设备，选择高效机泵，配置节能电动机，投用变频设备降低电耗。

（3）控制好循环水温差节约循环水消耗，加强维护仪表阀门等设施节约风耗。

5. 精细化管理措施

（1）加强设备日常维护保养，延长设备寿命和检维修周期，制定科学合理的设备检维修策略，确保设备运行正常。

（2）严格精制系统中碱洗、水洗操作，密切监控pH值，防止设备管线腐蚀。

第十六节 MTBE装置

一、装置生产原理

甲醇和混合C_4按一定醇烯比进入装置，在一定压力和温度条件下，混合C_4中的异丁烯和甲醇在醚化催化剂的作用下，生产甲基叔丁基醚（MTBE）。

二、工艺流程简述

MTBE装置的工艺技术主要包括意大利SNAM工艺、法国IFP工艺、美国催化蒸馏法工艺、美国UOP公司的联合工艺、中国催化蒸馏法工艺、混相床反应蒸馏工艺。

1. 意大利SNAM工艺

1973年,意大利开发了世界上第一套MTBE工业装置。该工艺采用列管式固定床反应技术,反应温度为50~60℃,产品MTBE的含量在98%以上。催化剂是聚苯乙烯—二乙烯苯离子交换树脂。反应产物用一个或多个分馏塔分离MTBE和甲醇以及剩余的C_4馏分。该工艺的缺点是难以消除反应区中的"热点",因此在最近几年新建工厂中已较少采用。

2. 法国IFP工艺

法国IFP工艺的主要特点是反应器采用上流式膨胀床,与管式反应器相比,进料是自下而上进入反应器,其中催化剂处于蠕动状态,有利于传质及传热。该工艺具有结构简单、投资少、能耗低、催化剂装卸方便等优点。此外,采用上流式操作,可防止催化剂堆集成块,减少压降,催化剂使用寿命长,副反应少。

3. 美国催化蒸馏法工艺

催化蒸馏法工艺的核心是把反应与共沸蒸馏巧妙地结合起来,使醚化反应和产物分离在同一塔中同时进行,反应放出的热直接用来分馏,既减少了外部冷却设备,又控制了反应温度,可最大限度地减少逆向反应和副产品的生成,防止了反应区"热点"超温现象,降低了能耗,节省了投资。但该技术也有其不足的地方,主要是中部催化剂的填装比较困难,由于催化剂置于包中,反应物料必须扩散进入包中才能与催化剂接触进行反应,反应后产物还要扩散出来,故对反应不利。

4. 美国UOP公司的联合工艺

联合工艺主要是以油田气或炼厂气中的丁烷为原料,经异构化反应转化为异丁烷,进而脱氢生成异丁烯,异丁烯再与甲醇发生醚化反应生成MTBE。联合工艺使MTBE生产具有更为广泛的原料来源,且可降低成本,单程转化率高,设备投资低,可靠性好。

5. 中国催化蒸馏法工艺

该技术克服了美国催化蒸馏法工艺催化剂填装的缺陷,采用一种新型的散装筒式催化蒸馏塔,催化剂直接散装入催化床层中,相邻两床层间设至少一个分馏塔盘,且床层中留有气体通道,整个反应段类似若干个重叠放置的小固定床反应器和若干个分设在各床层间的分馏段,反应与分馏交替进行,破坏其平衡组成,使反应不受平衡转化率的限制。

6. 混相床反应蒸馏工艺

该技术融合了混相反应技术和催化蒸馏技术的优点,其特点是将混相反应与分离相结合，在反应塔内设一固定床反应段，控制反应压力使反应在沸点下进行，反应热使部分物料汽化而使反应温度恒定，形成气液混相状态。

该技术分为炼油型和化工型两种类型：炼油型工艺反应塔的中部是混相反应段，上部和下部分别为精馏段和提馏段。催化剂装填容易、投资省、能耗和费用低，异丁烯转化率可达90%～98%。化工型工艺是将炼油型工艺反应塔上部的精馏段改为催化蒸馏反应段，即异丁烯和甲醇先在混相反应段内预反应，异丁烯转化率可达90%～95%，然后在催化蒸馏反应段进行深度转化，使异丁烯转化率达到99.5%以上。

MTBE装置分为反应、回收两个单元，其工艺流程如下：来自气分装置的C_4馏分和甲醇按一定比例混合，经预热后送到醚化反应器，在催化剂的作用下，物料中的异丁烯和甲醇反应生成MTBE。反应产物进入催化蒸馏塔，塔底为合格的MTBE产品，塔顶为剩余C_4和甲醇，进入甲醇萃取塔，与萃取水逆向接触，使甲醇溶于萃取水中。脱除甲醇后的剩余C_4外送。甲醇萃取塔底液进入甲醇回收塔回收甲醇，塔底部的工艺水降温后，作为萃取剂循环使用，塔顶的甲醇循环使用。

MTBE装置原则工艺流程如图6-16所示。

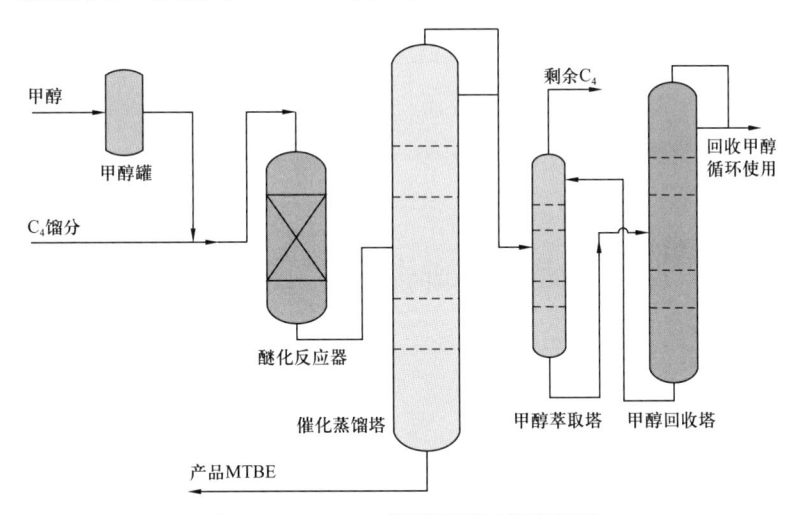

图6-16 MTBE装置原则工艺流程图

三、主要原料及物性

1. C_4馏分

来源于气分装置的产品混合C_4。

2. 甲醇

为外购的国家标准一级品工业甲醇。

四、主要"化学品及三剂"的作用和性能

MTBE装置主要"化学品及三剂"有催化剂和萃取水净化剂。

1. 催化剂

主要作用是将混合 C_4 的异丁烯和甲醇进行醚化反应生成 MTBE，采用大孔阳离子交换树脂，装填于固定床反应器内、催化蒸馏塔中上部。

2. 萃取水净化剂

主要作用是将萃取水进行净化，脱除萃取水中的酸性物质，装填于萃取水净化器内。

五、产品主要性能和用途

MTBE 装置产品主要有 MTBE 和醚后 C_4。

1. MTBE

甲基叔丁基醚，高辛烷值无铅汽油添加组分。

2. 醚后 C_4

经过醚化反应后的剩余 C_4 组分，可用作民用液化气，也可作为烷基化装置原料。

六、成本核算口径范围

MTBE 装置成本核算范围主要包括反应、回收两个单元。
（1）直接材料：混合 C_4 馏分、甲醇。
（2）直接辅助材料：催化剂、萃取水净化剂。
（3）直接燃料：无。
（4）直接动力：包括由辅助部门提供的新鲜水、循环水、电、蒸汽、工业风、仪表风、氮气、除盐水。

七、成本核算系数

MTBE 装置成本核算系数见表 6-16。

表 6-16　MTBE 装置成本核算系数

序号	主要产品	成本系数
1	MTBE	1
2	醚后 C_4	0.85

八、生产运行中成本控制要点

1. 装置关键工艺技术指标

1）醇烯比

在纯醚化反应中，为了提高异丁烯转化率和减少副反应，甲醇进料量一般比理论值大一点，但如果甲醇进料量过大，甲醇会自聚产生大量的二甲醚，过量甲醇也不利于后续分离。因此，一般醇烯比控制在1.0～1.2之间。

2）反应温度

反应温度对于异丁烯转化率及MTBE选择性都有较大影响，低于60℃，反应速率低，转化率下降；高于80℃，醚化反应向逆向进行，转化率也下降，并且高温会造成催化剂失活。只有反应温度在60～70℃之间才能得到最佳转化率。

3）催化蒸馏塔压力

催化蒸馏塔的压力与反应段的温度有直接关系，塔的操作压力越高，反应段床层温度越高，反之亦然。提高压力0.1MPa，可以提高反应床层7℃左右的温度。但是提高催化蒸馏塔压力后，塔底重沸器负荷增加，装置能耗增加。因此，催化蒸馏塔压力应控制在合理指标范围内。

2. 降低辅助材料消耗措施

（1）保证原料C_4来料量、组成稳定，平稳操作，减少生产波动和非计划停工。

（2）定期对原料C_4中碱性物质及金属阳离子进行分析，降低反应器酸性催化剂中毒失活风险，延长催化剂使用周期。

3. 降低装置能耗措施

（1）在保证催化蒸馏塔底产品质量合格的前提下，降低回流比，降低蒸汽热源消耗。

（2）采用先进的节能技术和设备，选择高效机泵，配置节能电动机，投用变频设备，降低电耗。

（3）在满足冷却器循环水最低流速的前提下，对冷却器进行调整，降低循环水用量。

（4）冬季防冻期间对存在问题的疏水器及时进行调整更换。非防冻期停用部分蒸汽伴热，减少蒸汽的额外消耗。及时对蒸汽管线保温进行检查修复，减少蒸汽热损，降低装置蒸汽消耗。

4. 精细化管理措施

（1）加强设备日常维护保养工作，延长设备寿命和延长检修周期，制定科学合理的设备检修策略，确保设备运行正常。

（2）细化各项费用开支并严格执行，确保各项费用控制在合理范围内。

（3）开展全员参与的成本控制活动和班组精益管理，增强员工对成本控制的意识。

（4）加强对员工的培训，提高员工的操作技能，保证装置的平稳高效运行。

第十七节 制氢装置

一、装置生产原理

炼厂制氢装置大部分采用水蒸气重整法制氢。装置主要以天然气、富氢气体、石脑油为原料，经加氢精制、烃类蒸汽转化、中温变换、变压吸附过程，得到纯度大于99.9%的氢气，供加氢装置使用。

二、工艺流程简述

目前在炼化企业中，制氢主要采用蒸汽+轻烃转化制氢、蒸汽+重油转化制氢、蒸汽+煤转化制氢以及蒸汽+甲醇转化制氢，其中最主要采用的是蒸汽+轻烃转化制氢技术。

适合于蒸汽+轻烃转化制氢的原料可分为气态烃和液态烃两类。气态烃主要有天然气、各种加氢干气、重整干气或经过处理的焦化干气、催化干气等；液态烃主要有液化石油气（LPG）、直馏石脑油、加氢轻石脑油、重整抽余油以及拔头油等。

在选择制氢原料时，应优先选用氢碳比大、硫含量低、价格低廉的气体原料，如加氢干气、炼厂气、天然气等。在石油化工行业，制氢装置通常选择炼厂的干气、天然气或者轻石脑油作为原料，当全厂燃料气过剩时，富余的PSA尾气替换天然气作为制氢装置原料。

制氢装置主要由加氢精制脱硫、蒸汽转化、中温变换、PSA氢气提纯单元组成。

原料经压缩机升压后进入预热器升温，进入绝热加氢反应器，将有机氯转化为无机氯并脱除，同时发生烯烃饱和反应。再进入氧化锌脱硫反应器发生脱硫反应，生成质量合格的精制原料气。

精制后的原料进入转化炉前，按照设定的水碳比与3.5MPa蒸汽混合，经转化炉对流段预热升温后，进入辐射段，在催化剂作用下发生转化反应。出转化炉的高温转化气经蒸汽发生器发生中压蒸汽后，进入中温变换单元。

转化气在催化剂的作用下发生变换反应后，经降温、脱水后进入PSA提纯单元。

中变气自底部进入变压吸附单元，得到纯度大于99.9%的氢气产品，经压力调节系统稳压后送出装置。

制氢装置工艺原则流程如图6-17所示。

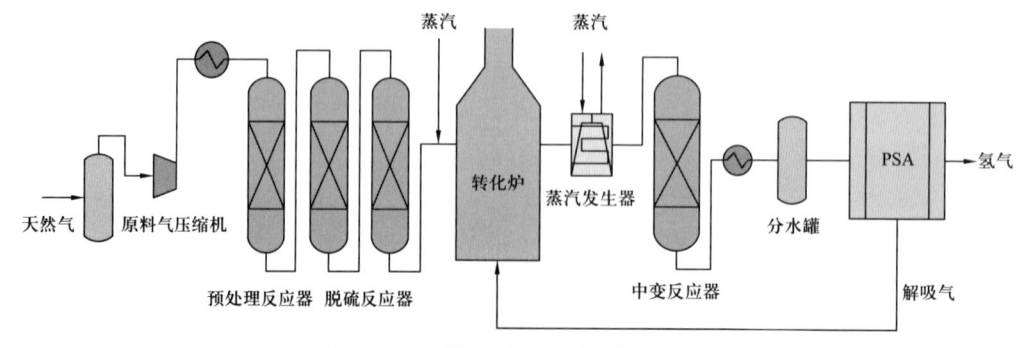

图6-17 制氢装置工艺原则流程图

三、主要原料及物性

1. 天然气
主要为 C_1—C_4 组分，甲烷含量在 90% 以上，是氢原子质量占比最大的化合物。

2. 干气
主要为 C_2—C_4 组分，一般为催化裂化、延迟焦化等装置产生的不凝气。

3. 石脑油
一般为加氢精制石脑油，不饱和烃及硫含量低。石脑油制氢成本相对较高，一般仅作为备用原料。

四、主要"化学品及三剂"的作用和性能

1. 加氢催化剂
主要成分为 NiO、MoO_3，有机硫转化为无机硫并发生烯烃饱和反应，设计寿命为 3~4 年。

2. 脱氯催化剂
脱除原料中的氯，设计寿命为 2 年。

3. 脱硫催化剂
氧化锌与原料中的 H_2S 反应，保证精制后的气体硫含量合格，设计寿命为 2 年。

4. 转化催化剂
原料与蒸汽发生复杂的转化反应，生成富含 CO、CO_2、H_2、水的混合转化气，设计寿命为 3~4 年。

5. 变换催化剂
转化气中的 CO 与蒸汽反应，生成 H_2 及 CO_2，设计寿命为 3~4 年。

6. PSA 吸附剂
利用吸附剂在不同压力条件下对不同气体分子吸附的性能差异，配合吸附塔、程序控制阀门、控制系统，实现对氢气的提纯，设计寿命一般为 15 年。

7. 磷酸三钠
磷酸三钠为白色颗粒粉末，有潮解性，溶于水和乙醇。产汽系统水中加入磷酸三钠，一方面调节水的 pH 值；另一方面与水中 Ca^{2+} 等发生反应，形成软泥排出，防止蒸汽发生系统结垢腐蚀。

五、产品主要性能和用途

氢气：纯度大于 99.9%，供炼厂各类加氢装置使用。

六、成本核算口径范围

制氢装置成本核算范围主要包括反应、变压吸附两个单元。
（1）直接原料：天然气、富氢气体、石脑油。
（2）直接辅助材料：加氢精制催化剂、脱氯剂、加氢脱硫剂、吸附剂、瓷球、磷酸三钠等。
（3）直接燃料：装置自产解吸气、外补燃料气。
（4）直接动力：包括由辅助部门提供的新鲜水、循环水、除盐水、电、蒸汽、仪表风、氮气。

七、成本核算系数

制氢装置成本核算系数见表6-17。

表6-17 制氢装置成本核算系数

序号	主要产品	成本系数
1	氢气	1
2	燃料气	600元/t[①]

① 燃料气定价扣除600元/t。

八、生产运行中成本控制要点

1. 装置关键工艺技术指标

1）水碳比

从化学平衡角度来看，提高水碳比有利于转化反应，提高原料转化率，有利于抑制催化剂积炭。但由于大量的富裕蒸汽"跑龙套"，因此提高了装置的能耗和氢气成本。水碳比的降低将使转化炉的热负荷降低，燃料耗量降低，外输蒸汽量增加，有利于降低氢气成本和装置能耗。但转化的水碳比也不能过低，过低的水碳比造成催化剂的积炭倾向加大。应根据装置负荷以及转化温度的选择，综合权衡后选择合适的水碳比。

2）转化温度

蒸汽转化反应过程是受热力学限制的，为满足高温转化反应的工艺要求，提高转化反应的转化率，降低转化气中的甲烷含量，应维持较高的转化气出口温度，以降低原料消耗。采用价格较高的轻石脑油作原料时，应尽可能提高转化气出口温度，以降低原料消耗；但对于原料价格较低或原料和燃料价格相同的制氢装置，应适当降低转化气出口温度，提升全装置的经济性。因此，转化温度的选择应综合考虑原料和燃料的性质和价格。

3）转化压力

目前，国内外制氢装置采用PSA净化工艺流程时，装置供氢压力一般较高，约为2.5MPa。该压力的选择，主要是考虑PSA部分能在一个最高的氢气回收率下操作，有利于降低原料的消耗。另外，制氢装置供氢压力提高后，可以大幅度地降低用氢装置的压缩机功耗。

2. 提高目标产品收率措施

（1）稳定原料组成，平稳操作，减少生产波动和非计划停工，满足装置高负荷、长周期运行。

（2）执行临氢系统闭灯检查，确保临氢系统运行正常，减少非计划停工。

（3）加强装置平稳操作，加强巡检，发现问题及时处理，避免因设备故障或泄漏引起物料损失。

3. 降低辅助材料消耗措施

加强分析蒸汽发生系统水质，动态调整磷酸三钠加注量，避免加注过少造成系统结垢，以及避免加注过多引起水质酸化，发生腐蚀泄漏。

4. 降低装置能耗措施

（1）优化水冷器负荷，在满足冷却器循环水最低流速及保证冷却效果的前提下，降低循环水消耗。

（2）精细调整转化炉，充分发挥空气余热回收系统作用，提高加热炉综合热效率，降低外补燃料气消耗。

（3）采用先进的节能技术和设备，选择高效机泵，配置节能电动机，投用变频设备降低电耗。

（4）冬季防冻期间对存在问题的疏水器及时进行调整更换。非防冻期停用部分蒸汽伴热，减少蒸汽的额外消耗。及时对蒸汽管线保温进行检查修复，减少蒸汽热损，降低装置蒸汽消耗。

5. 精细化管理措施

（1）积极关注天然气、富氢气体、石脑油价格，优化装置原料结构，动态调整原料组成，降低原料消耗。

（2）加强设备日常维护保养，延长设备寿命和检维修周期，制定科学合理的设备检维修策略，确保设备运行正常。

（3）细化各项费用开支并严格执行，确保各项费用控制在合理范围内。

（4）开展全员参与的成本控制活动和班组精益管理，增强员工对成本控制的意识。

（5）加强对员工的培训，提高员工的操作技能，保证装置的平稳高效运行。

第十八节　石油焦制氢装置

一、装置生产原理

以延迟焦化装置产石油焦和煤为原料，以空分装置送来的高压氧气为气化剂，通过水焦或煤浆气化制备粗合成气；粗合成气经变换和净化后，最终生产氢气和燃料气产品。

二、工艺流程简述

石油焦制氢工艺技术主要包括 GE（Texaco）气化工艺、多喷嘴对置气化工艺、Shell 固体气化工艺。

1. GE（Texaco）气化工艺（TGP）

GE（Texaco）气化工艺（TGP）是一种处理石油焦的高效、低排放方法。可用 TGP 发电，生产蒸汽、氢气和化工产品，所产合成气的化工利用覆盖广泛的产品范围，如氨、醋酐、甲醇。TGP 是目前世界范围内工业化规模最大的工艺，可将受环境限制的低价值产品（如高硫石油焦、高硫渣油等）转化为高附加值产品。

TGP 气化炉是一个加压、内衬耐火材料的下流式气流床，操作温度为 1200～1500℃，操作压力为 2.0～8.6MPa。气化炉的实际操作压力由产品的输送压力确定，生产氢气时气化炉压力由炼厂氢气储罐的压力确定，同样也可以由其他下游设备的需求确定。

2. 多喷嘴对置气化工艺

该技术的特点如下：（1）多喷嘴对置式气流床气化炉；（2）预膜式水煤浆气化喷嘴；（3）复合床型洗涤冷却室，包括交叉流洗涤冷却水分布器；（4）混合器、旋风分离器、水洗塔三单元组合合成气分级初步净化工艺；（5）直接接触式含渣水处理系统。

3. Shell 固体气化工艺

Shell 公司固体气化技术（SCGP）采取"干法"制氢路线，以石油焦为原料时操作温度大于 1500℃，操作压力为 25～45MPa，需要设置排渣系统。SCGP 具有氧气消耗量低，效率、可靠性和利用率高，满足环保法规要求等优点；缺点是石油焦气化操作温度较高，对气化炉材质要求苛刻。

石油焦制氢联合装置由料浆制备、气化、灰水处理、气化污水预处理、变换、低温甲醇洗、冷冻站、PSA 制氢等工艺单元组成。

石油焦制氢联合装置接收来自焦化装置的石油焦与外购原煤送入料浆制备单元进行制浆，所制料浆与来自空分装置的纯氧共同进入气化单元的核心设备——气化炉，在压力为 6.5MPa、温度为 1400℃的操作条件下反应生成以 CO 和 H_2 为有效成分的粗合成气，粗合成气经降温除尘后送入变换单元。进入变换单元的粗合成气分两路：一路为未变换线，经过多重净化处理后进入燃料气管网；另一路为变换线，在变换催化剂作用下将 CO 与水反应全部转变成 CO_2，同时反应生成 H_2，变换气经过净化处理后进入 PSA 单元进一步提纯，最终产生浓度不小于 99.9% 的合格氢气送入氢气管网。

石油焦制氢装置原则工艺流程如图 6-18 所示。

三、主要原料及物性

1. 石油焦

延迟焦化装置的产品。通过管带机送至石油焦制氢装置，主要性能如下：硫含量为 6.6%～7.4%（质量分数）；灰熔点流动温度大于 1500℃。

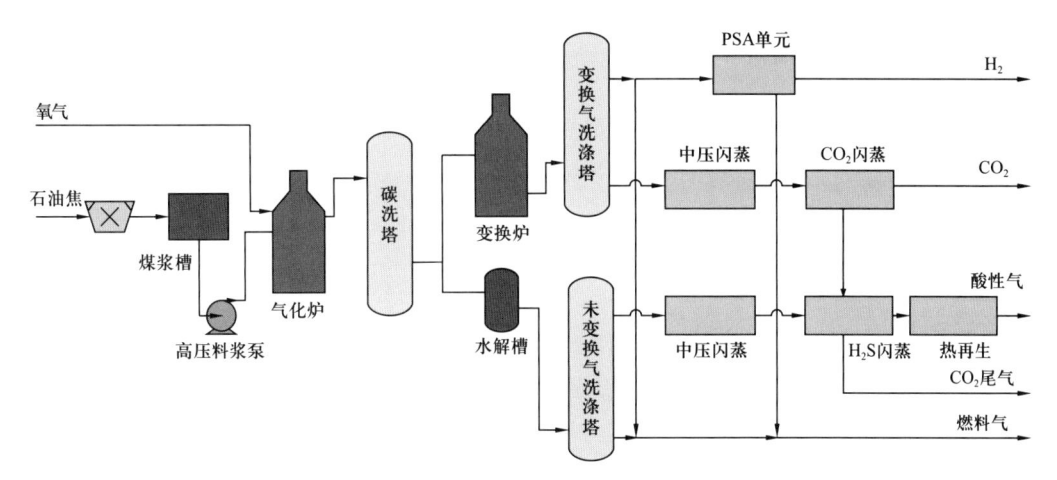

图 6-18　石油焦制氢装置原则工艺流程图

2. 原料煤

通过管带机从码头煤堆场送至石油焦制氢装置，主要性能如下：干燥基灰分含量为 26.1%；灰熔点流动温度为 1180℃。

3. 氧气

氧气来自项目总体空分装置，纯度规格不小于 99.60%（体积分数）。

四、主要"化学品及三剂"的作用和性能

1. 水煤浆（水焦浆）添加剂

主要成分为木质素磺酸盐，作用是添加在料浆中改善料浆的流动性和稳定性。

2. 絮凝剂

主要成分为聚丙烯酰胺，作用是添加在澄清槽内加速黑水中固体悬浮物沉降。

3. 灰水分散剂

主要成分为聚丙烯酸盐，作用是加入低压灰水中阻止灰水中固体颗粒的沉降，防止管线、设备内结垢。

4. 变换催化剂

主要成分为硫化钴和硫化钼，作用是促进气化单元的合成气中的 CO 与水反应，生产 CO_2 和 H_2。

5. 吸附剂

共计 5 种，分别为 A-AS、HXSI-01、HXBC-15B、HX-CO、HX5A-98H/10，主要用来吸收少量的 CO、CO_2、N_2、Ar、NH_3、H_2O 等杂质。

五、产品主要性能和用途

1. 氢气

装置产 5.1MPa、纯度不小于 99.9% 的氢气送至高压氢管网，供加氢装置使用。

2. 合成气

送至燃料气管网。

3. 解析气

由 PSA 单元产生，出装置后与燃料气合并后送至燃料气管网。

六、成本核算口径范围

石油焦制氢装置成本核算范围主要包含气化、CO 变换、低温甲醇洗、PSA、氢气增压五个单元。

（1）直接材料：石油焦、原料煤和氧气。

（2）直接辅助材料：絮凝剂、分散剂、聚铝、碳酸钠、碱液、助熔剂、磷酸钠、变换剂、粗合成气保护剂、水解反应器保护剂、吸附剂。

（3）直接动力：包括由辅助部门提供的新鲜水、循环水、电、蒸汽、仪表风、氮气。

七、成本核算系数

石油焦制氢装置成本核算系数见表 6-18。

表 6-18　石油焦制氢装置成本核算系数

序号	主要产品	成本系数
1	氢气	1
2	解析气	0.4
3	合成气	0.25

八、生产运行中成本控制要点

1. 装置关键工艺技术指标

1）石油焦成浆性能

衡量石油焦成浆性能的指标有成浆浓度、黏度和稳定性。石油焦颗粒表面具有很强的疏水性，石油焦水浆可获得较高的成浆浓度，一般可达到 60% 以上。但石油焦浆稳定性比水煤浆差，需加入稳定剂增加稳定性。

稳定剂用量的增大对水焦浆稳定性的提高具有显著作用，稳定剂的用量与水焦浆稳定性的对数约呈线性关系。同时，稳定剂用量的增大也导致黏度上升，水焦浆的黏度与稳定剂用量呈线性关系。但稳定剂用量增大会增加化学材料成本，需控制在合理的指标范围内。

2）碳转化率

通过改善石油焦气化活性，提高总碳转化率。具体措施包括采用碳浆循环系统、煤和石油焦共气化等，在提高总碳转化率至90%～95%的同时，降低生产成本。

2. 提高目标产品收率措施

（1）调整合适的气化炉参数，提高碳转化率，增加合成气产量。
（2）优化原煤品种，提高碳转化率，增加合成气产量，同时降低采购成本。
（3）调度提前预知，减少燃料气或者氢气放火炬。

3. 降低装置能耗措施

（1）在保证水冷器最小流速条件下，优化水冷器运行，降低循环水用量。
（2）及时调整加热炉"三门一板"，充分发挥加热炉余热回收系统作用，提高加热炉热效率，降低燃料消耗。
（3）根据需求分配好气化炉的运行数量和各气化炉的运行负荷，减少低负荷运行设备，降低单耗。
（4）采用先进的节能技术和设备，选择高效机泵，配置节能电动机，投用变频设备降低电耗。

4. 精细化管理措施

加强设备日常维护保养，延长设备寿命和检维修周期，制定科学合理的设备检维修策略，确保设备运行正常。

第十九节　PSA装置

一、装置生产原理

变压吸附简称PSA，是对气体混合物进行提纯的工艺过程。该工艺以吸附剂内部表面对气体分子的物理吸附为基础，吸附在两种压力之间可逆。

二、工艺流程简述

根据不同气体的分子大小、结构、极性等性质各不相同以及吸附剂对其吸附容量也各不相同这一特点，通常采用多床变压吸附技术，有效去除混合气中的N_2、CO、CH_4、CO_2、H_2O、Ar、O_2、NH_3、H_2S等杂质，生产高纯度的H_2。

PSA装置原料经过原料混合，采用变压吸附的方式生产出符合要求的氢气产品，解吸气作为副产品送制氢装置或作为其他氢提浓单元的原料。

PSA 装置原则工艺流程如图 6-19 所示。

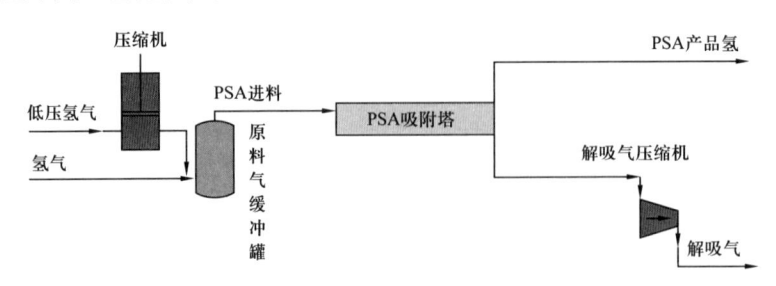

图 6-19 PSA 装置原则工艺流程图

三、主要原料及物性

PSA 装置的原料主要来自各加氢装置脱硫低分气（主要包括渣油加氢低分气、加氢裂化低分气、柴油加氢低分气）、重整富氢气及其他富含氢气的干气组分，杂质主要为 C_1—C_5 的烃类、CO、CO_2 及微量的水。

四、主要"化学品及三剂"的作用和性能

吸附剂：由活性炭、分子筛、硅胶等组成，作用是通过吸附 CO、CO_2 等杂质，提高氢气纯度。

五、产品主要性能和用途

1. 氢气

氢气纯度可达到 99.99%，供加氢装置作原料使用。

2. 燃料气

氢气、干气的混合气体，一般作为制氢原料或其他氢气回收装置的进料。

六、成本核算口径范围

PSA 装置成本核算范围主要包括变压吸附单元。
（1）直接材料：重整富氢气、低分气等富氢气体。
（2）直接辅助材料：吸附剂。
（3）直接燃料：无。
（4）直接动力：包括由辅助部门提供的循环水、电、蒸汽、净化风、氮气等。

七、成本核算系数

PSA 装置成本核算系数见表 6-19。

表 6-19　PSA 装置成本核算系数

序号	主要产品	成本系数
1	氢气	1
2	燃料气	1500 元 /t[①]

① 燃料气定价扣除 1500 元 /t。

八、生产运行中成本控制要点

1. 装置关键工艺技术指标

1）氢气回收率

氢气回收率的设计目标通常为 85%~95%，是 PSA 装置的主要考核指标，其受多种因素的影响。改善原料性质、控制合适的氢气纯度、延长吸附时间、确保程序控制阀运行工况是提高氢气回收率的有效手段。

2）电单耗

电单耗在 PSA 装置能耗中占比较大，电单耗的控制水平决定了 PSA 装置氢气生产成本的高低。

2. 提高目标产品收率措施

（1）稳定原料组成，平稳操作，减少生产波动和非计划停工。

（2）通过选择性价比高的吸附剂，提高氢气产量。

（3）及时调整 PSA 吸附时间，在保证氢气收率的同时合理利用 PSA 解吸气。

3. 降低装置能耗措施

（1）采用先进的节能技术和设备，选择高效机泵，配置节能电动机，投用变频设备降低电耗。

（2）在满足冷却器循环水最低流速的前提下，对冷却器进行调整，降低循环水用量。

（3）冬季防冻期间对存在问题的疏水器及时进行调整更换。非防冻期停用部分蒸汽伴热，减少蒸汽的额外消耗。及时对蒸汽管线保温进行检查修复，减少蒸汽热损，降低装置蒸汽消耗。

4. 精细化管理措施

（1）加强设备日常维护保养工作，延长设备寿命和延长检修周期，制定科学合理的设备检修策略，确保设备运行正常。

（2）加强程序控制阀和液压油的管理，减少漏点。

第二十节 气体脱硫装置

一、装置生产原理

干气、液化气脱硫采用氨法脱硫工艺,在吸收塔内逆向接触,将 H_2S、部分 CO_2 脱除,液化气脱硫醇后进入气分装置。

二、工艺流程简述

氨法脱硫是一种高效、低耗能的湿法脱硫方式,脱硫过程是气液相反应,反应速率快、吸收剂利用率高,能保持脱硫效率95%~99%。

含硫干气进入干气脱硫塔底,贫氨液进入干气脱硫塔顶,与干气逆向接触,脱除 H_2S 和部分 CO_2,脱硫后的干气进入燃料气管网。含硫液化气进入液化气脱硫塔下部,与贫氨液进行逆向接触,脱除 H_2S。干气脱硫塔底和液化气脱硫塔底出来的富氨液汇合后送至富液闪蒸罐闪蒸出富液所溶解的烃类后,富液送至溶剂再生装置进行再生,再生后的贫液循环使用。

气体脱硫装置原则工艺流程如图6-20所示。

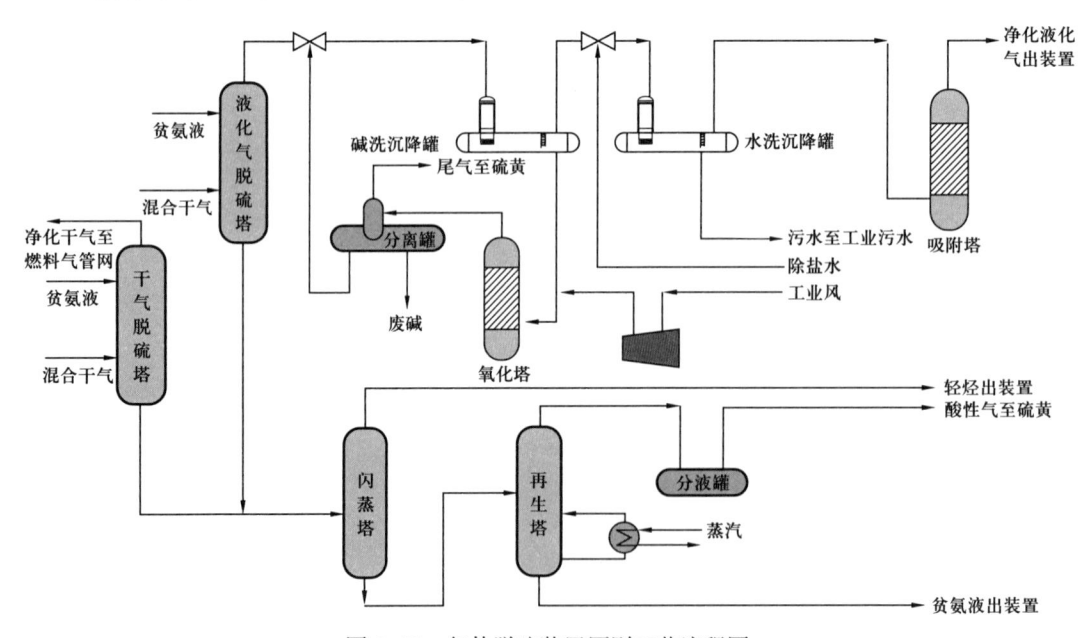

图6-20 气体脱硫装置原则工艺流程图

三、主要原料及物性

1. 干气

H_2S 含量为0.2%~0.5%(体积分数),主要是甲烷、乙烷、乙烯等组分。

2. 液化气

H_2S 含量为 0.2%～0.3%（体积分数），主要是丙烷、丙烯、丁烷、丁烯等组分。

四、主要"化学品及三剂"的作用和性能

1. 氨液

溶剂质量分数为 25%，密度为 1015kg/m³，微黄色的透明液体，能选择性脱除原料中的 H_2S，改善产品质量。

2. 脱硫醇溶剂

由高活性碱性溶剂与多种功能组分匹配复合而成，具有提高脱硫醇效果、减轻盐析效应、降低溶剂消耗、防止铜片腐蚀的作用。

五、产品主要性能和用途

1. 干气

脱硫后硫含量 20μL/L 左右，作为燃料气自用。

2. 液化气

脱硫后硫含量不大于 20μL/L，作为气体分馏装置原料。

六、成本核算口径范围

气体脱硫装置成本核算范围主要为脱硫单元。
（1）直接材料：液化气、干气。
（2）直接辅助材料：氨液、脱硫醇溶剂。
（3）直接燃料：无。
（4）直接动力：包括由辅助部门提供的新鲜水、除盐水、循环水、蒸汽、电、仪表风、氮气。

七、成本核算系数

气体脱硫装置成本核算系数见表 6-20。

表 6-20　气体脱硫装置成本核算系数

序号	主要产品	成本系数
1	液化气	1
2	干气	1500 元 /t[①]
3	酸性气	500 元 /t[②]

① 干气定价扣除 1500 元 /t。
② 酸性气定价扣除 500 元 /t。

八、生产运行中成本控制要点

1. 降低辅助材料消耗措施

（1）根据干气和液化气硫含量，优化贫氨液的用量，降低氨液的循环量。

（2）系统内循环碱液的浓度控制在10%～13%之间，根据系统碱液浓度定期对系统内的碱液进行置换，系统退出的碱液送往催化烟气脱硫装置进行梯级使用，碱渣零排放。

2. 降低装置能耗措施

（1）溶剂再生塔降压操作，减少再沸器蒸汽消耗。

（2）减少氨液和碱液的夹带，根据氨洗水和碱洗水的浓度，降低除盐水的使用量。

（3）采用先进的节能技术和设备，选择高效机泵，配置节能电动机，投用变频设备降低电耗。

（4）控制好循环水温差，节约循环水消耗，加强维护仪表阀门等设施节约风耗。

3. 精细化管理措施

（1）加强设备日常维护保养，延长设备寿命和检维修周期，制定科学合理的设备检维修策略，确保设备运行正常。

（2）细化各项费用开支并严格执行，确保各项费用控制在合理范围内。

（3）开展全员参与的成本控制活动和班组精益管理，增强员工对成本控制的意识。

（4）加强对员工的培训，提高员工的操作技能，保证装置的平稳高效运行。

第二十一节　轻汽油醚化装置

一、装置生产原理

轻汽油醚化装置主要以催化轻汽油和甲醇为原料，在催化剂的作用下，利用轻汽油中的C_4—C_7叔碳烯烃与甲醇发生反应生成甲基叔戊基醚、甲基叔丁基醚等高辛烷值醚类组分。该反应是在液相状态下发生的可逆、放热反应，需要以酸性阳离子交换树脂为催化剂。

二、工艺流程简述

轻汽油醚化装置的工艺技术主要包括Neste（Fortuim）公司的NExTAME技术、CDTECH公司的CDEthers技术、Snamprogetti公司的DET技术、中国石化的CATAFRACT技术、中国石油的LNE技术。

1. NExTAME技术

技术特点是没有甲醇回收系统，流程较简单，设备投资较低。该工艺的C_5和C_6活性烯烃的转化率分别约为90%和65%，C_5活性烯烃转化率略低，但C_6活性烯烃的转化率在各工艺中最高，是因为该工艺不断将 C_6 烯烃循环至第一台醚化反应器。所用的催化剂可在国际上自由采购。

2. CDEthers 技术

技术特点是选择性加氢预处理和醚化反应都采用了催化蒸馏技术。该工艺的 C_5 和 C_6 活性烯烃的转化率保证值分别约为 95% 和 35%，C_5 活性烯烃转化率高，但 C_6 活性烯烃转化率低，所采用的专有催化剂模块费用较高，但模块内催化剂寿命较长。

3. DET 技术

技术特点是采用了水冷式列管反应器，管程装有树脂催化剂，壳程介质为用于移走反应热的循环水；醚化工艺流程较长，设备投资较高，但对原料适应性强。该工艺的 C_5 和 C_6 活性烯烃的总转化率分别为 92%～95% 和 45%～55%。所用的催化剂费用较低，可在国际上自由采购。

4. CATAFRACT 技术

技术特点是采用水洗和选择性加氢方法先将 DCC 催化裂解 C_5 馏分中的有害杂质脱除，再经筒式反应器与催化蒸馏塔组合的醚化工艺完成醚化反应，叔戊烯总转化率不小于 94%，甲基叔戊基醚的选择性不小于 99% 等。

5. LNE 技术

技术特点是采用膨胀床反应器，使催化剂床层处于膨胀状态，催化剂颗粒有不规则的自转和轻微扰动，整个床层的压降小且恒定，床层径向温度分布均匀，不存在局部"热点"，有利于控制反应器超温及抑制副反应的发生。该工艺的 C_5 活性烯烃的总转化率为 90%～96%，C_6 活性烯烃的总转化率为 50% 左右。

轻汽油醚化装置主要分为原料预处理、反应、甲醇回收三个单元。

轻汽油进入水洗塔，除去其中的催化剂毒物。水洗塔顶出来的轻汽油与甲醇混合后进入醚化反应器。醚化反应器流出的反应物进入醚化蒸馏塔进一步反应并实现产品分离。催化蒸馏塔底为醚化产品，塔顶甲醇与剩余 C_5 共沸物进入甲醇萃取塔，与从甲醇回收塔底来的萃取水逆流接触，将萃取塔顶的抽余油送出装置。塔底甲醇/水混合液进入甲醇回收塔，将水和甲醇分离，甲醇循环使用。

轻汽油醚化装置原则工艺流程如图 6-21 所示。

三、主要原料及物性

装置原料主要包括催化轻汽油和甲醇。

1. 催化轻汽油

C_4、C_5、C_6 的叔碳烯烃含量为 15%～30%，硫含量小于 10μg/g。

2. 甲醇

外购的国家标准一级品工业甲醇。

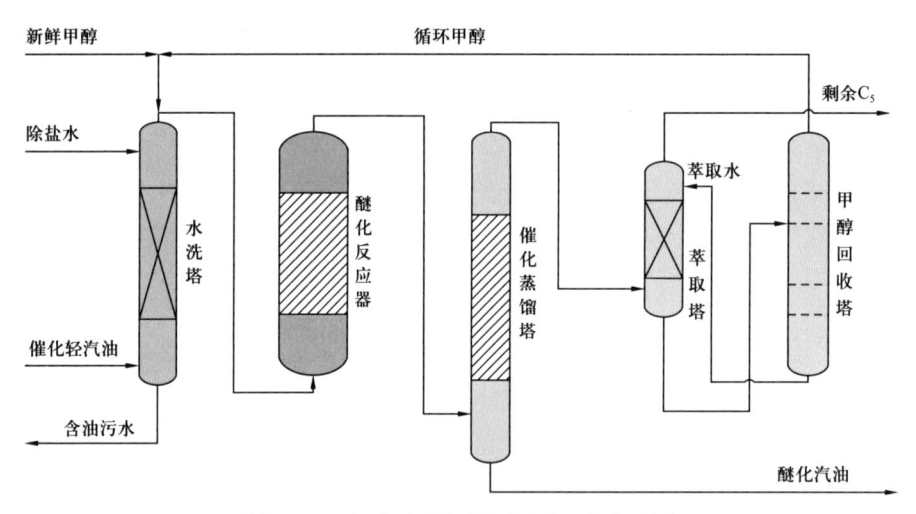

图 6-21 轻汽油醚化装置原则工艺流程图

四、主要"化学品及三剂"的作用和性能

1. 醚化催化剂

大孔强酸性阳离子交换树脂，作用为促进醚化反应。

2. 萃取水净化剂

用于净化萃取水，减缓设备及管线的腐蚀。

五、产品主要性能和用途

轻汽油醚化装置产品为醚化汽油，主要用于调和汽油产品。

六、成本核算口径范围

轻汽油醚化装置成本核算范围包括原料预处理（含脱二烯烃）、反应、甲醇回收三个单元。

（1）直接材料：催化轻汽油、甲醇。

（2）直接辅助材料：醚化催化剂、萃取水净化剂等。

（3）直接燃料：无。

（4）直接动力：包括由辅助部门提供的新鲜水、循环水、除盐水、电、蒸汽、仪表风、氮气。

七、成本核算系数

轻汽油醚化装置成本核算系数见表 6-21。

表 6-21 轻汽油醚化装置成本核算系数

序号	主要产品	成本系数
1	醚化汽油	1
2	未反应 C_5	0.98

八、生产运行中成本控制要点

1. 装置关键工艺技术指标

1）醇烯比

在纯醚化反应中，为了提高异丁烯转化率和减少副反应，甲醇进料量一般比理论值大一点，但如果甲醇进料量过大时，甲醇会自聚产生大量的二甲醚，过量甲醇也不利于后续分离。因此，须将醇烯比控制在合适的指标范围内。

2）轻汽油终馏点

催化轻汽油由催化裂化全馏分汽油分馏得到，随着轻汽油中叔碳烯烃碳原子数增加，轻汽油醚化反应速率逐渐变慢，转化率降低，反应条件也相应苛刻。同时，随着烯烃碳原子数的增加，生成相应醚的辛烷值也趋于下降。轻汽油中 C_7 及 C_7 以上的叔碳烯烃醚化转化率很低，醚化后其辛烷值提高很少。轻汽油中 C_7 及 C_7 以上重组分的增加，加大了醚化过程的处理量，也增加了操作成本。因此，在轻汽油切割时，要尽量保证 C_5、C_6 叔碳烯烃从轻汽油分馏塔顶馏出，即一般选择轻汽油的终馏点不大于75℃。

3）反应温度

反应温度对于活性烯烃转化率及选择性都有较大影响，低于催化剂设计下限指标，反应速率低，转化率下降；高于催化剂设计上限指标，醚化反应向逆向进行，转化率也下降，并且高温会造成催化剂失活。因此，必须控制反应温度在合理的指标范围内。

4）催化蒸馏塔压力

催化蒸馏塔压力与反应段的温度有直接关系，塔的操作压力越高，反应段床层温度越高，反之亦然。但是提高催化蒸馏塔压力后，塔底重沸器负荷增加，装置能耗增加。因此，催化蒸馏塔压力应控制在合理指标范围内。

2. 提高目标产品收率措施

（1）保证原料来量、组成稳定，平稳操作，减少生产波动和非计划停工。

（2）对剩余 C_5 及时分析，调整醚化反应操作，提高目标产物收率。

3. 降低辅助材料消耗措施

（1）根据原料中碱性氮化物和金属离子等杂质含量及时调整水洗水用量，最大限度延长醚化催化剂使用寿命。

（2）密切监控反应器内部各床层温度，查看是否存在个别温度点超高或异常情况，判断是否有催化剂内部堵塞、结焦或沟流现象。

（3）根据原料性质的不同，及时调整醇烯比，降低甲醇循环量，减少甲醇回收塔的负荷。

4. 降低装置能耗措施

（1）采用先进的节能技术和设备，选择高效机泵，配置节能电动机，投用变频设备降低电耗。

（2）在满足冷却器循环水最低流速的前提下，对冷却器进行调整，降低循环水用量。

（3）冬季防冻期间对存在问题的疏水器及时进行调整更换。非防冻期停用部分蒸汽伴热，减少蒸汽的额外消耗。及时对蒸汽管线保温进行检查修复，减少蒸汽热损，降低装置蒸汽消耗。

（4）在保证质量合格的情况下，尽量减少回流量，从而减少塔底再沸蒸汽的使用量。

（5）夏季及时采取空冷清洗等措施，降低醚化分馏塔顶空冷冷后温度，减少塔顶气外排损失。

5. 精细化管理措施

（1）加强设备日常维护保养工作，延长设备寿命和延长检修周期，制定科学合理的设备检修策略，确保设备运行正常。

（2）加强防腐监测，合理使用净化水萃取剂，确保设备长周期运行。

第二十二节　C_5/C_6 异构化装置

一、装置生产原理

C_5/C_6 异构化装置以直馏或加氢裂化低于60℃（C_5）或低于80℃（C_5 及 C_6）轻馏分、轻重整生成油、轻加氢裂化产物和抽余油等作为原料，采用低温液相加氢异构化技术，生产高辛烷值的异构化油。

二、工艺流程简述

C_5/C_6 异构化装置的工艺技术按工艺流程分为基本工艺流程和组合工艺流程。

（1）基本工艺流程。

基本工艺流程又称"一次通过"流程。该技术装置投资低，操作简单，C_5/C_6 异构化原料油进入原料缓冲罐，反应原料与氢气混合经换热、加热炉加热至反应温度进入反应器发生异构化反应，反应产物经稳定后作为汽油调和组分出装置。

"一次通过"流程根据异构化催化剂种类不同会增加相应的原料精制单元，对于固体超强酸催化剂，则需增设原料干燥脱水—再生处理单元，将原料含水量控制在 5μg/g 以下；对于氯化氧化铝催化剂，需增加原料脱氮、脱硫、脱氧、脱氯、脱水等精制单元，将原料中的氮、硫、氧、水含量控制在 0.1μg/g 以下。

（2）组合工艺流程。

该工艺可以生产高辛烷值异构化产物。组合工艺流程的选择与异构化原料的性质、异构化产品辛烷值要求以及设备投资有关，其中原料性质决定了采用何种组合工艺。"脱异戊烷塔+异构化反应"流程适用于异戊烷组分较多的原料，异戊烷含量越高，产品辛烷值越高；"异构化反应+脱异己烷塔"流程适用于己烷组分较多的原料，己烷含量越高，产品辛烷值越高；全异构化组合工艺适用于 C_5 和 C_6 组分比例相近的原料，异构化产物的辛烷值在 90 左右。

C_5/C_6 异构化装置的工艺技术按催化剂的使用分为沸石 C_5/C_6 异构化、固体超强酸异构化。

（1）沸石 C_5/C_6 异构化。

该工艺的主要特点如下：① 异构化催化剂是采用多组元沸石组成的复合载体，催化剂可以根据不同原料组成适当调整酸性功能，以发挥其最佳性能。② 异构化催化剂采用独特的浸渍技术，保证活性组分在载体上均匀分布，提高催化剂的活性，同时避免工业浸渍过程中的母液循环，减少环境污染，降低生产成本。③ 异构化催化剂活性组分为还原态，减少工业应用还原过程中其他因素对催化剂活性的影响，简化开工步骤，开工时间短。④ 催化剂具有良好的再生性能。⑤ 可以与各种分离技术结合成生产不同辛烷值的组合工艺，产品研究法辛烷值可达 80~90。⑥ 催化剂具有较强的抗杂质的能力。⑦ 可以以较小的投资将闲置的预加氢或重整装置改建为 C_5/C_6 异构化装置。

（2）固体超强酸异构化。

该工艺的主要特点如下：① 采用纳米晶粒 SO_4^{2-}/ZrO_2 固体超强酸催化剂，催化剂的酸性分布更合理，异构化转化率高。② 采用独特的金属浸渍技术，金属分布更均匀，异构化活性更高。③ 催化剂稳定性好，工业装置单程运转周期预计 3~4 年，总寿命 10 年以上。④ 催化剂具有良好的再生性能。⑤ 可与各种分离技术结合形成生产不同辛烷值的组合工艺，产品研究法辛烷值可达 82~90。⑥ 超强酸异构化催化剂对异构化原料（原料油及补充氢）的杂质含量要求较宽松。

C_5/C_6 异构化装置主要由预处理、反应分馏、干燥再生三个单元组成。

经过分馏、脱硫、干燥后的异构化原料与干燥氢气混合后，加热至反应温度进入异构化反应器。反应产物进入稳定塔简单分离，稳定塔顶气经碱洗后送至燃料气管网，稳定塔底油进入脱异构化油塔，自脱异构化油塔侧线抽出作为干燥再生单元再生溶剂后再与塔底物料混合后，作为异构化油产品送出装置。

异构化原则工艺流程如图 6-22 所示。

三、主要原料及物性

C_5/C_6 异构化装置的主要原料为轻石脑油。

轻石脑油：主要是烷烃的混合 C_5/C_6 馏分，来源为直馏石脑油、重整抽余油、加氢裂化石脑油等，一般要求 C_4 含量小于 20%、C_{7+} 含量小于 2%。

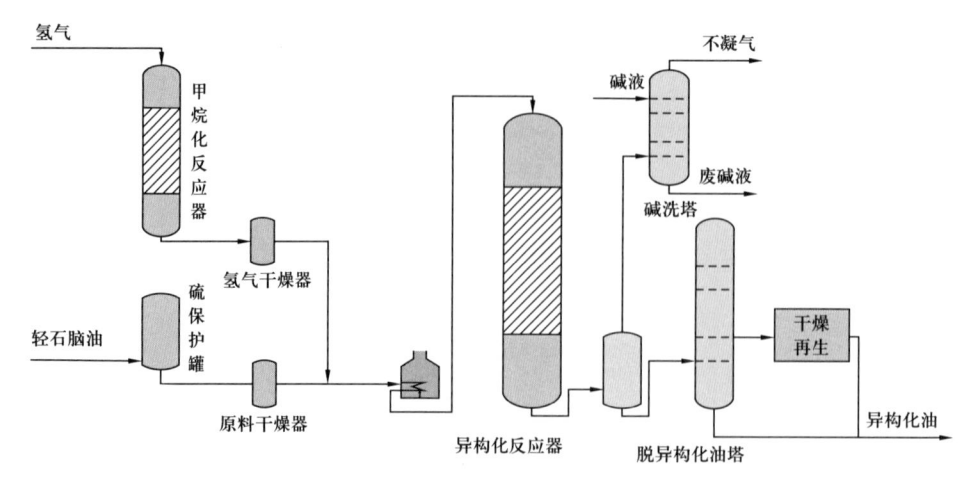

图 6-22　异构化原则工艺流程图

四、主要"化学品及三剂"的作用和性能

1. 异构化催化剂

使 C_5/C_6 烷烃在低温情况下发生加氢异构化反应，载体为硫酸化氧化锆，活性金属为铂，活性金属含量约为 0.25%，装填在异构化反应器中，使用寿命为 8 年。

2. 甲烷化催化剂

用于脱除氢气中的 CO，使用寿命约 3 年。

3. 脱硫剂

脱除原料中的硫，装填在硫保护罐中，活性组分为 Ni-Cu，使用寿命约 1 年。

4. 分子筛

用于脱除氢气和原料油中的微量水，使用寿命约 1 年。

5. 四氯乙烯

又称全氯乙烯，用于维持催化剂的活性。

6. NaOH 溶液

用于中和吸收不凝气中的 HCl，减少装置腐蚀。

五、产品主要性能和用途

C_5/C_6 异构化装置的主要产品为高辛烷值的异构化汽油，副产干气及液化气。

1. 异构化汽油

作为汽油调和组分，研究法辛烷值不小于 82，饱和蒸气压不大于 125kPa。

2. 干气及液化气

送入燃料气管网或轻烃回收装置。

六、成本核算口径范围

C_5/C_6异构化装置成本核算范围包括预处理、反应稳定碱洗、干燥再生三个单元。

（1）直接材料：轻石脑油。

（2）直接辅助材料：异构化催化剂、甲烷化催化剂、脱硫剂、分子筛等。

（3）直接燃料：燃料气。

（4）直接动力：包括由辅助部门提供的新鲜水、循环水、电、蒸汽、仪表风、氮气。

七、成本核算系数

C_5/C_6异构化装置成本核算系数见表6-22。

表6-22 C_5/C_6异构化装置成本核算系数

序号	主要产品	成本系数
1	异构化汽油	1
2	液化气	0.8

八、生产运行中成本控制要点

1. 装置关键工艺技术指标

1）反应温度

异构化催化剂类型不同，所需的反应温度也不同。反应温度是影响异构化催化剂活性的主要因素，温度提高，催化剂活性增强，C_5和C_6的转化率提高，裂解副反应随之增加。综合考虑异构化活性和产品的液体收率，反应温度应控制在一定的范围内，随着运转时间的增加，催化剂活性逐渐下降，需要适当提高温度，以弥补催化剂活性的降低。对于沸石催化剂，反应温度一般为240～300℃；对于固体超强酸催化剂，反应温度一般为140～210℃。

2）反应压力

异构化反应是等分子反应，因此反应压力对异构化反应影响不大，但为了降低催化剂结焦速率、延长催化剂的使用寿命，要维持一定的反应压力，各种异构化催化剂的反应压力一般为1.5～3.5MPa。沸石催化剂尤其适合较低压力（1.3MPa）的加氢装置改造用。

3）反应空速

反应空速和催化剂的类型有关，沸石催化剂的重时空速为$1.0h^{-1}$左右，固体超强酸催化剂的重时空速为$1.5～2.0h^{-1}$。

4）氢油比

氢油比对异构化催化剂生焦（失活）速率的影响较大。氢油比降低，催化剂生焦（失活）速率加快；氢油比提高，催化剂的生焦（失活）速率降低。沸石和固体超强酸催化剂的氢油物质的量比为1~4。

2. 提高目标产品收率措施

（1）保证原料来量、组成稳定，平稳操作，减少生产波动和非计划停工。
（2）调整异构化反应操作条件，增加异构化反应深度，提高目标产品收率。
（3）优化分馏塔和脱异构化油塔操作，减少副产品产量，提高目标产品收率。

3. 降低辅助材料消耗措施

（1）根据催化剂反应性能，适度添加四氯乙烯，减少装置的腐蚀并减少碱液用量。
（2）根据原料性质的不同，及时调整氢气用量，减少辅料损耗。

4. 降低装置能耗措施

（1）优化加热炉操作，提高加热炉效率，降低燃料消耗。
（2）采用先进的节能技术和设备，选择高效机泵，配置节能电动机，投用变频设备降低电耗。
（3）在满足冷却器循环水最低流速的前提下，对冷却器进行调整，降低循环水用量。
（4）冬季防冻期间对存在问题的疏水器及时进行调整更换。非防冻期停用部分蒸汽伴热，减少蒸汽的额外消耗。及时对蒸汽管线保温进行检查修复，减少蒸汽热损，降低装置蒸汽消耗。
（5）在保证质量合格的情况下，尽量减少回流量，从而减少塔底再沸蒸汽的使用量。
（6）夏季及时采取空冷清洗等措施，降低分馏塔顶空冷冷后温度，减少塔顶气外排损失。

5. 精细化管理措施

（1）加强设备日常维护保养工作，延长设备寿命和延长检修周期，制定科学合理的设备检修策略，确保设备运行正常。
（2）加强防腐监测，确保设备长周期运行。

第二十三节　烃重组装置

一、装置生产原理

烃重组装置以加氢重汽油为原料，生产高辛烷值汽油，并为乙烯装置提供原料。烃重组的生产原理是通过萃取分离的手段将催化加氢后的重汽油组分重新组合，从混合馏分中萃取出芳烃油调入汽油；同时副产化工轻油作为乙烯裂解原料。

二、工艺流程简述

HR™烃重组技术是北京金伟晖工程技术有限公司开发的一项新型催化汽柴油处理技术。该技术是将汽柴油原料中的各组分进行分离与重组,从而达到获得高辛烷值汽油等目标产品的目的。中国石油烃重组装置有乌鲁木齐石化的 $40×10^4$ t/a 的烃重组装置、吉林石化的 $80×10^4$ t/a 烃重组装置,两套装置均加工催化裂化汽油。

HR™烃重组技术的工艺流程中不发生化学反应,通过组分重组的办法将催化汽油中的高辛烷值组分分离出来,其他低辛烷值组分根据特性,按照化工轻油等进行加工或销售。烃重组工艺既能提高汽油产品的辛烷值,又能达到合理利用低辛烷值组分的目的。

HR™烃重组技术的主要工艺特点如下:(1)不需要化学反应,即达到提高催化汽油辛烷值的目的;(2)可根据需要调整汽油产量、增加柴油量产;(3)可为化工生产提供原料,调节炼油、化工生产平衡;(4)工艺能耗偏高,工业生产装置能耗达到了 30kg 标准油/t 原料。

烃重组装置由抽提、水洗、溶剂回收三个单元组成。

以催化裂化装置选择性加氢后的重汽油馏分(馏程为 65~204℃)为原料,利用原料中各组分在溶剂中的溶解度不同,通过液液萃取的方式,分离芳烃与非芳烃。

抽提塔顶分离出抽余油组分送至抽余油水洗部分,经水洗处理得到化工轻油;抽提塔底富溶剂再经反萃取塔,塔顶部分离出芳烃组分,塔底富溶剂送至返洗塔,通过蒸馏的方法,将富溶剂中的轻非芳烃组分从塔顶蒸出,返洗塔顶物作为返洗液送回反萃取塔,返洗塔底富溶剂送至回收塔,通过蒸馏的方法,塔顶分离出芳烃油组分,塔底溶剂返回至抽提塔循环使用。

烃重组装置原则工艺流程如图 6-23 所示。

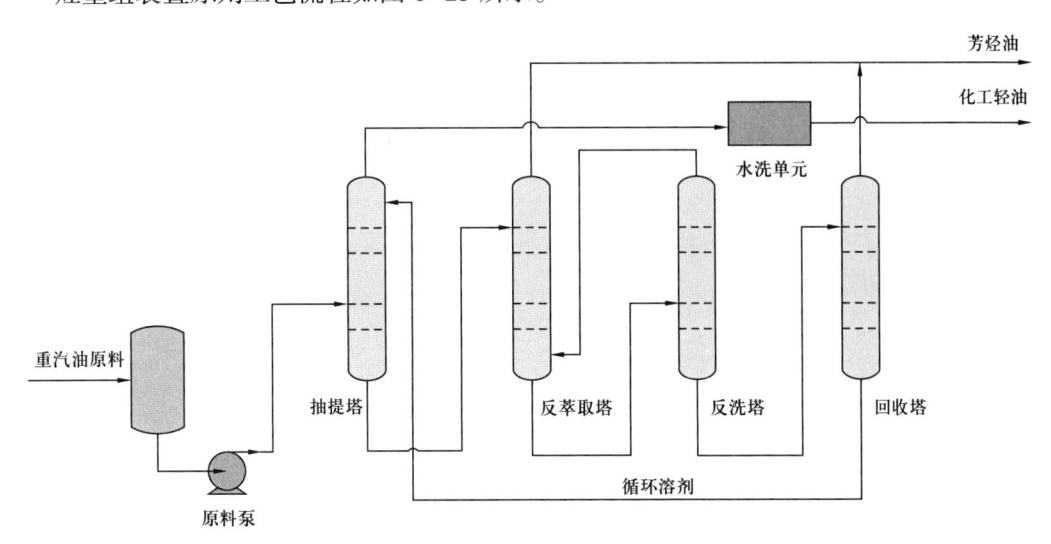

图 6-23 烃重组装置原则工艺流程图

三、主要原料及物性

重汽油：催化粗汽油经加氢装置处理后得到的汽油组分，辛烷值较低、芳烃含量较高，烯烃含量较低，硫含量不大于 10μg/g。

四、主要"化学品及三剂"的作用和性能

1. 环丁砜

密度 1250kg/m³ 左右，呈碱性，作为溶剂选择性溶解原料重汽油中的理想组分。

2. 单乙醇胺

外观透明淡黄黏性液体，无悬浮物，密度与水接近，主要用于提高溶剂 pH 值，减缓溶剂降解，保持溶剂性能稳定，使循环溶剂质量始终处于较好水平，提高抽提效率。

五、产品主要性能和用途

1. 芳烃油

密度约 780kg/m³、研究法辛烷值 95 左右，作为高标号汽油调和组分。

2. 化工轻油

密度约 700kg/m³、馏程 68～130℃，经加氢处理后作为乙烯装置原料。

六、成本核算口径范围

烃重组装置成本核算范围主要包括芳烃抽提、溶剂回收两个单元。根据装置特点，芳烃油、化工轻油按主产品核算，装置自产低压蒸汽按副产品核算。

（1）直接材料：加氢重汽油。
（2）直接辅助材料：环丁砜、单乙醇胺。
（3）直接燃料：无。
（4）直接动力：包括由辅助部门提供的新鲜水、除盐水、循环水、电、蒸汽、仪表风、氮气。

七、成本核算系数

烃重组装置成本核算系数见表 6-23。

表 6-23　烃重组装置成本核算系数

序号	主要产品	成本系数
1	芳烃油	1
2	柴油	0.97
3	化工轻油	0.9

八、生产运行中成本控制要点

1. 装置关键工艺技术指标

1）溶剂比

溶剂比是进入抽提塔的溶剂量与进料量之比。溶剂比增大,溶剂溶解的芳烃就多,芳烃回收率上升,但提取相中的非芳烃量也上升,使芳烃纯度下降;相反,溶剂比减小,则芳烃回收率降低,但纯度增加。同时溶剂比增大,设备投资和操作费用也增大,所以在保证一定的芳烃回收率的前提下应尽量降低溶剂比,一般溶剂比控制在 2.0~4.0 之间。

2）返洗比

为提高芳烃纯度,常将溶剂回收塔中分离出的一部分芳烃打入抽提塔下部作返洗,称为返洗芳烃。返洗比是返洗芳烃量与进料量的比值,它是控制芳烃纯度的重要手段。返洗比越大,则进入抽提塔下部的轻质芳烃将更多地替换出已溶的非芳烃,则芳烃的纯度越高,但返洗比太大影响芳烃收率;反之返洗比小,则芳烃的纯度下降。返洗比的选取与原料中芳烃含量有关,原料中芳烃浓度高时,返洗比可以小一些。在操作中,返洗比和溶剂比具有一定的互换性。降低溶剂比在一定程度上具有提高返洗比的作用,增加溶剂比具有降低返洗比的作用。因此,当提高溶剂比以增加芳烃回收率时,应同时适当提高返洗比,以保证芳烃纯度,一般返洗比控制在 0.05~0.2 之间。

3）抽提操作压力

抽提操作压力一般控制在原料油饱和蒸气压之上,此压力主要是保证抽提塔在液相下工作。塔内若发生汽化,则不利于抽提操作。因此,压力的确定应参考原料油性质,保证抽提在液相下进行。原料的初馏点低时,应采用较高的压力,目的是使抽提塔内的原料油不汽化,使抽提在液相下进行操作。一般抽提操作压力控制在 0.75~1.0MPa 之间。

2. 提高目标产品收率措施

(1) 稳定控制抽提系统各操作参数,平稳操作,减少生产波动和非计划停工,合理安排生产计划。

(2) 通过优化工艺条件和调整工艺小指标范围提高产品收率,从而降低生产成本。

(3) 维护好机泵、管线等设备设施,消除跑、冒、滴、漏,及时回炼检维修、采样等收集的物料,降低加工损失。

3. 降低辅助材料消耗措施

(1) 控制好返洗塔、回收塔底温度符合工艺卡指标,避免超温导致溶剂分解。

(2) 根据溶剂 pH 值,及时加注单乙醇胺,控制溶剂 pH 值在合理范围,保持溶剂性能稳定。

(3) 控制好芳烃油、化工轻油溶剂含量,减少溶剂消耗。

4. 降低装置能耗措施

(1) 采用先进节能技术设备,选择高效机泵,配置节能电动机,投用变频设备降低电耗。

（2）控制好循环水温差，节约循环水消耗，加强维护仪表阀门等设施节约风耗。

5. 精细化管理措施

（1）加强设备日常维护保养，延长设备寿命和检维修周期，制定科学合理的设备检维修策略，确保设备运行正常。

（2）细化各项费用开支并严格执行，确保各项费用控制在合理范围内。

（3）开展全员参与的成本控制活动和班组精益管理，增强员工对成本控制的意识。

（4）加强对员工的培训，提高员工的操作技能，保证装置的平稳高效运行。

第二十四节 干气分离装置

一、装置生产原理

脱除炼厂干气中大部分的甲烷、氢气、氮气及氧气等杂质后得到 C_2 提浓气，然后视实际情况采用专有脱氧催化剂将提浓气中的微量氧气和 NO_x 深度脱除后送入乙烯装置。

二、工艺流程简述

干气分离装置由催化干气回收、焦化干气回收及汽油吸收三个单元组成。

原料为来自催化裂化装置的催化干气、延迟焦化装置的焦化干气，辅料为来自轻烃分离装置的正丁烷、加氢裂化装置的重石脑油、高压氢气，主要产品为富乙烯气和富乙烷气，同时副产抽出轻烃。

催化干气回收单元以催化净化干气为原料，得到的富乙烯气送至乙烯装置的碱洗塔；焦化干气回收单元以焦化净化干气为原料，得到的富乙烷气产品送往乙烯装置裂解炉；吸收尾气排入燃料气管网；抽出轻烃送至乙烯罐区；抽出汽油送至常减压石脑油稳定塔。C_4 吸收塔顶未被吸收的氢气、氮气、甲烷等不凝气中夹带部分 C_4 吸收剂，汽油吸收单元的目的是回收不凝气中夹带的这部分 C_4 吸收剂。

干气分离装置原则工艺流程如图 6-24 所示。

三、主要原料及物性

1. 催化干气

主要有氮气、氢气、甲烷、乙烷、乙烯等组分，分离出其中的乙烷、乙烯作为乙烯装置原料。

2. 焦化干气

主要有氢气、甲烷、乙烷、乙烯等组分，分离出其中的乙烷、乙烯作为乙烯装置原料。

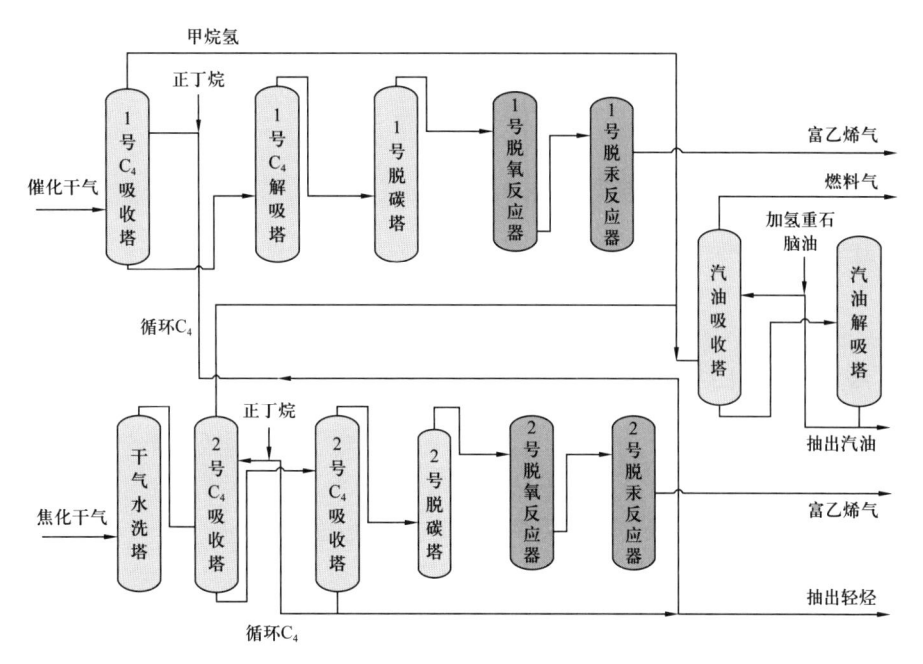

图 6-24　干气分离装置原则工艺流程图

3. 正丁烷

作为 C_4 吸收剂，吸收干气中的 C_2 组分。

4. 重石脑油

汽油吸收剂，用作吸收甲烷氢中的 C_4 组分，以回收甲烷氢夹带的 C_4。

四、主要"化学品及三剂"的作用和性能

1. 脱氧催化剂

Mo-Ni-S 体系，用于脱除 C_2 提浓气中的氧气和 NO_x。

2. 脱汞催化剂

形式为负载型金属硫化物，硫化铜负载在氧化铝载体上，具有一定的耐水性，可脱除气体中的单质汞和有机汞。

3. 脱碳剂

MDEA 复合胺溶液，用于脱除气体中的二氧化碳和硫化氢。

五、产品主要性能和用途

1. 富乙烯气

主要为乙烷、乙烯及少量的甲烷、丙烯、丙烷、正丁烷等，作为乙烯装置原料。

2. 富乙烷气

主要为乙烷及少量的甲烷、乙烯、丙烯、丙烷、正丁烷等，作为乙烯装置原料。

3. 抽出轻烃

排放的正丁烷作为抽出轻烃，送往乙烯装置。

4. 燃料气

进入燃料气管网。

六、成本核算口径范围

干气分离装置成本核算范围主要包括 C_4 吸收、精制、汽油吸收三个单元。
（1）直接材料：催化干气、焦化干气、正丁烷、重石脑油等。
（2）直接辅助材料：脱氧催化剂、脱汞催化剂、脱碳剂。
（3）直接燃料：无。
（4）直接动力：包括由辅助部门提供的新鲜水、循环水、电、蒸汽、仪表风、氮气。

七、成本核算系数

干气分离装置成本核算系数见表 6-24。

表 6-24 干气分离装置成本核算系数

序号	主要产品	成本系数
1	富乙烷气	1
2	富乙烯气	1.1
3	抽出轻烃	0.75

八、生产运行中成本控制要点

1. 提高目标产品收率措施

选择合适的 C_4 循环量，提高装置的 C_2 回收率，同时控制循环水、蒸汽、电等消耗，保证装置效益。

2. 降低辅助材料消耗措施

选择合适的汽油循环量，回收甲烷氢中夹带的 C_4 组分，减少正丁烷的损失。

3. 降低装置能耗措施

（1）在保证水冷器最小流速条件下，优化水冷器运行，降低循环水用量。
（2）根据产品气中的甲烷含量，优化操作，降低电耗及蒸汽耗量。
（3）根据产品气中的氧含量，选择合适的脱氧反应温度，控制高压蒸汽耗量。

（4）根据催化干气及焦化干气的进料量，优化压缩机操作，降低电耗。

4. 精细化管理措施

（1）加强设备日常维护保养，延长设备寿命和检维修周期，制定科学合理的设备检维修策略，确保设备运行正常。

（2）细化各项费用开支并严格执行，确保各项费用控制在合理范围内。

（3）开展全员参与的成本控制活动和班组精益管理，增强员工对成本控制的意识。

（4）加强对员工的培训，提高员工的操作技能，保证装置的平稳高效运行。

第二十五节 硫黄回收装置

一、装置工艺原理

硫黄回收主要采用的工艺为克劳斯法硫黄回收工艺和液相氧化法硫黄回收工艺，其中装置使用普遍的为克劳斯法（Claus）硫黄回收工艺。酸性气经高温燃烧、催化反应后，生产气相硫，采用逐级冷凝的方法回收液体硫黄。产生的过程尾气进行加氢还原反应，其中的 SO_2 全部转化为 H_2S，再将产生的 H_2S 进行吸收处理，过程尾气最后通过焚烧炉焚烧和烟气脱硫吸收后排至大气。

二、工艺流程简述

Claus 制硫：酸性气送至 Claus 单元主燃烧炉后，进行氧化反应，1/3 的酸性气燃烧生成 SO_2。过程气通过 Claus 制硫催化剂，H_2S 与 SO_2 发生催化反应生成气相硫，然后气相硫通过冷凝后得到液体硫黄。

溶剂再生单元产生的再生酸性气和酸性水汽提单元产生的汽提酸性气送至 Claus 单元主燃烧炉进行氧化反应。产生的过程气进入两级催化反应器进行催化反应，每个催化反应器出口设置液体硫黄冷却器，催化反应生成的气相硫通过冷凝后转化成液体硫黄，液体硫黄进入硫池进行脱除 H_2S 处理后送至液体硫黄罐区。

尾气处理工艺主要采用 SCOT 工艺技术和 RAR 工艺技术。

SCOT 工艺技术是还原吸收类尾气处理工艺的典型代表，也是目前最广泛使用的尾气处理工艺。SCOT 工艺是将 Claus 部分的尾气通过在线还原炉加热并提供还原介质，在加氢反应器内，各种含硫组分加氢还原成为 H_2S。加氢反应器出来的尾气经急冷塔降温、胺液吸收后，剩余的惰性气体焚烧排放，再生处的 H_2S 返回至 Claus 部分进行硫回收。

RAR 工艺技术是 Claus 尾气使用蒸汽对其进行加热后达到一定的反应器温度，在加氢反应器中，利用加氢还原反应，使尾气中的其他形态的硫转化为 H_2S。含有 H_2S 的气相经尾气急冷塔降温，再利用胺液选择性吸收循环的方法将 H_2S 返回至制硫炉进行硫回收，以达到高回收率的工艺。Claus 部分产生的过程尾气通过加氢还原处理，将其中的 SO_2 全

部转化为 H_2S。然后利用 MDEA 溶剂对过程气中的 H_2S 进行选择吸收，脱除其中的 H_2S。经过吸收后的过程尾气进入焚烧炉，其中的 H_2S 转化为 SO_2，含有 SO_2 的烟气通过碱液吸收达标后排至大气。

硫黄回收装置原则工艺流程如图 6-25 所示。

三、主要原料及物性

1. 再生酸性气

各溶剂再生装置产生的混合酸性气。

2. 汽提酸性气

各酸性水汽提装置所产生的混合酸性气。

四、主要"化学品及三剂"的作用和性能

1. 催化剂

主要作用是使过程气中的 H_2S 和 SO_2 反应生成单质硫。

2. 缓蚀剂

主要作用是防止溶剂再生系统换热器以及管道腐蚀泄漏，延长装置运行周期。缓蚀剂注入于重沸器返塔管线以及塔顶出口管线。

3. 脱硫剂

主要作用是吸收上游各装置含硫气体中的 H_2S。吸收 H_2S 的脱硫剂进行集中再生，分解逸出原吸收的 H_2S，使硫得到回收，避免硫元素排至大气，污染环境。

4. 磷酸三钠

主要作用是调节炉水 pH 值，防止汽包积垢。

五、产品主要性能和用途

硫黄装置的主要产品为液体工业硫黄，用于农业和制药业。

六、成本核算口径范围

硫黄回收装置成本核算范围主要包括溶剂再生、酸性水汽提和硫黄回收三个单元。
（1）直接材料：富胺液、酸性水。
（2）直接辅助材料：催化剂、缓蚀剂、脱硫剂、磷酸三钠。
（3）直接燃料：燃料气（自产干气，天然气）。
（4）直接动力：包括由辅助部门提供的新鲜水、循环水、电、蒸汽、工业风、仪表风、氮气、除盐水、除氧水。

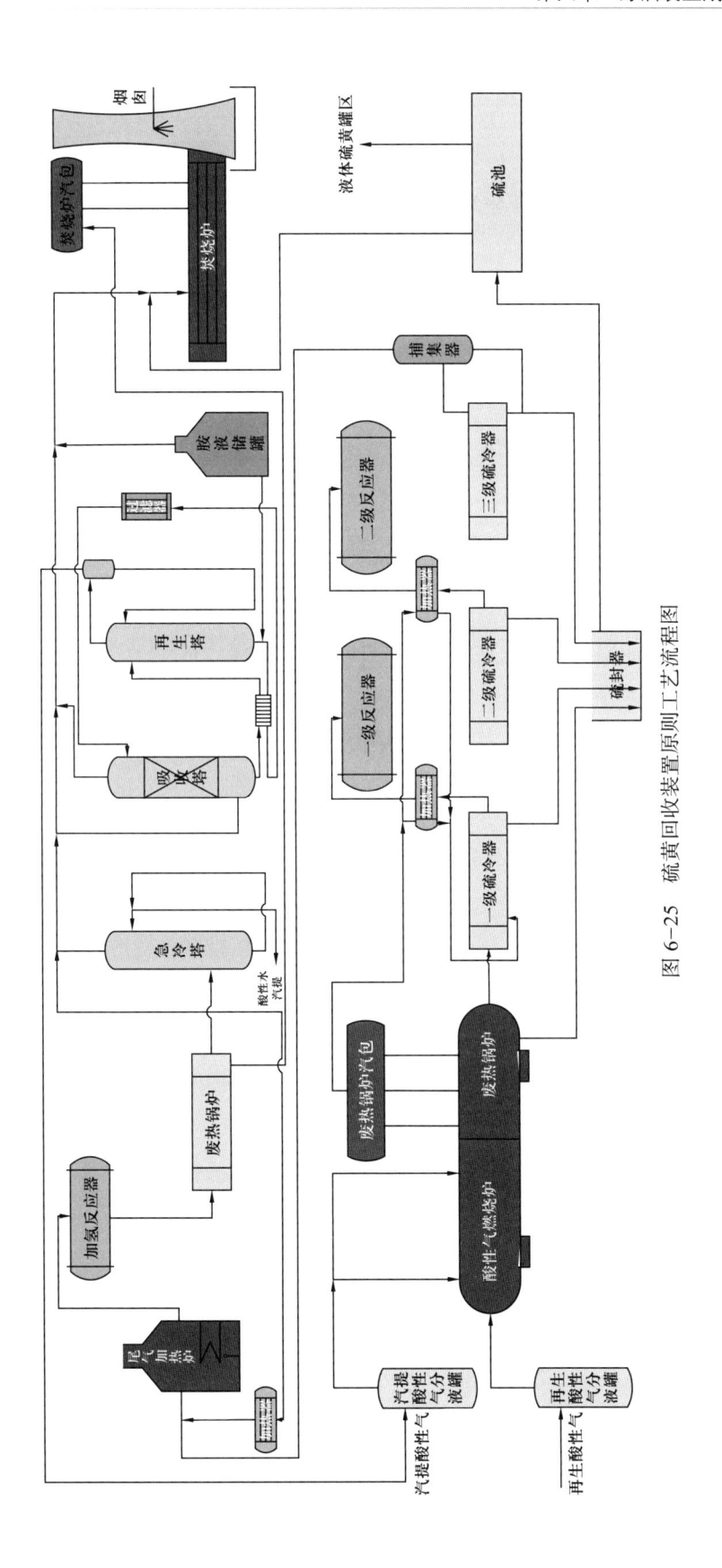

图 6-25 硫黄回收装置原则工艺流程图

七、成本核算系数

硫黄回收装置成本核算系数见表6-25。

表6-25 硫黄回收装置成本核算系数

序号	主要产品	成本系数
1	硫黄	1
2	蒸汽	按同等级蒸汽成本①

① 蒸汽定价扣除。

八、生产运行中成本控制要点

1. 装置关键工艺技术指标

1）主炉温度

主炉温度根据调整再生酸性器进入二区流量来调整一区温度，保证主炉温度为1250~1400℃，在此温度下可保证将酸性气中氨完全燃烧。

2）加氢反应器氢气浓度

硫黄Claus尾气中含有H_2S及部分SO_2，进入加氢反应器后通过加入氢气控制氢气浓度为1.5%~5%，保证尾气中的SO_2全部还原成H_2S至尾气处理进行吸收。

3）反应器压降

Claus催化剂床层压降是装置运行的重要参数。压降是导致硫黄装置运行负荷大小的最主要原因，许多装置因反应器床层压降高而运行负荷大，主要采用以下措施：保证进料的清洁；控制原料的酸性气中的烃含量，在加工过程中控制原料均衡不波动。

2. 提高目标产品收率措施

（1）稳定原料组成，平稳操作，减少生产波动和非计划停工。

（2）根据运行成本和下游产品市场情况，及时测算，提高高附加值产品产量。

3. 降低辅助材料消耗措施

（1）根据原料性质调整催化剂床层温度，在保证产品质量的前提下，保证装置平稳运行，延长催化剂使用寿命。

（2）制定合适的消耗定额，根据负荷变化，及时调整脱硫剂等化工原材料消耗。

4. 降低装置能耗措施

（1）调整加热炉"三门一板"，充分发挥空气余热回收系统作用，降低燃料气消耗。

（2）合理控制酸性水净化水质量，节约蒸汽。

（3）采用先进的节能技术和设备，选择高效疏水器，节约蒸汽消耗。

（4）在满足冷却器循环水最低流速的前提下，对冷却器进行调整，降低循环水用量。

（5）非防冻期停用部分蒸汽伴热，减少蒸汽的额外消耗。及时对蒸汽管线保温进行检查修复，减少蒸汽热损，降低装置蒸汽消耗。

5. 精细化管理措施

（1）加强设备日常维护保养工作，延长设备寿命和延长检修周期，制定科学合理的设备检修策略，确保设备运行正常。

（2）细化各项费用开支并严格执行，确保各项费用控制在合理范围内。

（3）开展全员参与的成本控制活动和班组经济核算，提高员工对成本控制的意识。

（4）加强对员工的培训，提高员工的操作技能，保证装置的平稳高效运行。

第二十六节　白油加氢装置

一、装置生产原理

在一定的温度、压力及氢气存在条件下，润滑油基础油通过反应器内加氢精制催化剂，使基础油中的烯烃、芳烃等不饱和烃饱和，同时脱除基础油中微量的硫、氮、氧、金属及其他微量杂质，使油品达到食品添加剂白油的要求。

二、工艺流程简述

加氢法生产白油的工艺包括一段加氢、二段加氢、一段串联加氢及异构脱蜡/补充精制等。

（1）一段加氢法工艺。

以加氢裂化尾油经过溶剂脱蜡油为原料，采用还原型金属催化剂在高压条件下加氢处理的过程。产品可达到化妆、食品级白油标准。

（2）二段加氢法工艺。

原料适应性更广泛，其中一段反应采用抗硫型催化剂（Mo-Ni，W-Ni），在适宜条件下生产工业级白油或硫、氮含量很低的中间产品。二段反应采用还原型（高镍或贵金属）催化剂，在高压氢气条件下得到化妆、食品级白油。

（3）一段串联加氢工艺。

以常三线、减二线、减三线馏分油为原料，采用加氢精制—加氢饱和一段串联工艺，先通过加氢精制脱除原料中的杂质，再通过加氢饱和催化剂深度芳烃饱和，在高压条件下生产优级品工业白油；或采用石蜡基润滑油基础油为原料，采用加氢精制、临氢降凝、加氢补充精制催化剂组合工艺，在高压氢气条件下可生产优级品工业白油。

（4）异构脱蜡/补充精制工艺。

以加氢裂化尾油为原料，采用高压一段串联工艺，通过加氢异构脱蜡—加氢补充精制过程，再经过常减压分馏，生产食品级白油产品。异构脱蜡过程可将加氢裂化尾油中的蜡分子转化为异构烷烃保留在脱蜡油中，补充精制主要对降凝过程中产生的不饱和烃及未完全反应的芳烃进一步深度饱和脱除,从而改善产品的颜色及光热安定性,达到食品级白油质量标准要求。

白油加氢装置工艺流程主要包括反应和分馏两个单元。

(1)反应单元。

原料油从异构脱蜡装置或罐区来,经进料泵升压后与氢气混合,进入反应进料加热炉,加热到所需温度后进入反应器。发生的主要反应为芳烃饱和,同时伴随微量烯烃饱和,脱硫、氮、氧、金属等反应,使原料油中所含的硫、氮、氧等非烃类化合物转化成易于除去的 H_2S、NH_3 和 H_2O,烯烃饱和脱除微量的胶质、沥青质,使四环或四环以上的稠环芳烃转化为环烷烃。

(2)分馏单元。

反应器出来的油进入分馏塔和干燥塔中经过分离和减压干燥,除去少量轻组分和水分,改善白油产品颜色、气味、安定性,生产出高质量的白油产品,送入罐区。

白油加氢装置原则工艺流程如图 6-26 所示。

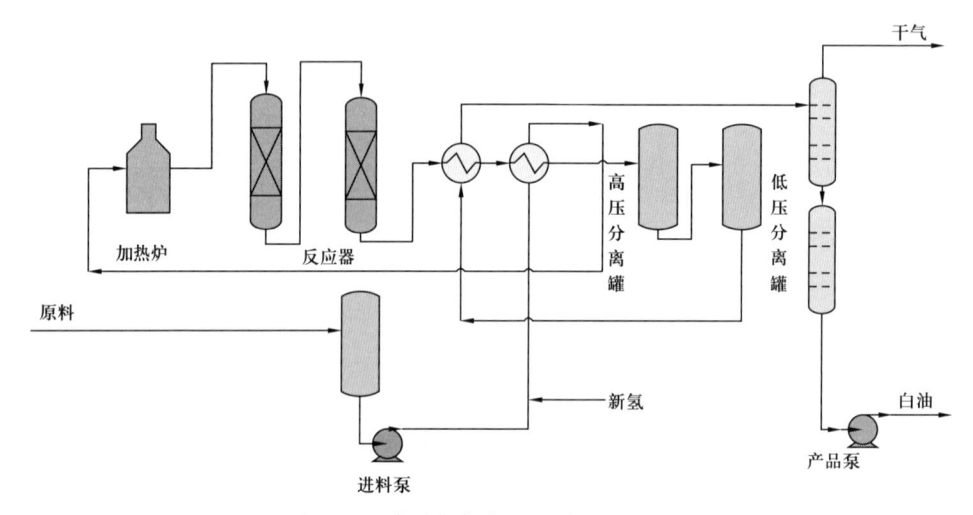

图 6-26 白油加氢装置原则工艺流程图

三、主要原料及物性

白油加氢装置的原料为异构脱蜡装置生产的基础油。

1. 轻质润滑油

100℃黏度 2.5~3.5mm²/s;色度号不大于 0.5;倾点不大于 -25℃;黏度指数不小于 105。

2. 中质润滑油

100℃黏度 5.6~6.5mm²/s;色度号不大于 0.5;倾点不大于 -15℃;黏度指数不小于 105。

3. 重质润滑油

100℃黏度 9~11mm²/s;色度号不大于 0.5;倾点不大于 -15℃;黏度指数不小于 105。

四、主要"化学品及三剂"的作用和性能

催化剂 RLF-20 是含铂和钯的贵金属催化剂，设计使用寿命 6 年。主要作用是使基础油中的烯烃、芳烃等不饱和烃饱和，所含的硫、氮、氧等非烃类化合物进行转化。

五、产品主要性能和用途

1. 1 号食品级白油

100℃黏度 2～3mm^2/s；赛波特颜色不小于 30；易碳化物通过。可以用于日化、食品、医药级白油、醋酸纤维、电气绝缘等领域。

2. 2 号食品级白油

100℃黏度 3～7mm^2/s；赛波特颜色不小于 30；易碳化物通过。可以用于日化、食品、医药级白油、醋酸纤维、橡塑助剂、热塑弹性体、电气绝缘等领域。

3. 4 号食品级白油

100℃黏度 8.5～11mm^2/s；赛波特颜色不小于 30；易碳化物通过。可以用于橡塑助剂、日化、食品、化工生产等领域。

六、成本核算口径范围

白油装置成本核算范围包括反应、分馏两个单元。
（1）直接材料：润滑油基础油。
（2）直接辅助材料：催化剂 RLF-20。
（3）直接燃料：包括自产干气和天然气。
（4）直接动力：包括由辅助部门提供的新鲜水、循环水、电、蒸汽、仪表风、氮气。

七、成本核算系数

白油加氢装置成本核算系数见表 6-26。

表 6-26 白油加氢装置成本核算系数

序号	主要产品	成本系数
1	1 号食品级白油	1
2	2 号食品级白油	1.08
3	4 号食品级白油	1.2
4	15 号化妆白油	1
5	26 号化妆白油	1.01
6	PS70 食品添加剂白油	1.04
7	PS80 食品添加剂白油	1.04
8	100 号工业白油	1.06

八、生产运行中成本控制要点

1. 装置关键工艺技术指标

1）氢分压

氢分压是系统总压力与系统氢纯度的乘积。提高反应压力，即在循环氢浓度不变的情况下，提高了氢分压。氢分压越高对加氢裂化工艺过程越有利，但过高的氢分压会增加设备的运行能耗。因此，氢分压应控制在合理范围内，有利于降低加工成本。

2）加热炉热效率

加热炉热效率受烟气排出温度高低、过剩空气系数大小的影响。一般来说，在保证燃料完全燃烧的情况下，尽量低地控制炉膛氧含量及外排烟气温度、做好炉体密封及保温等措施，可以使加热炉热效率升高，燃料气消耗降低，装置综合能耗降低。现阶段可以控制排烟温度在120℃以下，加热炉热效率在92%以上，先进的加热炉热效率可以达到95%。

2. 提高目标产品收率措施

（1）平稳操作，减少生产波动和非计划停工，满足装置高负荷、长周期运行。

（2）执行临氢系统闭灯检查，确保临氢系统运行正常，减少非计划停工。

（3）加强装置平稳操作，加强巡检，发现问题及时处理，避免因设备故障或泄漏引起物料损失。

（4）根据产品质量情况，尽量低控反应温度，减少裂化反应，提高白油收率，同时延长催化剂使用寿命。

（5）控制好干燥塔绝压，保证轻组分拔出率，提高白油产品质量合格率。

3. 降低装置能耗措施

（1）及时调整加热炉"三门一板"，充分发挥加热炉余热回收系统作用，提高加热炉热效率，降低燃料消耗。

（2）在保证产品质量的条件下，低控氢油比，降低循环氢压缩机电耗。

（3）采用先进的节能技术和设备，选择高效机泵，配置节能电动机，投用变频设备降低电耗。

（4）控制好循环水温差，节约循环水消耗，加强维护仪表阀门等设施节约风耗。

4. 精细化管理措施

（1）加强设备日常维护保养，延长设备寿命和检维修周期，制定科学合理的设备检维修策略，确保设备运行正常。

（2）细化各项费用开支并严格执行，确保各项费用控制在合理范围内。

（3）开展全员参与的成本控制活动和班组精益管理，增强员工对成本控制的意识。

（4）加强对员工的培训，提高员工的操作技能，保证装置的平稳高效运行。

（5）合理控制循环氢纯度，减少废氢排放量。

第二十七节 糠醛精制装置

一、装置生产原理

润滑油糠醛精制是一个利用溶剂的选择性将润滑油原料中少环长侧链的烃（理想组分）与多环短侧链的烃类（非理想组分）分离的过程。

二、工艺流程简述

糠醛精制装置是以常减压蒸馏装置的常压及减压侧线油为原料，经过脱气塔脱氧后进入抽提塔下部，循环糠醛经换热进入抽提塔顶部。糠醛和原料逆向混合后，通过抽提塔萃取分离，生产出糠醛精制油和糠醛抽出油。

精制液进入精制液汽提塔，塔底抽出精制油。抽出液经加热后进入一次、二次蒸发塔分离，塔顶馏分进入干燥塔脱除水分后作为循环溶剂，塔底组分进入抽出液汽提塔分离，塔底得到抽出油。

糠醛精制装置原则工艺流程如图 6-27 所示。

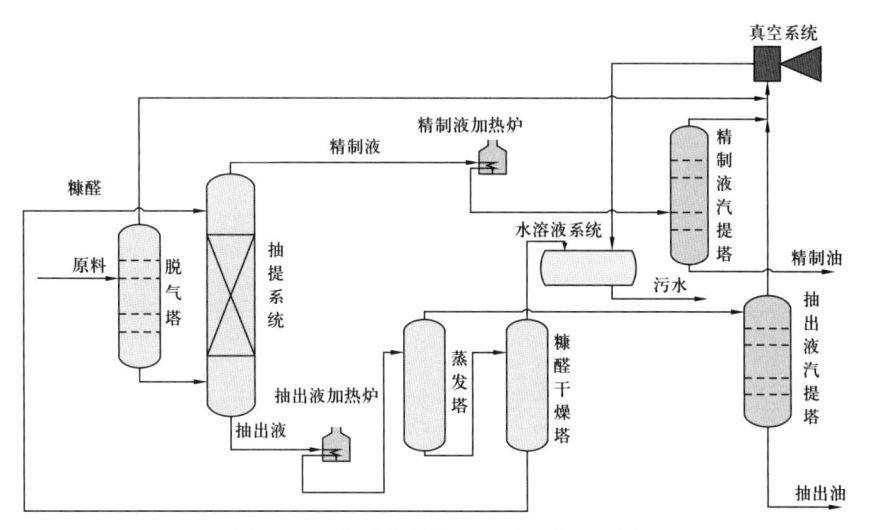

图 6-27 糠醛精制装置原则工艺流程图

三、主要原料及物性

根据加工流程不同，糠醛精制的原料来源不同，其中正序流程原料来自常减压蒸馏装置各侧线的馏分，反序流程原料为酮苯脱蜡装置的脱蜡油。

四、主要"化学品及三剂"的作用和性能

1. 糠醛

作为萃取溶剂。无色或淡黄色液体，并带有苦杏仁味。

2. 单乙醇胺

主要是起中和作用,抑制糠醛氧化。

3. 糠醛缓蚀剂

主要是装置防腐蚀作用。

五、产品主要性能和用途

正序流程装置产品为精制油,给酮苯脱蜡装置作原料。副产品为抽出油,可作为焦化、催化装置原料。

反序流程装置产品为精制油,经白土精制后为基础油。副产品为抽出油,可作为焦化、催化装置原料。

六、成本核算口径范围

糠醛装置成本核算范围主要包括溶剂抽提、溶剂回收两个单元。
(1)直接材料:蒸馏蜡油或酮苯脱蜡油。
(2)直接辅助材料:糠醛、单乙醇胺、糠醛缓蚀剂。
(3)直接燃料:燃料气。
(4)直接动力:包括由辅助部门提供的新鲜水、循环水、电、蒸汽、仪表风、氮气。

七、成本核算系数

糠醛精制装置成本核算系数见表6-27。

表6-27 糠醛精制装置成本核算系数

序号	主要产品	成本系数
1	减二线精制油	1
2	常二线精制油	0.92
3	常三线精制油	0.94
4	减三线精制油	1.04
5	减四线精制油	1.08
6	丙烷轻脱油	1.1
7	糠醛抽出油	0.6

八、生产运行中成本控制要点

1. 装置关键工艺技术指标

1)抽提塔顶、塔底温度

加工不同牌号的原料对应不同的塔顶、塔底温度。糠醛对原料中各组分的溶解能力虽不相同，却随温度的升高而增加。当温度较低时，糠醛的溶解能力差，精制深度不够从而使产品收率提高，但质量下降。当温度较高时，产品收率下降，但精制深度提高，质量可提高。

2）温度梯度

为解决精制油收率和精制深度的矛盾，得到质量好收率高的精制油，在抽提塔内不同部位控制不同的温度，常采用上高下低的温度分布，使塔内沿塔高形成温度差，称为温度梯度。

采用较高的塔顶温度来保证精制油的质量；采用较低的塔底温度来保证精制油的收率。但是过高的塔顶温度也会使精制油收率下降，过低的塔底温度则最终导致塔顶精制油质量下降。塔内形成适当的温度梯度后，塔顶糠醛中因较高温度溶解的部分理想组分将随自上而下的温度降低而逐渐析出，形成塔内液相回流与塔内上升的液相接触参与两相间传质，因而适当的温度梯度也会提高抽提的分离效果。

3）界面高度

原料与溶剂接触后分为两相，两相分界面称为界面。抽提塔内保持一定高度界面，可使精制段有必需的高度，保证精制液分离。界面过高使塔顶浓缩段变短，精制液与抽出液不能很好分离，从而影响精制油质量。界面过低，抽出液沉降段变短，缩短了抽出液在塔内的停留时间，使抽出液中一部分理想组分来不及分出，从而影响精制油收率。

4）溶剂比

溶剂比是指在单位时间内进入抽提塔的总溶剂量与原料油量之比。在一定温度下，增大溶剂比，糠醛溶解度不变，但因为溶剂量增大，溶解的抽出油量增大，增加了精制深度，提高了精制油质量，但精制油收率下降，装置能耗增加。合适的溶剂比应能满足精制油质量与收率的双重要求。

5）加热炉热效率

加热炉热效率受烟气排出温度高低、过剩空气系数大小影响。加热炉热效率越高，燃料气消耗量越低。因此，需进行优化控制，提高加热炉热效率。

2. 提高目标产品收率措施

（1）平稳操作，减少生产波动和非计划停工，满足装置高负荷、长周期运行。

（2）优化抽提塔操作，减少抽出液中的目标产品携带，提高目标产品收率。

3. 降低辅助材料消耗措施

开好脱气塔操作，控制好加热炉温度，防止糠醛结焦，降低糠醛消耗。

4. 降低装置能耗措施

（1）根据原料性质和产品质量的要求，合理控制溶剂比，减少糠醛循环量，降低装置能耗。

（2）在满足产品质量情况下，及时调整汽提塔顶温度，减少携带油量，从而减少汽泵使用率，节约蒸汽消耗。

（3）控制好循环水温差，节约循环水消耗，加强维护仪表阀门等设施节约风耗。

（4）优化加热炉操作，提高加热炉热效率，降低燃料气消耗。

5. 精细化管理措施

加强设备日常维护保养，延长设备寿命和检维修周期，制定科学合理的设备检维修策略，确保设备运行正常。

第二十八节　酮苯脱蜡装置

一、装置生产原理

溶剂脱蜡是利用溶剂在低温下对油、蜡有不同的溶解度，特别是对蜡的溶解度比较低的特性，将含蜡原料加上稀释溶剂，在套管结晶器中，以一定的冷却速度降低温度，使蜡形成结晶析出，然后通过真空转鼓过滤机将油和蜡形成固液两相进行分离。

二、工艺流程简述

酮苯脱蜡装置由结晶、过滤、回收、冷冻四个单元组成。

结晶单元：将减压侧线原料油与稀释溶剂混合后，经降温，形成固液两相。

过滤单元：将结晶系统形成的固液两相经过真空过滤机进行过滤后，分离出固相（含溶剂的脱油蜡）、液相（含溶剂的脱蜡油、含溶剂的蜡下油）。

回收单元：将结晶系统来的含溶剂的脱油蜡、脱蜡油、蜡下油经过"五塔三效"（一种先进的节能降耗技术）蒸发后，溶剂回收后循环使用，产品脱油蜡、脱蜡油、蜡下油送出装置。

冷冻单元：冷冻系统以氨为制冷剂，通过氨的蒸发吸收热量使其降到要求的温度。

酮苯脱蜡装置原则流程如图6-28所示。

三、主要原料及物性

1. 减三线蜡油

100℃黏度4.0～4.6mm^2/s；初馏点不小于230℃，2%～97%馏出温度宽度不大于80℃。

2. 减四线蜡油

100℃黏度7.0～7.8mm^2/s；初馏点不小于310℃，2%～97%馏出温度宽度不大于80℃。

3. 减五线蜡油

100℃黏度9.0～11mm^2/s；初馏点不小于390℃，2%～97%馏出温度宽度不大于90℃。

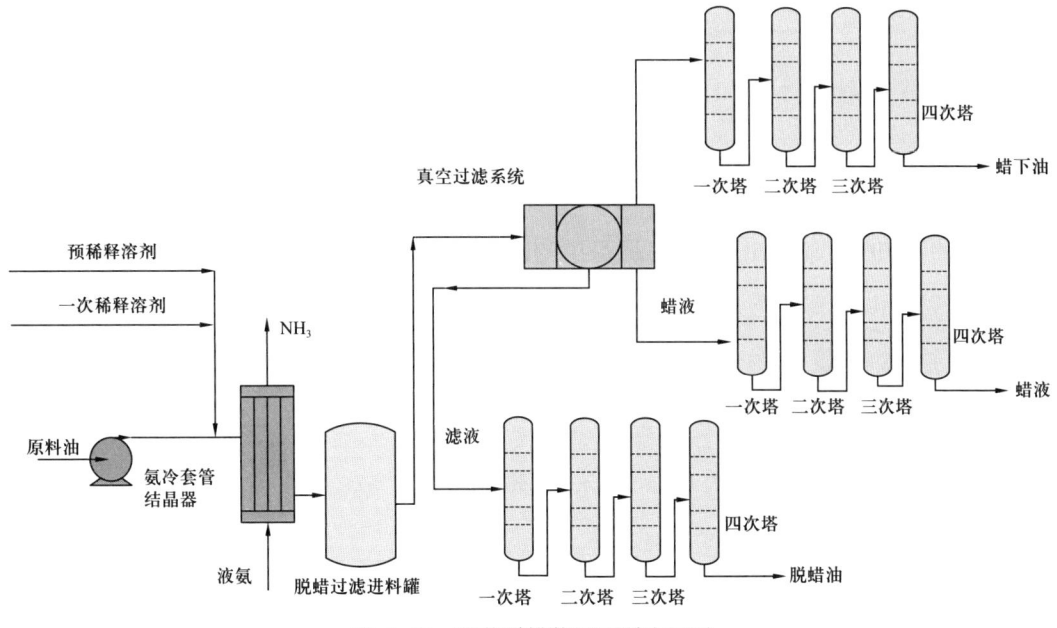

图 6-28 酮苯脱蜡装置原则流程图

四、主要"化学品及三剂"的作用和性能

1. 甲乙酮

有机溶剂，作为稀释溶剂使用，具有沉降作用。

2. 甲苯

有机溶剂，作为稀释溶剂使用，具有溶解作用。

3. 液氨

常温下是无色液体，作为制冷剂使用。

五、产品主要性能和用途

1. 粗石蜡

含油量不大于 1.8%，溶剂含量不大于 0.1%；主要用作石蜡白土精制装置、石蜡加氢精制装置的原料，或作为粗蜡直接外销。

2. 脱蜡油

凝点不大于 -14℃，溶剂含量不大于 0.1%；主要用作糠醛装置或催化裂化装置原料。

3. 蜡下油

溶剂含量不大于 0.1%；主要用作催化裂化装置原料。

六、成本核算口径范围

酮苯脱蜡装置成本核算范围主要包括结晶冷冻、过滤、溶剂回收三个单元。
（1）直接原料：减三线蜡油、减四线蜡油、减五线蜡油。
（2）直接辅助材料：甲乙酮、甲苯、液氨。
（3）直接燃料：无。
（4）直接动力：包括由辅助部门提供的除盐水、新鲜水、循环水、电、蒸汽、仪表风、氮气。

七、成本核算系数

酮苯脱蜡装置成本核算系数见表6-28。

表6-28 酮苯脱蜡装置成本核算系数

序号	主要产品	成本系数
1	粗石蜡	1
2	精脱蜡油	1.04
3	脱蜡油	0.99
4	蜡下油	0.99

八、生产运行中成本控制要点

1. 装置关键工艺技术指标

1）适当的溶剂酮比

溶剂酮比是指在脱蜡脱油生产过程中所用溶剂中的甲乙酮占混合溶剂的质量分数。

酮比较小时，脱蜡过程中的蜡结晶会发生溶剂化现象，烃类分子在蜡结晶的周围做定向排列。此时，蜡结晶主要在甲苯中进行，结晶颗粒细小，烃类分子会附在蜡晶体表面或蜡结晶网内，使过滤极为困难，过滤速度大幅降低，油收率显著下降。

酮比较高时，在脱蜡温度下的含蜡原料油中不该析出的少环长侧链环状烃类也将析出，溶剂的溶油能力逐渐下降，这些组分在脱蜡温度下呈黏稠的液体与析出的蜡混合成糊状物，使得过滤困难，油收率下降。

因此，需根据加工原料种类将溶剂酮比调整在合适的范围内。

2）适当的溶剂温度

溶剂温度是指溶剂加入时的温度。在加入一次、二次、三次稀释溶剂时，加入的溶剂温度应与加入点的油温或溶液温度相同或稍低。溶剂温度过高，则把已结晶的蜡晶体局部溶解或熔化；溶剂温度过低，溶液受到急冷，会出现较多的细小晶体，不利于过滤。因此，需控制溶剂温度在工艺卡片范围内。

3）提高换热设备换热效率

换热效率受换热介质流向（顺流、逆流）、介质流速、管程结垢厚度等因素影响。换热效率越高，能量损失越少。因此，需优化换热条件，提高换热设备换热效率。

4）提高螺杆冷冻机效率

冷冻机效率是指冷冻机在实际工作中将电能转化为制冷量的性能指标。冷冻机效率受环境温度、压缩比等因素影响。冷冻机的效率越高，能够在相同的能耗下提供更多的制冷量。因此，需优化螺杆冷冻机操作，提高冷冻机效率。

2. 提高目标产品收率措施

（1）平稳操作，减少生产波动和非计划停工，满足装置高负荷、长周期运行。

（2）加强目标产品脱油蜡指标，加强冷冻机组的运行管理，确保平稳运行。

3. 降低辅助材料消耗措施

降低混合溶剂耗，通过采取提高末次塔温度等措施，降低甲乙酮、甲苯混合溶剂消耗。

4. 降低装置能耗措施

（1）控制好循环水温差，节约循环水消耗，加强维护仪表阀门等设施节约风耗。

（2）为减少蒸汽的使用，气温较高的季节停用部分易凝管线的蒸汽伴热，改为凝结水伴热，降低部分蒸汽消耗。

（3）5MPa蒸汽作为装置回收溶剂的热源，严格控制回收三次塔进料温度，同时加强蒸汽加热器疏水器管理，保证其完好性，减少蒸汽直排损失。

（4）加强冷冻机组管理，使其达到最佳工况，这样用最低的电量获得最大的冷量。加强冷冻、回收空冷风机的管理，尽力降低溶剂回罐温度，为后续溶剂冷却降低冷冻机组的负荷，达到节电的目的。

5. 精细化管理措施

加强设备日常维护保养，延长设备寿命和检维修周期，制定科学合理的设备检维修策略，确保设备运行正常。

第二十九节　溶剂脱沥青装置

一、装置生产原理

减压渣油等重质油，在一定的温度和压力下，利用溶剂对原料中不同组分溶解度差异的特点，通过萃取方式脱除渣油中的胶质、沥青质，得到脱沥青油及脱油沥青。

二、工艺流程简述

溶剂脱沥青工艺利用溶解度进行分离，常用的溶剂为丙烷、丁烷、戊烷、己烷以及丙烷和丁烷的混合物。

溶剂脱沥青装置的工艺流程包括原料抽提、胶质沉降、溶剂超临界分离、溶剂回收等部分。溶剂脱沥青装置原则工艺流程如图6-29所示。

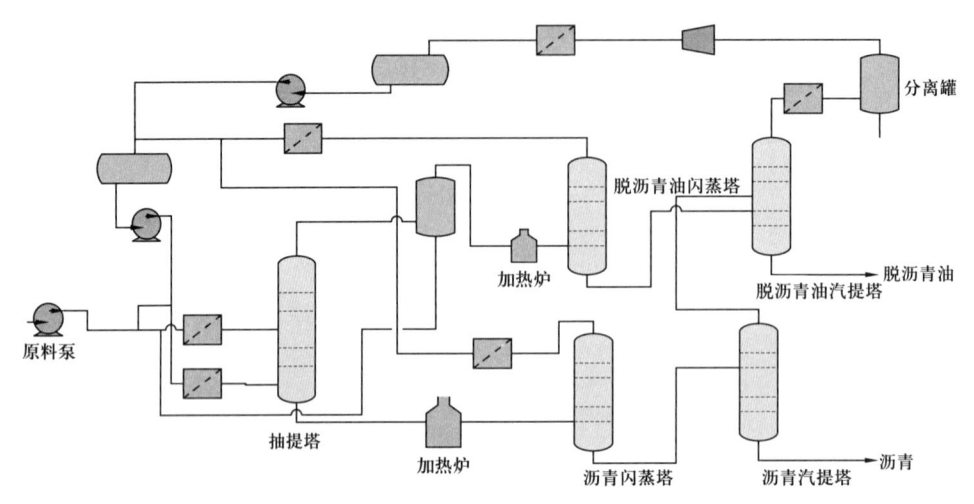

图6-29 溶剂脱沥青装置原则工艺流程图

减压渣油经原料泵增压后与溶剂混合进入抽提塔，轻重两相在抽提塔内分别向上下流动，进行液液分离。沥青携带少量溶剂沉降至抽提塔底部，溶解有脱沥青油和胶质的大部分溶剂从抽提塔顶部排出。

脱沥青油经过换热后进入胶质沉降器，少量胶质在沉降器中进一步沉降至底部，经胶质泵抽出送至抽提部分的进料线进行原料预稀释。

胶质沉降器顶部排出的脱沥青油溶液经泵抽出，经换热升温后进入脱沥青油相加热炉，经加热达到超临界条件后进入脱沥青油闪蒸塔。塔底部出来的脱沥青油降压后去脱沥青油汽提塔，绝大部分溶剂从塔顶部排出，经过换热分离后进入抽提塔循环使用，脱油沥青自塔底外送出装置。

抽提塔底部出来的沥青相进入沥青相加热炉加热升温，依次进入沥青闪蒸塔—沥青汽提塔回收溶剂后，塔底沥青外送出装置。

三、主要原料及物性

减压渣油：常减压蒸馏装置产出的10%蒸馏温度高于500℃的组分，主要成分为饱和分、芳香分、胶质及沥青质。

四、主要"化学品及三剂"的作用和性能

1. 丙烷

常温常压下是一种无色无味气体，微溶于水。随着温度升高，对渣油中的各馏分的溶解能力逐步减小。工艺要求丙烷纯度不小于95%，新鲜丙烷中不含H_2S。

2. 丁烷

常温常压下是一种无色、易液化的气体。除直接作为燃料外，还用作亚临界生物技术提取溶剂、制冷剂和有机合成原料。

五、产品主要性能和用途

1. 脱沥青油（DAO）

不含沥青质，金属和残炭含量低，是良好的润滑油原料，也可作为催化裂化、加氢裂化装置原料。

2. 脱油沥青（DOA）

软化点通常大于105℃，主要用于建筑行业防水卷材和各种防水涂层的生产，也可作为延迟焦化装置原料或沥青调和组分。

六、成本核算口径范围

溶剂脱沥青装置成本核算范围包括原料抽提、胶质沉降、溶剂分离、溶剂回收四个单元。

（1）直接材料：减压渣油。
（2）直接辅助材料：丙烷、丁烷。
（3）直接燃料：燃料气。
（4）直接动力：包括由其他辅助部门提供的新鲜水、循环水、电、蒸汽、仪表风、氮气。

七、成本核算系数

溶剂脱沥青装置成本核算系数见表6-29。

表6-29 溶剂脱沥青装置成本核算系数

序号	主要产品	成本系数
1	脱油沥青	1
2	脱沥青油	1.07

八、生产运行中成本控制要点

1. 提高目标产品收率措施

（1）及时调整溶剂比和抽提温度，保持最佳的操作条件，在保证产品质量前提下提高脱沥青油收率。

（2）稳定原料组成，平稳操作，减少生产波动和非计划停工。合理安排生产计划，根据市场对柴油的需求调整装置负荷，降低装置能耗。

2. 降低辅助材料消耗措施

严格控制抽提器和沉降器操作温度和操作压力，控制产品质量。控制汽提塔操作，保证溶剂的正常回收。

3. 降低装置能耗措施

（1）在保证沥青产品质量和脱沥青油收率的前提下，降低溶剂比，降低脱油炉负荷。

（2）抽提器界位尽量控制不低于50%，以减少沥青相中溶剂含量，降低气化吸热量，降低沥青炉负荷。

（3）保证汽提塔蒸汽用量，稳定汽提塔操作压力，减少溶剂损耗。

（4）采用先进的节能技术和设备，选择高效机泵，配置节能电动机，投用变频设备降低电耗。

（5）在满足冷却器循环水最低流速的前提下，对冷却器进行调整，降低循环水用量。

（6）冬季防冻期间对存在问题的疏水器及时进行调整更换。非防冻期停用部分蒸汽伴热，减少蒸汽的额外消耗。及时对蒸汽管线保温进行检查修复，减少蒸汽热损，降低装置蒸汽消耗。

4. 精细化管理措施

（1）根据下游装置对脱沥青油的残炭需求，及时调整生产方案。

（2）加强设备日常维护保养工作，延长设备寿命和延长检修周期，制定科学合理的设备检修策略，确保设备运行正常。

（3）细化各项费用开支并严格执行，确保各项费用控制在合理范围内。

（4）开展全员参与的成本控制活动和班组精益管理，增强员工对成本控制的意识。

（5）加强对员工的培训，提高员工的操作技能，保证装置的平稳高效运行。

第三十节　润滑油加氢精制装置

一、装置生产原理

润滑油加氢精制装置采用一次通过加氢精制技术，主要以常减压蒸馏装置切割后的常二线、常三线、减一线、减二线、减三线等为原料，在一定温度、压力及催化剂的作用下，脱除原料中的含硫、氮、氧的非烃组分及有机金属化合物，同时发生烯烃和芳烃加氢饱和反应，改善油品质量、气味、颜色，降低酸值，提高油品的抗氧化安定性和对添加剂感受性。

二、工艺流程简述

相比于传统的溶剂抽提法、热分解法、吸附分离法、碱洗法、酯化法及醇氨法等工艺，加氢法可以高效脱除基础油中的环烷酸及硫、氮等杂原子化合物，彻底消除对环境及设备的危害，加氢精制后的油品质量较好，但光热安定性较差，一般需要配套糠醛白土精制过程产出合格的基础油产品。

基础油加氢脱酸温度及氢分压相对降低，反应较为缓和，一般反应温度在260～340℃之间，反应压力在2.5～4.0MPa之间。加氢处理后的油品酸值可稳定在0.1mg KOH/g以下，为后续糠醛白土装置提供合适的原料。

润滑油加氢精制装置的工艺流程主要包括反应单元和分馏单元。润滑油加氢精制装置原则工艺流程如图6-30所示。

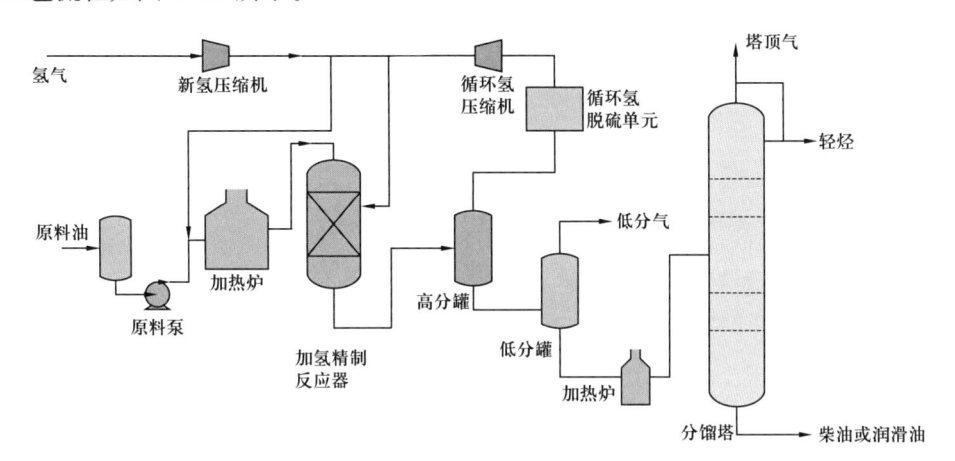

图6-30　润滑油加氢精制装置原则工艺流程图

原料与氢气混合升压后进入加热炉升温至要求温度后进入加氢精制反应器，反应产物经高低压分离器分离为油气两相，一部分气相进入脱硫系统处理后并入火炬管网，油相经过脱水后进入分馏单元。

反应生成油经加热炉升温至规定温度后进入分馏塔进行馏分切割。塔顶气相进入火炬系统，液相经过脱水后作为产品外送出装置。塔底产品经泵升压降温后外送出装置。

三、主要原料及物性

原料主要为常减压蒸馏装置常二线、常三线、减一线、减二线、减三线侧线油，馏分温度范围280～460℃，水含量小于30mg/L。

四、主要"化学品及三剂"的作用和性能

1. 催化剂

主要作用是脱除油品中的硫、氮、氧及金属等杂质，饱和烯烃，改善油品性质。

2. 缓蚀剂

主要作用是在设备或管道内表面形成保护膜，减缓金属腐蚀速率，防止设备和管道腐蚀。

五、产品主要性能和用途

1. 常二线、常三线加氢脱酸油

凝点约 -15℃，可作为低凝柴油调和组分。

2. 减二线、减三线加氢脱酸油

作为糠醛白土装置原料。

六、成本核算口径范围

润滑油加氢装置成本核算范围包括反应单元、分馏单元。

（1）直接材料：常减压蒸馏装置常二线、常三线、减一线、减二线、减三线侧线油等。

（2）直接辅助材料：加氢精制催化剂、缓蚀剂。

（3）直接燃料：干气、燃料气。

（4）直接动力：包括由辅助部门提供的新鲜水、循环水、电、蒸汽、工业风、仪表风、氮气。

七、成本核算系数

润滑油加氢精制装置成本核算系数见表 6-30。

表 6-30　润滑油加氢精制装置成本核算系数

序号	主要产品	成本系数
1	减二线加氢脱酸油	1
2	常二线加氢脱酸油	1.15
3	常三线加氢脱酸油	1.08
4	减三线加氢脱酸油	1

八、生产运行中成本控制要点

1. 装置关键工艺技术指标

1）氢分压

氢分压是系统总压力与系统氢纯度的乘积。提高反应压力，即在循环氢浓度不变的情况下，提高了氢分压。氢分压越高对加氢裂化工艺过程越有利，但过高的氢分压会增加设备的运行能耗。因此，氢分压应控制在合理范围内，有利于降低加工成本。

2）氢油比

氢油比过高会导致循环氢压缩机负荷增加，能耗升高，过高的氢油比导致反应物与催化剂表面接触的机会减少，也会降低反应速率。氢油比过低，不但降低反应速率，不利于加氢反应的进行，而且使得催化剂积炭加剧，影响催化剂的使用寿命，同时热量不能及时带出，安全得不到保证。因此，氢油比应控制在合理范围内，有利于降低加工成本。

3）循环氢纯度

循环氢纯度的高低直接影响装置反应氢分压的高低，氢纯度低于设计值，装置的反应氢分压将得不到保证，氢纯度偏离设计值较多时，将直接影响装置的加工能力、所能处理原料油的干点、催化剂的运转周期和产品质量等。

4）加热炉热效率

加热炉热效率受烟气排出温度高低、过剩空气系数大小影响。一般来说，在保证燃料完全燃烧的情况下，尽量低地控制炉膛氧含量及外排烟气温度、做好炉体密封及保温等措施，可以使加热炉热效率升高，燃料气消耗降低，装置综合能耗降低。现阶段可以控制排烟温度在120℃以下，加热炉热效率在92%以上，先进的加热炉热效率可以达到95%。

2. 提高目标产品收率措施

（1）稳定原料组成，平稳操作，减少生产波动和非计划停工，合理安排生产计划，根据市场对柴油的需求调整装置负荷，降低装置能耗。

（2）通过优化工艺条件和调整工艺小指标范围提高产品收率，从而降低生产成本。

3. 降低辅助材料消耗措施

及时关注装置腐蚀风险变化及薄弱点，保证装置不发生腐蚀泄漏事件。在保证腐蚀受控的前提下，调整注剂加入量，降低辅材消耗。

4. 降低装置能耗措施

（1）在产品质量满足要求的情况下，尽量降低各反应器的入口温度，及时调整加热炉"三门一板"，充分发挥加热炉余热回收系统作用，提高加热炉热效率，降低燃料消耗。

（2）合理调配氢油比，降低循环氢量，节约蒸汽或电耗。

（3）强化伴热管理，完善保温设施，定期检查与处理疏水器，根据气温变化及时停用伴热，伴热管线充氮防腐。

（4）采用先进的节能技术和设备，选择高效机泵，配置节能电动机，投用变频设备降低电耗。

（5）控制好循环水温差，节约循环水消耗，加强维护仪表阀门等设施节约风耗。

5. 精细化管理措施

（1）加强设备日常维护保养，定期对空冷翅片进行除盐水清洗，可提高冷却效果，降低能耗。

（2）延长设备寿命和检维修周期，制定科学合理的设备检维修策略，确保设备运行正常。

（3）细化各项费用开支并严格执行，确保各项费用控制在合理范围内。
（4）开展全员参与的成本控制活动和班组精益管理，增强员工对成本控制的意识。
（5）加强对员工的培训，提高员工的操作技能，保证装置的平稳高效运行。

第三十一节　润滑油高压加氢装置

一、装置生产原理

润滑油高压加氢装置采用三段加氢工艺，主要以蒸馏装置润滑油馏分和丙烷脱沥青装置脱沥青油为原料，在高温、高压、氢气和催化剂作用下，原料发生脱硫、脱氮、烯烃饱和、芳烃饱和反应，再经过异构脱蜡或临氢降凝处理，降低油品倾点，再经补充加氢精制处理，进一步发生芳烃饱和，生产倾点合格、黏度指标适宜的润滑油基础油产品，同时副产石脑油、白油和柴油等。

二、工艺流程简述

相比于传统的"老三套"工艺（溶剂精制、溶剂脱蜡、白土精制）只能生产 API Ⅰ类基础油，润滑油高压加氢工艺可以生产饱和烃含量高，硫、氮含量低的 API Ⅱ类和 API Ⅲ类基础油。

国外润滑油加氢工艺技术主要有法国 IFP 技术、埃克森美孚公司 MLDW 催化脱蜡技术、雪佛龙公司 IDW 技术、美孚公司 MSDW 技术，国内润滑油加氢工艺技术主要有中国石化石油化工科学研究院（RIPP）和中国石化大连石油化工研究院（FRIPP）两个系列。

1. IFP 加氢处理技术

主要通过加氢转化、芳烃饱和、环烷烃开环和异构化、正构烷烃和低分支异构烷烃异构化为高分支异构烷烃、烷烃裂化和长侧链烷烃脱烷基等反应，使多环烃类开环变为单环环烷烃类。工艺特点是提高了润滑油的氧化安定性，改善了低温流动性，但润滑油收率较低。

2. MLDW 催化脱蜡技术

在临氢状态下，采用择型分子筛催化剂将原料中的带短支链的异构烷烃和正构烷烃选择裂化，使蜡分子生成低分子烃，达到降低基础油凝点的目的。该技术一般设置两台反应器，分别装填催化脱蜡剂和加氢精制剂，产品倾点、杂质含量和氧化安定性等指标均较好。

3. IDW 异构脱蜡技术

使用 Pt/Pd 贵金属催化剂，将原料中的蜡异构化为多支链烷烃，得到Ⅱ类和Ⅲ类基础油。该技术可以显著改善油品低温流动性并提高液体收率。

4. MSDW 异构脱蜡技术

该技术使长链正构烷烃在催化剂上选择性加氢裂化和加氢异构化，相比催化脱蜡技术大幅提高产品黏度指数和收率。

5. FRIPP 一段串联式三段高压加氢工艺

该工艺采用一段循环氢、三段催化剂串联流程。工艺路线为加氢处理—临氢降凝—补充精制，主要加工环烷基基础油。三段反应器串联操作，操作相对简便，投资较少，可分别优选催化剂，原料适应性强。

6. RIPP 高压汽提三段高压加氢工艺

该工艺为高压加氢处理—高压临氢降凝—高压汽提—高压加氢精制流程，采用高压氢气汽提除去加氢处理—降凝生成油中的杂质，解决了串联式三段高压加氢工艺单段循环氢无法选择贵金属催化剂，造成产品安定性较差的问题。

7. RIPP 及 FRIPP 两段式三段高压加氢工艺

该工艺为高压加氢处理—常压汽提—高压临氢降凝/异构脱蜡—高压加氢精制流程，加氢处理与加氢脱蜡分段，尽管工艺流程长、建设投资大，但也具有如下显著的优点：

（1）加氢处理生成的 H_2S、NH_3 及非理想组分经过汽提脱除，满足了贵金属降凝和后补充精制催化剂的使用条件，可生产安定性更优的产品。

（2）分段控制最佳反应温度，提高了生产灵活性，延长催化剂使用寿命，降低运行费用。

（3）通过反应器级间操作条件控制、催化剂级配优化和藏量调节，利于产品升级和生产灵活性调整，生产市场需求产品。

润滑油高压加氢装置的工艺流程主要包括加氢处理/加氢裂化、异构脱蜡/临氢降凝—加氢后精制和分馏系统三部分。

润滑油高压加氢装置原则工艺流程如图 6-31 所示。

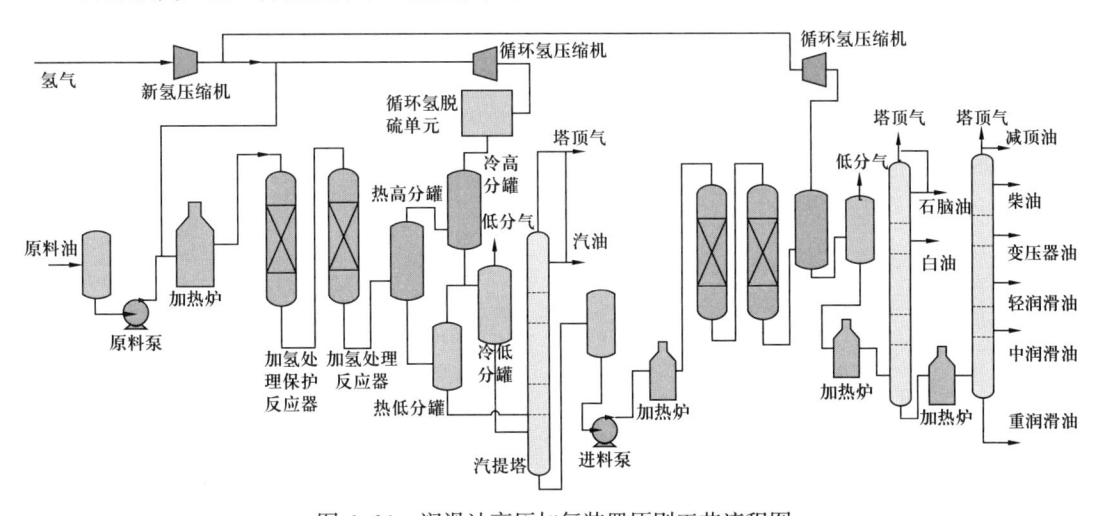

图 6-31 润滑油高压加氢装置原则工艺流程图

原料与循环氢气混合升压后，进入加热炉升温至要求温度，依次进入保护反应器及加氢处理/裂化反应器。反应产物进入高低压分离器进行油气分离，气相经脱硫后并入干气管网，油相呈热态进入汽提塔，经汽提分离出石脑油和干气，塔底油经泵升压后进入异构脱蜡/临氢降凝反应单元。

油品与氢气混合升温至要求温度后，进入异构脱蜡/临氢降凝反应器，在高温、高压、氢气和催化剂的作用下，发生异构脱蜡/临氢降凝反应，改善基础油低温流动性。反应产物进入补充加氢精制反应器，在补充精制催化剂的作用下，去掉残存的烯烃和其他杂质，并进一步发生芳烃饱和，提高产品的安定性并改善颜色。反应产物经高低压分离器分离，油相自压进入常减压分馏系统进行馏分切割。

产品分馏部分包括常压分馏及减压分馏两个系统，常压系统切割分离出汽油和白油，常压塔底油进入减压系统切割，分离出柴油、变压器油及各型号橡胶增塑剂料。

三、主要原料及物性

润滑油高压加氢装置的原料主要是蒸馏装置减压侧线油及丙烷脱沥青装置的脱沥青油。

1. 润滑油馏分油

馏程在280~520℃范围的馏分油可以作为润滑油高压加氢装置原料。

2. 脱沥青油

脱沥青油不含沥青质，金属和残炭含量低，是良好的润滑油原料。

四、主要"化学品及三剂"的作用和性能

1. 加氢精制/裂化催化剂

主要作用是脱除油品中的硫、氮等杂原子，饱和芳烃，裂化开环，改善油品品质。

2. 异构脱蜡催化剂

主要作用是正构烷烃异构，改善润滑油低温流动性。

3. 加氢精制催化剂

主要作用是饱和油品中残余烯烃和芳烃，改善润滑油颜色和稳定性。

4. 缓蚀剂

主要作用是在设备或管道内表面形成保护膜，减缓金属腐蚀速率，防止设备和管道腐蚀。

五、产品主要性能和用途

润滑油高压加氢装置主要产品有汽油、柴油、白油、变压器油、轻润滑油、中润滑油、重润滑油等。润滑油产品一般包括变压器油、BS光亮油、冷冻机油、内燃机油、橡

胶增塑剂料、增塑剂软化油等。

1. 高压加氢石脑油

硫含量较高，一般并入加氢装置脱硫处理。

2. 柴油

硫、氮、芳烃含量极低，可并入白油组分。

3. 白油

低硫、低芳烃，主要用于塑料和橡胶加工、日化、纤维和纺织、药品生产、食品加工、机械润滑、皮革加工、仪表和电力、农业等领域。

4. 变压器油

低温性能优异，较好的抗析气性能，较好的氧化安定性，较低的运动黏度和黏度指数，在变压器、电抗器等电气设备中主要起绝缘和冷却作用。

5. BS 光亮油

硫、氮含量较低，抗氧化安定性好、挥发性低和黏度指数高，是发动机油、工业齿轮油、空压机油、球磨机油、船用油以及合成导热油等的基础原料。

6. 内燃机油

饱和烃含量高，抗氧化性和抗褪色性好，低温性能优良，挥发性低、无芳烃，安全环保，是发动机油、齿轮油、金属加工用油等用油的基础原料。

7. 橡胶增塑剂

与橡胶相容性好，安全环保，可作为乘用、载重汽车轮胎以及轮胎橡胶材料的软化剂和填充剂。

六、成本核算口径范围

润滑油高压加氢装置成本核算范围包括反应单元和分馏单元。
（1）直接材料：蒸馏装置常减压侧线油、脱沥青油。
（2）直接辅助材料：加氢裂化催化剂、异构脱蜡催化剂、加氢精制催化剂、缓蚀剂。
（3）直接燃料：干气、液化气。
（4）直接动力：包括由辅助部门提供的新鲜水、循环水、电、蒸汽、工业风、仪表风、氮气。

七、成本核算系数

润滑油高压加氢装置成本核算系数见表 6-31。

表 6-31　润滑油高压加氢装置成本核算系数

序号	主要产品	成本系数
1	轻润滑油	1
2	中润滑油	1.12
3	重润滑油	1.24
4	柴油	1
5	煤油	1
6	高压加氢石脑油	0.95

八、生产运行中成本控制要点

1. 装置关键工艺技术指标

1）氢分压

氢分压是系统总压力与系统氢纯度的乘积。提高反应压力，即在循环氢浓度不变的情况下，提高了氢分压。氢分压越高对加氢裂化工艺过程越有利，但过高的氢分压会增加设备的运行能耗。因此，氢分压应控制在合理范围内，有利于降低加工成本。润滑油高压加氢装置操作压力一般控制在 17～19MPa 甚至更高。

2）氢油比

氢油比过高会导致循环氢压缩机负荷增加，能耗升高，过高的氢油比导致反应物与催化剂表面接触的机会减少，也会降低反应速率。氢油比过低，不但降低反应速率，不利于加氢反应的进行，而且使得催化剂积炭加剧，影响催化剂的使用寿命，同时热量不能及时带出，安全得不到保证。因此，氢油比应控制在合理范围内，有利于降低加工成本。

3）循环氢纯度

循环氢纯度的高低直接影响装置反应氢分压的高低，氢纯度低于设计值，装置的反应氢分压将得不到保证，氢纯度偏离设计值较多时，将直接影响装置的加工能力、所能处理原料油的干点、催化剂的运转周期和产品质量等。

4）加热炉热效率

加热炉热效率受烟气排出温度高低、过剩空气系数大小影响。一般来说，在保证燃料完全燃烧的情况下，尽量低地控制炉膛氧含量及外排烟气温度、做好炉体密封及保温等措施，可以使加热炉热效率升高，燃料气消耗降低，装置综合能耗降低。现阶段可以控制排烟温度在 120℃ 以下，加热炉热效率在 92% 以上，先进的加热炉热效率可以达到 95%。

2. 提高目标产品收率措施

（1）稳定原料组成，平稳操作，减少生产波动和非计划停工，合理安排生产计划，根据市场对柴油的需求调整装置负荷，降低装置能耗。

（2）通过优化工艺条件和调整工艺小指标范围提高产品收率，从而降低生产成本。

3. 降低辅助材料消耗措施

制定降低"三剂"成本方案或措施，通过严格管控原料中的重金属指标，防止催化剂中毒，提高催化剂的使用寿命。合理采购"三剂"，降低采购成本。制定合适的消耗定额，根据负荷变化，及时调整缓蚀剂、阻垢剂等化学材料注入量。报废催化剂要及时处理，并充分利用好报废催化剂的剩余价值，降低装置"三剂"成本。

4. 降低装置能耗措施

（1）在产品质量满足要求的情况下，尽量降低各反应器的入口温度，及时调整加热炉"三门一板"，充分发挥加热炉余热回收系统作用，提高加热炉热效率，降低燃料消耗。

（2）合理调配氢油比，降低循环氢量，节约蒸汽或电耗。

（3）强化伴热管理，完善保温设施，定期检查与处理疏水器，根据气温变化及时停用伴热，伴热管线充氮防腐。

（4）采用先进的节能技术和设备，选择高效机泵，配置节能电动机，投用变频设备降低电耗，控制好循环水温差节约循环水消耗，加强维护仪表阀门等设施节约风耗。

5. 精细化管理措施

（1）加强设备日常维护保养，定期对空冷翅片进行除盐水清洗，可提高冷却效果，降低能耗。

（2）延长设备寿命和检维修周期，制定科学合理的设备检维修策略，确保设备运行正常。

（3）细化各项费用开支并严格执行，确保各项费用控制在合理范围内。

（4）开展全员参与的成本控制活动和班组精益管理，增强员工对成本控制的意识。

（5）加强对员工的培训，提高员工的操作技能，保证装置的平稳高效运行。

第三十二节　润滑油异构脱蜡装置

一、装置生产原理

异构脱蜡装置采用三段加氢工艺技术，主要以酮苯脱蜡装置脱蜡油和糠醛精制装置的精制油为原料，在高温、高压、氢气和催化剂存在的条件下，通过加氢精制反应器，脱除原料硫、氮，烯烃饱和，通过异构脱蜡反应器将生成油正构烷烃异构，通过加氢补充精制反应器将生成油进一步烯烃饱和、芳烃饱和，生产高质量的润滑油基础油。

二、工艺流程简述

异构脱蜡的工艺技术主要包括雪佛龙公司的异构脱蜡技术、埃克森美孚公司的加氢裂化/选择性脱蜡技术、壳牌公司的加氢裂化/加氢异构化技术、利安德化学公司的蜡异构化技术、中国石化石油化工科学研究院的 RDW 技术、中国石化大连石油化工研究院的 WSI 技术。

1. 雪佛龙公司的异构脱蜡技术

雪佛龙公司的异构脱蜡技术采用全加氢工艺或者与溶剂脱蜡相结合，主要生产 API Ⅱ 类基础油，也可生产 API Ⅲ 类基础油。该工艺采用两段固定床反应器，第一段加氢裂化或加氢处理，用以提高基础油的黏度指数，去除硫、氮、芳烃等有害和非理想组分，通常控制转化率在 10% 以下。第一段产品经过初步分馏后进入第二段加氢异构和加氢后精制的串联部分，以实现降低基础油的倾点，改善基础油的氧化安定性和光安定性。异构脱蜡所用催化剂为贵金属催化剂。雪佛龙公司的异构脱蜡技术成熟且进入市场早，是目前应用最多的异构脱蜡技术，我国大庆炼化公司、上海高桥石化均采用该技术。

2. 埃克森美孚公司的加氢裂化/选择性脱蜡技术

埃克森美孚公司开发的脱蜡技术包括润滑油催化脱蜡技术（MLDW）、蜡异构化技术（MWI）。MSDW 工艺与雪佛龙公司的异构裂化工艺相似，加氢异构脱蜡单元基础油收率可达 85%~97%，对原料的含氮量和含硫量要求相对较低。埃克森美孚公司的异构脱蜡催化剂涉及载体主要为一维中孔分子筛。在工艺改进上可采用催化脱蜡和异构脱蜡相结合，将两种催化剂进行分层装填，通过控制不同的床层温度使催化剂发挥最大的作用。

3. 壳牌公司的加氢裂化/加氢异构化技术

该工艺是以费托合成蜡为原料，通过加氢裂化、加氢异构、溶剂脱蜡生产超高黏度指数的Ⅲ类基础油，蜡的转化率为 80%~90%，产品黏度指数为 145~150，芳烃质量分数小于 0.3%，挥发性小，氧化安定性好，性能类似于合成油。

4. 利安德化学公司的蜡异构化技术

Criterion 公司和利安德化学公司开发的催化脱蜡和蜡异构化工艺用于加工加氢裂化尾油，产品黏度指数大于 100 时，收率大于 94%；WAXISON 工艺以粗蜡为原料，生产 API Ⅲ 类基础油时，蜡转化率大于 85%。

5. 中国石化石油化工科学研究院的 RDW 技术

中国石化石油化工科学研究院的 RDW 技术可在低压或高压条件下使用。采用降凝—后精制或加氢处理—降凝—后精制或加氢精制—降凝一次通过的工艺流程，可处理多种原料。

6. 中国石化大连石油化工研究院的 WSI 技术

该成套技术具有选择性高、对原料适应性强和稳定性好的特点，可明显改善产品的低温性能和黏温性能，大幅度提高基础油的收率。能够生产食品级、医药级白油及 API Ⅱ 类、API Ⅲ 类基础油、高质量橡胶填充油等。

润滑油异构脱蜡装置的工艺流程主要包括反应和分馏两个单元。

原料油与氢气混合后，经加热炉加热到要求温度，进入加氢精制反应器。在反应器中，原料油和氢气混合物在催化剂作用下，发生脱硫、脱氮、芳烃加氢饱和等反应，脱除原料油中的杂质，改善油品的黏温性质。反应产物进入高低压分离器进行氢油分离，分离出的油相进入汽提塔进行分离。

汽提塔底油与氢气混合后进入异构脱蜡反应器。在高温、氢气和催化剂的作用下，发生异构化反应，从而改善油品低温流动性。异构脱蜡反应产物经换热进入加氢补充精制反应器，在补充精制催化剂的作用下，去掉残存的烯烃和其他杂质，并将芳烃饱和，从而提高油品的安定性和改善颜色。

加氢补充精制反应产物经高低压分离器，分离出氢气和油相。油相自压进入常减压分馏系统，常压系统分出石脑油和煤油，减压系统分离出柴油及轻润滑油基础油、中润滑油基础油和重润滑油基础油。

润滑油异构脱蜡装置原则工艺流程如图6-32所示。

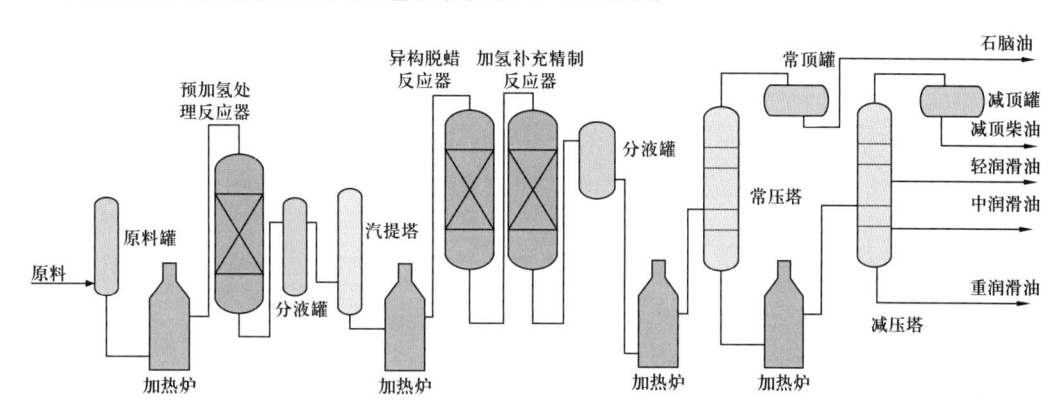

图6-32 润滑油异构脱蜡装置原则工艺流程图

三、主要原料及物性

1. 减二脱蜡油

酮苯脱蜡装置生产的脱蜡油，100℃黏度在 $6mm^2/s$ 左右，倾点小于 $-3℃$。

2. 减四线精制油

糠醛精制装置生产的精制油，100℃黏度在 $10.5mm^2/s$ 左右，倾点大于 $50℃$。

四、主要"化学品及三剂"的作用和性能

1. 加氢精制催化剂

含有钼、镍成分，其主要作用是脱除油品中的硫、氮等杂原子，饱和芳烃，裂化开环，改善油品品质。

2. 异构脱蜡催化剂

含有铂贵金属催化剂，其主要作用是正构烷烃异构，改善润滑油低温流动性。

3. 加氢补充精制催化剂

含有铂、钯贵金属催化剂，其主要作用是饱和油品中残余烯烃和芳烃，改善润滑油颜

色和稳定性。

五、产品主要性能和用途

1. 轻质润滑油

100℃黏度为 2.5~3.5mm^2/s；色度号不大于 0.5；倾点不大于 −25℃；黏度指数不小于 105。作为润滑油基础油出厂或者作为白油加氢装置原料。

2. 中质润滑油

100℃黏度为 5.6~6.5mm^2/s；色度号不大于 0.5；倾点不大于 −15℃；黏度指数不小于 105。作为润滑油基础油出厂或者作为白油加氢装置原料。

3. 重质润滑油

100℃黏度为 9~11mm^2/s；色度号不大于 0.5；倾点不大于 −15℃；黏度指数不小于 105。作为润滑油基础油出厂或者作为白油加氢装置原料。

六、成本核算口径范围

润滑油异构脱蜡装置成本核算范围包括反应和分馏单元。
（1）直接材料：酮苯脱蜡油和糠醛精制油。
（2）直接辅助材料：加氢处理催化剂、异构脱蜡催化剂、补充精制催化剂。
（3）直接燃料：自产干气和天然气。
（4）直接动力：包括由辅助部门提供的新鲜水、循环水、电、蒸汽、仪表风、氮气。

七、成本核算系数

润滑油异构脱蜡装置成本核算系数见表 6-32。

表 6-32　润滑油异构脱蜡装置成本核算系数

序号	主要产品	成本系数
1	轻润滑油	1
2	中润滑油	1.08
3	重润滑油	1.2
4	柴油	1
5	石脑油	0.95
6	研磨油	1
7	过渡油	1

八、生产运行中成本控制要点

1. 装置关键工艺技术指标

1）加热炉热效率

加热炉热效率受烟气排出温度高低、过剩空气系数大小影响。加热炉热效率越高，燃料气消耗越低。因此，需进行优化控制，提高加热炉热效率。现阶段一般控制加热炉热效率不低于92%，先进的加热炉热效率可以达到95%以上。

2）氢分压

氢分压在加氢过程中起主导作用，若循环氢纯度过低，在其他条件不变的前提下，达到一定氢分压所需的循环氢量需要增加；同样，氢油比高也意味着循环氢量的增加，导致能耗升高。因此，需将循环氢纯度提高至90%以上，控制合适的氢油比，降低氢气压缩机的循环量，节省电耗。

3）汽提蒸汽量

提高汽提蒸汽量，可降低分馏塔内的油汽分压，有助于分离操作，但是汽提蒸汽量过高会造成能耗增加。因此，在满足产品质量的前提下，逐步下调各塔汽提蒸汽用量，使各塔汽提蒸汽用量达到实际负荷要求。

2. 提高目标产品收率措施

（1）平稳操作，减少生产波动和非计划停工，满足装置高负荷、长周期运行。

（2）执行临氢系统闭灯检查，确保临氢系统运行正常，减少非计划停工。

（3）加强装置平稳操作，加强巡检，发现问题及时处理，避免因设备故障或泄漏引起物料损失。

（4）根据产品质量情况，尽量低控反应温度，减少裂化反应，提高基础油收率，同时延长催化剂使用寿命。

3. 降低装置能耗措施

（1）及时调整加热炉"三门一板"，充分发挥加热炉余热回收系统作用，提高加热炉热效率，降低燃料消耗。

（2）在保证产品质量的条件下，合理调配氢油比，降低循环氢压缩机电耗。

（3）采用先进的节能技术和设备，选择高效机泵，配置节能电动机，投用变频设备降低电耗。

（4）控制好循环水温差，节约循环水消耗，加强维护仪表阀门等设施节约风耗。

4. 精细化管理措施

（1）加强设备日常维护保养，延长设备寿命和检维修周期，制定科学合理的设备检维修策略，确保设备运行正常。

（2）细化各项费用开支并严格执行，确保各项费用控制在合理范围内。

（3）开展全员参与的成本控制活动和班组精益管理，增强员工对成本控制的意识。

（4）加强对员工的培训，提高员工的操作技能，保证装置的平稳高效运行。

（5）合理控制循环氢纯度，减少废氢排放量。

第三十三节 润滑油白土精制装置

一、装置生产原理

润滑油白土精制装置以糠醛精制的精制油为原料，采用白土工艺生产润滑油基础油。利用白土的选择吸附性，在适宜的精制温度下，除去原料中的胶质、沥青质、机械杂质等非理想组分。

二、工艺流程简述

润滑油白土精制装置工艺流程包括脱氮—吸附剂工艺流程和白土工艺流程。

1. 脱氮—吸附剂工艺

原料油与脱氮剂混合，在电精制罐内脱除碱性氮化物，再与吸附剂混合后进入脱气塔脱除氧气，经加热炉加热到110～160℃，在蒸发塔内吸附精制后冷却至70～140℃，再经过两次过滤，除去润滑油中的废吸附剂，冷却后送出装置。

2. 白土工艺

原料油与白土混合后进入脱气塔脱除氧气，经加热炉加热到185～205℃，在蒸发塔内吸附精制后冷却至100～140℃，再经过两次过滤，除去润滑油中的废白土，冷却后送出装置。

润滑油白土精制装置原则工艺流程如图6-33所示。

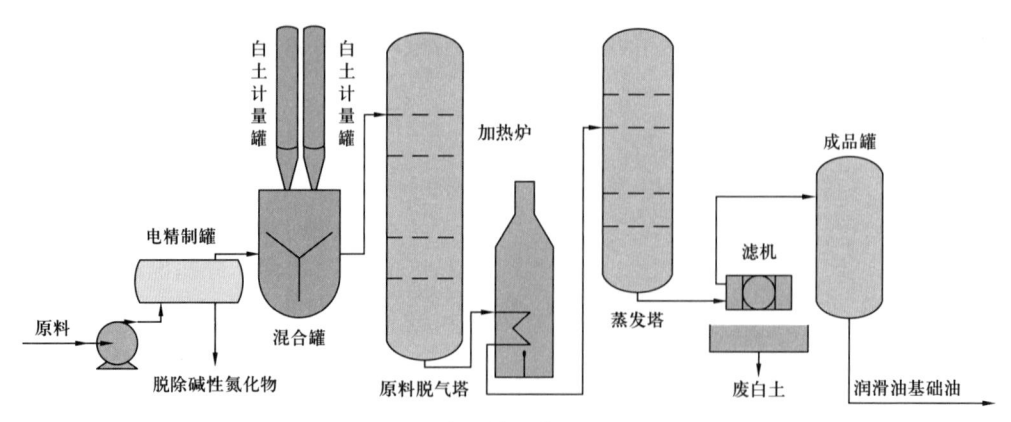

图6-33 润滑油白土精制装置原则工艺流程图

三、主要原料及物性

原油经常减压蒸馏装置切割出润滑油馏分、经酮苯装置脱蜡、糠醛精制装置萃取出非理想组分，最终得到黏度、黏度指数、凝点、残炭达标的润滑油油料。

四、主要"化学品及三剂"的作用和性能

1. 脱氮剂

为棕色黏稠状液体,可选择性地吸附、脱除润滑油料中的碱性氮化物,提高油品的抗氧化安定性。

2. 吸附剂

对润滑油料中的残余脱氮剂及非理想组分具有选择性吸附能力,主要由 Al_2O_3、SiO_2、$CaCO_3$ 组成,为灰白色粉末固体。

3. 活性白土

对润滑油料中的非理想组分具有选择性吸附能力,主要用于润滑油、石蜡等石油产品的脱色精制,主要由 SiO_2、Al_2O_3、Fe_2O_3 组成,为黄白色粉末固体。

五、产品主要性能和用途

润滑油白土精制的产品为润滑油基础油。润滑油基础油是润滑油调和的重要组成部分,其性质的好坏直接决定了润滑油产品质量的好坏。

六、成本核算口径范围

润滑油白土精制装置成本核算范围主要包括电精制、混合加热、真空过滤三个单元。
(1)直接材料:糠醛精制油。
(2)直接辅助材料:白土、脱氮剂等。
(3)直接燃料:燃料气。
(4)直接动力:包括由辅助部门提供的新鲜水、电、蒸汽、仪表风。

七、成本核算系数

润滑油白土精制装置成本核算系数见表 6-33。

表 6-33 润滑油白土精制装置成本核算系数

序号	主要产品	成本系数
1	150SN	1
2	75SN	0.96
3	100SN	0.98
4	200SN	1.02
5	350SN	1.04
6	400SN	1.08

续表

序号	主要产品	成本系数
7	500SN	1.1
8	650SN	1.12
9	TGB 变压器油	1
10	A1004 增塑剂	1.02
11	N56 冷冻机油	1.05
12	MVI150	1
13	MVI300	1.03
14	MVI750	1.12

八、生产运行中成本控制要点

1. 装置关键工艺技术指标

1）剂油比

剂油比是脱氮剂加入量与原料量的比值，过高的剂油比会浪费脱氮剂，增加装置运行成本。根据原料的性质，实时调节剂油比，在保证产品质量的基础上，节约脱氮剂。

2）吸附剂加入率

吸附剂加入率是吸附剂加入量与原料量的比值，过高的加入率会浪费吸附剂，增加装置运行成本。根据原料的性质及脱氮剂的加入量，实时调节吸附剂加入率，在保证产品质量的基础上，节约吸附剂。

3）白土加入率

白土加入率是白土加入量与原料量的比值，过高的加入率会浪费白土，增加装置运行成本。根据原料的性质及白土的加入量，实时调节白土加入率，在保证产品质量的基础上，节约白土。

4）加热炉热效率

加热炉热效率受烟气排出温度高低、过剩空气系数大小影响。加热炉热效率越高，燃料气消耗量越低，装置能耗量越低。因此，需进行优化控制，提高加热炉热效率。现阶段一般控制加热炉热效率不低于 92%，先进的加热炉热效率可以达到 95% 以上。

2. 提高目标产品收率措施

（1）平稳操作，减少生产波动和非计划停工，满足装置高负荷、长周期运行。

（2）控制好进滤机物料温度，减少滤机切换频次，降低油品损失。

3. 降低辅助材料消耗措施

（1）根据原料性质变化，及时调节脱氮剂、白土等主要原材料的加入率，在保证产品质量合格的基础上，降低原材料消耗量，降低原材料成本。

（2）原材料加入量降低后，装置产生的固体废物量也随之降低，固体废物携带损失量减少，产品收率提高，装置效益提高。

4. 降低装置能耗措施

（1）装置在保证各参数都在工艺卡片范围内的前提下，精制温度按下限控制，降低装置能耗，降低装置燃料动力成本。

（2）原料加热器乏汽引入凝结水系统，送出装置，降低能耗。

（3）采用先进的节能技术和设备，选择高效机泵，配置节能电动机，投用变频设备降低电耗。

（4）控制好循环水温差，节约循环水消耗，加强维护仪表阀门等设施节约风耗。

5. 精细化管理措施

加强设备日常维护保养，延长设备寿命和检维修周期，制定科学合理的设备检维修策略，确保设备运行正常。

第三十四节　石蜡加氢精制装置

一、装置生产原理

石蜡加氢精制是在氢气和催化剂存在的条件下，在一定的温度、压力下，脱除石蜡中的硫化物、氮化物、氧化物以及金属杂质，同时不饱和烃得到不同程度的饱和，从而改进石蜡颜色、气味、安定性，降低稠环芳烃含量，以满足用户的要求。

二、工艺流程简述

根据原料性质、催化剂和精制深度不同，石蜡加氢精制主要有单段加氢工艺和两段加氢工艺。

1. 单段加氢工艺

主要流程为氢气与石蜡炉前混合，一次性经过加热炉，充分均匀混合提高精制效果；选择滴流床单反应器，保证加热炉中物料流动速度稳定，防止石蜡在炉管中超温、偏流发生裂变；选用活性更高的加氢精制催化剂，不同牌号石蜡原料经过加氢催化剂床层实现精制，从而产出不同等级的石蜡产品。

2. 两段加氢工艺

主要流程为石蜡原料与氢气混合之后到达加热的第一反应器，高温加氢后脱除硫、氮等的化合物，然后降温后进入第二反应器，进行低温状态下与芳烃、烯烃的饱和反应，能够提高石蜡加氢之后的稳定性，保证残留的稠环烃能够实现转换。

石蜡加氢装置由反应、分馏两个单元组成。

反应单元：原料蜡经换热后进入原料蜡脱气塔脱除溶剂、水等杂质。脱除杂质后的原料蜡与混合氢混合，进入加热炉加热至反应所需温度进入反应器。反应产物进入热高压分离器进行气、蜡分离，上部分离含氢气体，进入循环氢压缩机循环使用。下部分离出来的蜡，进入热低压分离罐，进行再一次的气、蜡分离，分离出来的低分气体送至干气分液罐。

分馏单元：自热低压分离罐下部出来的蜡，进入汽提塔将蜡中的 H_2S 及轻烃气体分离出去，由塔底自流进入真空干燥塔，进行闪蒸干燥，底部出来的蜡即为产品石蜡。

石蜡加氢装置原则工艺流程如图 6-34 所示。

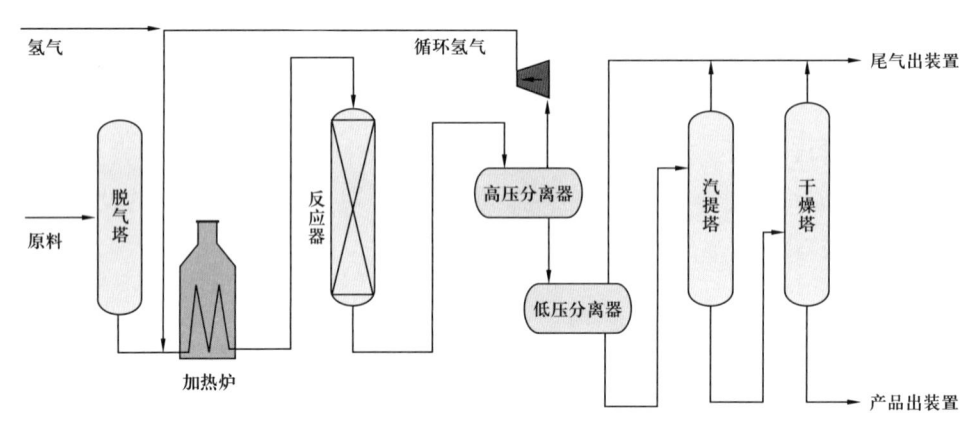

图 6-34 石蜡加氢装置原则工艺流程图

三、主要原料及物性

粗蜡：酮苯脱蜡后的脱油蜡，分子式为 C_nH_{2n+2}，其中 $n=17\sim44$，主要组分为正构烷烃。

四、主要"化学品及三剂"的作用和性能

催化剂：主要作用是脱除石蜡原料中的硫化物、氮化物、氧化物及金属杂质，改进石蜡颜色、气味、安定性，降低稠环芳烃含量。

五、产品主要性能和用途

精液蜡：包含全炼精液蜡和半炼精液蜡，按熔点分牌号。主要用作食品、口服药品及某些商品（如蜡纸、蜡笔、蜡烛、复写纸）的组分及包装材料，烘烤容器的涂敷料，用于水果保鲜、电气元件绝缘、提高橡胶抗老化性和增加柔韧性等，也可用于氧化生成合成脂肪酸。

六、成本核算口径范围

石蜡加氢精制装置成本核算范围主要包括反应、分馏单元。

（1）直接材料：脱油蜡。
（2）直接辅助材料：催化剂。
（3）直接燃料：自产干气和天然气。
（4）直接动力：包括由辅助部门提供的新鲜水、循环水、电、蒸汽、仪表风、氮气。

七、成本核算系数

石蜡加氢精制装置成本核算系数见表 6-34。

表 6-34　石蜡加氢精制装置成本核算系数

序号	主要产品	成本系数
1	58 号全炼精液蜡	1
2	54 号全炼精液蜡	0.99
3	56 号全炼精液蜡	0.995
4	60 号全炼精液蜡	1.01
5	62 号全炼精液蜡	1.02
6	54 号半炼精液蜡	0.985
7	56 号半炼精液蜡	0.99
8	58 号半炼精液蜡	0.995
9	60 号半炼精液蜡	1
10	62 号全炼精液蜡	1.01

八、生产运行中成本控制要点

1. 装置关键工艺技术指标

1）氢油比

氢油比过高会导致循环氢压缩机负荷增加，能耗升高；氢油比过低，不但降低反应速率，不利于加氢反应的进行，而且使得催化剂积炭加剧，影响催化剂的使用寿命。因此，氢油比应控制在合理范围内，有利于降低加工成本。

2）氢分压

提高反应压力，即在循环氢浓度不变的情况下，提高了氢分压。氢分压越高对加氢裂化工艺过程越有利，但过高的氢分压会增加设备的运行能耗。因此，氢分压应控制在合理范围内，有利于降低加工成本。

3）加热炉热效率

加热炉热效率受烟气排出温度高低、过剩空气系数大小影响。加热炉热效率越高，燃料气消耗量越低，装置能耗越低。因此，需进行优化控制，提高加热炉热效率。现阶段一般控制加热炉热效率不低于92%，先进的加热炉热效率可以达到95%以上。

2. 提高目标产品收率措施

（1）稳定原料组成，平稳操作，减少生产波动和非计划停工，满足装置高负荷、长周期运行。

（2）执行临氢系统闭灯检查，确保临氢系统运行正常，减少非计划停工。

（3）加强装置平稳操作，加强巡检，发现问题及时处理，避免因设备故障或泄漏引起物料损失。

3. 降低装置能耗措施

（1）及时调整加热炉"三门一板"，充分发挥加热炉余热回收系统作用，提高加热炉热效率，降低燃料消耗。

（2）合理调配氢油比，降低循环氢量，节约蒸汽或电耗。

（3）采用先进的节能技术和设备，选择高效机泵，配置节能电动机，投用变频设备降低电耗。

（4）控制好循环水温差，节约循环水消耗，加强维护仪表阀门等设施节约风耗。

4. 精细化管理措施

（1）加强设备日常维护保养，延长设备寿命和检维修周期，制定科学合理的设备检维修策略，确保设备运行正常。

（2）细化各项费用开支并严格执行，确保各项费用控制在合理范围内。

（3）开展全员参与的成本控制活动和班组精益管理，增强员工对成本控制的意识。

（4）加强对员工的培训，提高员工的操作技能，保证装置的平稳高效运行。

第三十五节　石蜡白土精制装置

一、装置生产原理

利用活性白土具有多结构、较大比表面积和良好吸附性能可以除去脱油蜡中的胶质、沥青质和部分硫化物、氮化物及芳烃，并脱除含有的微量水分和机械杂质，使石蜡的颜色明显改善，安定性得到提高。

二、工艺流程简述

白土精制分为混合吸附和过滤两个单元。

混合吸附：酮苯脱油蜡经加热后进入搅拌罐，白土按一定比例均匀加入搅拌罐内，使白土和脱油蜡充分混合，白土充分吸附脱油蜡中杂质。

过滤：蜡与白土混合物进入板框过滤机进行蜡与白土分离。

石蜡白土精制装置原则工艺流程如图6-35所示。

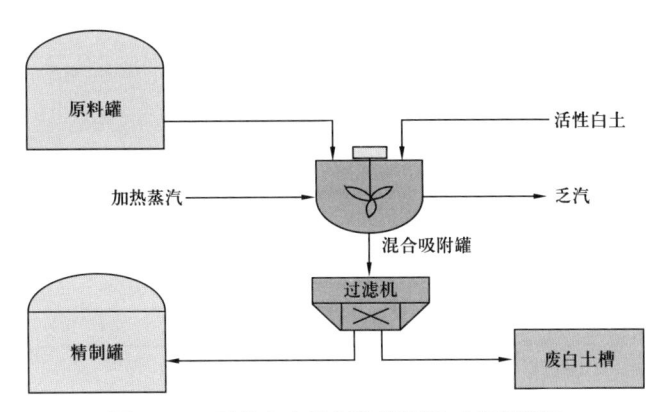

图 6-35　石蜡白土精制装置原则工艺流程图

三、主要原料及物性

粗蜡：酮苯脱蜡后的脱油蜡，主要成分的分子式为 C_nH_{2n+2}，其中 $n=17\sim44$，主要组分为正构烷烃。

四、主要"化学品及三剂"的作用和性能

1. 活性白土

利用白土具有较强吸附能力将粗蜡中的杂质脱除。

2. 滤布

用于板框过滤机将石蜡与白土分离，得到产品石蜡。

五、产品主要性能和用途

精制蜡：包含粗精制蜡和半粗精制蜡，按熔点分牌号。主要用作食品、口服药品及某些商品（如蜡纸、蜡笔、蜡烛、复写纸）的组分及包装材料，烘烤容器的涂敷料，用于水果保鲜、电气元件绝缘、提高橡胶抗老化性和增加柔韧性等，也可用于氧化生成合成脂肪酸。

六、成本核算口径范围

石蜡白土精制装置成本核算范围主要包括混合加热、过滤两个单元。
（1）直接材料：脱油蜡。
（2）直接辅助材料：白土、滤布。
（3）直接燃料：无。
（4）直接动力：包括由辅助部门提供的新鲜水、循环水、工业水、生活水、电、蒸汽、工业风、仪表风、氮气。

七、成本核算系数

石蜡白土精制装置成本核算系数见表6-35。

表6-35 石蜡白土精制装置成本核算系数

序号	主要产品	成本系数
1	半粗精制蜡	1
2	粗精制蜡	1

八、生产运行中成本控制要点

1. 装置关键工艺技术指标

1）白土加入率

白土加入率是白土加入量与原料量的比值，过高的加入率会浪费白土，增加装置运行成本。根据原料的性质及白土的加入量，实时调节白土加入率，在保证产品质量的基础上节约白土。

2）精制温度

精制温度是白土与原料混合精制时的温度，依靠蒸汽加热器进行加热。将精制温度控制在适宜的范围内，在保证精制效果的前提下，节约蒸汽，降低能耗。

2. 提高目标产品收率措施

（1）平稳操作，减少生产波动和非计划停工，满足装置高负荷、长周期运行。

（2）提高更换过滤纸和过滤布的安装质量，减少泄漏，降低原料损失。

3. 降低辅助材料消耗措施

（1）控制原料质量，减少过滤机上压频率，降低过滤纸和过滤布的消耗。

（2）在保证质量的前提下，加入适量白土，降低白土消耗。

4. 降低装置能耗措施

（1）原料加热器乏汽引入凝结水系统，送出装置，降低能耗。

（2）采用先进的节能技术和设备，选择高效机泵，配置节能电动机，投用变频设备降低电耗。

（3）控制好循环水温差，节约循环水消耗，加强维护仪表阀门等设施节约风耗。

5. 精细化管理措施

（1）加强设备日常维护保养，延长设备寿命和检维修周期，制定科学合理的设备检维修策略，确保设备运行正常。

（2）开展全员参与的成本控制活动和班组精益管理，增强员工对成本控制的意识。

（3）加强对员工的培训，提高员工的操作技能，保证装置的平稳高效运行。

第三十六节　石蜡成形装置

一、装置生产原理

利用冷却介质吸收液体石蜡热量，将液体石蜡冷凝成具有一定形状、重量的固体石蜡。

二、工艺流程简述

石蜡成形装置工艺流程包括蜡系统和氨系统。

蜡系统：精制后的蜡料用泵送至成形装置，通过蜡泵送至成形机机头，由定量注油器注入蜡盘或钢带上（粒蜡）。蜡盘或钢带随传动链条进入冷室，经往返平移冷却后出冷室。经脱膜、翻盘，将蜡从蜡盘或钢带中倒出，由传送带输送到包装现场进行包装、缝袋、入库。倒完蜡的空蜡盘或钢带又经浇注器注入液体蜡，进入冷室内冷凝冷却循环运行。板蜡冷却介质为液氨，粒蜡冷却介质为循环水。

氨系统：液氨经氨泵送至成形机冷室内的蒸发扩散器中，经过蒸发汽化后返回到低压罐中；低压罐中的气氨被压缩机压缩后由油氨分离器将其中的润滑油分离掉。从油氨分离器分离出来的高温、高压气氨进入氨冷凝器，经冷凝冷却后的液氨进入高压罐循环使用。

石蜡成形装置原则工艺流程如图 6-36 所示。

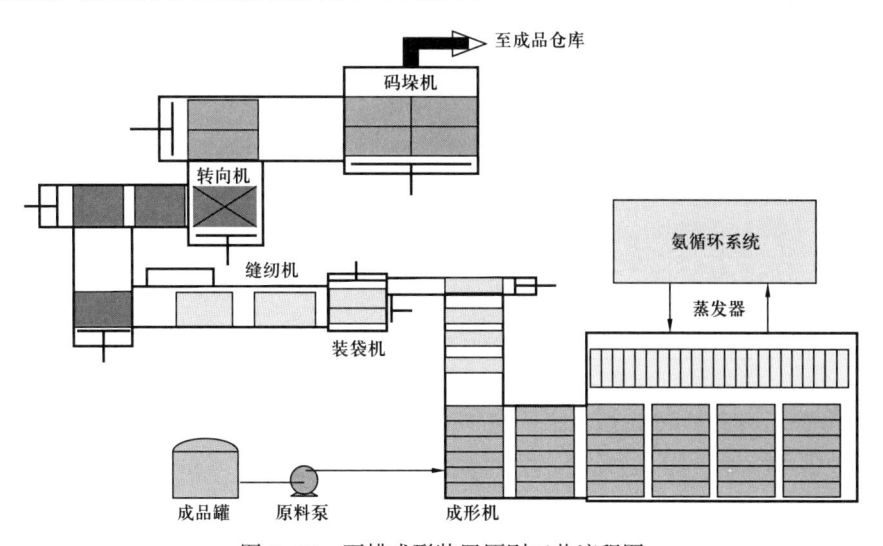

图 6-36　石蜡成形装置原则工艺流程图

三、主要原料及物性

精制蜡：按熔点分牌号。主要用作食品、口服药品及某些商品（如蜡纸、蜡笔、蜡烛、复写纸）的组分及包装材料，烘烤容器的涂敷料，用于水果保鲜、电气元件绝缘、提高橡胶抗老化性和增加柔韧性等，也可用于氧化生成合成脂肪酸。

四、主要"化学品及三剂"的作用和性能

1. 液氨

利用其汽化吸收液体石蜡热量,将液体石蜡变成固态石蜡,用于包装。

2. 包装袋

主要用于固体石蜡包装。

五、产品主要性能和用途

精制蜡:按熔点分牌号。主要用作食品、口服药品及某些商品(如蜡纸、蜡笔、蜡烛、复写纸)的组分及包装材料,烘烤容器的涂敷料,用于水果保鲜、电气元件绝缘、提高橡胶抗老化性和增加柔韧性等,也可用于氧化生成合成脂肪酸。

六、成本核算口径范围

石蜡成型装置成本核算范围主要包括冷冻、成形、包装三个单元。
（1）直接材料:精制蜡。
（2）直接辅助材料:液氨、包装物。
（3）直接燃料:无。
（4）直接动力:包括由辅助部门提供的新鲜水、循环水、电、蒸汽、仪表风、氮气。

七、成本核算系数

石蜡成形装置成本核算系数见表6-36。

表6-36 石蜡成形装置成本核算系数

序号	主要产品	成本系数
1	全精炼蜡	1
2	半精炼蜡	1

八、生产运行中成本控制要点

1. 装置关键工艺技术指标

冷冻机负荷影响到石蜡成形装置电耗与循环水消耗,选择合适的冷冻机负荷,可在完成加工要求的同时降低装置的综合能耗和运行成本。

2. 提高目标产品收率措施

（1）保持装置运转速率,以防因频繁调速引起的设备故障。
（2）加强设备的巡检和维护,可减少因设备损坏更换的停机时间,有利于保证生产和装置产量。

（3）对于精准注蜡系统等精确度很高的设备，加强设备的维护，以保证设备的准确运行，减少因设备方面对生产或质量的影响。

3. 降低辅助材料消耗措施

选择质优价廉的合格包装物，可降低包装物的损耗，以达到降低辅料的成本。

4. 降低装置能耗措施

（1）采用先进自动包装设备，配置节能电动机，降低电耗。
（2）控制好循环水温差，节约循环水消耗，加强维护仪表阀门等设施节约风耗。
（3）保持储运来原料温度符合成形装置原料生产要求，可有效降低预冷单元的消耗。

5. 精细化管理措施

（1）加强设备日常维护保养，延长设备寿命和检维修周期，制定科学合理的设备检维修策略，确保设备运行正常。
（2）开展全员参与的成本控制活动和班组精益管理，增强员工对成本控制的意识。
（3）加强对员工的培训，提高员工的操作技能，保证装置的平稳高效运行。

第三十七节 针状焦装置

一、装置生产原理

针状焦装置主要是以催化裂化油浆为原料，经原料预处理单元脱除沥青质、催化剂粉末等影响生焦过程的杂质后进入焦化反应单元，通过加热炉，快速升温到焦化温度，在高流速短停留时间的条件下，快速通过加热炉，进入焦炭塔，在焦炭塔内进行中间相生成、气流拉伸和固化等过程，最终形成针状焦。装置主要产品为针状焦，副产品为干气、液化气、汽油、柴油、蜡油。

二、工艺流程简述

针状焦装置按照工艺技术路线的不同，分为"一炉两塔"工艺、"两炉两塔"工艺、"两炉三塔"工艺。

1. "一炉两塔"工艺

"一炉两塔"工艺基本与普通延迟焦化工艺相同，但比通常延迟焦化的反应压力高，生焦周期长，循环比大。为实现两步法生产工艺，需要在不同反应阶段采取变循环比及变温操作。变循环比及变温操作的生产方式造成了装置的物料及热量的波动，分馏及吸收稳定系统波动较大，装置安全平稳生产难度大，手动操作频繁，容易出现焦炭塔"冲塔"、辐射泵抽空、加热炉炉管结焦速率加快等问题。

2. "两炉两塔"工艺

为了进一步提升产品质量、改善拉焦效果，部分企业在"一炉两塔"工艺基础上开发了"两炉两塔"工艺,即设立独立的拉焦加热炉,在反应末期采用专用的拉焦介质通过此加热炉加热后送入焦炭塔,完成拉焦固化。

3. "两炉三塔"工艺

美国 Chevron Lummus Gloal（以下简称 CLG）公司开发了"两炉三塔"工艺。该工艺的液相焦化反应与拉焦固化反应,在独立的焦炭塔及加热炉内进行,独立操作,互不干扰,实现了液相焦化反应与拉焦固化反应的独立调节,无须变温、变循环比操作。装置的物料及热量无波动,生产稳定可控,对操作员水平要求不高。优化的循环周期,保证了充分的生焦时间和拉焦时间,产品的生产可重复性和产品均匀性更高。

针状焦装置主要包括原料预处理、焦化、分馏、吸收稳定（包括压缩机）、放空、冷焦等单元。针状焦装置原则工艺流程如图 6-37 所示。

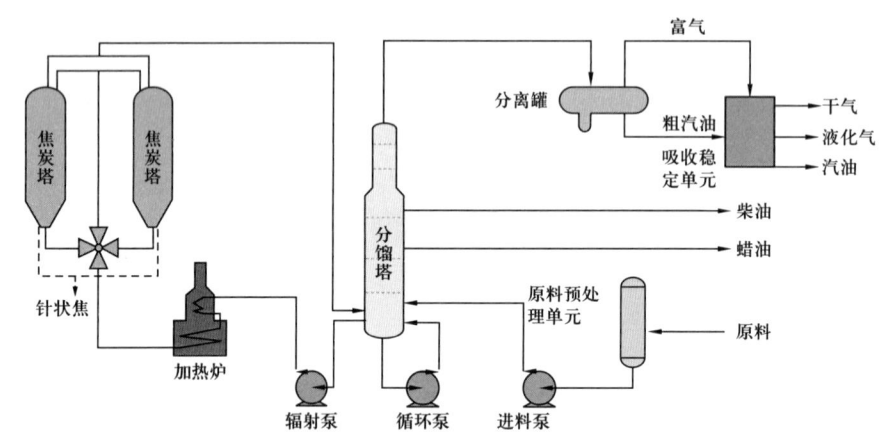

图 6-37 针状焦装置原则工艺流程图

原料预处理单元：原料预处理单元采用特殊的加工工艺,脱除催化裂化油浆中的沥青质、催化剂粉末等影响生焦过程的杂质。

焦化单元：精制后的油浆进入焦化单元,通过加热炉的快速加热,进入焦炭塔内进行裂解、缩合反应,针状焦在塔内生成,反应油气进入分馏单元。

分馏单元：根据反应油气中各组分沸点的不同,将它们分离成富气、粗汽油、柴油、蜡油。

吸收稳定单元：利用各组分之间在液体中溶解度及沸点不同把富气和粗汽油分离成干气、液化气、稳定汽油。

放空单元：将焦炭塔冷焦过程中产生的蒸汽、污水、不凝气进行回收,不凝气进入吸收稳定单元,蒸汽冷却后送至含硫污水汽提装置处理。

冷焦单元：利用冷焦水将塔内焦炭冷却,冷却后的焦炭用切焦水泵切除,冷焦水系统密闭循环使用。

三、主要原料及物性

催化裂化油浆：催化裂化装置产生的重油,含有大量稠环芳烃。

四、主要"化学品及三剂"的作用和性能

无。

五、产品主要性能和用途

1. 干气

以 C_1、C_2 组分为主,在炼厂中又称瓦斯气,一般干气要进入干气脱硫装置,脱除其中的 H_2S,然后作为燃料气使用。

2. 针焦汽油

无色透明液体,与柴油混合后经柴油加氢装置脱硫后,调和成品汽油销售出厂。

3. 针焦蜡油

半成品,进入下游催化裂化装置处理。

4. 石油针状焦

未经过高温煅烧的油系针状焦,属于人造石墨材料,与天然石墨相比,具有比容量高、循环寿命长、高温性能稳定等特点,相比天然石墨应用更广泛。主要用于新能源行业,是消费类、电子类、动力类锂离子电池重要负极原料。针状焦装置生产的针状焦作为下游煅烧装置的原料,或作为负极材料外供。

六、成本核算口径范围

针状焦装置成本核算范围主要包括原料预处理、焦化、分馏、吸收稳定(包括压缩机)、放空、冷焦等单元。

(1) 直接材料:催化裂化油浆。
(2) 直接辅助材料:无。
(3) 直接燃料:燃料气。
(4) 直接动力:包括由辅助部门提供的新鲜水、循环水、电、蒸汽、工业风、仪表风、氮气、除盐水。

七、成本核算系数

针状焦装置成本核算系数见表 6-37。

表 6-37 针状焦装置成本核算系数

序号	主要产品	成本系数
1	石油针状焦	1
2	针焦汽油	1.2
3	针焦蜡油	1.1

八、生产运行中成本控制要点

1. 装置关键工艺技术指标

1）加热炉热效率

加热炉热效率受烟气排出温度高低、过剩空气系数大小影响。加热炉热效率越高，燃料气消耗量越低。因此，需进行优化控制，提高加热炉热效率。现阶段一般控制加热炉热效率不低于92%，先进的加热炉热效率可以达到95%以上。

2）反应温度

反应温度对焦化反应的影响主要体现在焦化加热炉出口温度或焦炭塔内反应温度。提高焦炭塔内反应温度，将使气体和汽油、柴油收率增加，焦炭产率下降，并使焦炭中挥发分下降、焦炭质量提高。但是，焦炭塔内反应温度过高，容易造成泡沫夹带，焦炭硬度增大，造成除焦困难。反应温度过高还会使加热炉炉管和转油线的结焦倾向增大，影响操作周期，增加装置能耗。因此，反应温度须控制在设计指标范围之内。

3）系统压力

系统压力直接影响焦炭塔顶压力的变化，焦炭塔的压力下降使液相油品易于蒸发，也缩短了气相油品在塔内的停留时间，从而降低了反应深度。因此，系统压力须按设计指标范围进行控制。

2. 提高目标产品收率措施

（1）通过选择性价比高的优质催化裂化油浆，提高针状焦的产品性能。

（2）选择合适焦化反应温度、拉焦温度，使焦炭塔内的中间相得到充分的生成、融并和拉伸，提高针状焦的产品性能。

3. 降低装置能耗措施

（1）优化切焦的操作方法，减少切焦水泵的运行时间，降低电耗。

（2）冬季防冻期间对存在问题的疏水器及时进行调整更换，非防冻期停用部分蒸汽伴热，减少蒸汽的额外消耗。

第三十八节 煅烧焦装置

一、装置生产原理

以针状焦为原料，在回转窑内高温作用下，焦炭结构发生重排、调整，转变成焦炭、馏出物和气体。煅烧过程是沥青质脱氢，环烷—石蜡部分转变为芳构化部分，生产煅后针状焦，副产蒸汽。

二、工艺流程简述

煅烧焦装置工艺按煅烧设备分为罐式煅烧炉煅烧工艺、回转窑煅烧工艺、回转床煅烧工艺、焦炉煅烧工艺、电热煅烧炉。

1. 罐式煅烧炉煅烧工艺

罐式煅烧炉是在固定的料罐中实现对碳素材料的间接加热，使之完成煅烧过程的热工设备。物料在罐式炉加热时间长，受热充分，升温较回转窑缓慢，物料不直接与空气接触，不但氧化损失少，而且在焦粒上形成微量挥发分沉积热解炭，提高煅烧焦质量。但是煅烧炉燃烧控制主要凭火道温度检查和人工经验，由于原料挥发分、水分的变化和加排料量的不均匀稳定及众多的检测孔、调节孔及通道密封难以量化，使炉子操作有时会出现波动。

2. 回转窑煅烧工艺

回转窑是一种纵长倾斜的可以旋转的内部衬有耐火材料的钢筒体结构，用于对固体物料进行机械、物理或化学处理的一种热工设备。回转窑的优势在于生产能力大，操作自动化程度较高，结构简单，材料较单一，造价低，单位产能建设成本较低，修建速度快，原料更换方便，对原料适应性强，适用于煅烧各种碳质物料；使用寿命长，一般可用20～30年。回转窑缺点是物料氧化烧损失大，一般为10%左右，煅烧实收率低，由于窑体绕一定轴线旋转，煅烧物料在窑内转动，造成耐火材料内衬的磨损和脱落，导致物料灰分增加和检修次数较多。

3. 回转床煅烧工艺

回转床煅烧炉是原料从平面旋转的炉床外沿向中心运动的过程中被加热完成煅烧过程的一种热工设备，是石油焦煅烧的一种新型设备。从生产工艺看，燃烧火焰直接与物料接触，与回转窑相似，但由于密封性好，机械破损率低，烧损率也低。煅烧的质量高，炉内气流速度小，使粉尘飞扬损失小，实收率高，设备占地小，操作便利。炉子的缺点是设备结构复杂，材质要求高，耙子及挡板等零部件易烧坏，维修工作量大。

4. 焦炉煅烧工艺

炼焦炉是一种通常由耐火砖和耐火砌块砌成的炉子，用于使石油焦炭化以生产煅后焦热工设备，相对于其他炉型，焦炉投资大、结构复杂、建设速度慢，但原料选择范围广、煅烧质量好、可实现自动化控制。

5. 电热煅烧炉

电热煅烧炉是一种结构比较简单的立式电阻炉，通过安装在炉筒两端的电极，利用物料本身的电阻构成通路，从而达到煅烧目的。电气煅烧炉的优点如下：结构简单紧凑，操作连续方便，自动化程度高，工人劳动强度小，煅烧温度高，部分煅后料具有半石墨化性质，特别适用于煅烧无烟煤。电气煅烧炉的缺点如下：煅烧过程中煅烧料逸出的挥发分不能充分利用而被排放，炉子电容量和生产能力较小，耗费电能，生产成本高。

煅烧焦装置主要采用回转窑煅烧工艺。煅烧装置主要包括原料脱水单元、回转窑单元、余热锅炉单元。

生焦经脱水后进入原料脱水单元进一步脱水，脱水后的生焦进入原料缓冲仓。缓冲仓内的生焦通过下料管进入回转窑内进行高温煅烧，在回转窑内发生焦炭内部结构重排、脱氢等反应。经回转窑煅烧后的焦炭进入冷却器内冷却，最终通过皮带输送到成品仓内作为产品外售。煅烧过程中产生的高温烟气经余热锅炉单元产生蒸汽。

煅烧焦装置原则工艺流程如图 6-38 所示。

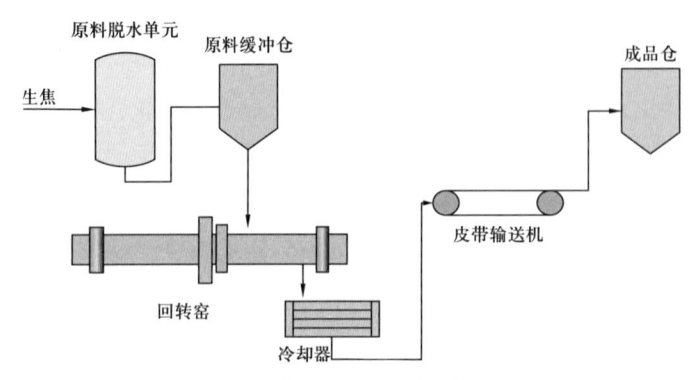

图 6-38　煅烧焦装置原则工艺流程图

原料脱水单元：上游针状焦装置生产的针状焦（生焦）经破碎后，由高倾角裙边挡板皮带输送至脱水仓内。仓内的焦炭经重力脱水后，作为回转窑的进料。

回转窑单元：脱水后的焦炭送至缓冲仓，之后生焦通过下料管进入回转窑内进行高温煅烧，在回转窑内发生焦炭内部结构重排、脱氢等反应。

余热锅炉单元：煅烧过程中产生的高温烟气在窑尾引风机的作用下进入余热锅炉单元，该单元产生的中压过热蒸汽输送至蒸汽管网。

三、主要原料及物性

针状焦：由针状焦生产装置供给。外观有金属光泽，纤维状结构明显。

四、主要"化学品及三剂"的作用和性能

无。

五、产品主要性能和用途

煅烧针状焦：石墨化度高，热膨胀系数低，杂质含量低，是冶金、碳素行业的原料，经包装后销售出厂。

六、成本核算口径范围

煅烧焦装置成本核算范围主要包括原料脱水单元、回转窑单元、余热锅炉单元。

（1）直接材料：针状焦（生焦）。
（2）直接辅助材料：无。
（3）直接燃料：燃料气。
（4）直接动力：包括由辅助部门提供的新鲜水、循环水、电、蒸汽、工业风、仪表风、氮气、除盐水。

七、成本核算系数

煅烧焦装置成本核算系数见表 6-38。

表 6-38　煅烧焦装置成本核算系数

序号	主要产品	成本系数
1	煅烧石油焦	品种法核算
2	煅烧针状焦	品种法核算
3	蒸汽	按同等级蒸汽成本[①]

① 蒸汽定价扣除。

八、生产运行中成本控制要点

1. 装置关键工艺技术指标

1）排烟温度

回转窑的高温烟气可用于为锅炉、导热油炉提供热量。提供热量后进入旋风除尘器净化，达标后排放。排烟温度越低，说明提供的热量越多，不仅使高温烟气的热能被高效利用，同时还进一步减少了重油燃料的用量，大大降低了企业的生产成本。

2）煅烧带温度

煅烧带温度的高低直接决定着石油焦挥发分的排出程度，也决定着煅后焦真密度的大小。煅后焦真密度基本随着煅烧带温度的升高而增大。因此，实际生产过程应对原料性质、能源消耗等进行综合考虑，调整适宜的煅烧带温度。

2. 提高目标产品收率措施

（1）通过调整煅烧带温度、回转窑内负压控制生焦的烧损，提高煅后针状焦的收率。
（2）根据下游市场对煅后针状焦品质需求的变化情况，调控操作条件，生产不同类型的煅后针状焦，实现效益最大化。

3. 降低装置能耗措施

优化余热锅炉的运行，保持烟气系统的高效运行，保持较高的蒸汽发汽量。

本章小结

本章简要介绍了 38 套炼油基本生产装置的生产原理和工艺流程，首次对各装置的成本核算口径及成本分配标准进行了统一，并根据实际管理要求提出了针对性的成本管控要点，为炼油企业财务人员进行成本管控提供了重要抓手。本章内容有助于企业提升生产运行效率，确保生产流程的高效与稳定；有助于企业制订科学的经营计划，为其生产经营提供正确的方向指导；有助于企业精准实施成本管控，减少不必要的浪费和损耗，提高经济效益；有助于企业开展对标管理，不断提升企业的市场竞争地位。除此之外，在学习本章内容过程中，财务人员将会更加精准地掌握生产经营的关键信息，生产技术人员也能够更加深入地理解财务核算规则，这种双向沟通将会推动炼油企业成本精细化管理水平不断提升。

第七章 炼油企业成本管理

在当前全球能源市场动态变化和环保法规趋严的大背景下,炼油企业面临前所未有的挑战。强化成本管理不仅是提升炼油企业市场竞争力的关键措施之一,更是实现炼油企业高质量发展的核心要求。预算管理、控制与分析、考核与评价是成本管理的三大核心环节,共同构成一个互补且连贯的闭环管理体系。本章将沿着事前、事中和事后的逻辑路线介绍炼油预算管理、控制与分析、业绩考核与评价,并重点阐述班组精益管理在炼油企业中的应用。

第一节 预算管理

预算管理是指企业以战略目标为导向,通过对未来一定期间内的经营活动和相应的财务结果进行全面预测和筹划,科学、合理配置企业各项财务和非财务资源,指导经营活动的改善和调整,进而推动实现企业战略目标的管理活动。基于炼油产品均一化的特点,成本预算是炼油企业预算管理的关键核心,在科学合理的成本预算体系下,通过"无预算不合同、无预算不支出、无预算不付款"的刚性控制,可以有效推动企业实现成本管理目标,帮助企业提高经济效益和竞争力。但是预算刚性并非一成不变,当外部环境发生剧烈变化时,企业可以通过柔性管理积极调整战略,刚柔结合保证企业的可持续平稳健康发展。本节将从预算管理内容、预算管理方法、预算编制流程、预算管理过程和财务人员在预算管理中的作用五个方面展开详细阐释。

一、预算管理内容

炼油企业预算管理通常包括业务预算、资本预算、筹融资预算、专项预算和财务预算五项内容。

1. 业务预算

业务预算是预算期内对各项生产经营活动的系统筹划,包括产销量、物资采购、设备维修等实物量计划,以及与之相关的材料消耗、直接人工、产品成本、期间费用等价值量预算。

2. 资本预算

资本预算是预算期内进行资本性投资活动的预算，包括固定资产投资、权益性资本投资等。

3. 筹融资预算

筹融资预算是预算期内需要新借入的长短期借款、经批准发行证券，以及对原有借款、债券还本付息的预算，包括股权融资预算、债权融资预算（含年度债券发行计划、中长期外债预算等）和股利分配预算等。

4. 专项预算

专项预算是对某些特殊事项单独编制的预算，包括人工成本预算、对外捐赠预算、信息化支出预算、研发经费投入预算、融资担保预算、金融衍生业务预算、股权投资收益预算等。

5. 财务预算

财务预算以业务预算、资本预算、筹融资预算、专项预算为基础，综合反映为资产负债预算、损益预算和现金流量预算等。

成本预算是贯穿于以上各项预算的重要内容。在业务预算中，成本预算涉及产销量、物资采购、设备维修等实物量计划的成本估算，以及与之相关的材料消耗、直接人工、产品成本、期间费用等价值量预算，通过成本预算企业能够有效控制生产经营活动的成本，实现成本最优化，提高生产效率和经济效益。在资本预算中，资本性投资活动的预算需要考虑投资项目的各项成本，包括固定资产投资和权益性资本投资的成本估算，以确定项目的投资回报率和投资风险，从而做出投资决策。在筹融资预算中，成本预算涉及新借入的长短期借款、发行证券等融资活动的成本估算，以及对原有借款、债券的还本付息的成本预估，这有助于企业合理安排融资计划，降低融资成本，减轻财务压力。在专项预算中，成本预算也是必不可少的内容之一，例如人工成本预算涉及人力资源的成本估算，对外捐赠预算涉及捐赠活动的成本安排，信息化支出预算涉及信息化项目的成本预估等。在财务预算中，成本预算是资产负债预算和损益预算的重要组成部分，通过成本预算企业能够更好地掌握经营情况，合理做出规划安排。

二、预算管理方法

根据不同的成本项目，预算管理领域应用的管理会计工具方法不同。根据预算编制的基础数据是否确定，可将预算编制方法分为零基预算法和增量预算法；根据预算编制所依据业务量是否可变，可将预算编制方法分为固定预算法和弹性预算法；根据预算编制时间是否固定，可将预算编制方法分为定期预算法和滚动预算法；另外还有基于作业成本管理思想的作业成本预算法。炼油企业需根据战略目标、业务特点和管理需要，结合不同工具方法的特征及适用范围，选择恰当的工具方法综合运用。

1. 零基预算法

零基预算是指企业不以历史期的经济活动及其预算为基础，而以零为起点，从实际需要出发分析预算期经济活动的合理性，经综合平衡后形成预算的一种预算编制方法。零基预算法适用于企业各项预算的编制，特别是那些不经常发生的预算项目或预算编制基础变化较大的预算项目。从实施效果来看，零基预算不会大幅度压缩企业成本费用，但可以使炼油企业对各项耗费重新进行"成本—效益"评估，提升资源分配效率。

在零基预算编制方法下，企业的预算编制一切从实际需要出发，逐项审议预算年度内各项费用的内容及其开支标准，预算编制过程更详细规范、合理有序，能够提高预算的科学性和透明度，减少预算中的信息不对称性，从而在一定程度上抑制预算松弛或"鞭打快牛"现象，有利于进行预算控制。由于零基预算法不再将前期项目支出情况纳入考虑范围，没有基础参考，是从"零"做起，因此编制工作量大、过程复杂、成本相对较高、普及困难，且在资金分配时，容易受到主观因素影响，在部门之间容易引发矛盾。结合目前炼油企业产能过剩、市场竞争加剧和成本费用攀升等内外部压力，炼油企业要在有限资源投入方面更加精准和高效，以此实现管控成本的目的，零基预算凭借其突出的优势，已成为炼油企业主要使用的预算编制方法。

2. 增量预算法

增量预算法又称定基预算法，是指以历史期实际经济活动及其预算为基础，结合预算期经济活动及相关影响因素的变动情况，通过调整历史期经济活动项目及金额形成预算的一种预算编制方法，适用于炼油企业经常发生的预算项目或预算编制基础变化较小的预算项目。

增量预算具有简便易操作的特点，但该方法以前期实际执行结果为基础，不加分析地保留或接受原有的成本项目，可能使原来不合理的费用继续开支而得不到控制，导致不必要开支合理化，造成预算浪费，不利于企业长远发展。当炼油企业采用传统增量预算编制方法时，基层单位和业务部门的管理者可能由于自身绩效与利益倾向争取对自己有利的预算指标，更易出现"鞭打快牛"现象，从而高估成本费用，夸大各项消耗性技术指标，使预算制定过程变成上下博弈过程，因此该方法在实际工作中的使用相对较少。

3. 固定预算法

固定预算又称静态预算，是指以预算期内正常的、最可能实现的某一业务量水平为固定基础，不考虑可能发生变动的一种预算编制方法，预算期内编制财务预算所依据的成本费用和利润信息都是在一个预定业务量水平基础上确定的，未考虑内外部环境较假设产生的变化所带来的影响。固定预算适用于固定费用或者业务量水平较为稳定的预算项目。

固定预算法不能实时反映市场状况对预算执行的影响，当实际业务量偏离预算编制所依据的业务量时，预算便失去其作为控制和评价标准的意义。对于成本预算，各成本费用项目对业务量变动有不同的反映，固定预算方法编制预算过于呆板僵化，不能适应管理的需要。

4. 弹性预算法

弹性预算又称动态预算，是在成本性态分析和分析业务量与预算项目之间数量依存关系的基础上，分别确定不同业务量及其相应预算项目所消耗资源的一种预算编制方法，适用于炼油企业各项预算的编制，特别是市场、产能等存在较大不确定性，且预算项目与业务量之间存在明显的数量依存关系的预算项目。

弹性预算法在一定程度上能够弥补固定预算法的缺陷，其预算编制依据是一个可预见的业务量范围，预算具有伸缩弹性，能为实际结果与预算的比较提供一个动态基础，增强预算适应性。因此，炼油企业通常通过构建弹性预算数学模型，指导生产经营活动，进行预算执行情况的跟踪，使用弹性预算法编制预算需要处理的数据量较大，炼油企业应该结合自身实际情况，根据"成本—效益"原则，灵活选择预算编制方法。

5. 定期预算法

定期预算通常是指企业以不变的会计期间为预算期编制预算的方法，一般企业仅在上期期末或本期期初编制预算。

定期预算法采用与会计核算类似的方法划分相同或相似的会计期间，有利于实际执行数据和预算数的比较，便于考核评价。由于定期预算不能随情况的变化及时调整，当预算中规划的各种活动在预算期内发生重大变化时，就会造成预算滞后，成为虚假预算。

6. 滚动预算法

滚动预算又称连续预算，是一切都以企业发展战略和年度经营计划为导向，并根据上一期预算执行情况和最新预测结果，按既定的预算编制周期和滚动频率，对原有预算方案进行调整和补充，逐期滚动，持续推进的一种预算编制方法。滚动预算按照滚动编制的时间划分可以分为月度滚动预算、季度滚动预算和年度滚动预算。炼油企业编制预算期为一年的滚动预算，其中第一个季度分解为月份，后三个季度按季编制。

滚动预算的优点在于遵循生产经营活动变动规律，保证预算连续性和完整性，可以根据实际情况变化动态调整，使企业资源安排更贴近实际情况，实现短期、中期和长期目标的衔接，有利于发挥预算的控制作用，科学、规范和合理的滚动预算管理能够使炼油企业在市场竞争中处于优势地位。但由于滚动预算工作量大，使得资源配置在横向和纵向之间的博弈增加，沟通等管理成本上升。

7. 作业成本预算法

作业成本预算法是指基于"作业消耗资源、产出消耗作业"的原理，以作业管理为基础，通过对企业生产流程中各项作业进行作业动因分析和资源动因分析，并预测预算期间的作业需求量和资源需求量，在此基础上编制预算的方法。

作业成本预算法将成本预算管理建立在作业层次上，通过区分增值作业和非增值作业，优化作业流程，进而实现成本与经营业绩的持续改善。适用于具有作业类型较多且作业链较长、管理层对预算编制的准确性要求较高、生产过程多样化程度较高，以及间接或辅助资源费用所占比例较大等特点的企业。

基于炼油企业的生产经营特点，企业一般以"零基预算"基准进行目标测算和细化分解，同时利用作业成本法将作业与生产过程结合，鼓励生产运行人员参与作业成本设计与核算，保证炼油作业成本设计的科学合理性，进一步从生产经营角度论证成本核算结果的准确性，并且通过生产运行人员剖析，对整体炼油生产过程作出合理预算规划，提升整个生产流程效率。

三、预算编制流程

炼油企业的预算通常包括年度、季度和月度预算。

年度预算一般按照自上而下、自下而上、上下结合的流程编制，主要分为预算启动、总体匡算、所属单位编报、审议和批复等阶段。

（1）企业预算管理委员会通常在下半年启动下一年度预算编制工作，并就预算编制原则、编制要求、分工及时间进度等进行安排。

（2）财务部门匡算提出预算目标，征询其他部门意见，并适时上报企业预算管理委员会。

（3）所属单位按照企业预算管理委员会要求，根据年度预算目标和指标，进行预算编报。

（4）每年年度终了，由董事会审议批准预算方案，财务部门正式对所属单位批复预算。月度、季度滚动预算编制按照企业预算管理委员会下达预算参数、所属单位编报、匡算、相关部门对接的流程进行。

（1）企业预算管理委员会通常在每月中旬和每季度最后一个月中旬，组织启动月度、季度预算编制工作，并下达预算参数。

（2）所属单位根据月度和季度生产经营计划、预算参数，编制完成月度、季度预算并上报企业预算管理委员会，通过后下发执行。

预算一经批复不得随意调整，但当客观环境的变化或者组织结构调整、人员变化导致原有预算失去客观性时，责任单位应根据规定逐级向预算管理委员会提出书面申请，经预算管理机构审批后，对预算目标进行重新修订，最终由董事会批准后下达执行。

四、预算管理过程

预算管理过程主要包括建立健全内部预算管理机制、预算编制、预算执行、预算控制和分析以及预算考核。

1. 建立健全内部预算管理机制

建立健全内部预算管理机制是实施预算管理的首要和关键步骤，指导炼油企业各个部门、各项业务活动在未来一段时期内的具体工作和目标，贯穿规划、执行、监控、考核全过程。

第一，炼油企业应以预算管理实际开展情况为基础，结合内部控制体系建设需求，建立并完善预算管理机制，确保企业预算管理切实发挥事前引领和事中控制延伸的作用。

第二，管理层要以整体性为原则，确保企业各部门全面参与预算管理工作，明确划分各部门的工作内容和职责、内在联系等，加强各部门之间的沟通、合作和配合。

第三，企业要严格遴选人员成立专门预算管理机构，并在预算过程中充分发挥财务人员的主导作用。预算管理机构的工作应侧重于预算的编制、执行、监控和考核，在进行各项业务活动过程中要保证预算约束刚性，严格进行预算考核，以帮助管理者有效地管理企业和最大限度地实现战略目标。

第四，企业各部门要积极配合预算管理工作，推动预算管理工作贯穿企业业务活动全流程，细化管理人员主体责任，提升主观能动性，减少管理工作在垂直化传递中的损耗，实现企业信息有效整合，最大化提高经济效益。

第五，预算周期结束后，企业各部门要对预算管理结果进行及时分析和严格考核，激发部门人员的积极性，及时发现预算方案中存在的问题，制定改进方案，从而推进预算管理精细化发展。

2. 进行科学合理的预算编制

预算编制不仅是企业战略规划的基础，也是资源有效配置的关键。通过预算编制，企业能够明确发展目标和方向，合理安排资金、人力等资源，降低运营风险，提高经济效益，从而确保企业的健康、稳定和可持续发展。

1）预算编制的基本要求

炼油企业预算编制的基本要求主要包括以下几方面：准确性，指确保各部门相关数据的准确性，这是预算编制的首要要求；实用性，预算编制必须以实际情况为基础，基于过去业绩和经验，同时考虑市场的发展趋势、竞争对手的行动、政策的变化等外部因素，帮助企业更好地应对各种变化和风险；可比性，企业应使用一致的方法和标准来进行预算编制，以便进行比较和分析；弹性，尽管切实保证预算刚性有利于预算目标的实现，但是企业可能面临多种不确定性因素，因此预算应具有一定的灵活性，以便根据实际情况进行调整；全面完整性，预算编制应全面覆盖企业的所有经济活动，包括各级部门、各项业务和各种费用等。此外，企业在编制预算时还应遵循一些基本原则，如实事求是、经济性、协调性等，以确保预算的合理性、科学性和有效性。

例如，某炼油企业搭建了"四位一体"预算编制模式，即建立"责任中心（部门车间）+预算要素+业务项目+财务核算"四位一体的预算管理机制，建立业务项目与部门、要素、核算的对应关系，后续管理全部以"业务项目"为基本单元和切入点，体现了预算编制的全面完整性、实用性、科学性和合理性。

2）预算指标设置的原则

设置科学合理的预算指标，是预算编制的关键点，其对于炼油企业整体竞争力持续提升发挥关键作用。预算指标的科学性和合理性是指预算指标的设定和选择应基于科学理论，结合实际情况，既要反映企业的战略目标，又要考虑其可操作性和可实现性，可以根据企业需要适时调整，所属部门可根据实际管理需要，细化预算指标体系。具体来说，预算指标的设置应确保与企业目标战略相契合，切实反映企业各项活动的完成情况，确保预算工作推动企业的业务发展，具体应遵循"经营活动与经营目标挂钩""投资活动与投资目标挂钩""薪酬增长与劳效提升挂钩"等预算指标设置原则。例如，炼油企业可以将产运销储与效益目标挂钩，在保证企业产运销储安全平稳运行的前提下，确保加工量、产量、和销售量等生产经营指标的安排满足效益目标要求，兼顾规模扩大与发展质量的关系；可以将投资总额与自由现金流挂钩，具体结合企业内外部经营环境变化，充分考虑企业经营状况、债务规模和财务承受能力，按照企业自由现金流总体为正控制预算年度投资支出总额；也可以将投资增量与投资回报挂钩，通常来说，历史年度投资资本回报率、经济增加值或自由现金流为负的所属部门，原则上应暂停或暂缓新上项目。

基于成本预算在炼油企业预算中的核心地位，炼油企业应重点关注成本预算指标的设置，确保成本预算指标直接支持企业的核心运营，成本预算指标应具体到每个生产环节，确保各环节的成本控制可以实时监测和调整，从而达到整体预算控制的效果。此外，成本预算指标还应与市场变化和价格波动紧密相连，使得预算能够灵活应对外部经济条件的变化。

3）预算指标的具体设置

基于预算编制的原则，炼油企业在具体设置内部预算指标的过程中，要充分考虑国家发展规划和目标。2023年国资委进一步优化中央企业经营指标体系为"一利五率"，对中央企业高质量发展提出更高的要求。"一利五率"主要涵盖利润总额、资产负债率、净资产收益率、研发经费投入强度、全员劳动生产率、营业现金比率六个指标。为切实完成"一利五率"目标，炼油企业应以此为目标导向，结合自身的生产经营和发展需求，具体构建企业内部预算指标体系进行预算和考核，进一步提高收入和利润质量，实现"有利润的收入"和"有现金流的利润"，提升企业价值和创新动力，促进企业长期可持续发展。

基于此，炼油企业在设置具体预算指标时应参考以下原则：

第一，效益优先原则。预算安排应坚持效益优先，确保企业的利润总额和净资产收益率等关键指标达到预期目标。在预算分配过程中，应优先保障能够带来较大经济效益的项目和环节。

第二，风险可控原则。炼油企业应充分考虑市场波动、原油等原材料价格变化等风险因素，合理设置资产负债率等预算指标，确保企业的财务风险可控。

第三，现金流稳定原则。营业现金比率是衡量企业短期偿债能力的重要指标，炼油企业在设置预算时应确保现金流的稳定，避免因现金流短缺而影响企业的正常运营。

第四，创新驱动原则。研发经费投入强度反映企业对创新的重视程度，炼油企业在设置预算时应充分考虑研发投入，鼓励技术创新和产品升级，提升企业的核心竞争力。

第五，全员参与原则。全员劳动生产率是衡量企业生产效率的重要指标，炼油企业在设置预算时应充分考虑员工的积极性和参与度，通过优化生产流程、提高员工素质等方式提升全员劳动生产率。

第六，可持续发展原则。在设置预算指标时，炼油企业应充分考虑企业的长期发展需求，注重环境保护、节能减排等可持续发展目标，实现经济效益与社会效益的双赢。

3. 提升预算工作的执行力度

预算执行是指企业或组织依据经审批的预算，在特定预算年度内，通过一系列管理活动，如资金调配、成本控制、收入管理等，确保预算目标得以实现的过程，包括监督预算执行情况、分析预算差异、调整预算计划等具体活动。在预算工作的实际执行过程中，提升预算工作的执行力度是炼油企业加强成本管理的重中之重。预算管理作为一项复杂的系统工程，是炼油企业需要带动全体工作人员开展的全过程动态工作方式。当预算计划制定后，预算执行过程中要实时监督预算执行的具体情况，切实保证预算的刚性约束，一般情况下不能随意调整。当市场发生重大变化或企业面临较高风险时，可以对预算计划进行及时调整，通常将预算调整精细到具体的部门、要素、业务项目，层层落实下达责任主体并严格执行。在分解下达利润指标时，分解下达指标合计不得低于本部门预算目标。在不影响或有助于预算效益目标实现的前提下，允许各级预算单位建立内部弹性预算机制，在预算期间内对业务预算、资本预算和筹资预算等进行调整，并按内部授权批准后组织执行。在预算执行过程中要强化源头控制和过程管理，从业务前端入手，加大管控力度。预算的执行还要加强各部门和员工的预算意识，炼油企业可以定期举办预算培训，明确预算责任，并将其与绩效挂钩。同时通过内部宣传强化预算文化，鼓励员工提出预算建议和反馈。

例如，某炼油企业采取基于市场走势和供应链情况的原油采购预算策略，通过与供应商建立长期合作关系，确保获得有竞争力的原油价格，并在预算中留出一定的灵活性以应对价格波动。同时设定严格的成本控制目标，并依托 ERP 系统设置成本上限额度，包括劳动力成本、辅材成本、期间费用等，通过信息化手段保证了预算的刚性执行。

4. 及时进行预算监控和分析

预算监控和分析能够保证预算管理的有效实施。企业应定期监控预算执行情况，与实际情况进行比较，并评估预算的执行效果，及时调整预算计划，以实现更好的财务管理目标。企业可以将预算执行差异准确定位到相关部门、具体要素和具体业务项目上，从业务源头（如合同控制等方面）进行把控。例如某炼油企业预算执行考核时，发现某生产线成本超支，经分析发现问题定位于采购部门对某原材料采购价格控制不当。同时某销售项目的推广费用超出预算，原因在于市场推广策略调整。企业可以按月度、季度、年度对预算执行情况进行分析，出具分析报告，对预算指标执行差异超过 10% 的项目重点说明其差异原因和纠改措施，并对重要预算项目进行专题分析。相关部门则按月进行预算执行情况分析，并于每月月末，将相关分析报告报企业财务部门。

成本预算作为炼油企业预算的重点，企业要注重可控成本费用支出的细化分解，按照项目支出特点和支出内容，将价值指标物化为实物指标，通过控制实物消耗达到控制成本费用价值支出的目的。在指标细化分解的基础上，要根据各部门业务范围，确定相应成本费用职责，形成全方位成本费用控制网络。在此基础上，完善建立指标跟踪预警控制机制，通过 ERP 等信息化手段进行提前控制和干预。

例如，某炼油企业综合利用全面预算系统、财务共享预算管控中台的记录数据，跟踪各部门的业务项目执行过程及结果，将预算执行差异准确定位到相关部门、具体要素和具体业务项目上，增强监控与分析的针对性，有效推进相关业务工作进度。需要注意的是，对预算结果的分析，不应仅局限于对超支原因的分析，也要对预算节约结果给予关注，要在考核中综合体现成本升降对企业效益的影响，防止单纯降低成本现象的发生。

5. 建立完善的预算考核和评价体系

为了定期验收预算目标的完成情况，炼油企业需要建立健全完善的预算考核体系，设定合适的预算考核指标、指标标准和指标权重。这些指标应涵盖收入、成本、利润、现金流等关键财务指标，同时也可包括市场份额、客户满意度等非财务指标，指标考核标准应明确、可量化，便于实际操作和评估，权重的设定应反映各项指标的重要性和对企业整体业绩的影响程度。其次，企业应制定详细的预算考核流程，包括考核周期、考核方式、数据收集和处理等。同时，选择合适的考核方法，如定量分析、定性评估等，确保考核结果的准确性和有效性。定期对预算执行情况进行考核后，考核结果应及时、准确地反馈给相关部门和人员，以便及时调整预算和改进工作。根据预算考核结果，企业还应建立相应的奖惩机制进一步激发员工工作积极性和工作效率，推进预算管理有效落实。考核过程中要确保考核过程规范、透明，避免主观性和随意性。还需注意的是，预算考核体系不是一成不变的，企业应定期对其进行评估和优化。根据市场变化、企业发展和业务需求，不断调整和完善预算考核指标、标准和流程，确保预算考核体系始终与企业的战略目标保持一致。

例如，某炼油企业将预算方案中的成本控制、销售收入和利润等关键指标纳入绩效考核，每月考核兑现，同时重点建立了成本预算执行符合率专项考核，按部门单位分别设置成本预算执行符合率考核要素、权重、偏差率等，每月量化测算各部门单位预算执行符合率指标，纳入各部门月度及年度绩效考核。

五、财务人员在预算管理中的作用

在炼油企业的预算管理过程中，财务人员发挥着举足轻重的作用。鉴于炼油行业资本密集、成本变动显著以及市场波动性高的特性，财务人员不仅致力于确保企业财务的稳健运行，更在充满挑战的市场环境中，为企业提供了关键的决策支持和战略方向。

1. 主导作用

由于财务人员具备专业财务知识和经验，较其他部门人员更加了解企业的真实财务和经营情况，可以帮助企业制定科学合理的预算方案，实现业务决策与财务计划的紧密融合，推动业财一体，从而增强企业的市场竞争力，确保各部门预算与公司总体财务和战略目标保持一致。因此炼油企业在预算管理过程中要充分发挥财务人员的主导作用。

第一，炼油企业应进一步强化财务人员的专业能力，定期对财务人员进行专业培训，提升其在成本预算编制、分析、控制等方面的专业技能。第二，明确财务人员的角色定位，确保财务人员在企业预算管理中的主导地位，给予财务人员在预算编制和执行过程中足够的决策权和影响力。第三，建立有效的沟通机制，财务人员需要与其他部门紧密合作、高效沟通，清晰传达预算目标和要求，同时及时获取其他部门的运营情况和需求。企业可以推动跨部门合作，鼓励财务人员参与跨部门项目和会议，进一步促进不同部门之间的合作和沟通。第四，财务人员应该熟练掌握先进财务管理软件和工具的操作和应用，提高预算管理的效率和准确性。第五，实施绩效激励，建立与预算执行结果挂钩的绩效激励制度，鼓励财务人员积极投入成本预算管理工作，提高其工作积极性和责任感。

2. 贯穿炼油企业全生命周期预算管理

财务人员的作用贯穿炼油企业预算编制、执行、监控、分析、考核的全过程。其中，财务人员在严格落实预算编制、严格监督和严格考核中的作用尤为重要。炼油行业属于资本密集型行业，与设备升级、扩大产能或新技术引进等相关的资本性支出金额巨大，且后续会形成较高的设备折旧和维护费用，对成本控制造成巨大压力。因此财务人员在事前应考虑当前市场状况和未来预期，并结合公司长期战略目标进行细致的成本预算编制。在预算执行过程中，财务人员必须确保成本预算刚性，对炼油过程中的原油采购、能源消耗、运营维护和人工成本等直接成本和间接成本进行密切监控与管理，确保所有成本都严格按照预算执行。财务人员要利用各种财务和非财务指标对炼油产量、设备效率、能源消耗等关键指标进行持续监控和评估，通过对比分析实际收支与预算之间的差异，及时向管理层提供反馈，并进行必要的预算调整，保证预算执行的效率和效果。在某些情况下财务人员还会利用期货合约和其他金融工具进行套期保值，以对冲风险。

第二节　炼油成本分析与控制

成本分析与控制是炼油企业管理中的核心环节，其工作的复杂性以及广泛性等特点使其成为企业管理工作的重点和难点。炼油企业成本分析和控制不仅涉及原料成本，还包括生产过程中的燃动消耗、设备维护、环保投入等多个方面，各环节都需要精细高效的成本管理策略。面对众多的不确定因素和复杂的业务场景，炼油企业需不断优化和创新管理手段和方法，才能确保企业在瞬息万变的市场环境中保持竞争优势，实现可持续发展。

一、成本分析与控制必要性

随着市场竞争的加剧，在面临产能全面过剩、收入端的溢价空间有限的情况下，成本竞争成为炼油企业之间竞争的核心。深入细致的成本分析与精准到位的成本控制可促进管理精细化和资源利用高效化，是炼油企业保持低成本竞争优势的有效途径，也是实现均一化产品领先战略的重要手段，助力炼油企业在同质化竞争中脱颖而出。

成本分析能够帮助炼油企业通过指标分析与对标，精准把握资金的流向和使用效果，从而发现潜在的成本削减点和效率提升机会，确保成本控制措施的有效性；成本控制引导企业不断优化生产流程，实施标准化作业，力求在提升产品生产效率的同时，切实降低每一道工序的生产与运营成本，有效支持均一化产品战略的实施。同时成本控制作为风险管理工具之一，在炼油企业预测并有效应对市场波动、原材料价格变动等潜在风险中发挥至关重要的作用。

炼油企业要坚持"一切成本皆可降"理念，紧盯关键环节和重点成本费用要素，促进降本增效，以低成本为核心竞争力支撑企业高质量发展。全面推进战略成本管控，建立完善全价值链动因分析模式，丰富成本管控手段，促进成本管理对标提升。成本分析与控制不仅是炼油企业战略管理的基石，更是推动企业突破现状，向更高层次的发展目标挺进，实现长期可持续发展的重要引擎。

二、技术经济指标与成本分析指标

1. 技术经济指标

炼油企业通常基于其技术装备、工艺过程、所用原材料和产品特点等设置技术经济指标，这些指标是对生产经营活动进行计划、组织、管理、指导、控制、监督和检查的重要工具。炼油企业利用技术经济指标，可以查明和挖掘装置生产潜力，提高经济效益，考核生产技术活动的经济效果，以合理利用机械设备，改善产品质量，评价各种技术方案，分析成本，为技术经济决策提供依据。相关技术经济指标计算方法和公式如下：

$$\text{原油及外购原料油（气）加工量} = \text{石油产品综合商品量} + \text{石油产品综合自用量} + \text{原油加工损失量} + \text{半成品及原料库存增减量} + \text{其他损失量} \quad (7-1)$$

其中，石油产品综合商品量包括汽油、煤油、柴油、润滑油、商品燃料油、商品液化气、商品干气、溶剂油、石蜡、洗涤剂原料、沥青、化工轻油、商品原料油、润滑油基础油、石油焦、苯类及供化工作原料的产品等。还包括炼油装置产出的烯烃、工业硫黄、液氨等商品量。

$$\text{石油产品综合自用量} = \text{供装置做燃料的自产的燃料油、燃料气量} + \text{催化烧焦量} + \text{企业自备电站、锅炉用燃料油、燃料气量} \quad (7-2)$$

$$\text{原油加工损失量} = \text{干气跑损量} + \text{污水含油损失量} + \text{装置加工损失量} + \text{半成品输转调和损失量} + \text{"三渣"（酸渣、碱渣、白土渣）带油损失量} \quad (7-3)$$

半成品及原料油库存增减量：指半成品及原料油的期末、期初库存差额，库存增加为正（+），减少为负（-）。半成品指汽油、煤油、柴油、润滑油的相应组分油，原料油指炼油企业自产的作为进一步加工的原料油，如蜡油、渣油等。

其他损失量：其他损失量指除原油储运损失、原料油加工损失、产成品损失以外的损失量，一般指正常生产经营活动过程以外如自然灾害、事故跑损等造成的损失，包括原油储运过程中的其他损失和加工过程中的其他损失量。核算其他损失必须附相关凭证备案。

$$\text{目标产品收率} = \text{目标产品产量} / \text{原油及外购原料油（气）加工量} \times 100\% \quad (7-4)$$

其中，目标产品包括汽油、煤油、柴油、润滑油、化工轻油、液化气、丙烯、芳烃、溶剂油、石蜡、重交通道路沥青等。

$$炼油综合损失率 = 炼油综合损失量 / 原油及原料油（气）购入量 \times 100\% \quad (7-5)$$

炼油综合损失量指原油储运损失量、原料油（气）加工损失量、产成品损失量及其他损失量之和。该指标是综合反映原油资源利用程度和技术水平的指标，损失率越低，说明原油资源利用程度越高。

$$石油产品轻油收率 = 石油产品轻油产量 / 原油及外购原料油加工量 \times 100\% \quad (7-6)$$

其中，石油产品轻油产量包括汽油、煤油、柴油、溶剂油、化工轻油、苯类、MTBE、洗涤剂原料油等，不包括自产芳烃类、MTBE用于调和汽油的自用量。

$$可比轻油收率 = 可比轻油产量 / 调整后原油及外购原料油加工量 \times 100\% \quad (7-7)$$

其中，
$$可比轻油产量 = 轻油产量 + 轻油半成品库存增减量 \quad (7-8)$$

$$汽油、煤油、柴油、润滑油及相应半成品收率 = 汽油、煤油、柴油、润滑油及相应半成品总量 / 原油及外购原料油（气）加工量 \times 100\% \quad (7-9)$$

汽油、煤油、柴油、润滑油及相应半成品总量是指汽油、煤油、柴油、润滑油及相当于汽油、煤油、柴油、润滑油组分的成品产量和相应半成品数量。

$$柴汽比 = 本期柴油产量 / 本期汽油产量 \quad (7-10)$$

$$炼油综合能源消耗量 = \sum 第i种能源的实物消耗量 \times 第i种能源折算标油系数 + 与非炼油系统交换的热量折算为标油的代数和 \quad (7-11)$$

$$炼油单位综合能耗 = 炼油综合能源消耗量 / 原油及外购原料油（气）加工量 \quad (7-12)$$

$$炼油能量因数\ E_f = \left(\sum C_i K_i + E_C + E_W + E_{SL} + E_{eL} + E_Q \right) F_t \quad (7-13)$$

式中 $C_i K_i$——炼油生产装置能量因数，其中，C_i 为 i 装置加工量系数，K_i 为 i 装置能量系数；

E_C——储运系统能量因数；

E_W——污水处理场能量因数；

E_{SL}——热力损失能量因数；

E_{eL}——输变电损失能量因数；

E_Q——其他辅助系统能量因数；

F_t——温度校正因子。

$$炼油单位能量因数耗能 = 炼油单位综合能耗 / 炼油能量因数 \quad (7-14)$$

$$石油产品综合商品率 = 石油产品综合商品量 / 原油及外购原料油（气）加工量 \times 100\% \quad (7-15)$$

综合商品率表征企业装置运行效率，是反映生产水平的重要指标。考察某种产品的商品率，可用实物指标或货币指标；考察多种产品的商品率，则用货币指标。综合商品率越高，通常表示企业节能降耗工作好，盈利能力强，部门生产专业化程度越高。

炼油可比综合商品率 = 可比综合商品量 / 原油及外购原料油（气）加工量 ×100%

（7-16）

炼油可比综合商品率适用于不同类型的炼油厂之间进行横向对比。其中：

可比综合商品量 = 石油产品综合商品量 + 发电用燃料 + 外销蒸汽折燃料 –
外购蒸汽折燃料 + 供本企业内部化工装置做原料的炼油产品
（如硫酸装置消耗的硫黄）+ 半成品及原料期末期初库存增减量

（7-17）

发电用燃料指自备电站用的燃料油、气；外购蒸汽折燃料按购进的蒸汽热焓进行折合；外销蒸汽折燃料按蒸汽实际热焓折合。

2. 成本分析指标

炼油完全加工费 =（基本生产成本下的辅助材料、燃动、直接人工、制造费用之和 –
自产蒸汽、凝结水、电、燃料油、燃料气 + 销售费用 + 管理费用 +
财务费用 + 费用化研发支出）/ 炼油加工量　　　（7-18）

炼油完全加工费这一指标用于反映炼油企业在生产经营、安全生产、设备运行等方面的管理控制水平，体现产品竞争力的重要指标，是企业进行成本管控的重要抓手。因此炼油企业应严格把控炼油完全加工费，全要素分解管理，横向延伸至各业务，纵向传递至各层级，全方位控制计划并动态跟踪。

成本费用率 = 成本费用总额 / 营业收入 ×100%　　　（7-19）

其中，成本费用总额包括营业成本、营业税金、销售费用、管理费用、财务费用等，不包括资产减值损失和营业外支出。营业收入包括主营业务收入和其他业务收入，不包括投资收益、营业外收入、公允价值变动损益。企业内部互供商品之间的收入予以抵消。

成本费用率是评价企业成本管理水平的重要标志，是检验企业经济运行质量的关键指标。成本费用率反映企业生产经营过程中成本费用投入与营业收入之间的关系，可用来评价炼油企业投入产出水平、盈利质量和成本管理水平。一般来说，成本费用率高于100%，意味着企业经营业务亏损，获得的营业收入不能弥补所投入的成本费用；成本费用率越低，企业的投入产出比越高，企业生产经营业务的获利能力越强。

成本利润率 = 净利润 / 总成本 ×100%　　　（7-20）

成本利润率是反映成本与利润之间关系的一个指标。该比率越高越好，炼油企业可将该指标与任何基数对比，如可将本企业的成本利润率与炼油行业整体水平、先进水平相比，明确企业市场地位，也有助于找出产生差距的原因；也可与其他行业对比，来衡量本行业的经济效益。

$$销售成本率 = 销售成本 / 销售收入净额 \times 100\% \quad （7-21）$$

销售成本率是反映销售收入与成本之间关系的一个指标。它是成本与销售收入的比值，一般用百分数表示。该值越低越好，同样，企业可将该指标与任何基数相对比，以衡量企业经济效益的好坏或成本水平的高低。

期间费用分析指标包括销售费用率、管理费用率、研发费用率、财务费用率。

（1）销售费用率。

$$销售费用率 = 销售费用 / 营业收入 \times 100\% \quad （7-22）$$

销售费用与企业的业务规模、未来发展、开拓市场、扩大品牌知名度等有关，分析销售费用中诸如广告费、促销费、展览费、销售网点业务费等与企业营销策略有关的项目所占比例的变化情况，关注这些项目对企业长期销售能力改善和长期发展可能做出的贡献，考察销售费用的长期效应。在销售费用存在异常波动的情况下，结合行业竞争态势和竞争格局的变化、企业营销策略的变化以及相关会计政策的变化等因素，判断销售费用波动的合理性，关注是否有人为主观操纵的迹象。通过计算销售费用率，进行同行业比较、前后期比较，并结合行业竞争状况和企业在销售费用控制方面的举措，可以考察企业销售费用支出的有效性。

（2）管理费用率。

$$管理费用率 = 管理费用 / 营业收入 \times 100\% \quad （7-23）$$

管理费用与企业规模和未来发展有关，炼油企业要设置管理费用的关键性岗位，并明确授权审批范围，同时加强管理费用指标完成情况的分析。通过计算管理费用率，进行同行业比较、前后期比较，并结合行业竞争状况和企业在管理费用控制方面的举措，可以考察企业管理费用支出的有效性。

（3）研发费用率。

$$研发费用率 = 研发费用 / 营业收入 \times 100\% \quad （7-24）$$

研发费用与企业研究开发、保持核心竞争力相关，财务人员需要在谨慎性原则的基础上，根据炼油企业所处行业特点和研发项目特点，合理划分资本化支出和费用化支出的界限，同时对于共同使用的研发费用，必须要有明确的分配依据，以确保费用的合理和科学分配。通过计算研发费用率，并结合企业的营业收入规模、所处行业技术进步特征、同行业主要竞争对手的研发投入状况以及企业营业收入和毛利率的持续变化等方面，来反映炼油企业研发投入强度和对科技创新的重视程度。

（4）财务费用率。

$$财务费用率 = 财务费用 / 营业收入 \times 100\% \quad （7-25）$$

财务费用直接反映企业的融资环境和能力，与贷款规模、利率、贷款环境、企业整体融资管理水平等有关，炼油企业需结合行业特征与自身需求，实施有效的资金管理措施，提高资金使用效率、优化债务结构，同时适当加强应收账款的管理。通过计算财务费用率，便于分析贷款规模与企业经营战略调整是否相适应，是否与企业未来的资金需求相适应，是否有可能因贷款规模的降低而限制企业的未来发展。同时可以帮助了解企业贷款利率升降所揭示的融资环境、企业信誉等方面的变化。

三、成本分析方法

成本分析方法是指利用核算数据及有关资料，通过指标对比分析等方法分析成本变动情况。有效的成本分析方法能帮助企业细化和优化其成本结构，从而实现生产效率的提升和成本最小化。利用技术经济和成本分析等指标深入分析成本，有助于炼油企业更好地管控成本。成本分析常用方法有比较分析法、比率分析法和连环替代法等。

1. 比较分析法

比较分析法是指通过指标对比，从数量上确定差异的一种分析方法。其主要作用在于揭示客观存在的差距，为进一步分析指明方向。比较分析的基数由于分析目的的不同而有所不同。实际工作中通常有以下几种形式：

（1）以成本的实际指标与成本的计划或定额指标对比，分析成本计划或定额的完成情况。

（2）分析和比较标准成本与实际成本之间的差异，可分为：

① 直接材料成本差异：包括直接材料价格差异（实际价格与标准价格的差异）和直接材料用量差异（实际使用量与标准使用量的差异）。例如，炼油企业根据预期的原油价格和采购量来制定标准成本，帮助企业进行成本控制和效率改进。通过对实际成本与标准成本之间的差异进行分析，评估成本控制的效果。如果原油价格高于预期或者采购量超出标准量，那么成本差异就会增加，需要采取相应措施进行调整。

② 直接人工成本差异：包括直接人工效率差异（实际工时与标准工时的差异）和直接人工工资率差异（实际工资率与标准工资率的差异）。

③ 变动制造费用差异：包括变动制造费用耗费差异和变动制造费用效率差异。

④ 固定制造费用差异：实际产量与设计生产能力规定的产量或预算规定的产量的差异会对产品应负担的固定制造费用产生影响，因此固定制造费用差异的分析方法具有特殊性，主要有两差异分析法和三差异分析法。

a. 两差异分析法：将固定制造费用成本差异分为耗费差异和能量差异。固定制造费用耗费差异是指实际固定制造费用与固定制造费用预算总额之间的差异，其中固定制造费用预算总额是按预算产量和工时标准、标准费用分配率事前确定的固定制造费用。固定制造费用能量差异是指由于设计或预算的生产能力利用程度的差异而导致的成本差异，也就是实际产量标准工时脱离设计或预算产量标准工时而产生的成本差异。

b. 三差异分析法：将固定制造费用的成本差异分为耗费差异、能力差异和效率差异。耗费差异与两差异分析法相同。能力差异是指实际产量实际工时脱离预算产量标准工时而引起的生产能力利用程度差异而导致的成本差异。效率差异是指因生产效率差异导致的实际工时脱离标准工时而产生的成本差异。三差异分析法的能力差异与效率差异之和，等于两差异分析法的能量差异。因此，采用三差异分析法进行固定制造费用差异分析，能够较清楚地说明企业生产能力利用程度和生产效率高低所导致的成本差异情况，便于分清责任。

（3）以本期实际成本指标与前期（上期、上年同期或历史最好水平）的实际成本指标对比，观察企业成本指标的变动情况和变动趋势，了解企业生产经营工作的改进情况。

（4）以本企业实际成本指标（或某项技术经济指标）与国内外同行业先进指标对比，可以在更大的范围内找出差距，推动企业改进经营管理。

应用比较分析法时要注意指标的可比性，只有同质指标、口径一致或计算基础一致的指标才能对比。为了使对比的指标具有可比性，可以将对比指标做必要的调整换算。如对比费用指标，可以先将随产量变动而变化的费用计划指标按产量增减幅度进行调整，然后再同实际进行对比。与以前各期资料对比，可以都按不变价格（即按规定的某年价格）换算，或按物价、收费率等变动情况调整某些指标。但在使用比较分析法时也要防止将指标的可比性绝对化。

比较分析法是经济分析中广泛应用的一种分析方法。对比范围越广泛，就越能发现差距，越有利于企业挖掘潜力，学习和推广先进经验。

2. 比率分析法

比率分析法是指通过计算和对比经济指标的比率进行数量分析的一种方法。采用这一方法，先要把对比的数值变成相对数，求出比率，然后再进行对比分析。具体形式有以下几种：

（1）相关指标比率分析。将两个性质不同但又相关的指标对比求出比率，然后再以实际数与计划（或前期实际）数进行对比分析，以便从经济活动的客观联系中，更深入地认识企业生产经营状况。例如，将成本指标与反映生产、销售等生产经营成果的产值、销售收入、利润指标对比求出的产值成本率和成本费用利润率指标，可据以分析和比较生产耗费的经济效益。

（2）构成比率分析。构成比率指某项经济指标的各个组成部分占总体的比例。例如，将构成产品成本的各个成本项目同产品成本总额相比，计算其占成本的比例，确定成本的构成比率；然后将不同时期的成本构成比率相比较，通过观察产品成本构成的变动，掌握经济活动情况，了解企业改进生产技术和经营管理对产品成本的影响。

（3）动态比率分析。动态比率分析或称趋势分析，是将不同时期同类指标的数值对比求出比率，进行动态比较，据此分析该项指标的增减速度和变动趋势，从中发现企业在生产经营方面的成绩或不足。由于对比的标准不同，动态比率分析又可分为基期指数和环比指数两种。

炼油企业成本分析中常见比率有成本费用率、成本利润率、销售成本率等。

3. 连环替代法

一个经济指标完成的效果，往往是由多种因素造成的，只有把综合性的结果分解为具体的构成因素，才能了解指标完成情况。进行因素分析通常采用连环替代的方式，连环替代法是用来计算几个相互联系的因素对综合经济指标变动影响程度的一种分析方法。

连环替代法的具体程序如下:
(1)根据指标的计算公式确定影响指标变动的各个因素。
(2)按照一定的原则排列各影响因素的替换顺序。
(3)按照排定的因素替换顺序和各因素的基数(如计划数、定额数等)计算指标的基数。
(4)依次以各要素的实际数替换其基数,每次替换后实际数就被保留下来;将每次替换后的计算结果与前一次替换后的计算结果进行对比,就可以顺序计算出各因素的影响程度。有几个因素就替换几次。
(5)将各因素影响程度的代数和与指标变动的差异总额(分析对象)核对相符。

在采用连环替代法计算确定各因素对综合经济指标变动的影响程度时,因素的替换顺序不同,同一因素对指标变动的影响程度就不同。因此,因素的替换顺序是一个非常重要的问题。确定各因素排列顺序的一般原则为:如果既有数量因素又有质量因素,应先查明数量因素变动的影响,后查明质量因素变动的影响;如果既有实物量因素又有价值量因素,应先查明实物量因素变动的影响,后查明价值量因素变动的影响。此外,还应区分主要因素和次要因素,先查明主要因素变动的影响,后查明次要因素变动的影响。

四、成本控制内容与方法

原油作为炼油的主要原料,其价格波动对炼油成本构成具有重大影响,因此控制原油成本是降低整体生产成本、提升企业盈利能力的关键。加工成本控制涉及炼油过程中的燃动消耗、设备折旧、人工费用等,通过优化工艺流程和提高操作效率,可以有效降低加工成本,从而提升企业经济效益。炼油完全加工费则是综合反映炼油企业在生产经营、安全生产和设备运行等方面的管理控制水平以及体现产品竞争力的重要指标。综上,炼油企业需加强对原料成本、加工成本和炼油完全加工费指标的管理与控制。

1.原料(原油)成本控制

对于炼油企业而言,生产成本绝大部分都来源于原油,并且企业利润与成品油的售价呈现显著相关关系。原油成本既是企业生产经营的起点,也是企业成本管控的重点。加强原油成本管控,不仅是炼油企业控制成本、增加利润的内在需要,也是企业应对激烈竞争的必然之举。

1)原油采购成本控制

原油价格对于原油采购成本具有举足轻重的影响。原油作为炼油企业的主要原料,其价格波动直接影响到企业的采购成本以及后续成本,进而影响企业的盈利能力和市场竞争力。因此,炼油企业需根据掌握原油市场价格动态,准确预测油价,从而加强原油采购成本的控制。

(1)原油价格呈现动荡变化态势。

从行业特点和历史经验看,企业采购成本与原油价格关系极大。而国际原油市场动荡,价格波动频繁,直接影响炼油企业的盈利空间和经营效果。如图7-1所示,2013—

2022年十年间，受地域等方面影响，国际原油价格持续波动。原油价格大幅波动也为炼油企业原油采购成本控制工作增加难度。

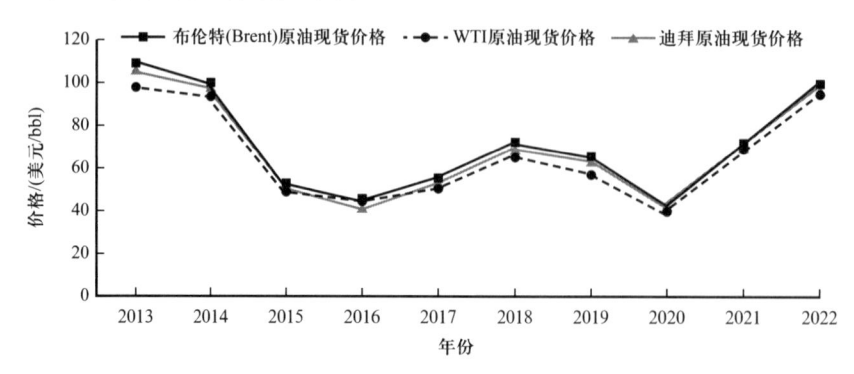

图 7-1　2013—2022 年国际原油市场现货价格走势
数据来源：BP 世界能源统计年鉴、前瞻数据库

（2）原油价格预测。

在原油价格剧烈波动的背景下，准确预测原油价格及变化趋势，可以有助于炼油企业制定合理的采购决策，严格控制成本。

① 原油价格预测对象。

a. 原油基准价格。

原油价格预测对象之一为原油基准价格。受不同地区市场供需变化等因素影响，不同基准原油价差变化较大，直接影响原油采购成本。国际上公认的原油基准价格是 WTI 和 Brent 原油价格。相比之下，Brent 原油主要以海运方式进行运输，成本更低。在影响因素方面，Brent 原油价格在需求端受到以欧洲和亚洲为主的全球石油需求影响，在供应端主要依赖于石油输出国组织（OPEC）的原油产量变化。因此，Brent 原油价格的主要影响因素是亚欧国家的经济行情和中东地区等产油国的地缘政治风险。WTI 也是全球重要的原油价格基准，WTI 原油价格的主要驱动因素是美国国内的原油产量与需求，其价格在一定程度上受到全球原油供需的影响。WTI 原油期货凭借其报价透明和高流动性的优势以及美国超级原油买家的地位和纽约证券交易所的世界影响力，在全球商品期货的成交量方面占据龙头地位。但是，全球约 2/3 的原油交易量是以 Brent 原油作为基准进行定价的。

美国炼油商进口原油的购置成本（RAC）也是经常考虑的原油价格。相比于 WTI 原油，RAC 通常被认为是能更好反映全球行情的原油价格代理指标。但是，RAC 存在两个缺点：一是价格数据公布有延迟，通常延迟 3 个月左右；二是存在数据修正问题，和 CPI 等经济数据类似，在首次公布后，RAC 价格数据会进行调整修正。

在亚洲的原油交易市场，阿联酋迪拜商品交易所（DME）的阿曼原油和新加坡国际金融交易所（SIMEX）的迪拜原油也是国际上较为公认的原油价格基准，具有较为广泛的影响力。

b. 名义价格和实际价格。

进行原油价格预测时，应对其名义价格和实际价格进行预测。原油的实际价格经常被视为真实经济状态的代理指标和驱动因素，而原油名义价格不仅是政府实施宏观调控政策的依据，还是炼油企业的关注重点，也是炼油企业进行原油管理决策的依据。

c. 收益率。

原油不仅作为炼油生产的原料，也是金融交易市场的交易品种。在以投资决策为目标时，原油价格收益率，特别是普通超额收益率，是投资者非常关心的预测对象。

d. 平均价和收盘价。

在金融预测领域，资产价格数据一般基于收盘价。但在能源经济领域，原油的平均价是炼油企业更关心的对象。在金融层面，炼油企业关心资产收益率，因此需要用收盘价来计算收益。在经济层面，炼油企业关心原油在一段周期内的平均价格，因为平均价格更能反映周期内的经济状况、购买成本和生产利润等。

② 原油价格预测方法。

油价波动的影响因素错综复杂，且其波动的非线性、不确定性和动态性特征显著，因此，科学准确预测其价格变化是炼油企业工作中的难点之一。国际油价的主要预测方法有计量模型方法、机器学习和混合方法等。

（3）原油采购成本控制方法。

① 期货市场套期保值：利用期货市场锁定未来一段时间内的原油采购价格，减少价格波动带来的风险，锁定裂解价差。有关原油套期保值具体内容详见本节"五、套期保值"。

② 商业储备原油的借油与还油：炼油企业为应对市场波动和供应不确定性，会进行商业储备，即购买并储存一定量的原油或成品油，以备不时之需。商业储备可以帮助企业在油价上涨或供应短缺时维持正常运营。炼油企业遇到意外的原油短缺时，可临时借用商业储备原油以解决燃眉之急；也可以因库存运作需要、资金周转紧张等而长期借用商业储备原油，在将来合适的时机再归还。

③ 多元化采购渠道：开发和保持与多个原油供应商的良好关系，分散采购风险，通过市场竞争获得更有利的价格。

④ 密切关注市场动态：实时跟踪国际原油价格走势和供需情况，把握最佳采购时机。

2）原油运输成本控制

（1）合理选用运输方式：根据原油产地、炼油企业地理位置、运输距离和运输量等因素，选择最具经济效益的运输方式，如海运、管道、铁路或公路运输等。

（2）风险防控：建立健全风险管理体系，减少运输过程中的溢油、泄漏等安全事故，降低由此带来的损失和额外处理成本。

（3）提升装卸效率：采用自动化和智能化技术提高码头卸货、装车和装船的效率，减少滞留费用和人工成本。

3）原油库存成本控制

库存管理是炼油企业成本管理中十分重要的问题。炼油企业原油库存管理具有以下功能：保证生产连续性、适应市场供需变化、增强生产计划的灵活性、增强企业适应市场变化的能力、确保经济规模订货。完善炼油企业原油库存管理将降低企业的库存运营成本，提高企业生产运行效率，增强其市场竞争力。

原油库存成本控制方法主要有：

（1）库存水平优化：根据市场需求、产能和运输周期，精准预测原油库存需求，避免过度库存带来的资金占用和仓储成本，同时防止缺货导致的紧急采购成本。同时运用经济订货量模型等确定最优订货批量和订货频率，以最小化库存持有成本和订货成本。

（2）库存盘点与分析：定期进行库存盘点，准确核算库存成本，及时调整库存结构，减少无效库存和过期损失。

（3）运用信息化系统：利用ERP等信息系统实时监控库存水平和成本变化，优化库存周转率。

（4）存储设施优化：通过技术改造和优化存储设施，减少损耗和泄漏，提高存储效率。

2. 加工成本控制

炼油企业加工成本由辅助材料成本、燃料成本、动力成本、直接人工和制造费用构成。

1）加工成本中的固定成本与变动成本

炼油企业固定成本主要是指不随企业生产加工业务量的增减而发生变动的成本，如员工基本工资、设施设备折旧费用、土地使用及租赁费用和维修保运费等。在多数情况下，固定成本有赖于高层主管而非低级作业员进行控制。固定成本的发生与投资规模、工艺路线、加工深度以及设备选型等有关。

炼油企业变动成本主要是指随企业生产加工业务量的增减而发生变动的成本，如生产成本中单耗稳定的直接材料、计件工资、销售额耗费、物料用品费、燃料费和动力费等，以及销售费用中按销售量支付的佣金、装运费和包装费等。变动成本与装置的技术先进性和设备的消耗情况等有关。

对于固定成本和变动成本，有定额的按定额控制，没有定额的按各项费用预算进行控制，如采用费用开支手册、企业内部费用申请单等形式实行控制。同时可设置车间费用明细账，登记每一笔费用支出，经常分析费用支出的合理性，最终确定消耗定额。

2）辅助材料成本控制

辅助材料指有助于产品形成，但不构成产品实体的材料，如各种催化剂、引发剂、助剂、生产过程中使用的净化材料以及非周转使用的包装物等，其成本一般与生产加工量有关：加工量越大，消耗的辅助材料就越多。辅助材料成本管理过程中，定额管理需贯穿辅材成本管理全过程。在事前控制环节，通过定额可以判断采购需求的合理性；在事中控制环节，通过定额可以规范部门的领用行为；在事后控制环节，通过定额可以找出实际消耗成本发生偏差的物料，能够针对性地对重点物料进行分析研究及后续跟踪管理等。

3）燃料成本控制

燃料是为满足生产而耗用的各种固体、液体、气体燃料等，主要包括干气、天然气、煤炭、液化气和燃料油等。燃料成本可通过以下方式进行控制：（1）工艺优化。炼油企业应改进和升级炼油设备及工艺流程，提高热效率，降低单位产量的燃料消耗。（2）设备维护与管理。定期进行设备维护保养,确保设备运行状态良好,减少因设备故障导致的能源浪费。(3)余热回收利用。利用余热回收系统将生产过程中产生的废热转化为可用能源,降低燃料消耗。(4)能效监测与考核。利用能源计量设备等实时监测燃料消耗,将燃料成本纳入车间或部门的绩效考核,激发节能潜力。

4)动力成本控制

动力包括为满足生产而耗用的新鲜水、海水、循环水、除盐水、软化水、电、蒸汽、氮气、风等。炼油企业动力运行系统耗能巨大,不仅在进行转换与供应水、电、气时耗能,其自身系统也会进行动力能源的消耗。为减少动力成本,炼油企业可采取以下措施:(1)采用节水技术和设备,如改进冷却系统效率,减少新鲜水消耗;安装和优化废水回收系统,提高循环水使用率,减少新鲜水的补充量。(2)定期检测水质,维护和优化水处理系统,减少因水质问题导致的频繁排换水。(3)优化工艺流程,提高设备运行效率,减少无效功耗;采用节能灯、变频器等节能电气;通过合理安排生产计划,减少生产过程中的空载和待机时间,降低电能损耗。(4)改进蒸汽系统设计,减少蒸汽泄漏和浪费,提高蒸汽利用率;回收余热,转化为二次蒸汽或电力。(5)优化氮气、风等气体的使用流程,减少泄漏和浪费。通过改进生产工艺和设备,降低气体消耗量;同时,加强气体的回收和再利用,提高气体的利用率。

5)直接人工成本控制

炼油企业应从以下三个方面出发控制人工成本。

(1)与管理规模和深度相适应。

① 炼油企业应根据企业规模和生产工艺流程特点,合理设置组织架构,避免冗余层级,精简管理人员,提高管理效率,减少不必要的人工成本。

② 科学制定岗位职责,保证各岗位人员数量既能满足生产需要又能避免人力过剩,并随着企业规模的变化动态调整岗位设置和人员配置。

③ 基于企业战略和产能计划,前瞻性地进行人力资源规划,确保人员招聘、培训和发展与企业的中长期发展目标一致,防止出现较大人工成本波动。

(2)与劳动生产率相适应。

① 建立并持续完善标准工时制度,量化员工工作效率,以此为基础进行生产计划和绩效考核,鼓励员工提高生产效率,减少无效工时。

② 加强员工技能培训和技术更新,提高员工技能水平,进而提高劳动生产率。同时,建立与劳动生产率挂钩的工资和奖励制度,激发员工积极性。

③ 引入自动化、智能化生产设备和技术,减轻人力负荷,减少直接人工成本的同时也能提高单位人工产出的价值。

(3)与企业自身承受能力相适应。

① 结合企业财务状况和盈利能力,制定合理的薪酬预算,确保人工成本的增长速度与企业盈利增长速度相协调。

② 在保持竞争力的前提下,制定适合炼油企业的福利体系,既保障员工权益,又兼顾成本压力,炼油可通过精细化管理和差异化福利策略来降低成本。

③ 炼油企业应考虑到市场环境变化和不可预见的风险，预留一定成本缓冲空间，以便遇到市场波动或突发情况时能够避免被迫大幅度削减人工成本导致人才流失和生产稳定性受损。

6）制造费用控制

制造费用指对各基本生产装置发生的机物料消耗、管理人员的人工费用、计提的固定资产折旧、输转费、租赁费、低值易耗品、取暖费、水电费、办公费、差旅费、运输费、设计制图费、试验检验费、劳动保护费、排污费等各项间接费用进行控制。其中，机物料消耗控制、固定资产折旧控制和环境成本控制是炼油企业进行制造费用成本控制的关键。

（1）机物料消耗控制。

炼油企业需要提高机物料消耗管理水平和效率，运用先进的管理方法和技术，以"目标管理"为基础，"过程管控"为重点，建立机物料消耗管理系统，使全部机物料消耗活动按照流程在系统内部运行，达到降低消耗成本的目标。机物料消耗管理过程中应当制定相关制度，明确企业内部各地区分公司在成本管理过程中的责任及控制方法，也便于各分公司进行横向对比。实行限额发料制度，对限额发料过程中产生的消耗偏差进行分析，寻找解决方案，及时进行纠偏。

（2）固定资产折旧控制。

固定资产一旦投入，其折旧费用是相对固定的，做好固定资产折旧控制工作，首先要向业务前端延伸，从项目发起论证阶段就应深度介入，参与项目全生命周期的管理过程。同时夯实资产质量，定期开展清查，加强资产分类管理，及时进行减值测试，并加速不良资产的清理，提高资产使用效率。

（3）环境成本控制。

炼油过程中不可避免地会产生废水、二氧化硫、二氧化碳、氮氧化物、烟尘和其他大气污染物等，对环境的破坏不容忽视。炼油企业作为高能耗、高风险、高污染的"三高"企业，正面临巨大的环境成本压力。为实现绿色低碳转型升级的战略目标，我国炼油企业必须加强环境成本管控，促进企业以及社会可持续发展，达到经济效益与环境效益共赢的局面。

炼油企业环境成本主要指为降低污染物排放量而花费的资金，包括：① 环境治理费用，包括污水处理费、减排装置的运行和保养维护费用、与污染治理有关的管理费用等；② 环境预防费用，包括环境监测费、采用环保生产工艺替代原有生产工艺而增加的成本、购置减排设施及其折旧费用等；③ 环境补偿费用，包括向国家缴纳的排污费和环保税等；④ 环境发展费用，包括绿化费、环境卫生费等；⑤ 环保事业费，包括环保科研经费、职工环境保护教育费、环境保护宣传费、资料费、专设环保机构经费等。

在新环保税法背景下，为满足国家和环保税法的相关要求，炼油企业应设立正确的环境成本控制目标，这不仅有利于炼油企业可持续发展，也能对企业环境成本控制起到良好监督作用。炼油企业应建立以产品生命周期理论为基础的环境成本控制方法，不能只在生产过程中实施环境成本控制，而是要从事前、事中、事后整个生命周期对产品进行全流程管控。炼油企业首先需要从源头上实施控制，加大环保设备的投入，引进先进环保技术，做好环境保护预防工作，以节省环境成本。事前环境成本和事中环境成本控制得当，可减少事后因破坏环境受到处罚的罚款金及赔偿金等支出，减少污染排放和后期治理费用。对产品全周期的环境成本进行全面控制以减少"三废"排放，降低生产成本，促进企业实现经济效益和社会效益双赢。炼油企业可将环境成本细化到企业各部门，将环境成本与绩效考核相结合，奖罚并存，激发员工积极性的同时明确各个部门的环保责任，并通过部门之间环境成本控制情况对比，提升员工环保意识和创新能力，达到优化环境成本控制的目标。

3. 炼油完全加工费控制

炼油企业控制炼油完全加工费的方法主要有以下几种。

1) 实物量的管理

炼油企业需对生产过程中消耗的各种实物资源（如原油、中间品、成品油、辅料、燃料等）的数量、质量和流动情况进行全面、精确、实时的跟踪、控制和优化，覆盖了从原材料接收、储存、加工、转换、产出到产品销售和废弃物处理等全流程，以控制和降低炼油完全加工费。关键环节包括：

（1）计量管理：使用先进的计量设备和技术，确保原油、燃料等物料的进出计量准确无误，严格执行国家规定的计量标准和规程，定期对计量器具进行校准和维护。

（2）库存管理：实施高效的库存控制系统，精确统计和预测物料需求，避免库存积压或短缺，减少资金占用和物料损失，优化仓库布局和物流路径，降低储运成本。

（3）物料平衡：通过物料平衡表对生产过程中的物料输入、输出、转化、损耗进行详细的记录和计算，查找并消除物料损失源，提高产品收率。

（4）生产调度与优化：根据市场供需变化和企业内部生产计划，合理调度物料流向，优化生产过程中的原料配比，提高设备利用率，减少无效能耗。

（5）质量控制：确保实物量管理的同时，严格把控物料和产品的质量，通过检验测试，确保产品符合国家和国际标准，提升产品质量。

（6）环保与安全：实物量管理还涉及环保与安全方面的考量，包括危险化学品的安全存储、废弃物的妥善处理和资源循环利用，符合环保法规要求。

（7）信息系统支持：利用ERP等信息系统，实现实物量管理的信息化和自动化，实时更新数据，支持数据分析和决策优化。

2) 能耗管理

炼油企业可从以下几个方面开展能耗管理工作：

（1）加强基础管理工作，提高用能管理水平。炼油企业应按照国家法律法规标准要求等，扎实做好能源管理制度建立和持续完善工作，做好节能目标责任制落实、建立健全能源管理体系并有效运行、能源计量器具配备、低效高耗设备淘汰、能耗在线监测系统建设、能源审计、固定资产投资项目节能审查等各项基础工作，全面加强能源购进、使用和销售全过程管理，持续提升能源精细化管理水平。

（2）加强技术研发应用，提高装置能效水平。炼油企业应积极推广应用一氧化碳燃烧控制、冷再生剂循环催化裂化、裂解炉在线烧焦等成熟绿色工艺技术。同时，积极开展能量系统优化、氢气系统优化、公用工程系统优化工作，采用先进控制技术，加快推进低效产能和高耗能落后设备淘汰，推进锅炉、加热炉等重点用能设备节能增效改造，积极开发利用可再生能源，持续优化能源消耗结构。要充分利用相关科研院所、行业协会的创新资源，组建创新联合体，积极推动重点领域前沿技术的开发应用，加快先进成熟绿色低碳技术装备的推广应用，提高重点行业技术装备的绿色化、智能化水平。

（3）加强能效对标，提高能源利用效率。炼油企业应积极按照要求开展能效对标工作，制定节能降碳升级改造方案，能效低于基准水平的存量项目要开展节能技术改造，促进能源利用效率不断提升。

（4）加强信息技术应用，提高精细管理水平。炼油企业应加快推进信息化建设，推动5G、云计算、边缘计算、物联网、大数据、人工智能等数字技术在能耗管理方面的研发应用，积极构建面向能效管理的数字孪生系统。充分发挥数字技术对工业能效提升的赋能作用，推动构建状态感知、实时分析、科学决策、精确执行的能源管控体系，加速生产方式数字化、绿色化转型。深化能源管控系统建设，通过对能量流、物质流等信息的采集监控、智能分析和精细管理，实现以能效为约束的多目标运行决策优化，不断提升能源精细化管理水平。

3）检维修管理

炼油企业可通过以下方法进行检维修管理以控制炼油完全加工费。

（1）加强设备预防性维护：通过定期的设备检查、维护和保养，及时发现并解决潜在问题，防止设备故障的发生。这可以减少因设备故障导致的生产中断和维修成本，从而降低炼油完全加工费。

（2）加强检修过程中的安全管理：确保每个检修环节都符合安全规定，防止因安全事故导致的额外费用和损失。通过加强安全培训、制定安全操作规程和采取必要的安全防护措施，降低安全风险。

（3）优化备件管理：建立高效的备件库存管理系统，确保检修时能迅速更换磨损部件，减少设备停机时间，同时避免过度库存造成的资金占用。

（4）维修成本预算控制：制定维修成本预算，并对实际支出进行严格控制，通过成本效益分析，优先实施对降低完全加工费最为有效的维修项目。

（5）合理安排检修人员：根据检修计划，合理调配检修人员，确保每个检修环节都有足够的人手，同时避免人力浪费。通过优化人员配置，可以提高检修效率，降低人工成本。

（6）设备性能评估：定期对设备性能进行评估，识别能效低的设备进行升级改造，提高整体能效。

（7）维修外包策略：对于非核心的维修工作，考虑外包给专业公司，利用其专业优势和规模效应降低维修成本。

4）排污管理

（1）优化工艺流程：采用先进的环保技术和工艺，如增设净化设备、改进炼油过程，减少污染物排放，可减少环保罚款和排污许可费用，提高原料利用率和产品质量，间接降低加工成本。

（2）提高污水处理效率：投资建设高效污水处理设施，通过升级污水处理技术、增加生物处理或化学处理等环节，降低污水处理成本，同时回收尽可能多的有用物质，如水中溶剂、盐分等，转化为资源循环利用。

（3）节能降耗：在排污环节实施节能减排措施，如采用余热回收系统，减少能源消耗，降低生产成本，同时减少因能源消耗产生的间接污染物排放。

（4）严格执行环保法规：确保企业经营活动符合国家和地方的环保法规要求，避免因违规排放而受到的罚款和其他处罚，减少非计划性成本支出。

（5）绿色生产与循环经济：推行绿色生产模式，研发和引进清洁能源技术，降低碳排放强度，努力实现生产过程中的废弃物资源化，如炼油过程中产生的硫黄、焦化产品等可作为副产品出售，从而转化为收入来源。

（6）建立排污成本核算体系：设立排污成本专项核算，明确排污成本在炼油完全加工费中的占比，通过数据分析和成本效益评估，持续改进排污管理措施，达到控制成本的目的。

5）期间费用管理

由于销售费用、管理费用、财务费用和研发费用同样会对炼油完全加工费产生影响，因此需对期间费用进行管控。期间费用管控方法主要有以下四种：

（1）预算控制法。

期间费用的预算控制是根据期间费用需求计划而编制的期间费用预算，并根据该预算来控制日常开支。该预算主要是依据以往年度实际的管理费用、销售费用及财务费用执行情况进行调整而编制的期间费用预算，是用预算指标来控制支出的方法。

（2）定额控制法。

所谓定额就是企业为生产某种产品或完成某种业务而制定的需要的人、材、物的消耗定额。多数期间费用都可以制定标准，例如出差补助、住宿标准、招待客户标准、加班补助等都可以进行量化，从而达到控制费用支出的目的。

（3）审批控制法。

审批控制法是指期间费用支出一定要按计划进行审批，按照预算标准来执行审批，从而达到控制期间费用的目的。

（4）归口分级管理法。

归口分级管理是加强期间费用管控的一项基本方法。归口分级管理法是依据管理权限和责任，合理安排企业内各部门在期间费用上的额度，明确使用范围和责任，最终达到提高使用效率和效益的目的。

五、套期保值

石油是现代工业的血液和重要的战略物资，具有较强的市场性，国际原油价格总是处在不断波动之中，因此炼油企业作为原油买方和成品油卖方，面临极大的价格风险。如何采取有效措施减少国际石油市场价格波动带来的冲击、降低企业风险、保障企业正常的商业利润，是炼油企业一直关心的问题。套期保值是降低国际石油价格风险的对冲工具，可以有效对冲企业因原材料或产品价格变化带来的风险，实现原油成本和产品价差的锁定，从而保障合理的炼油毛利，提升炼油企业竞争力。

1. 套期保值概述

套期保值是指企业为规避外汇风险、利率风险、商品价格风险、股票价格风险、信用风险等，指定一项或一项以上套期工具，使套期工具的公允价值或现金流量变动，预期抵消被套期项目全部或部分公允价值或现金流量变动。套期可分为公允价值套期、现金流量套期和境外经营净投资套期。以期货套期保值为例，它是指把期货市场当作转移价格风险的场所，在现货市场和期货市场上对同一种类的商品同时进行数量相等但方向相反的买卖活动，即在签订买进或卖出现货合同的同时，在期货市场上卖出或买进与现货合同到期日相近、数量相等的期货合约。合同到期时，由于价格变动使现货买卖出现的盈亏，可由期货交易上的亏盈得到抵消或弥补，从而建立一种对冲机制，以使价格风险降低到最低限度。

2. 炼油企业套期保值重点

炼油企业既在现货市场买入原油又卖出油品，因此面临原油和油品的双重价格风险。炼油企业既担心原油价格上涨，又担心成品油价格下跌，更担心原油价格上涨和成品油价格下跌局面同时出现。根据一般规律，油品价格的波动方向取决于原油价格的波动方向，当油品价格上涨幅度高于原油价格上涨幅度，或者油品价格下跌幅度小于原油价格下跌幅度时，炼油企业将获得较大的炼油毛利；反之则面临炼油毛利减少的不利形势。因此，炼油企业需要进行套期保值的对象是成品油（产品）价格与原油（原料）价格之间的价差，即裂解价差。

由于原油及成品油价格持续波动，炼油企业必然希望锁定裂解价差以对冲风险，减弱利润空间受市场波动的影响。为实现这一目的，炼油企业可在期货市场买入与预期未来原油消耗量相对应的原油期货合约，锁定原油的未来购买成本；同时，对应卖出成品油的期货合约，锁定未来成品油的销售价格。通过上述操作，企业实际上锁定了原油和成品油之间的价差。如果实际生产经营过程中价差发生不利变化（如成品油价格下跌幅度大于原油），企业通过期货市场锁定的价差收益就可以弥补现货市场上的损失。但随着市场变化，炼油企业需根据最新市场信息和内部生产计划，动态调整其期货合约持仓，确保套期保值策略的有效性。

3. 炼油企业套期保值应用

石油类衍生品工具主要包括远期合约、期货、掉期和期权等，工具各有特色，在交易场所、标准合约、交易时间、价格确定方式、保证金和结算方式等方面存在差异。由于衍生品工具具有高杠杆、高灵活性、高风险性特点，炼油企业在实际开展衍生品业务时，需根据实货风险敞口情况，结合不同衍生品工具的特点，选择合适的套期保值工具。远期合约多为场外交易，没有标准合约，交易时间和保证金等都由双方协商，交易违约风险较高；期货为场内交易，有标准合约和交易时间限制，价格由交易所公开竞价决定，需缴纳一定的保证金，违约风险较低；掉期多为场外交易，保证金由双方协商确定，违约风险相对较高；期权既有场内交易，也有场外交易，场内有标准化合约，场外需双方协商，期权的购买方需要支付权利金同时取得一定的权利，卖方收取保证金同时承担一定的义务。

炼油企业可对购进的原油进行买入套期保值，在价格合适时提前在期货市场入市，买入未来一段时间内所需的进口原油，而在实际购货时再进行相反方向的操作，锁定所需原料的进口成本。同时，炼油企业还可以对其生产出的成品油进行卖出套期保值，即在价格合适时提前在期货市场上进行卖空，锁住其加工所得的正常商业利润，用期货市场的盈利弥补现货市场上所遭受的损失。

4. 炼油企业套期保值建议

1）深入推进石油期货贸易以规避价格波动风险

石油期货市场为炼油企业提供了有效规避价格风险的平台。尽管套期保值本身存在一定风险，而且有时会牺牲有利市场条件下的额外收益，但是与市场价格波动所潜藏的巨大风险相比，套期保值仍是一种有效规避风险的工具。因此，炼油企业管理层要对套期保值有清醒准确的认识，明确企业参与套保工作的可行性和必要性，结合企业自身的经营情况和长期规划，建立符合自身的、连续的、明确的套期保值策略，例如确定未来长期的保值工具、保值比例、不同市场情况下的保值成本等。炼油企业应逐步深入推进套期保值，最大程度规避价格波动风险。

2）强化风险控制意识

开展以套期保值为目的的石油期货贸易能够降低炼油企业的经营风险，但由基差产生的风险依然存在，特别是国际原油价格波动加剧了该风险的威胁。因此，尽管基差风险已经远小于价格波动风险，但由于石油期货交易量通常较大，即使是1美元的基差变化也将对企业效益产生巨大影响，因此必须密切关注国际石油市场价格，根据市场变化及时平仓，尽可能降低风险，获取最大收益，避免套期保值的效果减弱或失败。

3）建立严格的风控制度

炼油企业应在开展套期保值业务前梳理风险管理框架，建立严格的风险管理体系，使套期保值策略符合公司风险管理目标。炼油企业应制定套期保值内控制度，明确套期保值目的、业务组织架构与决策流程，厘清关键环节的风险控制措施及责任归属，及时跟踪和监督交易权限、持仓上限和盈亏等情况。

4）加强专业人才培养

国内部分炼油企业难以开展套期保值业务的原因之一是开展套期保值的人员数量有限，经验积累较少，市场缺乏相关人才。随着炼油企业套期保值工作的逐步开展，企业应深入研究探讨套期保值策略，积累相关经验，打造专业套期保值人才队伍。

第三节　业绩考核与评价

业绩考核与评价是企业绩效管理工作中的一项重要组成部分，是评价炼油企业成本管理水平与竞争力的重要依据。在炼油行业中，通常采用对标方式进行业绩考核与评价，通过与同行业竞争对手横向对标以及企业自身纵向对标进行整体分析；同时也可以进行细分对标，如开展装置对标、产品对标；也可从不同维度对标，如员工工作业绩维度、工作态度、工作能力维度。此外炼油企业要注重利用业绩评价指标体系（KPI、OKR 等）进行业绩考核与评价，帮助企业在日益激烈的市场竞争中及时发现自身优势及不足，并为优化企业资源配置、改善生产经营管理，挖掘今后发展潜力提供科学依据。

一、业绩考核与评价原则

业绩考核与评价原则在组织绩效管理中起着重要作用。想要正确而有效地进行绩效考核，切实实现企业目标，应遵循以下原则。

1. 科学规范原则

业绩评价应当严格执行规定的程序，按照科学可行的要求，采用定量与定性分析相结合的方法建立相关指标评价体系，同时要求指标体系全面考核企业的经营情况，绩效指标的设定要斟酌企业长期和短期、内部和外部变化。

2. 客观公正原则

绩效考核过程要公开化、制度化，并接受监督。业绩评价应当符合真实、客观、公正的要求。依据统一的考核办法，实事求是地考核评价工作绩效，避免非客观因素影响。

3. 分级分类原则

业绩评价由各部门根据评价对象的特点分类组织实施。按照业务特点，根据资源利用效率、环境保护、安全生产、经济效益等方面对企业的绩效进行分类分级。

4. 绩效相关原则

业绩评价应当针对具体支出及其产出绩效来进行，评价结果应当清晰反映支出和产出绩效之间的紧密对应关系。

5. 激励约束并重原则

实行年度考核与任期考核相结合、结果考核与过程评价相统一、考核结果与奖惩相挂钩的考核制度，使激励与约束相配套，责任与权利相统一。

二、KPI 考核与评价

KPI 绩效考核即关键绩效指标（key performance indicator，以下简称 KPI）考核，是通过对企业内部流程的输入端、输出端的关键参数进行设置、取样、计算、分析，衡量流程绩效的一种目标式量化管理指标，是把企业的战略目标分解为可操作工作目标的工具，是企业绩效管理与考核的基础。建立切实可行的 KPI 体系，是做好绩效管理的关键。

KPI 考核三大指标一般有：效益类指标、营运类指标、组织类指标。效益类指标包括资产盈利效率、盈利水平等；营运类指标包括管理费用控制、市场份额等；组织类指标包括满意度水平、服务效率等。

1. KPI 体系构建原则

（1）SMART 原则：SMART 原则是一种目标设定和绩效管理工具，它帮助确保目标的明确性、可衡量性、可实现性、相关性和时限性。在员工考核中，运用 SMART 原则可以更有效地评估员工的工作表现和贡献。

S 代表明确性（specific）：指绩效考核要聚焦特定的工作指标，不能笼统。例如明确指定要减少的能源消耗量，如降低 5% 的电力消耗，确保目标具体明确。

M 代表可衡量性（measurable）：目标应当是可以量化的，以便于跟踪进度和评估成果。在炼油企业中，员工的工作量、错误率、处理速度等都是可以量化的指标。例如，考核指标可以包括"错误率低于 0.5%"或"平均响应时间不超过 2h"。

A 代表可实现性（achievable）：目标应该是挑战性的，但同时也必须是实际可行的。要考虑企业资源、技术和市场条件，制定能够实现的目标，避免设定过高或过低的目标。

R 代表相关性（relevant）：目标需要与企业的长期战略目标和核心业务相关联。确保目标与企业的发展方向一致，能够对企业的整体发展产生积极影响。

T 代表时限性（time-bound）：目标需要设定明确的时间框架，以便监督和评估目标的实现进度。设定一个合理的截止日期，有助于提高工作效率和工作动力。

（2）战略性原则：员工的 KPI 应当与部门的年度目标保持一致，而这些部门目标又应紧密对应企业的年度战略规划，因此员工 KPI 一定要能支持企业的战略目标。

（3）充分沟通原则：KPI 的设定过程需要上级和下级的深入交流，确保双方对目标有清晰的理解。这种沟通应该贯穿于整个业绩考核与评价全过程。

（4）二八原则：KPI 的制定应聚焦于最重要的目标，避免面面俱到。通常而言，员工个人绩效计划中的关键指标不应超过五个，以此确保员工能够在最重要的任务上集中精力。

（5）结果导向原则：KPI 的设定应明确告知员工企业对其的期望，包括期望的输出、工作方式和改进方向等。

设定 KPI 指标主要有以下 5 个方法：

（1）目标分解法：将企业的整体战略目标分解为各个部门和员工的具体目标，并据此设定相应的 KPI 指标。

（2）历史数据分析法：通过分析历史数据，找出影响业绩表现的关键因素，并据此设定 KPI 指标。

（3）竞争对手对比法：参考竞争对手的业绩表现和 KPI 指标设置情况，制定具有竞争力的 KPI 指标。

（4）专家咨询法：请教行业内的专家或顾问，获取他们对 KPI 指标设置的建议和意见。

（5）员工参与法：鼓励员工参与KPI指标的设定过程，提高他们的认同感和执行力。

2. KPI指标体系的建立

基于KPI的指标体系可以从企业和部门两个层面进行设计。其中企业层面指标体系是将KPI在整体预算层面进行展开，选取有助于整体发展战略实现的指标，兼顾相对数、绝对数、静态指标、动态指标、综合管理指标、具体指标、财务指标、非财务指标的搭配。根据企业目标可以设置二级甚至三级指标来将目标具体化、分解到层面。部门层面预算指标是将KPI纵向分解，分解成各时间段、各产品的指标，最终落实到员工个人KPI，部门层面指标是对企业层面指标的进一步细化，为部门管理提供有力的支撑。

建立KPI指标体系通常采用鱼骨图方法。设计一个完整的基于关键绩效指标的业绩评价系统通常包含六个步骤，即确定关键成功领域、确定关键绩效要素、确定关键绩效指标、构建企业关键绩效指标库、确定部门KPI和确定个人KPI，如图7-2所示，其中，企业KPI的制定涉及关键绩效指标体系建立的前四步，这四步是设计关键绩效指标体系的关键和核心。

1.确定关键成功领域 ⇒ 2.确定关键绩效要素 ⇒ 3.确定关键绩效指标 ⇒ 4.构建企业关键绩效指标库 ⇒ 5.确定部门KPI和PI ⇒ 6.确定个人KPI和PI

图7-2 KPI指标体系构建流程

1）KPI层级设置

炼油企业KPI体系的构建，首要的是进行KPI层级设置，明确各层级指标的作用，通过设立不同层级的绩效指标衡量管理水平，进而起到绩效引领作用。在KPI层级上，一般可设立集团公司级、企业级、部门级以及个人岗位级别的四级绩效指标层级，形成类似金字塔形的层级分布，不同层级的指标代表对不同业务活动的管控力度，其指标情况是对这一层级活动的总体绩效衡量。在具体数量设置上，一般以10~15个为宜，考虑到不同层级KPI的重要性，越靠近金字塔顶端，数量应越精简。

2）KPI指标的选择

对于企业级效益指标的选择，可以包括利润总额、资产负债率、净资产收益率、研发经费投入强度、全员劳动生产率、营业现金比率（"一利五率"），炼油企业部门级效益指标则可以包括管理费用率等期间费用指标；同时针对炼油行业特点，对生产部门可以设置原料油加工损失率等效益类指标；员工考核指标主要包括"指令性任务落实度""工作完成质量""专业成果产出率"等，除以上较为通用的指标外，炼油企业常用KPI指标还包括炼油完全加工费、单装置加工费、装置的"三剂"消耗、石油产品综合商品收率、损失率、石油产品综合自用率、目标产品收率、炼油综合能源消耗量、炼油单一能源消耗量等主要指标，炼油企业通过这些指标分层次进行KPI考核。

结合上述指标层级设置，在选择KPI指标时，要在企业层面、部门层面与个人层面分级考核，同时细化到业务层次和财务层次、车间层次实施进一步考核，实现一级保一级的综合性考核。

在具体指标的选择上，可以采用多种方法，具体如下：

（1）对标分析，与国际或国内先进企业对标，找出KPI设置的主要差距，并按差距大小排序后，设置针对性提升指标。

（2）利用信息化财务工具进行分析计算，确定可能对炼油企业产生重大影响的潜在事件，并将其作为KPI控制。

（3）发现指标设定偏离企业战略目标时，及时确定KPI调整方向。

KPI指标选择出来后，要按照指标层级以及部门具体情况确定每个层级指标设置和相应的指标数量。

3）指标值的设定与分解

炼油企业若想科学、合理地选择绩效考核指标，并对绩效指标实行分级控制，可以考虑将绩效指标分为关键绩效指标和关注绩效指标。指标的类型可分为定量考核类和定性评价类。定量考核类可分为设备KPI、岗检考核、专业考核、专项考核、检维修承包商考核等细分类。企业对于当年度需要重点提升、督促引导的工作，可设立分档指标或设立专项考核，如装置事件、装置原因引起的非计划停工、生产异常、修理费管控、"三高"（高频检修、高频更换备件、高费用检修）项目攻关等。

结合炼油企业专业管理的特点，对上述指标可分解到设备综合、动设备、静设备、电气、仪表等专业。各专业根据绩效指标设置情况进一步细分到各运行单元，部分指标还需落实到具体装置，进而形成有效的绩效指标体系。

为了进一步发挥KPI的督促引导作用，炼油企业还应建立动态调整机制，每年根据预算管理的重点适当调整KPI。在具体部门的指标值设定上，分为未分档指标和分档指标两类。对于未分档指标，为上级部门考核指标三年平均水平的最高值；分档指标，分为确保指标、力争指标和奋斗指标，"确保指标"为上级部门考核指标或部门三年平均水平的最高值，"力争指标"为部门历史最好水平，"奋斗指标"="力争指标"±2×|"力争指标"-"确保指标"|。

3. KPI考核的执行

为确保KPI考核的科学性和针对性，炼油企业要对不同岗位、不同专业、不同工作要求的员工实行差异化考核。通常对于管理人员的考核以关键绩效指标为主，对一般员工的考核以关键绩效指标结合基本绩效指标为主。

KPI考核时限一般分为年度和季度考核。

一般而言，财务部门与管理部门的管理人员负责企业整体年度绩效考核、指标数据甄别、过程监督、数据汇总统计、绩效结果分析等工作。计划运营管理部门协助财务部门人员负责对部门管理人的年度绩效考核、相关过程监督，并通过部门年度数据汇总，得出部门管理人的绩效考核结果。同时，企业人力资源部门负责年度考核过程中的部分指导，信息化部门提供相关技术支持，以此配合上述部门进行年度绩效考核工作。一般员工考核一般采用季度考核与年度考核相结合的方式，季度考核于每季度最后一周内完成，年度考核于次年一月内前完成。一般员工的考核通常由财务部门和人力资源部门负责，考核内容包括对员工工作业绩、专业水平以及其他附加项的考核。

4. KPI 考核的评估

KPI 指标过少可能导致重要工作被忽略，指标过多可能导致指标重复出现，因此，KPI 绩效考核评分表中一个岗位的关键绩效指标通常控制在 5~10 个范围内。每个指标的权重一般不高于 30%，但是也不能低于 5%。

只有公平、公正、严格地划分考核等级，才能够避免绩效考核流于形式化问题的出现。对于定量指标通常采用百分制进行考核，将考核结果划分为优良、合格、不合格三个等级。其中绩效考核分数大于等于 90 分，则被评为优良，低于 90 分并达到 80 分及以上为合格，而低于 80 分以下则为不合格。这种根据分数直接确定等级的方式，可以让相关部门及员工认识到绩效考核工作的规范性。对于定性指标的考核可以根据定性工作完成的及时性、准确性、效果、完整性、系统性等因素，设置具体的评价标准（分级量化表），并对应不同的分数，并进行指标的加分设计，改变传统仅扣分的考核方式，提高绩效管理的引导作用和效果，明确员工努力的目标和方向。

5. KPI 的复盘

在 KPI 绩效评价时间限制内，绩效考核人员需要对员工的工作成果进行评价指导，对各级核心 KPI 进行日常追踪和指导，将 KPI 考核分为月度考核、季度考核和年度考核，及时发现员工工作中出现的问题，及时纠偏和改进，从而有效地提升绩效状况和员工的岗位胜任能力，推动员工可持续发展和成长。同时在企业不断发展过程中，需要结合市场发展动向、企业 KPI 发展动向来进行调整和更新，构建起符合企业实际发展状态的 KPI 绩效考核指标体系。

6. KPI 的优缺点

KPI 的优点主要体现在：第一，便于操作，导向性较强，明确目标，对员工能起到直接的激励作用；第二，在操作规范情况下，能有效地分解公司战略目标并有效实施；第三，KPI 式的自上而下管理模式，更加适用于绝大多数常规性、普通岗位的工作。

KPI 的缺点主要体现在系统性不足，容易重视短期收益指标。第一，KPI 把劳资关系彻底演变为劳资"博弈"，难以实现上下级目标的对齐，可能导致企业任务制定与执行相互对立；第二，如果企业战略目标分解不当，会衍生一系列的企业级 KPI，若上级领导层选择错误的企业级 KPI，就意味着部门和员工的 KPI 遭受牵连，最终会执行错误的指令，导致企业无法实现真正的战略目标；第三，KPI 较依赖考核指标，但由于部分重要的工作初始准备工作无法测量，即无法制订 KPI，但 KPI 强调的绩效关联性，容易造成激励的偏差问题；第四，没有人对最终结果负责，每个人只对自己的过程负责。

三、OKR 考核与评价

OKR 即目标与关键成果法（objectives and key results），OKR 是一套定义和跟踪目标及其完成情况的管理工具和方法，其中"O"指的是目标，"KR"指的是关键成果，其本质更倾向于管理思想，需要有内力驱动，指导管理者及企业员工做正确的事。OKR 管理方法与 KPI 管理方法有着明显区别，OKR 可以较好地协调员工行为与企业目标之间的关系，使得员工具有强烈的实现个人目标或工作目标的意识；其沟通方式为上下左右充分沟通，频次较高，考评结果公开透明；其导向性为结果＋过程导向，关注目标本身是否达成，关键成果是否实现。

一般而言，OKR 考核体系的建立遵循以下四个步骤：（1）设定目标 O。通常从战略开始确定年度目标、季度目标。O 值的设定也遵循 SMART 原则，并且目标 O 必须是在管理者与员工直接充分沟通后达成的共识。（2）明确每个 O 的 KR（关键结果）。所谓的 KR 就是为了完成这个目标必须做的事情。KR 设定必须遵循能量化的量化、不能量化的要细化、不能细化的要流程化。（3）推进执行与定期回顾。当有了关键结果后，就要围绕这个具体的目标来分解任务，每项关键结果派生出一系列任务，交给不同员工负责；同时根据企业考核周期对目标 O 进行回顾，为每个周期内 KR 的完成情况和完成质量打分。（4）评估与复盘。在完成 KR 之后，需结合预期目标评估整体 OKR 完成度，通过评估 OKR 的完成度和复盘，最后制定相应问题解决措施，提升未来工作效果。

1. OKR 体系构建原则

（1）SMART 原则：与 KPI 一样，OKR 也要求确保组织目标明确性、简洁性和可衡量性，保证关键成果与目标对齐，以便企业成员理解和衡量目标的达成情况。

（2）挑战性原则：OKR 通常要求设定具有挑战性和野心性的目标，以此激发团队的潜力，提高工作动力和效率。

（3）公开和客观性原则：OKR 要求目标和关键结果必须对所有相关人员公开透明，以便员工之间相互了解和协作，同时也能够增加整个团队的凝聚力。

（4）持续性迭代原则：OKR 考核是一个持续迭代的过程，每个季度或者每个月都需要对目标和关键结果进行评估和调整，以确保其与业务发展的实际情况保持一致。

2. 关键目标与任务的设定

1）设定目标

（1）通常围绕企业使命、愿景、战略目标等制定企业及部门目标。（2）双向沟通目标，员工和主管经理等根据上级目标共同制定个人目标。如采取个人与管理者沟通、全公司的会议等方式来促进 OKR 制定的上下级双向沟通。（3）目标制定需要考虑以下几个关键点：目标设定需要自上而下或自下而上进行，从企业到部门再到团队，最后到个人上下贯通；企业、部门及员工个人目标一般有数量限制，通常采用简洁的描述性语言陈述。

2）目标逐级分解

OKR 模式通过按照自上而下的顺序将企业级别的目标逐步分解为部门、团队和员工个人级别的目标（图 7-3）。这种分解过程可以确保目标的连贯性和整体性，并使每个层级的目标与上一级目标相互对齐。

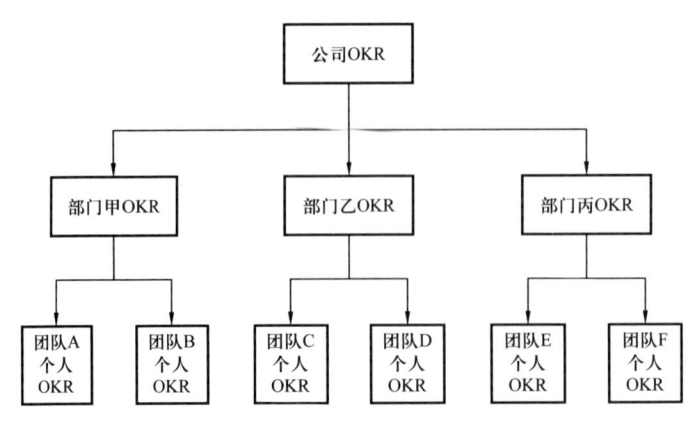

```
                          ┌─────────┐
                          │ 公司OKR  │
                          └────┬────┘
            ┌──────────────────┼──────────────────┐
       ┌────┴────┐         ┌───┴────┐         ┌───┴────┐
       │部门甲OKR│         │部门乙OKR│         │部门丙OKR│
       └────┬────┘         └───┬────┘         └───┬────┘
         ┌──┴──┐            ┌──┴──┐            ┌──┴──┐
     ┌───┴─┐ ┌─┴───┐    ┌───┴─┐ ┌─┴───┐    ┌───┴─┐ ┌─┴───┐
     │团队A│ │团队B│    │团队C│ │团队D│    │团队E│ │团队F│
     │个人 │ │个人 │    │个人 │ │个人 │    │个人 │ │个人 │
     │OKR  │ │OKR  │    │OKR  │ │OKR  │    │OKR  │ │OKR  │
     └─────┘ └─────┘    └─────┘ └─────┘    └─────┘ └─────┘
```

图 7-3　OKR 指标层级设定

企业级别的目标设定：首先，企业制定明确的关键目标（objectives），这些关键目标要紧密结合企业战略，如炼油企业围绕"提质增效、绿色发展"战略，可以设置提升炼油生产效率、降低成本、提高产品环保合规水平等关键目标。其次，为每个关键目标制定可衡量的关键结果（key results），这些结果应该能够直接反映企业层面目标的实现情况。

部门级别的目标设定：在企业目标基础上，各部门确定与其职能和责任相关的关键目标，以支持企业目标的实现。为每个部门的关键目标制定具体的关键结果，这些结果应该对应部门目标的达成程度。

团队级别的目标设定：各团队根据部门目标制定与其工作职责和资源相关的关键目标。为每个团队的关键目标设定相应的关键结果，用于评估团队目标的完成情况。

个人级别的目标设定：根据团队目标，每个人设定与其工作职责和贡献相关的关键目标，并为每个人的关键目标确定可测量的关键结果，以衡量其目标的实现程度。

3）设置关键结果

关键结果通常跨度较大，要求每个目标应该包括可以衡量的 3~5 个具有时间节点的关键交付性结果，这些关键结果最终完成总体设定目标。同时，关键结果要有利于目标达成、可以量化、推进目标定级，结合炼油企业提升炼油生产效率、提高产品环保合规水平等总体目标战略，关键结果可包括企业实现每月净产量增长 10%，降低生产成本 5%，提高设备利用率至 90%，符合环保法规的产品检查合格率达到 100% 等。

3. 计划执行与定期回顾调整

OKR 需要定期回顾与调整以确保正确执行，得分过高需要提高目标，得分过低则要反思设定的 KR 合理性。通常企业设定年度 OKR、季度 OKR，年度 OKR 统领全年，但并非固定不变，而是可以及时调整，季度 OKR 则是一旦确定就不能改变。从企业、部门、团队到个人都设定不同层级的 OKR，这些 OKR 共同确保企业按计划正常运营。具体执行步骤如下：

（1）设定评估周期：通常是每个季度结束或每个月为一个短评估周期，以此来追踪和衡量目标的进展。

（2）回顾关键结果：针对每个关键结果评估其实际完成情况，使用可量化的指标和数据来判断关键结果是否达到了预期目标，通过比较实际结果与设定的目标值，以确定是否取得了成功或需要进行调整。

（3）分析差距和原因：对于未能达到关键结果的情况，要分析原因识别问题，并找到改进和解决方案。

（4）调整和重新设定目标：基于评估结果和分析，进行必要的调整和重新设定目标，对于未能实现的关键结果修正目标值、调整策略或重新分配资源。同时，企业要根据新情况和优先级制定新的关键目标和关键结果。

（5）跟踪和监控：在调整之后，继续跟踪和监控新设定的目标和关键结果，可以使用信息化财务技术实时追踪进展情况，并确保与部门以及成员进行定期更新和反馈。

4. OKR 考核的评估

OKR 考核一般采用 0～1 分的评分制，最理想的得分通常在 0.6～0.7 分之间。如果达到 1 分，说明目标设定过低；如果低于 0.4 分，则说明实际工作方法可能存在问题。也可采用 0～10 分的评分机制，当实现全部关键结果项，得 10 分；部分完成的要根据实际情况评分；没有任何进展，得 0 分。除了采用评分制，部分企业结合自身实际情况采用颜色来打分，如采用交通灯评分法的色标考核目标完成情况，绿色代表目标和自我要求太低，黄色代表合理，红色代表目标过高，有待商议。

5. OKR 的复盘

炼油企业可以以每个季度、年度对各层级 OKR 进行回顾和评价，通过回顾对目标（O）的实施过程进行监控，适时调整 KR 以确保目标（O）的实现。复盘实际上是对上一个周期的 OKR 进行收尾总结，同时评价 OKR 的可行性与有效性，进一步做出调整，为下一个 OKR 考核提供有用数据资料。

对于 OKR 的复盘需要具备三个要素，第一个要素是企业主要领导人、部门负责人都应主动在各自层级中开复盘会。第二个要素是在各层级开展的复盘会上，要明确复盘会议开设目的，以目标、关键结果以及追究责任为核心内容，经过分析、讨论后，找出影响结果的问题，最后找出可行的解决方案。第三个要素是员工个人践行 OKR，当第二要素内容全部落实后，需要员工将研究的解决方案践行、落实，最终提高工作效率和质量。

6. OKR 的优缺点

OKR 的优势体现在：第一，核心目标突出。OKR 模式通常设定少量核心目标，聚焦重点领域；第二，强调沟通。OKR 促进管理者和员工日常积极交流；第三，设置灵活。目标可以根据市场变化、团队能力等因素进行调整，关键成果也强调创新性和突破性；第四，弥补 KPI 的缺陷。从对员工的控制转变为对员工的积极引导，从而将外部驱动化为内部驱动。

OKR 的缺点体现在：第一，OKR 更适用于创新型组织或项目团队，这些团队往往需要快速响应市场变化、不断尝试新业务模式或技术，因此需要更加灵活和具有挑战性的目标来激发团队创造力和执行力；第二，OKR 是以结果为导向的协商机制、追求具有挑战性目标，容易导致"群体思维"现象，员工自己制定的目标可能超出或低于自身能力范围，导致目标评价失效甚至不符合企业真实愿景。

四、软管理措施

除了上述 KPI 和 OKR 这类硬性指标的业绩考核评价体系，软管理已成为企业管理创新的新趋势。软管理措施往往与企业硬管理相结合，在企业业绩考核评价中共同发挥作用。

不同于硬性指标的强制性，软管理主要包括最高目标、人员、作风、价值观等精神因素，其实质是对人的思想、心理和行为的科学管理。这种措施最直接的表现首先就是要改革企业管理理念和方法，通过人的因素改进企业管理水平；其次，软管理对于员工有激励作用，整体上可提高企业管理、经营水平，通过对员工实施目标教育与经营理念教育，可有效控制成本，最大化地产生效益；最后，软管理可以全面提高员工素养，实现企业员工的自我管理，通过自我管理自发提升整体业绩水平，最终实现员工自我价值和企业的长期愿景或战略目标。

炼油企业具体可从以下三方面采取软管理措施：

（1）管理者要理解员工、关心员工。马斯洛指出人的最高层次需求是自我实现。企业要关注员工的价值实现需求，结合员工兴趣、能力，为员工打造职业发展通道，同时要在物质激励的基础上，注重发挥精神激励的作用，通过满足员工自尊等高层次需求达到更好地激励效果，通过将员工目标与企业目标有机结合，促进企业长远发展。

（2）注重软管理措施的同时也不能忽视硬性指标的考核，具体到企业在实施这两种管理时应根据企业实际情况有所侧重，并随着情况变化，侧重面要做适当的调整。虽然硬性指标的考核是企业考察业绩的有效控制手段，但过多控制容易扼杀员工主动性、积极性和创造性。而软管理是企业开发潜力、增强活力的有效激励手段，但仅凭激励容易产生放任，员工产生懈怠情绪，从而导致成本失控。因此企业要对失职员工进行通报、定期实施联合检查、要求技术负责人和管理负责人进行谈话，实现上下级沟通与同级沟通，同时也要兼顾对员工硬性指标业绩的考核。软、硬管理要相辅相成，扬长避短，才能达到理想效果。

（3）企业应时刻关注自身运营同整个社会发展之间的协调程度，兼顾社会效益和企业效益两个方面，通过培育企业核心价值观、打造特色企业文化和建设学习型组织，对员工产生强大而持续的影响。如某炼油企业以"人本、责任、诚信、精细、创新、共赢"的核心价值体系教育，使核心价值观内化于心、外化于行，实现对员工的内化控制，让员工感受到人生价值与工作意义，以此推动企业科学发展、和谐发展。

第八章 炼油企业绿色低碳管理

"双碳"目标背景下，我国正处于能源结构转型的关键时期，这一转型正加速推进能源系统向清洁、低碳和多元化方向发展。炼油企业作为国民经济的基础和支柱，不仅在推动经济高质量发展中扮演着关键角色，在碳排放方面也占据重要位置。加快推动炼油企业高质量发展和绿色低碳转型，对实现"双碳"目标、推进美丽中国建设、全面建成社会主义现代化国家意义重大。在绿色低碳转型的过程中，炼油企业面临淘汰落后产能、技术创新困境、市场竞争加剧等一系列重大挑战，同时也遇到许多新的发展机遇，因此炼油企业应正确理解和把握绿色低碳转型。本章将介绍炼油企业绿色低碳转型的制度背景、现状和应对措施、绿色电力交易市场与炼油企业成本管理和碳排放权交易市场与炼油企业成本管理。

第一节 炼油企业绿色低碳转型的现状和应对措施

炼油行业的绿色低碳转型是一项长期且复杂的任务，要求国家、行业和企业层面的共同努力与协作。国家和行业层面的首要任务是制定和更新相关政策制度，以在宏观层面为炼油行业的绿色低碳转型提供指导和方向。在"双碳"目标和全球能源结构转型的大背景下，我国炼油行业正面临产能过剩、环保减排压力和技术创新能力不足等挑战，炼油企业应该如何针对性地进行绿色低碳转型呢？本节将详细梳理国内外绿色低碳环境政策的发展历程，重点分析国内炼油行业的最新政策，并在"双碳"目标的背景下，介绍炼油企业的发展现状，提出具有针对性的应对措施。

一、绿色低碳环境政策演进

随着人类社会的高速发展，全球化石能源的急剧消耗带来包括二氧化碳在内的温室气体的过量排放，引发极端的气候变化问题。应对能源消耗所引发的气候变化已成为全球共同面临的挑战。自20世纪90年代以来，国际社会已经开始采取行动，以应对这一全球性问题。全球气候变化治理的制度框架经历了从《联合国气候变化框架公约》到《京都议定书》，再到《巴黎协定》的演变，以及后续的《碳中和联盟声明》和"气候雄心联盟"的倡议，这些逐步发展的国际协议和声明体现全人类在环境保护和污染治理方面的决心和团结一致的努力。

在我国，化石能源目前仍然是能源消费的主体，其消耗导致的二氧化碳排放问题迫切需要得到有效控制。降低排放量已成为我国面临的关键环境挑战。为应对挑战，国内各界已经采取多项措施，其中最为关键的是提出具有里程碑意义的"双碳"目标，并正在积极推进其实施。对于我国来说，推动实现"双碳"目标，是以习近平同志为核心的党中央统筹针对国内国际两个大局作出的重大战略决策，是立足新发展阶段、贯彻新发展理念、构建新发展格局、推动高质量发展的内在要求。习近平总书记高度重视"双碳"工作，2020年以来，习近平总书记先后在国内外会议中对中国实现"碳达峰""碳中和"目标作出郑重承诺，明确降碳目标和实施方案，为实现"双碳"目标指明未来工作方向，表明我国积极应对气候变化和构建人类命运共同体的决心。除了与实现"双碳"目标相关的政策外，我国为构建人类命运共同体，建设美丽中国，促进各行业的绿色低碳转型和可持续发展也进行相关政策部署，依据"高质量发展"要求，合理配置和高效利用能源资源，加快推动绿色低碳发展，降低碳排放强度，始终坚持"绿水青山就是金山银山"理念，实施可持续发展战略，构建生态文明体系，推动经济社会发展全面绿色转型，建设美丽中国。除此之外，我国还通过开征环境保护税增加企业税负，进一步监督和促进相关行业的绿色低碳转型。环境保护税的核算与成本管理相关内容详见第四章第五节相关内容。

表 8-1 汇总了部分国内绿色低碳环境政策，这些政策的演进标志着我国在环境治理方面的持续进步，反映我国在全球气候行动中的积极参与。从"双碳"目标的提出到各个发展阶段绿色低碳政策的制定与实施，每一项政策都是我国对全球绿色低碳事业所做努力的具体体现，彰显我国在环境保护和气候变化应对方面承担的责任。这些政策的制定和执行，既推动了国内经济的绿色转型，又为全球环境治理贡献了中国智慧和中国方案。

表 8-1 绿色低碳环境主要政策

名称	颁布时间	主要思想
《中国共产党第十九次全国代表大会报告》	2017 年	建立健全绿色低碳循环发展的经济体系，高质量发展离不开绿色发展
《打赢蓝天保卫战三年行动计划》	2018 年	明确大气污染防治工作的总体思路、基本目标、主要任务和保障措施
《绿色产业指导目录（2019 年版）》	2019 年	为各地区、各部门明确绿色产业发展重点和制定绿色产业政策提供主要依据
《中共中央关于制定国民经济和社会发展第十四个五年规划和二〇三五年远景目标的建议》	2020 年	全面推进绿色低碳发展，合理配置能源，提高能效，降低碳排放强度，制定 2030 年前碳排放达峰行动方案，全面实行排污许可制，推进碳排放权市场化交易等
《中华人民共和国国民经济和社会发展第十四个五年规划和 2035 年远景目标纲要》	2021 年	强调推动绿色发展，促进人与自然和谐共生

续表

名称	颁布时间	主要思想
《关于完整准确全面贯彻新发展理念做好碳达峰碳中和工作的意见》	2021年	为碳达峰碳中和这项重大工作进行系统谋划和总体部署
《2030年前碳达峰行动方案》	2021年	按照《中共中央国务院关于完整准确全面贯彻新发展理念做好碳达峰碳中和工作的意见》工作要求，聚焦2030年前碳达峰目标，对推进碳达峰工作作出总体部署
《科技支撑碳达峰碳中和实施方案（2022—2030年）》	2022年	提出支撑2030年前实现碳达峰目标的科技创新行动和保障举措
《中国共产党第二十次全国代表大会报告》	2022年	强调要坚持不懈推进生态优先、节约集约和绿色低碳发展

资料来源：根据公开资料整理。

二、炼油行业绿色低碳发展政策梳理

炼油行业作为石油化工产业链的领军者，同时也是重要的污染排放源。为确保按照既定时间表实现"双碳"目标，中国生态环境部在2021年5月出台《关于加强高耗能、高排放建设项目生态环境源头防控的指导意见》。该指导意见着重强调清洁生产的重要性和提升污染防治水平的必要性，将碳排放影响评价纳入环境影响评价体系中，我国在高耗能、高排放行业环境管理方面迈出了重要步伐。

2021年10月，国务院发布《2030年前碳达峰行动方案》，不仅对我国整体能源消耗和碳减排设定目标，同时对石化与炼油行业低碳发展提出明确目标和措施要求：到2025年国内原油一次加工能力控制在10×10^8t以内，主要产品产能利用率提升至80%以上。引导企业转变用能方式，鼓励以电力、天然气等替代煤炭；调整原料结构，拓展富氢原料进口来源，推动石油化工原料轻质化；鼓励企业节能升级改造，推动能量梯级利用、物料循环利用等。

2021年国家发展改革委等部门发布《关于严格能效约束推动重点领域节能降碳的若干意见》，要求到2025年，包括炼油行业在内等重点行业和数据中心通过实施节能降碳行动，达到标杆水平的产能比例超过30%，行业整体能效水平明显提升，碳排放强度明显下降，绿色低碳发展能力显著增强。

2022年2月，国家发展改革委等四部门联合发布《高耗能行业重点领域节能降碳改造升级实施指南（2022年版）》，明确提出推动炼油行业节能降碳改造升级，实施指南中包括推动先进分离、分子炼油等技术开发和应用，开展重大节能装备应用推广，进行能量系统优化、氢气系统优化等。

2023年10月，国家发展改革委、国家能源局等4部门联合印发《关于促进炼油行业绿色创新高质量发展的指导意见》对炼油行业发展提出新目标：到2025年，国内原油一次加工能力控制在10×10^8t以内，千万吨级炼油产能占比55%左右，产能结构和生产力布局逐步优化，技术装备实力进一步增强，能源资源利用效率进一步提升，炼油产能能效原则上达到基准水平、优于标杆水平的超过 30%。"十四五"期间污染物排放和碳排放强度进一步下降，绿色发展取得显著成效。到 2030 年，产能结构和生产力布局进一步优化，化工原材料和特种产品保障能力大幅提升，能效和环保绩效达到标杆水平的炼油产能比例大幅提升，技术装备实力、能源资源利用效率达到国际先进水平。绿氢炼化、二氧化碳捕集利用与封存（CCUS）等技术完成工业化、规模化示范验证，建设一批可借鉴、可复制的绿色低碳标杆企业，支撑 2030 年前全国碳排放达峰。《关于促进炼油行业绿色创新高质量发展的指导意见》明确了炼油企业要引导炼油过程降碳、推进二氧化碳回收利用、鼓励支持制氢用氢降碳、探索加强碳排放管理，为炼油企业绿色低碳转型指明方向（表 8-2）。

表 8-2 我国炼油行业绿色低碳发展政策

名称	颁布时间	主要内容
《关于加强高耗能、高排放建设项目生态环境源头防控的指导意见》	2021 年	强调清洁生产和污染防治水平，同时将碳排放影响评价纳入环境影响评价体系
《2030 年前碳达峰行动方案》	2021 年	对石化与炼油行业低碳发展提出明确目标和措施要求
《关于严格能效约束推动重点领域节能降碳的若干意见》	2021 年	为炼油行业在内等重点行业设定节能降碳目标和具体建议
《高耗能行业重点领域节能降碳改造升级实施指南（2022 年版）》	2022 年	明确提出推动炼油行业节能降碳改造升级的实施指南，包括推动先进分离、分子炼油等技术开发和应用，开展重大节能装备应用推广，进行能量系统优化、氢气系统优化等
《关于促进炼油行业绿色创新高质量发展的指导意见》	2023 年	对炼油行业绿色创新高质量发展提出新目标，明确炼油行业加快绿色低碳的转型路径，要引导炼油过程降碳、推进二氧化碳回收利用、鼓励支持制氢用氢降碳、探索加强碳排放管理

资料来源：根据公开资料整理。

三、"双碳"背景下炼油企业发展现状

1. 炼油行业绿色低碳转型面临的形势

为应对全球气候变化，《巴黎协定》提出环境保护的要求：期望将 21 世纪全球气温升幅控制在 2℃以内，并努力实现将升幅进一步限制在 1.5℃以内的更为严格的目标。然而，根据 2022 年《世界能源统计年鉴》的统计数据，全球一次能源消费总量在 2022 年呈现 1% 的增长。在这一增长中，可再生能源（不包括水电）在一次能源消费中的占比上升到 7.5%，相较于上一年度增长近 1%。尽管有这一积极变化，化石燃料在一次能源消费总量中的占比仍然高达 82%，显示出我们距离实现《巴黎协定》目标仍有相当长的路要走。

就国内来看，在能源消费结构方面，虽然在气候变化和"双碳"目标背景下，中国能源消费结构向清洁低碳快速转变（图 8-1），煤炭、石油消费增速放缓，可再生能源则呈

现较快增长。但是目前中国仍然是全球最大能源消费国，同时也是第一大石油、天然气进口国。中国长期保持"煤炭—石油—可再生能源—天然气—核能"的能源消费结构，以煤炭为首、化石能源为主、可再生能源为辅，煤炭消费量年均占比约为60%，石油消费量年均占比约为19%，远高于其他类型能源。

可见，虽然世界各国都在持续推进可再生能源的利用和替代，但目前在我国乃至全球范围内，化石燃料仍然是人类主要赖以生存的能源，并且这种以化石能源为主的能源消费结构在短期内难以改变。

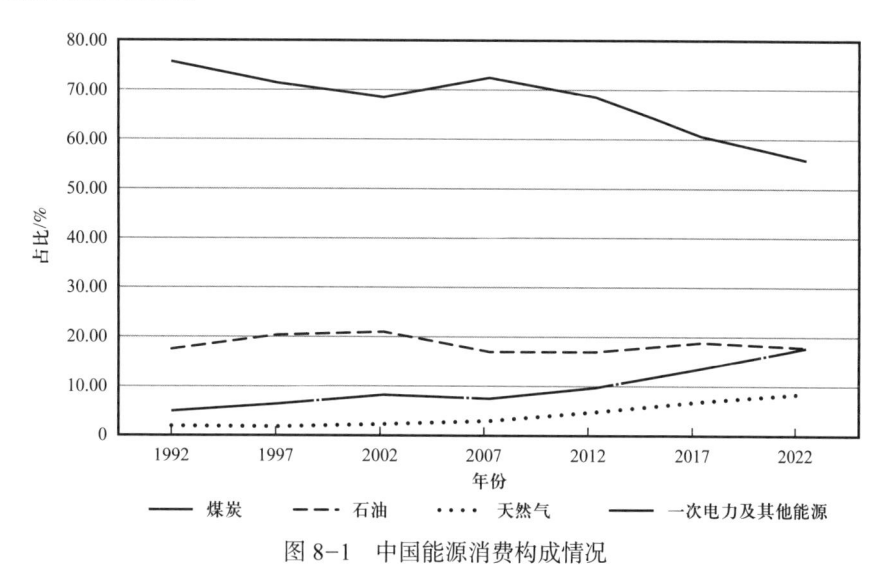

图 8-1　中国能源消费构成情况
数据来源：国家统计局

中国作为世界上最大的发展中国家，经济和工业的快速发展带来能源消耗的显著增长，进而导致二氧化碳排放量的大幅上升。自 2006 年起，中国的碳排放量超越美国，成为全球最大的二氧化碳排放国。根据国际能源署（IEA）发布的《2022 年二氧化碳排放报告》，2022 年全球与能源相关的二氧化碳排放量增长 0.9%，折合约 3.21×10^8 t 当量，全球排放量创下超过 368×10^8 t 的新高。其中，中国仍然是全球主要经济体中碳排强度最高的国家，2022 年中国二氧化碳排放量达到 121×10^8 t，约占全球碳排放总量的 1/3，与能源消费相关的二氧化碳排放量年均增长率为 1.6%，仍然高于世界平均水平（图 8-2）。包括炼油企业在内的石化行业是我国碳排放的主要来源之一。据《中国石化报》报道，2022 年石化化工行业的碳排放量达到 14×10^8 t，占工业碳排放量的 18%，以及全国碳排放总量

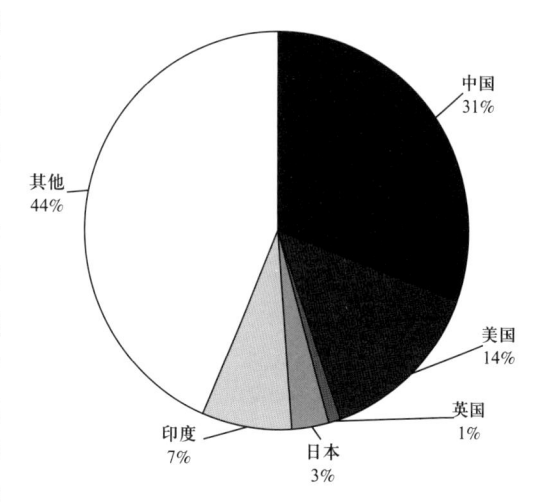

图 8-2　2022 年世界各国能源产生的二氧化碳排放量占比
数据来源：2023 年《世界能源统计年鉴》

的 12%。炼油行业的二氧化碳排放量也占据相当的比例，每年在石油炼制与基础化学品生产过程中的碳排放量接近 $6×10^8t$，占全国碳排放总量的近 6%。这些数据凸显了推动炼油行业向绿色低碳高质量发展转型的紧迫性，这对于实现"双碳"目标、促进美丽中国的建设以及全面建设社会主义现代化国家具有重大意义。

2. 炼油行业绿色低碳转型面临的挑战

"双碳"目标的提出将促进我国用能方式的转换，预计未来新能源在我国能源结构中的占比将显著增加，同时人民生活中的许多依赖化石燃料的传统生产和生活方式也将逐步被清洁能源所替代。在全球碳减排的紧迫形势下，炼油行业的绿色低碳转型显得尤为关键。然而，目前炼油企业以及其他传统产业普遍存在"三高一低"的问题，即高投入、高能耗、高污染和低效益，这些问题在"双碳"目标的背景下变得更加突出。具体来说，这些企业普遍面临装置能耗高、生产工艺落后、产品市场竞争力不足等挑战。在这一转型过程中，炼油企业将承受前所未有的压力，需要采取有效措施来应对这些挑战，以实现可持续发展。

1）污染物的过剩排放

炼油企业在生产过程中产生的污染物主要包括大气污染物、水污染物和固体废物。在大气污染物中，二氧化碳等温室气体的排放尤为值得关注，这是炼油企业实现"双碳"目标的主要制约因素。

（1）大气污染物。

炼油企业产生的大气污染物主要包括 SO_x、NO_x、总悬浮颗粒物（TSP）、VOC、CO_2 等，大气污染物的排放根据排放方式可以分为有组织的排放和无组织的排放，有组织排放主要指经常性的固定排放源，如加热炉和锅炉燃烧废气、催化裂化再生烟气、焦化放空气、氧化沥青尾气、硫黄回收尾气、焚烧炉烟气等。无组织排放源主要指那些间断性的较难控制的排放源，如装卸油操作、油品储存过程中的挥发、设备管道阀门泄漏、敞口储存的物料、污水废渣和废液的挥发、装卸催化剂粉尘污染等。根据 2023 年《石油炼制工业污染物排放标准》（GB 31570—2015）修改单，炼油企业污染源大致分为 7 类 11 种，涵盖炼油生产、储运过程中大气污染物排放（表 8-3）。

表 8-3 炼油企业大气污染物

污染源类别	排放源	排放形式
工艺过程有组织排放	热（冷）供给设施燃烧烟气排放	有组织
	工艺尾气排放	有组织
工艺过程无组织排放	工艺废气释放	无组织
VOCs 物料储存过程无组织排放	原料/半成品/产品储存及调和过程泄漏	无组织
VOCs 物料转移和输送过程无组织排放	原料、产品装卸过程逸散	无组织
设备和管线组件泄漏排放	生产设备机泵、阀门、法兰等动静密封处泄漏	无组织

续表

污染源类别	排放源	排放形式
敞开液面VOCs无组织逸散	废水集输、储存、处理处置过程逸散	无组织
	冷却塔/循环水冷却系统泄漏	无组织
其他	采样过程泄漏	无组织
	设备、管线检维修过程泄漏	无组织
	生产装置非正常生产工况排放	有组织

资料来源：《石油炼制工业污染物排放标准》（GB 31570—2015）修改单。

在推进我国实现"双碳"目标的过程中，炼油企业排放的大气污染物，尤其是二氧化碳，受到广泛关注。《中国能源报》数据显示，在炼油领域中，催化裂化作为重质油轻质化的重要手段，在炼油装置的能耗构成中约占40%，碳排放强度最大，每加工1t原油，可排放超200kg二氧化碳。

为实现炼油企业低碳管理，首先要从源头上控制二氧化碳的排放。碳排放分为直接碳排放（含燃烧碳排放和工艺碳排放）和间接碳排放。燃烧碳排放指炼油过程中各类锅炉、加热器和火炬等消耗燃料产生的排放，燃料包括炼油厂自产的干气、燃料油、石油焦、自备电厂的燃煤等；工艺碳排放主要来自催化重整、催化裂化、制氢、焦化等过程产生的碳排放；直接碳排放还包括生产过程中设备缝隙逸散的逃逸排放。间接碳排放主要来自外购电力、热和蒸汽在生产过程中产生的排放。

此外，炼油厂规模和加工流程各不相同，碳排放也存在较大差别：燃料型炼油厂炼油板块碳排放强度（加工单位原油的二氧化碳排放量）为0.15~0.30t/t，炼化一体化炼油厂炼油板块碳排放强度为0.20~0.45t/t，由此可见炼油行业的化工转型将导致生产端碳排放大幅升高。燃料型炼油厂碳排放强度较低，这主要是因为燃料型炼油厂流程相对较短，装置复杂度相对较低。炼化一体化炼油厂的工艺排放显著升高，这主要是由于在化工转型过程中催化裂化烧焦和制氢过程碳排放较高。

（2）水污染物。

根据2015年环境保护部和国家质量监督检验检疫总局联合发布的《石油炼制工业污染物排放标准》，水污染物的排放分为直接排放和间接排放，直接排放是指排污单位直接向环境水体排放水污染物的行为，间接排放是指排污单位向公共污水处理系统排放水污染物的行为。炼油企业产生的水污染物包括生产过程中产生的废水，包括工艺废水、污染雨水（与工艺废水混合处理）、生活污水、循环冷却水排污水、化学水制水排污水、蒸汽发生器排污水、余热锅炉排污水等。根据污染物划分，可以具体分为含油污水、含硫污水、含盐污水、生产污水和生活污水。

（3）固体废物。

炼油企业产生的固体废物主要来自生产工艺本身以及污水处理设施，几乎所有的生产装置都会产生固体废物。炼油工艺过程产生的固体废物种类繁多，主要有废酸液、废碱渣、废白土渣以及各种废催化剂等。目前我国固体废物的主要处理方式包括生物处理、热解与焚烧、填埋处置和资源化利用四种技术。

2）产能过剩

在2021年的"十四五"规划中，我国首次为炼油产能设定明确的"红线"，即国内原油一次加工能力需控制在10×10^8 t/a以内。这一目标旨在推动炼油行业的可持续发展和环境保护。2023年10月发布的《关于促进炼油行业绿色创新高质量发展的指导意见》重申这一目标，并提出更为具体的发展指标：到2025年，国内原油一次加工能力继续控制在10×10^8 t/a以内，同时，千万吨级炼油产能的占比应达到约55%。这些指标体现了我国对炼油行业绿色转型的坚定决心，也指明了行业未来的发展方向。

我国炼油行业长期以来面临产能过剩的挑战。中国石油集团经济技术研究院发布的数据显示，2022年我国炼油总产能达到9.24×10^8 t/a，我国已成为世界第一炼油大国，以中国石油、中国石化、中国海油、中国中化为代表的主营单位合计炼油产能为6.19×10^8 t/a，占国内炼油总能力的67.1%，民企炼油能力2.62×10^8 t/a，占比达到28.4%，其他经营主体炼油能力占比4.5%。2022年我国加工石油约6.76×10^8 t，与9.24×10^8 t/a的产能相比，面对较高的炼油产能，中间存在较大缺口。另外，替代能源的快速发展也抑制了成品油需求的增长，未来将进一步加剧炼油产能过剩。我国炼油产能过剩问题日益严峻，由此引发炼油企业低效率、低质量、低利润、高污染、高风险等问题突出。在这样的形势下，为进一步解决炼油产能过剩问题，淘汰落后和小规模产能，部分炼油企业的生存空间受到挤压，炼化一体化快速发展成为国内炼厂转型新趋势。

因此，炼油行业为谋求新时代的生存之路，首先要持续推进新旧产能置换，淘汰落后产能，加快建设世界级炼化基地和现代化产业园区。其次，持续推进"减油增化增特"，减少成品油产量、增加化工材料生产、增加特种油品生产。再次，要持续推进科技创新，实现产品与技术高端化，管理精细化、智能化和数字化。最后，推进绿色低碳发展，从节能降耗向全方位减排发力。

3）绿色低碳技术创新能力不足

为应对当前炼油企业过剩污染物的排放和产能过剩等问题，绿色低碳技术的创新和普及同样是炼油企业绿色低碳转型的巨大挑战。在减排技术方面，炼油企业碳排放主要来自炼油和合成气等生产过程，这些过程的碳减排技术创新难度较大，成本高昂，给行业的转型升级带来巨大挑战。碳捕集、利用与封存（CCUS）技术可以有效减少炼油和化学工业过程的碳排放，但其实施成本可能很高。国际能源署报告显示，炼油行业应用CCUS技术的成本可能在每吨二氧化碳60~140美元之间。在提高能效技术方面，我国炼油装置的能效利用和工艺技术与国际领先水平相比普遍存在较大差距，大量小规模的炼油企业绿色技术创新能力不足，缺乏经济高效的绿电和绿氢等先进技术，导致当前我国市场中绿色产品的占比较低。

3. 炼油行业绿色低碳转型面临的机遇

习近平总书记在党的二十大报告中指出，积极稳妥推进碳达峰碳中和。实现碳达峰碳中和是一场广泛而深刻的经济社会系统性变革。立足我国能源资源禀赋，坚持先立后破，有计划分步骤实施碳达峰行动。完善能源消耗总量和强度调控，重点控制化石能源消费，逐步转向碳排放总量和强度"双控"制度。

在"双碳"目标的推动下，炼油企业正站在转型升级的十字路口，这不仅带来前所未有的挑战，也孕育着实现高质量发展的丰富机遇。第一，随着全球能源生产和消费结构的深刻变革，绿色电力有望逐步取代传统能源，炼油行业在高效利用和消纳绿电方面扮演着至关重要的角色。这一转型能够促进高端材料、新能源和储能产业链的优化调整，还将推动整个行业的高质量发展。第二，炼油企业在绿色低碳转型的过程中，正逐步淘汰落后产能和低价值产品。通过技术升级和产品创新，企业能够提升自身价值，例如将碳材料应用于新能源、电子材料等高端领域，从而获得更高的利润率。第三，炼油企业正逐步引入变革性技术，以实现化工过程的绿色低碳转型。例如，电合成乙烯、电合成氨等工艺的应用，不仅能够有效降低碳排放，还有望催生出一系列新的产业链和市场机会，为企业带来新的增长点。

可见，目前我国炼油行业已经迈入新发展阶段，也已进入行业绿色低碳转型升级、产品结构重整与新旧动能转换的窗口期，为炼油行业带来新的发展机遇，炼油企业应抓住发展新机遇，同时积极应对国际和国内形势的变化，尽快达到"双碳"目标和国家生态文明建设的要求。

四、炼油企业绿色低碳应对措施

1. 二氧化碳捕集、利用和封存（CCUS）技术

《关于促进炼油行业绿色创新高质量发展的指导意见》中提到要鼓励炼油行业推进二氧化碳回收利用，支持炼油企业加快CCUS示范应用。碳捕集、利用与封存（CCUS）是一种可大规模减少化石燃料排放二氧化碳的技术，被认为是未来应对全球气候环境问题、控制温室效应的重要技术之一。炼油行业排放的二氧化碳主要来自燃料燃烧与生产过程尾气排放等活动，因此应尽快引入碳捕集、利用与封存（CCUS）等低碳技术，减少碳排放。

二氧化碳捕集技术是指将炼油、电力、制造等行业消耗化石能源过程中产生的二氧化碳进行分离和纯化的过程。目前应用较多的二氧化碳捕集技术主要有三种：燃烧前捕集、富氧燃烧和燃烧后捕集。燃烧后捕集是从化石能源燃烧后的烟气中捕集二氧化碳的过程，只需在生产工艺末端增加设备，可操作性强、适合大多数减排企业，技术比较成熟，目前使用最为广泛。燃烧后捕集技术通常包括化学吸收法、物理吸附法、低温分离法和膜分离法等。其中化学吸收法是目前应用相对广泛且技术较为成熟的一种方法，吸收、再生的原理是化学溶剂与二氧化碳发生随温度变化而可逆的化学反应，常见的吸收剂有醇胺溶液、氨水、碳酸钾溶液和离子液体等。目前工业上大多采用醇胺法捕集二氧化碳，吸收速率高、负载量大且价格低廉。不足之处在于化学溶剂的再生能耗高，占捕集总能耗的70%~80%，且捕获、分离等设备的投资和运行成本较高，目前大规模推广CCUS技术比较困难，需要政府出台支持政策并给予财政支持。

二氧化碳的利用是实现温室气体减排的重要途径。二氧化碳可通过油田驱油技术提高采油率，但这一过程伴随着较高的碳捕集和运输成本。因此，探索经济有效的二氧化碳利用方式显得尤为关键。目前，二氧化碳的利用技术主要包括化学利用、生物利用和地质利用等方法。在炼油产业中，二氧化碳主要被用作原料，通过先进的转化技术，直接将其转化为重要的化学品。这一过程不仅有助于有效减缓温室效应，还能促进清洁燃料和化学品的制备，展现了炼油产业在环境保护和资源循环利用方面的潜力。

捕集的二氧化碳运输到指定地点后，可以通过地质封存、矿物质碳化与海洋封存等方式进行储存，其中地质封存被认为是封存二氧化碳的主流方式。目前全球二氧化碳封存技术主要有盐水层封存、衰竭油气藏封存、二氧化碳驱提高采收率封存、强化煤层甲烷回收封存。二氧化碳封存技术的关键在于封存地点选择、回注方案设计、地面工艺系统建设以及二氧化碳泄漏监测。由于封存项目投资较大，目前实施的均是小型示范性项目，中国CCUS项目封存整体规模较小。

2. 加快清洁能源替代和能源结构优化

当前我国主要利用的可再生能源包括风能、太阳能、水能、生物质能、海洋能和地热能等。《关于促进炼油行业绿色创新高质量发展的指导意见》中提到，炼油行业要积极引导清洁能源、绿电替代，提升可再生能源消纳水平，支持建设绿氢炼化示范工程，推进绿氢替代，逐步降低行业煤制氢用量。因此炼油企业应加快清洁能源替代传统化石能源，将炼化原料和过程中消耗的能源清洁化，如增加使用绿电、绿氢、生物质燃料等。

绿电是指在生产电力的过程中二氧化碳排放量为零或趋近于零，因相较于火力发电所生产的电力，绿电对于环境冲击影响较低。绿电的主要来源为太阳能、风力、生物质能、地热等，中国以太阳能和风力为主。对于炼油企业来说，积极参与绿电交易，采用绿电加热代替传统的加热炉，也可以用绿电驱动压缩机、泵等设备，能够提高系统运行效率和电源开发综合效益。绿电交易具体内容详见本章第二节相关内容。

根据世界能源理事会报告，氢气按照生产过程可分为灰氢、蓝氢和绿氢。灰氢主要来自化石燃料，采用传统工艺制氢过程会产生碳排放。蓝氢也来自化石燃料，但对制氢过程产生的二氧化碳实施了捕集和封存。绿氢是通过绿电电解水制备出的氢气，制氢过程没有碳排放，绿氢炼化将是实现炼油行业深度脱碳的重要途径之一，但目前成本相对较高。目前，炼油过程用氢来源一般包括重整副产氢、天然气制氢和煤制氢，制氢过程仍然有较高碳排放。中长期看，随着"双碳"目标的推进和绿氢技术进步，氢能供给结构将从以化石能源为主的高碳排放氢逐步过渡到以可再生能源为主的绿氢。

生物质燃料中，生物油脂目前是生物喷气燃料的主要来源，油脂原料经过预处理脱除部分杂质后进行加氢处理反应制备生物喷气燃料组分，其组成与传统喷气燃料相近，按照目前的标准要求，生物喷气燃料最大调和比例可达50%，并且使用生物喷气燃料无需对飞机现有燃油和动力等系统进行改造。基于不同的原料和加工过程，生物喷气燃料的减排效果有所差异。根据测算，相对于石油基喷气燃料，采用废弃油脂生产的喷气燃料全生命周期二氧化碳减排幅度为67%～94%。此外，微藻是能够进行光合作用的单细胞生物，生产大量富含脂肪与蛋白质生物质的同时，还能将化石能源应用释放的二氧化碳与氮氧化物进行吸收与固定，助力碳达峰碳中和与大气污染治理目标的实现。

除了加快推进新能源技术的创新和研发外，如何因地制宜地利用和布局新能源产业，也是炼油企业绿色低碳转型的有效途径。例如，国内油气上游企业大多位于华北、东北、西北地区，风光资源大面积连片分布，地理空间广阔，开发利用价值极高，具备发展风电、太阳能发电、地热利用和制氢等发展新能源产业的前提条件。

3. 炼油工艺流程降碳节能

节能是最高效的能量利用方式，通过能量优化降低炼油过程中能耗，降低成本的同时也可减少碳排放。因此，对炼油过程进行能量优化是目前减少碳排放最直接、有效的途径，也是炼油行业低碳转型发展的重要策略。不同产品结构的炼厂碳排放情况不同，能耗及碳排放量较大的装置包括常减压蒸馏、催化裂化、重整、制氢等。

为进一步加快炼油工艺流程中的降碳节能进程：第一，要加快推广降碳技术，炼油工艺流程中催化裂化和制氢工艺的碳排放最高，是未来降碳改造的重点。当前具有应用潜力的降低过程碳排放的技术主要有低生焦催化裂化技术、低能耗柴油液相加氢技术、低碳强度生产化工原料的加氢裂化技术和高效设备降低催化裂化工艺排放技术等，炼油工艺技术要深入贯彻"分子炼油"理念，做到"物尽其用、各尽其能"，充分有效利用石油资源。第二，大力推进装置节能改造。对于一些中小型炼厂来说存在设备老化、自动化水平低等现象，造成热效率普遍偏低。应通过强化日常管理维护、设备升级及其他提效技术研究，提高能源利用效率。在能源系统方面，采用换热网络集成优化技术、低温余热高效利用技术、蒸汽动力系统优化技术，减少单纯的减温减压过程，降低输送损耗，实现能源流进行精准调配、梯级利用。在生产控制方面，以智能建模为基础对炼化过程进行智能控制。第三，提前谋划炼油总流程再造，未来炼化总流程将向炼化一体化、短加工流程、生产特色产品、能源高效利用和实现低碳排放等方向转变。预计未来主要原油加工流程有以下两类：一是多产化工原料的全加氢裂化路线，适合存量产能结构调整改造；二是直接生产化工品的催化裂解路线，适合打造具有较强竞争力的新建产能结构。

除了炼油工艺过程中排放的二氧化碳外，炼油企业还会排放大量废水、废气和废料。2023年《关于促进炼油行业绿色创新高质量发展的指导意见》提出，要引导炼油企业进行废塑料、废弃油脂等废弃物的再利用，以及废塑料、废润滑油、废弃油脂、废弃生化污泥等废弃有机物与炼油企业耦合加工，这不仅能实现石油资源在不同生命周期的多次循环，也可以显著降碳，同时节约原油资源。以废塑料为例，炼油企业生产过程若能实现废塑料低能耗、低碳排放的预处理及废塑料油深加工，不仅可以解决废塑料焚烧处理产生的大量碳排放，还能节约原油资源。

4. 加快炼油产业结构调整

面对炼油产能过剩、自主创新能力不足、产业布局不合理以及安全环保压力日益增大的挑战，我国正加速淘汰工艺技术落后、存在重大安全隐患和严重环境污染问题的产能。这一举措有助于有效缓解产能过剩的矛盾，是推动产业转型升级、实现绿色可持续发展的关键步骤。通过这一进程，可以促进炼油行业向更高效、更环保的方向发展，同时提高行业整体的竞争力和市场响应能力。2022年4月，我国出台的《关于"十四五"推动石化化工行业高质量发展的指导意见》明确指出要有序推进炼化项目"减油增化"，延长石油化工产业链，"油转化""油转特"已成为炼油产业结构调整的重要方向。"油转化"指炼厂加工原油直接生产化工原料，如化工轻油、轻烃原料、富乙烯和富乙烷气等；"油转特"指炼厂加工原油直接生产特种产品，如润滑油基础油、合成油、工业白油、针状焦、低硫船用燃料油、高等级沥青等。

对于炼油企业来说，"减油增化""油转化""油转特"不是简单粗放地扩张化工产能，而应抓住高端制造业对高端化工产品需求的市场机遇，围绕新能源等高端制造业领域，研发和生产高端化工新材料以及特种化学品，在提升自主创新水平的同时，带动行业产业链的升级和高端化发展，提升行业附加值和企业自身市场竞争力。

5. 参与碳交易市场

实施碳抵消机制，炼油企业可以通过购买碳排放配额或参与碳市场交易来抵消碳排放量。关于碳交易市场和碳会计核算具体内容详见本章第四节相关内容。

第二节 绿电交易市场与炼油企业成本管理

在本章第一节中，本书指出加快清洁能源转型、推动绿电替代传统电力，是炼油企业实现绿色低碳转型的关键路径之一。基于此，本节将详细介绍我国绿证绿电交易市场的发展历程和交易机制等内容，并针对使用绿电为炼油企业带来的成本管理问题提出相应的解决办法。

一、绿电交易市场发展历程

绿色电力（以下简称绿电）交易起步于绿色电力证书（以下简称绿证）的交易机制。该机制最早于2001年在荷兰启动，并迅速在全球范围内得到推广，包括美国、英国在内的20多个国家相继实施绿证交易。我国在绿证和绿电交易方面的起步较晚，在"双碳"目标的推动下，炼油行业的绿色低碳转型变得尤为迫切。特别是以绿电为代表的零碳技术，已成为炼油企业实现清洁能源转型的关键路径。2017年1月，国家发展改革委、财政部和国家能源局联合发布《关于试行可再生能源绿色电力证书核发及自愿认购交易制度的通知》，标志着我国绿证交易机制的确立，新能源企业可以根据发电量申领绿证，各类机构、企事业单位及个人均可自愿认购绿证。2019年5月，国家发展改革委和国家能源局联合发布《关于建立健全可再生能源电力消纳保障机制的通知》，要求依据各省级行政区域的电力消费情况确定可再生能源电力消纳责任权重。但当时的绿证交易试点市场面临配额约束、供求增长与市场机制缺位等问题，由此产生了绿电交易。

2021年8月，国家发展改革委、国家能源局批复同意《绿色电力交易试点工作方案》，同年9月绿电交易在全国范围内全面启动，共17个省份259家市场主体参与首场绿色电力交易，达成交易电量 79.35×10⁸kW·h。随后，国家陆续出台《促进绿色消费实施方案》《关于加快建设全国统一电力市场体系的指导意见》和《关于完善能源绿色低碳转型体制机制和政策措施的意见》，持续完善绿电交易机制顶层设计。2022年2月和5月，《南方区域绿色电力交易规则（试行）》和《北京电力交易中心绿色电力交易实施细则》的相继试行，明确了"证电合一"的绿电交易模式、交易程序和规则，推动了区域绿电交易实践。目前，我国绿电交易市场建设仍处于试点和起步阶段。

二、绿电交易机制

1. 定义

绿证即可再生能源绿色电力证书，2017年国家公布的《关于试行可再生能源绿色电力证书核发及自愿认购交易制度的通知》及其附件《绿色电力证书核发及自愿认购规则（试行）》，将绿证分别定义为"国家对发电企业每兆瓦时非水可再生能源上网电量颁发的具有独特标识代码的电子证书，是非水可再生能源发电量的确认和属性证明，以及消费绿色电力的唯一凭证""国家可再生能源信息管理中心按照国家能源局相关管理规定，依据可再生能源上网电量通过国家能源局可再生能源发电项目信息管理平台向符合资格的可再生能源发电企业颁发的具有唯一代码标识的电子凭证"。进一步可理解为，绿证是集可交易性、货币兑现性、可再生能源发电量确认性于一身且蕴含环境权益的凭证，同时具有一定时效性，绿证只允许交易一次，不得二次转售，不具有金融属性和投资价值。

绿证交易是绿电交易的基础。根据《关于试行可再生能源绿色电力证书核发及自愿认购交易制度的通知》规定，目前主要向陆上风电和光伏发电（不含分布式光伏发电）企业所生产的可再生能源发电量发放绿证，国家可再生能源信息管理中心向发电企业核发绿证后，厂商即可将出售绿证，各级政府机关、企事业单位、社会机构和个人均可在全国绿色电力证书核发和认购平台上自愿认购绿色电力证书，作为消费绿色电力的证明。绿证认购价格按照不高于证书对应电量的可再生能源电价附加资金补贴金额由买卖双方自行协商或者通过竞价确定认购价格。企业售出绿证获得收益的部分电量，将不再受政府补贴。

绿电指利用清洁能源（如风能、太阳能、生物质能等）且生产过程中二氧化碳排放量为零或趋近于零的电力。《绿色电力交易试点工作方案》中明确指出，绿色电力产品初期为风电和光伏发电企业上网电量，条件成熟时扩大至符合条件的水电；绿色电力交易则是以这类电力产品为标的物开展的电力中长期交易。开展绿电交易，不仅能有效发挥新能源的绿色属性和环境价值，满足外向型企业使用绿电的迫切需求，同时生产和出售绿电的企业也可通过市场化交易获得额外收益。

2. 绿电交易机制

1）交易主体

按照《绿色电力交易试点工作方案》，包括风电及光伏发电企业、电力用户和售电公司、电网企业，均可参与绿电交易。参与绿色电力交易的市场主体，未来将逐步扩大到水电等其他可再生能源。具体来看，售电方主要包括风电及光伏发电企业和电网企业，购电方主要包括售电公司和电力用户。

2）交易场所

目前我国主要的绿电交易场所为北京电力交易中心和广州电力交易中心。

3）交易原则

《绿色电力交易试点工作方案》规定，绿电交易的核心原则是绿色电力具有交易组织、交易执行到交易结算的优先属性——"优先组织、优先交易、优先结算"。在交易组织方面，绿色电力交易作为独立交易品种，优先组织有绿色电力消费需求的市场主体开展长周期市场化交易；在交易执行方面，发电企业参与绿色电力交易的对应合同优先执行，已开展现货试点地区则需为市场主体提供优先出清履约的市场机制；在交易结算方面，绿色电力交易优先于其他优先发电计划和市场化交易结算，月结月清，并做好与其他分时段交易结算的衔接。

4）交易特点

第一，以电量交易为主。由于新能源的波动性、随机性和不可预测性，当前绿电交易以电量交易为主，结算周期以年、月为主要单位。

第二，优先结算。绿电交易在所有中长期交易品种中具有优先执行和优先结算的特点，即用户在签署多种中长期合约的情况下，将优先执行绿电合约。

第三，证电合一。绿电交易和绿证交易主要区别在于，绿证交易是消费绿电的间接证明，绿电交易是消费绿电的直接证明。绿电交易采用"证电合一""证随电走"模式，用户通过电力交易的方式消费绿色电力，并获得相应的绿色认证，能更好地将绿电和绿证的环境属性相统一。绿电交易量与绿电交易凭证直接挂钩，用户可以直接证明其消纳了该部分绿电。

第四，绿色权属单独结算。当前绿电交易主要是用户侧加价的交易，较基准价上涨部分交易价格体现了新能源的绿色价值，加价部分通常以单一价格结算由用户直接支付给新能源发电企业。

5）交易方式和价格形成

目前，我国绿电交易有直接交易和向电网企业购买两种方式。

第一，直接交易。直接交易主要面向省内市场，由电力用户或售电公司直接向省内绿色电力企业购买绿电，以实现精准匹配绿色能源供需，促进绿色能源的利用水平提升。直接交易的绿电价格由购销绿电双方通过价格双边协商、集中撮合和挂牌等方式达成一致。

第二，向电网企业购买。该交易方式是在无法满足绿色电力消费需求的情况下，电力用户可通过向电网企业购买其保障收购的绿色电力产品达成交易。这类绿色电力产品来自部分带补贴的新能源项目，或来自本省电网企业参与省间市场化交易购入。购销绿电双方可以通过竞价和挂牌交易等方式形成交易价格，省级电网公司也可以进行省间交易再将绿电出售给电力用户。

6）交易合约期限

绿电交易主要指以绿电为标的物的电力中长期交易，通常是以月度、年度为单位的中长期合约。2022年，国家发展改革委和国家能源局联合发布《关于做好2023年电力中长期合同签订履约工作的通知》，强调要坚持电力中长期合同高比例签约，并对中长期绿电交易合约比例作出总体目标规定，同时鼓励签订多年中长期合同，对多年期合同予以优先安排、优先组织、优先执行。

7）碳排放抵消机制

绿电和绿证在一定程度上均是企业积极减少碳排放的体现。由于购买绿证并未直接减少企业用电方面的碳排放，因此绿证只可用于抵消范围二包含的温室气体（电力产生的间接温室气体排放）的排放；相反，绿电具有零碳属性，购买绿电意味着企业外购和使用的电力对应的碳排放量几乎为零，因此绿电直接降低范围二包含的温室气体的排放。

三、绿电交易与炼油企业成本管理

2023年10月，国家发展改革委、国家能源局等4部门联合印发的《关于促进炼油行业绿色创新高质量发展的指导意见》指出，炼油企业推进清洁能源、绿电替代传统能源发电，不仅能够降低过程工业的碳排放，还能够消纳绿电、推动新能源产业的发展。由此可见，参与绿电绿证交易，消纳绿电，不仅是炼油企业进行绿色低碳转型的重要路径之一，更是炼油企业参与并推动我国绿电交易发展必须承担的社会责任。

相较传统化石能源，绿电具有多方面优点：第一，可持续性，绿电技术利用风能、光能等可再生能源发电，可再生能源资源由自然循环不断提供，能够实现永续利用。第二，高普及性，全球绝大部分国家和地区，均可凭借先进技术和自然条件发展可再生能源。第三，环保性，绿电技术属于零碳技术，使用绿电替代传统化石能源可以逐步实现零碳排放，全生命周期对环境影响小，减污降碳效果显著。

但采用绿电替代传统能源发电，对炼油企业来说，既是机遇也是挑战：一方面，国家相关政策、经济社会发展和生态环境问题迫使炼油企业必须逐渐淘汰传统能源电力，转向使用清洁零碳的绿电，加速炼油企业绿色低碳转型速度；另一方面，由于清洁能源价格限制等因素，绿电价格高于普通电力价格，且不同地区的绿电价格也存在差异，造成炼油企业成本上升等问题。例如，2022年1—6月，我国国家电网经营区市场化交易绿电的平均价格较燃煤发电基准价溢价0.08元/（kW·h），南方电网经营区市场化交易绿电的溢价为0.05~0.06元/（kW·h）。因此为解决以上问题，炼油企业应针对绿电的购买和使用进行相应成本管理。

1. 定期合理规划绿电使用数量

炼油企业的绿电成本受到绿电数量的影响。炼油企业应积极研发或引进生产加工环节的节能节电技术，短期内可能会给企业带来技术等其他类型的成本压力，但长期来看，无论是对绿电成本控制乃至企业整体的绿色低碳转型均有积极影响。此外，目前我国针对高耗能高排放行业的绿电使用出台了差别电价、惩罚性电价和阶梯电价等相关政策，因此炼油企业应进一步节能降碳，定期合理规划绿电使用数量。

2. 合理考虑绿电价格因素

炼油企业的绿电成本也受到绿电价格的影响。未来国内绿电价格走势取决于绿电交易平台的平价风电和光伏项目的增长规模和速度、绿电的市场需求、绿电交易与碳交易机制的衔接情况、与其他多类型可再生能源市场机制的协同等诸多因素。企业使用绿电短期内可能会导致成本提高,为进一步控制绿电成本,企业可以利用区域性绿电价格的差异,例如在绿电价格较低区域内的企业或生产部门率先进行绿电替代。长期来看,随着绿电技术、市场和制度等多方面全面发展,绿电价格有望进一步降低。

3. 全流程绿电成本控制

外购电力是炼油企业重要的燃料动力、关键的成本核算对象之一,涉及外购原材料、产品生产、设备维护、产品销售、办公等全流程,因此绿电成本并不只是影响企业生产经营过程中的单一环节或部门,它会影响企业整体成本。由于目前绿电成本相对较高,采用绿电的企业短期内可能会导致各个环节成本的提高,进而影响成本核算、归集和结转,最终影响企业当期利润指标,增加企业经营负担。基于此,全流程绿电成本控制理念应运而生。该理念主要是指对企业生产经营所有过程中发生的全部绿电成本进行控制,包括事前、事中和事后的绿电成本控制:绿电使用前的成本预算控制、绿电使用过程中的成本控制、绿电使用后对绿电成本差异原因的分析并制定改进措施。其中事前的绿电成本控制是节约绿电成本的最重要环节,企业可以通过合理规划未来生产经营活动、制定详细的成本预算等方式,最大限度地控制绿电成本。因此,全流程绿电成本控制理念要求企业不能单一考虑某一生产环节或部门的绿电消耗和成本,应对企业业务全流程的绿电成本在事前、事中和事后进行整体规划和考虑,逐步实现全面绿电替代。除此之外,该理念还旨在帮助包括管理人员、技术人员、生产人员在内的企业全体员工树立成本意识,调动企业全员积极性,共同参与绿电成本控制,通过实施奖惩制度,明确每个部门员工在绿电成本控制中的职责,进一步控制绿电成本。

4. 合理规划绿电使用比例

虽然绿电替代是炼油企业的未来发展方向,但由于绿电价格较高、技术发展不成熟、市场不活跃等诸多因素,绿电完全替代传统电力是一项长期且艰巨的任务。因此炼油企业应合理规划各时期绿电和普通电力的使用比例,避免过度损耗企业业绩的同时,积极稳妥推进绿电替代的进程。同时炼油企业应积极探索可持续发展道路,开展或投资新能源业务,适当弥补绿电替代带来的成本缺口。

第三节 碳排放权交易市场与炼油企业成本管理

在本章第一节中指出积极参与碳排放权交易市场,同样也是炼油企业实现绿色低碳转型的关键路径之一。基于此,本节将详细介绍我国碳排放权交易市场的发展历程、交易机制、碳会计核算和披露等内容,总结现行碳会计核算和披露过程中存在的成本管理问题,并提出针对性的解决办法。

一、碳排放权交易市场发展历程

自 1997 年《京都议定书》签订以来，国际社会对温室气体排放的控制进入了新的阶段。该议定书不仅为各履约国设定强制减排目标，而且引入排放权贸易、联合履约和清洁发展机制，这些机制标志着碳排放配额逐渐转变为具有商品和金融属性的稀缺资源，为碳交易市场的形成奠定基础。随着 2020 年《巴黎协定》的正式生效，它继承并发展《京都议定书》的国际碳排放权交易机制，其中包括双边合作机制和可持续发展机制。与《京都议定书》"自上而下"的强制性减排目标不同，《巴黎协定》采用"自下而上"的模式，鼓励缔约国家根据国情提交并履行自主贡献。在这样的国际框架下，碳交易作为一种市场化手段，有效促进全球减排，并催生一个活跃的国际金融市场。国际碳行动伙伴组织（ICAP）统计数据显示，自 2005 年欧盟建立全球首个碳排放权交易市场以来，截至 2024 年，全球共有 36 个碳市场正在运行，覆盖工业、电力、建筑、交通等多个行业。目前，欧盟碳市场以其规模和成熟度，成为全球最大的碳交易市场，对推动全球减排和绿色低碳经济转型起到关键作用。

中国碳市场较发达国家启动较晚，2002—2012 年，中国主要参与国际清洁发展机制项目。2013—2020 年，在北京、上海、天津、重庆、湖北、广东、深圳和福建八个省市开展碳排放权交易试点，试点地区覆盖行业涵盖电力、钢铁、石化、水泥等高耗能高排放行业。2017 年，全国性的电力行业碳交易市场建立，2021 年实施《全国碳排放权交易管理办法（试行）》等，同年全国碳交易市场正式开市，引入市场机制减少碳排放，发电行业成为首个纳入全国碳交易市场的行业，纳入重点排放单位超过 2000 家，参与交易的企业数量超过重点排放单位总数的 50%，市场配额履约率超过 99.5%，减排效果显著。截至 2024 年 2 月，全国碳交易市场启动两年半以来，总体运行平稳，根据我国生态环境部发布的数据，目前我国全国碳交易市场已覆盖的二氧化碳年排放量为 51×10^8t，成为全球覆盖温室气体排放量最大的碳市场。

除了碳排放配额的交易之外，国家核证自愿减排量（CCER）是全国碳排放权交易市场的重要补充。根据 2023 年 10 月生态环境部颁布的《温室气体自愿减排交易管理暂行办法（试行）》，参与自愿减排的减排量需经国家主管部门在国家自愿减排交易登记簿进行登记备案，经备案的减排量称为国家核证自愿减排量。中国最早于 2012 年开始在多地试点交易 CCER，又于 2017 年 3 月暂停受理 CCER 相关备案申请，此后碳交易市场中虽然针对存量 CCER 有相关交易，但市场中并未新增核证量。2023 年 10 月 19 日，生态环境部正式公布《温室气体自愿减排交易管理办法（试行）》，明确要组织建立统一的全国温室气体自愿减排交易机构和交易系统，提供 CCER 的集中统一交易与结算。

二、碳排放权交易机制

1. 定义

碳排放权交易机制是指监管者为某一行业或区域设定碳排放量总额，将总额分配给所有企业，即每个企业拥有定量碳排放配额，对应碳减排任务，在生产过程中如果企业碳排放量超过碳配额，则需要减少产品产量或在碳市场中购买碳排放配额；反之，若企业碳排放配额有剩余，则可以向碳市场出售以此获得额外利润。碳配额交易机制既存在政府监管又有市场调控行为，是应对气候变化的有效手段。对炼油行业来说，进入碳交易市场进行碳排放权交易，一方面可以通过购买额外碳配额满足自身碳排放需求，另一方面可以出售剩余碳配额以获取利润，因此了解碳排放权交易机制至关重要。

2. 碳排放权交易试点交易机制

2013—2020年，我国在北京等八个省市开展碳排放权交易试点，试点地区覆盖行业涵盖电力、钢铁、石化、水泥等高耗能高排放行业，自全国碳交易市场正式启动以来，碳排放权交易试点将逐步纳入全国碳交易市场。以北京碳排放权交易试点交易机制为例，参照《北京市碳排放权交易管理办法（试行）》对北京市重点排放单位的二氧化碳排放实行配额管理，配额分配主要使用免费分配和不定期拍卖两种方法，电力行业使用标杆法。控排企业门槛为5000t二氧化碳当量及以上，对违规排放企业，根据其违规碳排放量，按照市场均价的3~5倍予以罚款。除惩罚机制外，碳市场提供市场交易机制，按照规定碳排放企业可预留不超过年度碳排放总量的5%用于拍卖，另外还可按照规定回购碳排放权。

3. 全国碳交易市场交易机制基本框架

全国统一碳市场的基本框架主要包括市场覆盖范围、总量设定、配额分配、抵消机制、灵活性机制、价格可预测性、监测、报告和核查、履约机制、利益参与方、市场链接等方面，与试点地区存在差异。

1）市场覆盖范围

覆盖行业范围方面，试点地区基本都涵盖电力、钢铁、石化、水泥等高耗能高排放行业，全国碳交易市场目前只覆盖发电行业，预计逐步纳入其他行业。

覆盖气体范围方面，试点地区除重庆外均只包含二氧化碳气体，而全国碳交易市场除涵盖二氧化碳外，未来预计将纳入甲烷、一氧化氮等其他温室气体。

2）总量设定

全国碳交易市场的配额总量是根据自下而上、自上而下和混合法的方式进行设定的。全国碳交易市场中目前电力行业以2023年生态环境部发布的《关于做好2021、2022年度全国碳排放权交易配额分配相关工作的通知》及其附件《2021、2022年度全国碳排放权交易配额总量设定与分配实施方案（发电行业）》（以下简称《实施方案》）为依据，省级生态环境主管部门按照规定的配额核算方法和碳排放基准值，结合行政区域内各发电机组2021年度、2022年度的实际产出量（活动水平数据）及相关修正系数，核定各机组各年度的配额量，根据重点排放单位拥有的机组相应的年度配额量以及相关规则得到各重点排放单位年度配额量，将各重点排放单位年度配额量进行加和，形成本行政区域年度配额总量。生态环境部将各省级行政区域年度配额总量加和，最终确定各年度全国配额总量。

3）配额分配

逐步推行免费分配和有偿分配相结合的碳配额分配方式。《实施方案》规定，2021—2022年全国碳交易市场针对发电行业免费分配碳配额，可以根据国家有关规定适时引入有偿分配。配额分配原则方面，不同试点地区和不同行业采用不同的分配原则，包括历史排放法、基准法和标杆法，全国碳交易市场针对发电行业采用基准法核算。

4）抵消机制

试点地区均以国家核证自愿减排量作为碳排放抵消指标，抵消比例在5%～10%，全国碳交易市场规定企业可按规定购买温室气体削减排放量，用于抵消一定比例的碳排放配额清缴。

5）机制灵活性

2023年7月，生态环境部办公厅发布《关于全国碳排放权交易市场2021、2022年度碳排放配额清缴相关工作的通知》(以下简称《通知》)，规定此次全国碳交易市场履约周期为2年，即下发了2021年和2022年两个年度的预分配配额，重点排放单位须在2023年12月31日前完成2021年度、2022年度配额清缴。《通知》还规定，重点排放单位持有的2019—2020年度配额、2021年度配额和2022年度配额均可用于2021年度、2022年度清缴履约，也可用于交易，即允许企业足额清缴碳排放配额后，剩余配额可以结转。此外试点地区积极探索碳金融工具，全国碳交易市场目前交易对象仍以碳排放权为主。

6）价格调控

试点地区通常政府预留部分配额通过拍卖方式进行市场干预，全国碳交易市场中生态环境部可以根据维护全国碳排放权交易市场健康发展需要，建立市场调节保护机制，例如采取公开市场操作、调节国家核证自愿减排量等措施，进行必要的市场调节。

7）碳排放的监测、报告和核查

当前我国碳交易市场主要依据国家发展改革委公布的24个行业的《企业碳排放核算与报告指南》以及《全国碳排放权交易第三方核查参考指南》、国家标准化管理委员会发布的《工业企业温室气体排放核算和报告通则》、生态环境部发布的《全国碳排放权交易管理办法（试行）》《企业温室气体排放报告核查指南（试行）》《企业温室气体排放核算方法与报告指南发电设施》等对碳排放数据上报、数据核实、碳排放数据计算等方面进行约定。

8）履约机制

配额清缴机制，一般来说，当参与者在履约期结束时上缴的碳配额等于其实际碳排放量，即意味着其完成了相应的减排任务。但根据《实施方案》的规定，通过增加免费配额量，给予符合规定的燃气机组和重点排放单位相应的配额豁免：当燃气机组年度经核查排放量大于核定配额量时，应发放配额量等于其经核查排放量；反之，应发放配额量等于核定的配额量。重点排放单位设定20%的配额缺口率（应清缴配额量与应发放配额量之间的差值与应清缴配额量的比值）上限，当重点排放单位年度核定配额量小于核查排放量的80%时，应发放配额量等于年度经核查排放量的80%；当大于等于80%时，其应发放配额量等于核定配额量。履约时间灵活性方面，对配额缺口率在 10% 及以上的重点排放单位，因经营困难无法完成履约的，可从下一年度预分配配额中预支部分配额完成履约，预支量不超过配额缺口量的 50%。碳交易注册登记交易平台，主要包括碳排放权注册登记系统、交易系统、管理平台三大基础设施。惩罚机制通常从违规清缴、违规核查、违规交易等层面实现有效监管。

9）利益相关方

试点地区中，除上海未纳入个人投资者外，其余试点控排履约企业、机构投资者、个人投资者均可参与交易。当前全国统一碳市场仅允许控排企业参与交易，金融机构及个人暂被未纳入直接参与碳交易，但金融机构可以通过碳基金理财产品、绿色信贷、信托类碳金融产品、碳资产证券化、碳债券、碳排放配额回购等方式参与碳交易，市场较活跃。

10）市场链接

当前全国碳交易市场暂时未链接其他国际市场，且全国碳交易市场开启后国内不再建设地方碳排放权交易市场，已经存在的地方碳排放权交易市场应当逐步纳入全国碳排放权交易市场。纳入全国碳排放权交易市场的重点排放单位，不再参与地方相同温室气体种类和相同行业的碳排放权交易市场。

三、碳交易与炼油企业成本管理

由于碳排放权交易活动区别于企业其他一般的交易和事项，其会计核算和披露也与其他业务存在较大差异。因此本部分首先介绍碳会计核算和披露相关内容，再对炼油企业成本管理部分展开相关讨论。

1. 碳会计核算和披露要求

1）碳排放权交易活动主要环节

对于碳排放权进入企业，按照时间顺序主要分为取得、持有和退出三大环节。第一，碳配额取得阶段，企业取得碳排放权有两种方式，包括政府免费分配碳配额和企业在碳市场中自主购买碳配额。第二，碳配额持有阶段，可能会面临二氧化碳的实际排放问题，碳配额价格的变化也会影响会计核算。第三，碳配额退出阶段，需要核算碳配额的清缴和出售的多余碳配额。

2）碳排放权交易活动主要会计核算

2019 年 12 月，财政部正式发布《碳排放权交易有关会计处理暂行规定》，就我国碳排放权交易相关的会计处理进行规定，自 2020 年 1 月 1 日起正式实施。

（1）适用范围。

适用于按照《碳排放权交易管理暂行办法》等有关规定开展碳排放权交易业务的重点排放单位中的相关企业，全国碳排放权交易市场覆盖行业主要包括石化、建材、钢铁、电力等高耗能高排放行业。

（2）会计处理原则。

重点排放企业通过购入方式取得碳排放配额的，应当在购买日将取得的碳排放配额确认为碳排放权资产,并按照成本进行计量。

重点排放企业通过政府免费分配等方式无偿取得碳排放配额的,不作账务处理。

(3)会计科目设置。

由于碳排放配额难以归入现有会计科目,因此独立设置"1489 碳排放权资产"科目,核算通过购入方式取得的碳排放配额。

(4)具体账务处理。

① 重点排放企业购入碳排放配额的,按照购买日实际支付或应付的价款(包括交易手续费等相关税费)确认碳排放权资产。若无偿取得碳排放配额,不作账务处理。

借:碳排放权资产
　　应交税费——应交增值税(进项税额)
　　贷:银行存款/其他应付款等

② 重点排放企业使用购入的碳排放配额履约(履行减排义务或实际发生碳排放)的,按照所使用配额的账面余额贷记"碳排放权资产"。若使用无偿取得的碳排放配额,不作账务处理。

借:营业外支出
　　贷:碳排放权资产

③ 重点排放企业出售碳排放配额,应当根据配额取得来源的不同,分别以下情况进行账务处理:

重点排放企业出售购入的碳排放配额的,按照出售日实际收到或应收的价款(扣除交易手续费等相关税费),借记"银行存款""其他应收款"等科目,按照出售配额的账面余额,贷记"碳排放权资产"科目,按其差额,贷记"营业外收入"科目或借记"营业外支出"科目。

借:银行存款/其他应收款等
　　营业外支出(借方差额)
　　贷:碳排放权资产
　　　　应交税费——应交增值税(销项税额)
　　　　营业外收入(贷方差额)

重点排放企业出售无偿取得的碳排放配额的,按照出售日实际收到或应收的价款(扣除交易手续费等相关税费),借记"银行存款""其他应收款"等科目,贷记"营业外收入"科目。

借:银行存款/其他应收款等
　　贷:营业外收入

④ 重点排放企业自愿注销购入的碳排放配额的,按照注销配额的账面余额注销"碳排放权资产"。若企业自愿注销无偿取得的碳排放配额的,不作账务处理。关于重点排放企业资源注销购入的碳排放权配额时是否作增值税进项税额转出,目前还没有相关规定。

借：营业外支出
　　贷：碳排放权资产

⑤碳排放权交易过程中的税务处理。

碳排放权交易过程中主要涉及增值税、企业所得税和印花税。

在增值税方面，根据《财政部　国家税务总局关于全面推开营业税改征增值税试点的通知》（财税〔2016〕36号）规定，碳排放权资产应属于无形资产中的"其他权益性无形资产－配额"的范围，应当按照"其他权益性无形资产"税目适用对应税率计算缴纳增值税。

同样，在企业所得税方面，碳排放权资产应比照无形资产征收企业所得税。重点排放单位购入碳排放配额的，按交易价款和相关税费确认资产的企业所得税计税基础；无偿取得碳排放配额的，计税基础为0；使用购入的碳排放配额的，大部分企业在实际履约时按其历史成本进行税前扣除，少数采取分期摊销的方式进行税前扣除；出售碳排放配额的，确认的收益和公平交易损失分别增加应税收入或税前扣除；自愿注销购入的碳排放配额的，虽然会计上确认为损失，但是能否作为资产损失税前扣除目前还未出台相关规定。

在印花税方面，目前关于碳排放权交易印花税的税务处理也未出台相关规定。由于碳排放权类似于无形资产，相应的碳排放权交易书据既不能适用动产买卖合同，也不在产权转移书据范围内，碳排放权交易并非标准化产品，也不属于金融资产交易范畴。此外，《碳排放权交易有关会计处理暂行规定》规定碳排放配额在会计上计入"碳排放权资产"科目，在资产负债表的"其他流动资产"项目列示，因此在实务中部分企业将碳排放权视为一项动产资产，买卖碳排放配额视为一种购销动产资产的经济行为，按照购销合同缴纳印花税。

3）碳会计财务报表列示和披露

（1）"碳排放权资产"科目的借方余额在资产负债表中的"其他流动资产"项目列示。

（2）重点排放企业应当在财务报表附注中披露下列信息：

① 列示在资产负债表"其他流动资产"项目中的碳排放配额的期末账面价值，列示在利润表"营业外收入"项目和"营业外支出"项目中碳排放配额交易的相关金额。

② 与碳排放权交易相关的信息，包括参与减排机制的特征、碳排放战略、节能减排措施等。

③ 碳排放配额的具体来源，包括配额取得方式、取得年度、用途、结转原因等。

④ 节能减排或超额排放情况，包括免费分配取得的碳排放配额与同期实际排放量有关数据的对比情况、节能减排或超额排放的原因等。

⑤ 碳排放配额变动情况，具体披露格式见表8-4。

4）现行碳会计核算和披露存在的问题

（1）碳会计核算存在的问题。

根据财政部发布的《碳排放权交易有关会计处理暂行规定》，目前碳会计核算制度中存在部分问题，会对企业成本管理造成一定程度影响：

表 8-4 碳排放配额变动具体披露格式

项目	本年度		上年度	
	数量 /t	金额 / 元	数量 /t	金额 / 元
1. 本期期初碳排放配额				
2. 本期增加的碳排放配额				
（1）免费分配取得的配额				
（2）购入取得的配额				
（3）其他方式增加的配额				
3. 本期减少的碳排放配额				
（1）履约使用的配额				
（2）出售的配额				
（3）其他方式减少的配额				
4. 本期期末碳排放配额				

资料来源：《碳排放权交易有关会计处理暂行规定》。

① 碳会计核算范围不完整。

企业碳活动包括碳交易、碳减排和能源结构改革三部分，但目前会计核算制度中仅对碳交易活动的相关会计核算和披露作出要求，没有体现碳减排和能源结构改革的情况。

该现象表明，目前我国对碳资产的界定不够明确。狭义的碳资产指碳交易活动中的碳排放权，然而，仅将碳配额视为碳资产无法实现企业碳减排与生产经营管理的有效结合，忽略了企业为减排付出的努力，也就不能全面反映碳排放和碳减排的经济影响和环境影响。广义的碳资产指企业拥有或控制的由过去的交易或事项形成的能减少企业碳排放且预期能为企业带来经济价值流入的资源，具体可分为碳配额和碳信用、低碳技术、清洁能源、低碳原材料、低碳固定资产、低碳产品以及碳积分等不同类别。如部分炼油企业的光伏发电，涉及企业碳减排活动的碳捕集、利用与封存项目（CCUS）的建设仍通过"固定资产"科目核算，并未形成碳资产，无法真实反映项目的碳价值，虽然碳资产的确认一般不影响企业成本，但是企业应关注如何将应用于碳减排等方面的人力、物力和财力成本顺利转化为碳资产，且碳资产持有阶段的减值情况同样影响到企业的成本。

② 碳会计核算确认不准确。

按照现行规定，重点排放单位在使用、出售、注销碳排放配额时记入营业外收支科目作为企业的非经常性损益，而作为高耗能行业的炼油企业碳排放与正常生产经营密不可分，将碳排成本作为非经常性损益将无法真实反映企业的营业利润质量。待相关会计核算规定进一步区分关于炼油企业碳排放权配额相关成本费用的划分之后，将相应增加企业与碳交易相关的经常性损益，减少非经常性损益，可能会影响企业利润的持续性等指标。

③碳会计核算计量方法不公允。

随着碳交易市场化的发展和完善，企业购买和持有碳资产的目的不同，碳排放权具有归属于存货、无形资产或金融资产的特征和属性，单一的历史成本无法客观反映。为提高碳资源管理积极性、发掘碳排放配额金融属性、合理反映碳价变化对企业经营的影响，应进一步考虑引入公允价值计量，更真实、客观、公允地反映企业实际拥有的资产情况。若未来碳排放权资产以公允价值计量或进一步具有金融资产属性，则可能需要定期对碳排放权资产的公允价值进行调整甚至产生投资收益，影响当期损益，会在很大程度上影响炼油企业的成本。

④碳会计核算过程中相关税务规定不明确。

由于有关税务部门并未针对碳排放权交易过程中涉及的税务处理作出相应规定，因此在企业实务过程中存在诸多问题。在增值税方面，实践中有观点认为应将碳排放权视为一种无形资产，应按销售无形资产进行税务处理；但也有观点认为，随着碳排放权交易和金融市场的结合，逐渐衍生出多样化的碳金融工具，例如碳信托、碳基金、碳期货、碳保险等，将碳排放权交易比照金融交易进行相应税务处理则更加合理。在企业所得税方面，有的国家和地区应将碳排放权视为无形资产，在实际履约时按照一定的方法进行税前扣除，企业转让或处置碳排放权获得的收入属于资本利得，该收入扣除成本、处置资产的相关费用后纳税，并进行无形资产摊销；还有部分国家将碳排放权视为存货，企业在购入时即进行税前扣除，转让碳排放权的收入计入营业利润进而影响企业所得税。在印花税方面，实务中同样也有不同观点，认为应将碳排放权视为无形资产、金融资产或者动产，不同资产相应的印花税税目和税率也不同。

因此在实际工作中，企业应在进行碳排放权交易相关会计处理前与主管税务机关沟通，了解具体的政策口径，以提高税务处理的准确性和合理性。

关于碳税的问题，20世纪70年代以来欧洲国家开始进行碳税改革，碳税的开征对碳定价具有重要和深远的意义。由于我国碳排放权交易市场发展起步较晚，目前我国并未针对二氧化碳等温室气体的排放征收碳税，仍然缺乏对碳税政策的研究和制定，但开征碳税是未来全球碳市场发展趋势。

（2）碳会计披露存在的问题。

从当前炼油企业信息披露情况来看，碳信息主要集中在年度财务报告、可持续发展报告、社会责任报告和健康安全环境报告中。其中，年度财务报告中碳会计信息目前主要以补充说明的方式披露。根据财政部发布的《碳排放权交易有关会计处理暂行规定》，企业年度财务报告中"碳排放权资产"科目的余额在资产负债表中的"其他流动资产"项目列示，重点排放企业与之相关其他重要信息应当在财务报表附注中披露。基于现行碳会计披露的一般性规定，目前碳会计信息披露中存在的问题主要有：

①未形成独立报告，披露较为分散。

目前企业的碳会计信息主要在财务报告的"报表附注"和"重要事项"中披露，位置分散且缺乏明显统一专栏。

②以定性信息为主，信息质量不高。

碳会计披露信息以定性为主，缺乏真实可靠的定量数据。例如碳信息披露内容可能提及企业生产设备的低碳升级改造，但并未披露具体设备和改造金额，导致信息可信性降低。同时目前企业碳信息的披露内容较少，不能综合体现企业节能降碳工作的成果。

③ 缺乏统一标准，信息可比性低。

企业披露碳信息的来源、类别、标准不统一，缺乏可比性，难以反映行业现状，且不利于企业自我评价。

基于以上问题，目前我国对企业碳信息披露的制度要求仍在进一步完善中。

2. 炼油企业碳成本管理

1）碳成本管理内容

碳成本是指在产品生命周期中，与碳排放量或碳减排有关的经济效益流出，具体表现为因碳而生的治理成本、损害价值、预防成本、赔付支出、补偿支出、管理成本和购买碳排放权交易成本等。碳成本的降低意味着碳收益的增加，因此对于炼油企业这样的碳排放大户，有效控制碳成本有利于提高企业经济效益。同时，在目前我国"双碳"目标的背景下，企业履行减排义务是考核企业全面管理碳资产、积极承担低碳责任的关键。

2）碳交易成本管理方法

参与碳交易对碳成本进行控制的基本内容就是购买碳排放权的费用支出，即碳交易成本，碳交易成本由过量碳排放和碳排放权购买支出两部分组成，一般属于事中或过程的财务管控。现代企业成本管理大都通过相应划分成本中心的方式加以界定责任，炼油企业应当采用责任成本管理方法确定责任归属，并分别建立碳排放责任中心和碳交易责任中心。前者负责碳排放量的管控，后者负责碳配额的交易。碳成本控制目标主要受到控制排放量和相应单价的影响，如炼油企业碳超标排放造成的大气污染当量数和单位碳治理成本。在数量方面，企业应通过事前预防或事后补救措施减少排放当量数；在价格方面，碳排放权价格短期内主要由碳交易市场供需情况决定，长期来看由经济运行和行业发展总体状况和趋势决定，企业还应尽可能地降低单位治理成本，或者压低碳交易市场的碳排放权配额的市场价格，最终达到碳成本控制的目的。

3）全流程碳成本管理理念

（1）明确全流程碳成本管理的内涵。

全流程碳成本管理理念要求企业在成本管理中考虑碳因素，并将碳成本管理嵌入各个生产经营环节。碳排放涉及炼油企业产品生产加工等诸多环节，因此企业应明确全流程碳成本管理的真正内涵，全面考虑产品全生命周期的设计、运输、生产、使用、废弃处理等全流程环节，可将碳成本分为预防、检测和碳排放成本，企业除了要控制碳排放总量，还要明确生产产品的全生命周期碳足迹管理的精细化和标准化，进一步实现碳成本的事前、事中和事后管控；基于企业外部的碳成本，考虑外部环境效益最大化，可将碳成本分为环境损害成本和碳交易成本。

（2）多维度科学评估碳成本。

在全球减污降碳背景下，包括碳交易、降碳技术的创新研发等行为导致企业外部成本内部化，炼油企业这种高排放产业的成本随之升高；同时在国家税制转型的引导下，未来碳税的引入可能使得高碳产品承担高税负，增加产品成本。因此炼油企业应多维度、多视角考虑碳定价、碳税等影响因素，及时衡量不同因素对相关成本的影响，科学制定碳成本评估体系。

（3）剖析价值链条，制定管理策略。

对于炼油企业内部来说，应优化组合各价值作业，积极研发或引入减污降碳技术，最大程度实现低碳化；对于炼油企业外部来说，碳成本可能会沿着供应链向企业上中下游传导，企业应针对全产业供应链制定碳成本管理策略，实现自身经济效益与社会效益的有机统一。

本章小结

本章围绕我国"双碳"目标，基于炼油企业绿色低碳转型展开相关讨论。总结了国内外绿色低碳政策的演进脉络和当前我国炼油行业绿色低碳相关政策，并针对我国炼油企业绿色低碳转型的形势、挑战和机遇提出应对措施和转型路径。最后，具体介绍了绿电交易市场和碳排放权交易市场，并针对炼油企业的相关成本管理问题展开前沿讨论。绿色低碳转型是炼油企业未来的发展方向和必由之路，通过绿色低碳转型彰显大国企业的责任与担当，为加快推进"双碳"目标的实现、推动我国高质量发展以及构建人与自然和谐共生的现代化贡献力量。炼油企业绿色低碳转型刻不容缓，企业应深入学习相关政策和先进思想，把握绿色低碳转型的核心内容和重要资源，结合企业的实际情况探索出一条适合炼油企业自身的可持续发展道路。

参考文献

[1] 何盛宝.炼油化工技术新进展（2021）[M].北京：石油工业出版社，2021.
[2] 贾少磊.石油化工专业实践教程[M].北京：中国石化出版社，2016.
[3] 孙昱东，山红红.炼油化工工艺概论[M].北京：石油工业出版社，2020.
[4] 王海彦，陈文艺.石油加工工艺学[M].北京：中国石化出版社，2014.
[5] 王素荣.税务会计与税务筹划[M].北京：机械工业出版社，2022.
[6] 徐春明，杨朝合.石油炼制工程[M].5版.北京：石油工业出版社，2022.
[7] 杨朝合，山红红.石油加工概论[M].东营：中国石油大学出版社，2013.
[8] 杨信.炼油企业成本核算与管理[M].北京：中国财政经济出版社，2004.
[9] 尹美群.成本管理会计[M].北京：高等教育出版社，2020.
[10] 张君涛.炼油化工专业实习指南[M].北京：中国石化出版社，2013.
[11] 张敏，黎来芳，于富生.成本会计学[M].9版.北京：中国人民大学出版社，2021.
[12] 张新民，钱爱民.财务报表分析[M].6版.北京：中国人民大学出版社，2023.
[13] 中国注册会计师协会.2024年注册会计师全国统一考试辅导教材：会计[M].北京：中国财政经济出版社，2024.
[14] 中华人民共和国财政部.强化全面预算管理 促进实现发展战略——财政部会计司解读《企业内部控制应用指引第15号——全面预算》[EB/OL].（2010-07-08）[2024-08-10].https：//kjs.mof.gov.cn/zhengcejiedu/201007/t20100708_326818.htm.
[15] 中华人民共和国财政部.管理会计应用指引第200号——预算管理[EB/OL].（2017-09-29）.https：//kjs.mof.gov.cn/zhengcefabu/201710/P020171019290296794019.pdf.
[16] 中华人民共和国财政部.全面深化管理会计应用积极推动会计职能拓展——《会计改革与发展"十四五"规划纲要》系列解读之九[EB/OL].（2022-04-01）[2024-08-10].https：//kjs.mof.gov.cn/zhengcejiedu/202203/t20220325_3798431.htm.
[17] 中华人民共和国国家发展和改革委员会.锚定"双碳"目标，绿色电力交易方案蓄势出台——《绿色电力交易试点工作方案》解读[EB/OL].（2021-09-28）[2024-08-10].https：//www.ndrc.gov.cn/fggz/fgzy/xmtjd/202109/t20210928_1298058.html?code=&state=123.